전 인 적

Wholistic Anointing Ministry

성령 사역

전요셉 지음

치유하는별

머리글

빅 데이터(big data), 인공지능(artificial intelligence, AI), 로봇공학(robot technology, RT), 스마트 홈, 드론, 나노기술, 3D 프린팅 ...

우리의 삶의 질을 발전시키고, 많은 정보를 가지고 편하게 생활할 수 있게 만드는 제4차 산업혁명이 우리의 삶과 정치, 경제, 사회, 문화 그리고 종교계까지 휘몰아치고 있다. 그러나 이런 산업 발전은 또 다른 병폐를 만들어 낼 수 있는데, 첫 번째는 가장 많은 기술과 정보를 소유한 사람이 모든 사람을 지배 혹은 조정할 수 있게 된다는 것이다. 두 번째는 인간은 더욱 고독해지고, 특히 영적인 혼돈을 겪게 된다는 것이다.

이런 사회를 사는 현대인들이 가장 부족해 하고 갈급해 하는 문제는 수많은 정보 속에서도 채울 수 없는 영적 부족함이다.

영적 부족함은 4차 산업혁명 아니, 5차 산업혁명이 온다고 하여도 채울 수 없는 부분이며 인간의 지혜, 지식, 기술, 과학, 물질 등으로는 해결할 수 없는 인간 밖의 영역이다. 우리는 성부 하나님의 창조적 섭리, 성자 하나님의 구원사건, 성령 하나님의 도우심을 통해 비로소 우리의 영 · 혼 · 육이 전인적으로 치유되고, 회복되어, 삶의 참 기쁨을 얻게 된다고 믿는다. 아무리 사회가 발전한다 해도, 아무리 과학이 발전한다 해도, 아무리 인간의 의식이 발전되었다 해도 여전히 인간은 자신의 문제를 스스로 해결할 수 없는 나약하고, 부족하고, 무능한 존재이다. 이제 우리는 우리를 도와주시고, 변호해 주시고, 말씀의 지혜를 주시고, 새로운 힘과 능력으로 역사해 주시는 성령의 기름 부으심 속으로 들어가야 한다. 주님과 성령님이 주시는 지혜, 복음, 권세, 은사 등을 가지고 내 자아와 싸우고, 세상과 싸우며, 마귀와 싸워 승리해야 한다.

특히 보혜사 성령님은 우리의 연약한 부분을 아시기에 그분을 통하여 새 힘을 얻어야 한다. 4차 산업혁명 속에서도 여전히 성령님은 능력으로 역사하신다. 이런 능력을 우리는 반드시 전인적으로 체험해야 한다. 전인적인 치유와 회복은 바로 영 치유, 혼 치유, 육 치유, 자연 치유, 먹거리 치유 등 5가지 분야에서 일어나야 한다.

영적으로 마귀를 대적할 수 있는 능력과 은사가 있어야 하고, 정신적, 심리적 전문 치유 능력이 있어야 한다. 의학적인 육체적 치유도 필요하고, 피조된 재료를 이용한 자연적 치유 그리고 음식을 통한 먹거리 치유도 중요하다. 그러나 이 모든 것들은 바로 성령의 역사 속에서 이루어져야 한다.

이 작은 책자가 이런 점에서 조그마한 보탬이 되기를 희망한다.

끝으로 항상 부족한 저를 위해 중보해 주시는 하늘문커뮤니티 교회 성도들, 생명샘전인치유사역연구원 학우들, 그리고 책 출판을 위해 헌신해 주신 유미경 권사, 강문구 장로, 치유하는별의 모든 분, 또한 헌신적인 아내 손은수 사모, 언제나 든든한 아들 현배, 딸 하리 모두에게 감사드린다.

2025년 9월
태화산 자락 곤지암 서재에서

프롤로그

왜, 전인적 성령 사역인가?

보통 우리가 전인적(全人的)이라는 말을 많이 사용할 때 '전인(whole person, man, being)'이란 '지(知) 정(情) 의(意)가 조화를 이룬 원만한 인격자'를 뜻하며 기독교적으로는 하나님께서 창조하신 인간의 실존(實存) 전체를 포함한다. 이 말을 성령 하나님께 적용하면, 성령 사역을 흔히 생각하는 카리스마적 은사 사역에만 국한 하는 것이 아니라, 영, 혼, 육, 자연, 먹거리 그리고 구원까지 포함한 모든 사역으로 확대해야 한다는 것을 의미한다.

그래서 성령 사역이 우리의 영을 강하고, 능력있게 만들고, 성령 사역이 우리의 혼 즉, 우리의 마음, 정신을 회복시키고, 성령 사역이 우리의 육을 치유하며, 성령 사역이 우리의 자연을 정화시키고, 성령 사역이 우리의 먹거리를 건강하게 만들어 하나님의 형상(Imago Dei)이 이 땅에 실현되는 전인적 역사로 나타나야 한다.

그동안 한국적 성령 사역은 교회 안에서, 갈망하는 일부 성도와 목회자에 의해 매우 제한적 사역이었다. 그래서 성령의 역사가 전인격을 변화시킬 수 없었으며, 교회 밖으로 퍼져나가 이 사회를 변혁시킬 동력이 되질 못했다. 이제 교회 안에 갇혀 있던 강력한 카리스마적 성령 사역이 교회 문을 박차고 나가 정치, 경제, 사회, 문화, 예술 분야뿐만 아니라, 먹거리와 자연까지 변화시키는 영향력으로 나타나야 한다. 이런 의미에서 전인적 성령 사역이 절대 필요하다.

점점 심해지는 각종 자연재해와 끝없는 전쟁 소식 가운데 그래도 우리에게 희망이 있고, 위로가 있다면 바로 성령의 기름 부으심과 다양한 은사로 더러운 귀신(영)을 쫓아내며, 모든 질병(육)과 약한(혼) 것을 치유하는 권능을 가지고 사역하는 마지막 시대의 용사가 있다는 점이다.

이제 우리는 담대하게 일어서서 선한 싸움을 해야 한다.

끝으로 너희가 주 안에서와 그 힘의 능력으로 강건하여지고 마귀의 간계를 능히 대적하기 위하여 하나님의 전신 갑주를 입으라 우리의 씨름은 혈과 육을 상대하는 것이 아니요 통치자들과 권세들과 이 어둠의 세상 주관자들과 하늘에 있는 악의 영들을 상대함이라 (엡6:10~12)

차례

제3장 치유 사역

차례

제4장 예언 사역

제5장 상담·심리 사역

제1장 성령 하나님

Wholistic Anointing Ministry

Wholistic Anointing Ministry

제1장
성령 하나님

1. 성령님은 누구신가

웨스트민스터신앙고백(The Westminster Confession of Faith, A. D. 1643) 2장 3절에 삼위일체 하나님의 한 인격체로 성령님을 다음과 같이 고백하고 있다.

> 하나님의 본체는 하나이시나 삼위로 계신다. 즉 한 본체와 한 권능과 한 영원성이다. 아버지로서의 하나님, 아들로서의 하나님, 성령으로서의 하나님이다(요일5:7, 마3:16, 17, 28:19, 고후 13:14). 성부는 무슨 물질로 구성되거나 거기서 나오거나 그것에서 유출되는 것은 아니다. 성자는 영원토록 성부에게서 탄생하시고(요 1:14, 18), 성령은 영원토록 성부와 성자에게서 나온다 (요15:26, 갈4:6)[1]

1_이광호, 『웨스트민스터 신앙고백』 (서울 : 도서출판 깔뱅, 2010), 21.

스코틀랜드신앙고백서(The Scotch Confession, A. D. 1560)는 성령님을 다음

과 같이 고백하고 있다.

> 우리는 성령께서 하나님이시며, 성부 성자와 동일하신 분이라는 사실을 고백합니다. 성령은 우리를 거룩하게 성화시키시며, 성령의 역사는 우리를 모든 진리 가운데로 인도하신다는 사실을 고백합니다. 성령이 없으시다면 우리는 영원한 하나님의 원수로 남게 되며 성자이신 예수 그리스도를 무시하게 된다는 사실을 또한 고백합니다.

하이델베르크 요리문답(The Heidelberg Catechism, A. D. 1563)은 성령님을 다음과 같이 고백하고 있다.

> 첫째로, 그는 아버지와 아들과 함께하는 동등하고 영원한 하나님이시라는 것을 믿습니다. 둘째로, 그는 나에게 주어진 하나님의 영이며, 참된 믿음을 통하여 그리스도와 그의 모든 유익에 참여하도록 준비케 하신다는 것과 그가 나를 위로하시고, 영원토록 나와 함께하실 것이라는 것을 믿습니다.

위와 같이 성령님은 성삼위일체의 한 위 격으로, 창조자로, 우리를 보호하시는 보혜사로 존재하신다. 그런데 이런 성령님의 존재나 역사 방식에 대한 용어가 다양해서 체계적으로 정리하지 않으면 많은 혼란이 발생할 수 있다. 같은 단어라도 개인의 체험과 해석의 차이로 인해 서로 다른 그림을 그리기 때문에 우리는 정확한 용어적 정리가 먼저 필요하다.

보혜사(保惠師)는 한자어로 '보호하고 은혜를 주며 가르치는 분'을 말한다. 그리스어로 '파라클레토스(paracletos)'라고 하는데 직역하면 '옆에 같이 있도록 부르심을 받은 사람'이란 뜻이다. 보혜사는 가르쳐주고(teacher), 도와주고(helper), 위로해 주고(comforter), 변호해주고(advocate), 상담해주고(counselor), 중보해 주고(intercessor), 힘과 능력을 주고(enabler), 권면해주는(exhorter) 사람이라는 의미이다. 이 보혜사는 예수님의 계승자(임무 교대자)이며 인격적으로 임재하는 분이시다. 그는 예수님을 대신해 성도들 가운데 거하시며(요14:17, 20:15), 성도들을 위해 세상에 대항하시며(요16:8~11), 성도들을 보호하시고(요15:26~27), 성도들을 가르치신다(요14:26, 15:26~27). 구약시대에는 특별한 사람에게만 임했지만, 신약시대는 모든 믿는 자들에게 임하여 그 속에 내주하며(indwelling) 도와주신다.[2]

'또 다른(allon, another)보혜사'라는 말은 그리스어로는 두 가지 뜻이 있다. 첫 번째는 종류가 다른 또 다른 어떤 것을 가리키는 말이고, 두 번째는

2_박수암, "성령에 대한 신약신학적 고찰", 그 말씀 주제별 설교시리즈 성령3 어떻게 설교할 것인가, 목회와 신학 2012년 6월호(서울 : 두란노서원, 2012), 10.

같은 종류 중에서도 다른 것을 가리키는 말이다. 주님께서 사용하신 말은 후자다. 즉 성령님은 예수 그리스도와 같은 보혜사라는 뜻이다. 사도 바울은 고린도전서 6장 19절에 '너희 몸은 너희가 하나님으로부터 받은바 너희 가운데 계신 성령의 전인 줄 알지 못하느냐?'라고 말하였다. 그리스어는 '전(나오스, naos)'이라고 번역되어 질 수 있는 두 가지 단어가 있다. 하나는 성전 그 전체를 가리키는 말이고, 또 하나는 그 내부에 있는 지성소를 가리키는 말이다. 사도 바울은 후자의 의미로 성도 각자의 육체적인 몸은 성령님께서 그 영원한 거처로 삼으신 지성소라는 것을 강조하고 있다.[3]

3_Kenneth S. West.『신약원어대해설 단어연구』(West's word studies from the Greek New Testament), Kenneth S. West 번역위원회 역(서울 : 요단출판사, 1984), 87-89.

성령 세례는 그리스어로 '프뉴마티 밥티스데멘(pneumati baptisthemen)'인데 사도행전 1장 5절과 11장 16절에서는 '사역을 위한 외적인 능력'으로 고린도전서 12장 13절에서는 '구원받아 그리스도의 자녀가 되는 구원적 능력'으로 표현했다.

성령 충만은 사도행전 4장 31절에 사용된 단어는 그리스어 '핌플레미(pimplemi)'인데 시제가 부정과거 수동태 직설법이다. 시제가 부정 과거형이란 '순간적으로 성령님이 강하게 역사하셔서 기적이나 세상이 주지 못하는 기쁨이나 평안을 체험하는 것'을 의미한다. 문법 형태는 이 동사의 주어가 스스로 어떤 행동을 하는 것이 아니라 다른 어떤 것에 의하여 움직여지는 것을 의미한다. 이것은 성령 충만히 인간에 의해 이루어지는 것이 아니라, 성령에 의해 이루어지는 것을 가르쳐 준다. 오직 성령 충만해지도록 성령님께 의지할 때, 성령님의 주체적인 역사로 충만해질 수 있는 것이다. 반면에 서신서 에베소서 5장 18절에 사용된 단어는 그리스어 '플레로오(pleloo)'인데 시제가 현재 수동태 명령형이다. 성령 충만은 예수님의 절대명령이다. 그러므로 성령 충만하지 못한 것은 죄이며, 결국은 하나님을 기쁘시게 하는 삶을 살지 못하게 되는 결과를 가져오게 된다.

시제가 현재형이란 뜻은 '성령 충만을 한 번만 받고 끝나는 것이 아니라 계속 성령 충만을 받은 상태로 있어야 한다'라는 의미이다. 일상생활에서 매 순간 성령 충만의 기쁨을 경험해야 한다. 또한 이 동사는 그 주어가 복수로 나타날 때가 많이 있다. 그것은 우리에게 이 명령이 어떤 특정인에게 한정되어 있지 않다는 것을 의미한다.[4]

4_Ibid., 37-38.

그러므로 핌플레미적 성령 충만은 강한 은사적 체험이며, 플레로오적 성령 충만은 성품의 변화, 성령의 열매를 맺어가는 열매적, 성화적 체험이다.

성령의 기름 부음(exrisen, anointing) **혹은 기름 바름**(unction)은 '사역을 위한

<표 1> 성령에 관한 용어정리

용 어		내 용	
성령세례 (프뉴마티 밥티스데멘, Pnuemati baptisthemen)		누가복음 사도행전	사역을 위한 외적 능력 (행1:5, 11:16)
		서신서들	구원받아 그리스도의 자녀가 되는 구원적 능력 (고전12:13)
성령 충만	핌플레미 (pimplemi)	사도행전에서의 성령충만은 성령이 강하게 역사하여 기적이나 이적을 행하거나 세상이 주지 못하는 기쁨과 평안을 체험하는 것을 의미(과거형, 행4:31)	
	플레로오 (pleloo)	서신서의 성령충만은 계속 성령 충만을 받은 상태가 되어 성품의 변화, 성화된 삶으로의 변화를 의미(현재형, 엡5:18)	
성령의 기름 부음 (exrisen, anointing)		사역을 위한 외적인 능력(사61:1~3)을 받을 뿐 아니라 직분(고전12:28)을 받은 자로 세워짐(왕, 제사장, 선지자 등)	
성령의 내주 (indwelling presence)		내 안에서 깨닫게 하시고, 거듭나게 하시고, 성화되게 하시는 성령의 내적 활동(고전6:19-20, 딤후1:14)	
성령의 현재 (panerou, manifest presence)		실제로 성령님이 불꽃, 구름, 영광, 번개, 지진 등으로 나타나서 눈에 보이고, 느낄 수 있는 것(행2:1-3)	

외적인 능력(사61:1~3)을 받을 뿐 아니라 직분(왕, 선지자, 제사장, 사도, 교사, 은사자 등)을 받은 자'로 세워짐을 의미한다.

성령의 내주(en pneuma, indwelling presence) **혹은 성령의 내적 증거**(internal testimony of the Holy Spirit)는 내 안에 거주하시는 성령님의 영적 활동을 의미한다. 우리는 내 안에 내주하시는 성령을 통해 말씀을 깨닫고, 죄를 회개하고, 거듭나고, 성화 되어 가야 한다. 성령의 내주는 부드럽고, 비밀스럽고, 은밀하게 역사한다.

성령의 현재(現在, manifest presence) **혹은 현현**(顯現, theophany)은 그리스어로 '파네로우(panerou)'인데 실제로 성령님이 불꽃, 구름, 영광, 번개, 지진 등으로 나타나서 눈에 보이고, 느낄 수 있는 것을 의미한다.

> 오순절 날이 이미 이르매 그들이 다 같이 한곳에 모였더니 홀연히 하늘로부터 급하고 강한 바람 같은 소리가 있어 그들이 앉은 온 집에 가득하며 마치 불의 혀처럼 갈라지는 것들이 그들에게 보여 각 사람 위에 하나씩 임하여 있더니 (행2:1~3)

2. 성령의 기름 부으심

> 주 여호와의 영이 내게 내리셨으니 이는 여호와께서 내게 기름을 부으사 가난한 자에게 아름다운 소식을 전하게 하려 하심이라 나를 보내사 마음이 상한 자를 고치며 포로된 자에게 자유를, 갇힌 자에게 놓임을 선포하며 여호와의 은혜의 해와 우리 하나님의 보복의 날을 선포하여 모든 슬픈 자를 위로하되 무릇 시온에서 슬퍼하는 자에게 화관을 주어 그 재를 대신하며 기쁨의 기름으로 그 슬픔을 대신하며 찬송의 옷으로 그 근심을 대신하시고 그들이 의의 나무 곧 여호와께서 심으신 그 영광을 나타낼 자라 일컬음을 받게 하려 하심이라 (사61:1~3)

성경에서 말하는 '기름'의 종류는 세 가지가 있다.

1) 식물성 기름(oil)

포도주와 함께 팔레스타인의 주요 농산물이며 성경에서 말씀하는 기름은 주로 올리브(olive)기름을 말한다. 히브리어로 '이츠하르(yitshar)', 그리스어로 '엘라이온(elaion)'이라고 한다. 올리브기름은 열매를 모아서 찧거나(레24:2), 밟아서(미6:15) 만들며, 일반적으로 기름을 짜는 맷돌로 압착하여 만든다. 출애굽기에는 관유(성별기름)의 제조법(출30:22~25)과 사용법(출30:26~30), 그리고 주의할 점(출30:31~33)에 대해 자세히 말하고 있다.

2) 동물성 기름(fat)

동물의 체내 지방으로 히브리어로는 '헬렙(cheleb)'이라고 한다. 구약 시대에는 모세의 법에 따라 콩팥이나 창자 주변에 있는 기름은 음식으로 먹을 수 없었다. 그것은 하나님께 향기로운 번제로 드리는 것이다(레 3:14~16, 4:31). 이것은 이스라엘 사람들에게 최상의 것이 하나님께 속해 있음을 가르치기 위함이었다. 또한 희생의 기름은 아침까지 남겨두지 말라고 했다(출23:18). 왜냐하면 항상 신선한 것만 드려야 하기 때문이다. 사무엘은 사울을 책망하면서 "순종이 제사보다 낫고 듣는 것이 수양의 기름보다 낫다"(삼상15:22)라고 말했는데 숫양의 기름이란 바로 하나님께 바쳐진 제물의 지방을 의미한다. 기름의 용도는 다음과 같다.

첫째, 제사장, 왕, 선지자들을 임명할 때 사용되었다(출28:41, 29:7,레4:3, 5, 삼상2:10, 왕상19:15~16)
둘째, 식용으로 사용되었다(왕상17:12, 왕하4:2)
셋째, 조명등으로 사용되었다(왕하4:10)
넷째, 화장품으로 사용되었다(룻3:3, 시104:15, 전9:8, 마6:17)
다섯째, 비누 제조의 주원료로 사용되었다(렘2:22)
여섯째, 치료용으로 사용되었다(사1:6, 마6:13, 눅10:34, 약5:14)

3) 영적 기름(anointing)

구약시대에 향기 나는 기름이나 고약으로 피부를 문지르는 것은 보편적인 일이었다(신28:40 , 룻3:3). 화장품으로 사용한 기름은 기쁨을 상징하기도 했는데 예수님도 금식할 때 기름을 바르라고 하셨다(마6:16~17). 또한 존귀의 표시로 향기 나는 기름을 붓기도 하였다(눅7:36~47). 통증을 진정시키기 위해 기름과 연고를 바르는 것은 보편적으로 사용된 치료의 부분이었다. 이 경우 사용된 그리스어 단어는 '알레이포(aleipho)'인데 이것은 문자적인 문지름(unction)을 의미했다. 이 단어는 병든 자를 위해 사용되었고(약5:14), 또한 죽은 자를 장사하기 위해 사용되었다(막14:8).

히브리어로 기름 부음은 '마샤흐(mashach)'인데 구약에 140회가 나오며 어떤 목적을 위해 '기름을 바르다', '기름을 붓다', '봉헌하다'라는 의미가 있다. 특히 '기름 부음 받은 자'는 명사로 '마쉬아흐(mashiah, 메시아)'인데 40회가 사용되었다. 이렇게 기름 부음을 받은 사람은 어떤 특정한 직임이나 사역을 위해 하나님에 의해 위임받았다(출30:30, 40:13). 구약의 법은 제사장들을 위임하기 위해 특별히 구별된 기름을 사용했다(출

30:22~33). 구약은 선지자에게 기름 붓는 경우는 한 번만 언급하고 있지만(왕상19:16) 통치자를 위임할 때는 여러 번 언급하고 있다(삼하2:4, 왕상1:39, 대상29:22).

기름 부음을 통해 왕은 신적인 권리를 가지고 백성들을 다스렸다. 시편 23편 5절에서 다윗은 하나님을 찬양하며 "기름으로 내 머리에 부으셨으니"라고 노래했는데 여기서 '기름으로 붓다'라는 단어는 다쉔(dashen)으로 '살찌게 하다'라는 의미가 있다. 이 말은 하나님의 축복을 은유적으로 표현한 것이다.

신약에 와서 기름 부음은 영적으로 표현되었는데 '성령의 능력을 받는 것'을 의미했다. 특히 예수님의 직위에 그리스도라는 존칭이 붙었는데 이는 바로 '기름 부음을 받은 자'라는 뜻이다. 신약에서 특별한 봉사를 위해 사람들을 위임하거나 따로 세우는 종교적인 의식으로서의 기름 부음은 없으나 영적인 용어로 많이 사용되었다.

그리스어 '알레이포'가 문자적으로 기름을 바르는 것을 의미하는데, 반면에 '크리오(chrio)'는 특별한 신적인 임명을 받는데 사용되었다(눅4:18, 행4:27, 고후1:21, 히1:9). 영적으로 모든 신자는 기름 부음을 받았고 하나님이 약속하셨던 모든 것을 받도록 구별되었다.

또 다른 단어 '크리스마(chrisma)'는 기름 부음 받은 물질이나 형태에 초점을 맞추고 있다. '크리스마'는 요한 일서에서(요일2:20, 27) 주님으로부터 주어지는 기름 부음이 '너희 안에 거하며', '모든 것을 가르치는 것'으로 묘사되어 있다.

모든 '크리스마'를 우리는 성령님으로 이해하고 있다.[5]

야고보서에는 병든 자가 있으면 교회의 장로를 청해서 주의 이름으로 기름을 바르며 기도하라고 했다. 여기에서 '기름을 바르는 것'은 기름을 머리에 붓는 종교의식이 아니라 피부에 기름을 바르거나 문지르는 것이었다. 사마리아 사람이 강도를 만나 죽게 된 사람을 만났을 때도 그의 상처에 기름과 포도주를 부었다(눅10:34). 이런 기름이 상징하는 의미는 풍요(신32:13), 기쁨(시45:7), 존귀하게 여김과 환대(시23:5, 눅7:46), 성령(눅4:18 ; 요일2:20) 등이다.[6]

사도 베드로가 '하나님이 나사렛 예수에게 성령과 능력을 기름 붓듯 하셨다(행10:36).'라고 말했는데 '성령'과 '능력'이라는 말은 그리스어에서 수단을 표시하는 조격으로 분류한다. 이 말은 능동적으로 성령님이 기름을 붓는 주체가 됨을 의미한다. 오늘날 은혜의 시대에서 우리는 성령님의 주체적인 기름 부으심 속으로 들어간다. 성령님은 우리 안에 영원히 거하시기를 원하신다.[7]

기름 부음의 역할은 다음과 같다.

5_Ibid., 123.

6_하용조 편찬, "기름", 『비전 성경사전』 (서울 : 두란노서원, 121-122.

7_Kenneth S. Wuest. 『신약 원어대해설 단어연구』, 240-243.

1) 기름 부으심은 우리를 진리로 인도하는 선생님(mentor)이다.

> 너희는 주께 받은바 기름 부음이 너희 안에 거하나니 아무도 너희를 가르칠 필요가 없고 오직 그의 기름 부음이 모든 것을 너희에게 가르치며 또 참되고 거짓이 없으니 너희를 가르치신 그대로 주 안에 거하라 (요일2:27)

하나님의 진리와 능력이 동반된 성령의 임재는 지속적인 것으로서 매일 일상적으로 경험되는 것이지, 일생에 한 번만 일어나는 사건이 아니다. 기름 부음 안에는 하나님께 속한 모든 가르침이 들어 있다. 성령님이 내 안에 내주해 오시면 성령님께서 우리에게 새로운 지혜와 새로운 길을 보여 주신다. 우리는 그 길을 따라가기만 하면 된다.
성령님의 기름 부으심이 우리의 멘토가 되어서 세상을 이길 수 있게 해 준다.

2) 기름 부으심은 우리를 항상 신선하고, 새롭게 만든다.

> 그러나 주께서 내 뿔을 들소의 뿔같이 높이셨으며 내게 신선한 기름을 부으셨나이다 (시92:10)

기름은 항상 신선해야 하고 신선한 기름이 우리를 새롭게 만든다. 스가랴 4장 14절에서는 '신선한 기름의 아들들'이란 의미로 '베네 하 이츠하르(bene ha yishar)'라는 단어를 사용하였다. 기름 부으심은 그 본질상 낡거나, 늙지 아니하며 항상 신선하고 새로운 것이다. 항상 과거에 묻혀 사는 사람들을 보면 예전에 받았던 은사와 축복을 말한다. 이것은 오늘날 계속 임재하는 기름 부으심과는 아무런 상관이 없다.
기름 부으심은 과거를 묻지 않는다. 오직 미래만을 향해 계속 전진해 나아간다. 우리의 신앙이 날마다 새로워지려면 매일 매일 기름 부으심 속으로 침몰해 들어가야 한다.

3) 기름 부으심은 우리가 주님의 소유된 것을 알게 해준다.

> 이르시기를 나의 기름 부은 자를 손대지 말며 나의 선지자들을 해하지 말라 하셨도다 (시105:15)

세상과 온전히 구별되어서 하나님의 소유물이 되고 그러므로 인해 하나님의 보호하심을 받게 된다. 우리는 기름 부으심을 통해 하나님과의 관계가 더욱 깊어짐을 경험하게 된다.

여호와께서 자기에게 기름 부음 받은 자를 구원하시는 줄 이제 내가 아노니 그의 오른손의 구원하는 힘으로 그의 거룩한 하늘에서 그에게 응답하시리로다 (시20:6)

넷째, 기름 부으심은 우리를 자유롭게 하신다.

주 여호와의 영이 내게 내리셨으니 이는 여호와께서 내게 기름을 부으사 가난한 자에게 아름다운 소식을 전하게 하려 하심이라 나를 보내사 마음이 상한 자를 고치며 포로 된 자에게 자유를, 갇힌 자에게 놓임을 선포하며 (사61:1)

마귀로부터의 자유, 질병과 죽음으로부터의 자유, 물질로부터의 자유, 고통과 고난으로부터의 자유 … 이 모든 것은 기름 부으심을 통해 이루어진다. 모든 문제가 발생하면 우리는 하나님의 기름 부으심이 쏟아지고 있는 장소로 나아가야 한다. 그곳에서 기름에 흠뻑 취해 있어야 한다. 새로운 기쁨, 새로운 길, 새로운 해결책이 보일 것이다.
결국 기름 부으심이란, '성령님께서 하나님 나라 확장을 위해 세움을 받는 하나님의 종들에게 부어주시는 능력과 권위, 권세'를 의미한다.

(1) 기름 부으심의 성경적 의미

1) 구별한다

여호와의 관유가 너희에게 있은즉 너희는 회막 문에 나가지 말라 그리하면 죽음을 면하리라 그들이 모세의 말대로 하니라 여호와께서 아론에게 말씀하여 이르시되 너와 네 자손들이 회막에 들어갈 때에는 포도주나 독주를 마시지 말라 그리하여 너희 죽음을 면하라 이는 너희 대대로 지킬 영영한 규례라 그리하여야 너희가 거룩하고 속된 것을 분별하며 부정하고 정한 것을 분별하고 또 나 여호와가 모세를 통하여 모든 규례를 이스라엘 자손에게 가르치리라 (레10:7~11)

'**여호와의 관유**'란 '기름 부음을 받은 자'란 뜻이며, 이런 기름 부음을 받은 자가 죄악과 구별되어 죽음을 면죄시킬 수 있고 기름 부음을 받은 자는 세상과 구별되어 하나님의 전에 들어갈 수 있었다. 기름 부음이란 과거의 세속적이고 인본주의적이며 겉사람 중심의 삶에서 영적이며 신본주의적이고 속사람 중심의 새 사람, 새 마음이 되었다는 것을 의미한다. 어떤 사람이나 어떤 물건에 기름을 바르는 것은 하나님을 섬기는데 쓰기 위해 정당하게 구별하는 것을 의미하였다.

2) 거룩하게 되었다

> 또 관유를 가져다가 성막과 그 안에 있는 모든 것에 발라 그것과 그 모든 기구를 거룩하게 하라 그것이 거룩하리라 ... 그 아버지에게 기름을 부음 같이 그들에게도 부어서 그들이 내게 제사장의 직분을 행하게 하라 그들이 기름 부음을 받았은즉 대대로 영영히 제사장이 되리라 하시매 (출40:9, 15)

성경에는 모세가 아론에게 기름을 부어 '그를 거룩하게 하였다', '기름을 부어 여호와께 돌려'(대상29:22)라고 기록하고 있다. 이러한 기름 부음은 구별된 직위를 나타내기도 하지만, 책임이 증가한 것을 나타내기도 한다. 사울과 다윗 둘 다 "내가(여호와께서) 기름을 부어 너를 왕으로 삼았다."라는 일깨움의 말에 의해 그들의 죄에 대해 해명하도록 요구받는다(삼상15:17, 삼하12:7). 우리는 기름 부음을 통해 더 세상과 구별된 삶을 살아야 한다.

3) 권위를 부여한다

> 다윗이 아비새에게 이르되 죽이지 말라 누구든지 손을 들어 여호와의 기름 부음 받은 자를 치면 죄가 없겠느냐 하고 (삼상26:9)

> 이르시기를 나의 기름 부은 자를 손대지 말며 나의 선지자들을 해하지 말라 하셨도다 (시105:15)

성경에는 기름 부으심을 주관하는 주체가 바로 하나님이시라는 것과 기름 부음을 받은 자는 신성불가침의 존재라는 것 그리고 기름 부음을 받은 자는 특별한 존경을 받아야만 한다는 것을 강조하고 있다.

4) 능력이 임했다

> 사무엘이 기름 뿔 병을 가져다가 그의 형제 중에서 그에게 부었더니 이 날 이후로 다윗이 여호와의 영에게 크게 감동 되니라 사무엘이 떠나서 라마로 가니라 (삼상16:13)

기름 부으심은 하나님에 의해 권능이 동반되는 것으로 간주 되었다. 사울과 다윗 모두에 대해 그들의 기름 부음 받음과 관련해 '하나님의 신이 그에게 크게 임하였다'고 말씀하고 있다. 이런 기름 부으심에 능력으로 병든 자를 고치고 귀신을 내어 쫓을 수 있는 것이다.

5) '메시아 통치가 임한다'

'기름 부음을 받은 자'의 히브리어 '마쉬아흐'는 '메시아'와 동의어다. 그리스어 '그리스도'는 장차 오실 약속된 구원자인 예수님과 연관이 되어 있으며 의롭고 성령에 가득 차 있는 재림주이자 통치자인 예수님의 완전한 승리와 직접적인 통치와 관련되어 있다.

(2) 기름 부으심의 목적

1) 사역을 위한 목적

> 주의 성령이 내게 임하셨으니 이는 가난한 자에게 복음을 전하게 하시려고 내게 기름을 부으시고 나를 보내사 포로 된 자에게 자유를, 눈먼 자에게 다시 보게 함을 전파하며 눌린 자를 자유롭게 하고 주의 은혜의 해를 전파하게 하려 하심이라 하였더라 (눅4:18~19)

> 하나님이 나사렛 예수에게 성령과 능력을 기름 붓듯 하셨으매 그가 두루 다니시며 선한 일을 행하시고 마귀에게 눌린 모든 사람을 고치셨으니 이는 하나님이 함께하셨음이라 (행10:38)

기름 부으심을 통해 우리는 다음과 같은 사역을 감당할 수 있다.

첫째, 복음을 증거 하는 사역
둘째, 가난하고 소외된 자들을 섬기는 사역
셋째, 병든 자를 치유하는 사역
넷째, 영적으로 눌린 자를 해방 시키는 사역
다섯째, 귀신을 쫓아내는 사역

이 모든 사역은 인간의 힘, 능력, 경험으로 하는 것이 아니라 오직 성령의 기름 부으심을 통해 완성해 나가는 것이다.

2) 직분을 위한 목적

> 하나님이 교회 중에 몇을 세우셨으니 첫째는 사도요 둘째는 선지자요 셋째는 교사요 그 다음은 능력을 행하는 자요 그 다음은 병 고치는 은사와 서로 돕는 것과 다스

리는 것과 각종 방언을 말하는 것이라 (고전12:28)

기름 부으심을 통해 공동체 안에 각 직분 자들을 세울 수 있고, 몸통이 신 그리스도를 중심으로 자신의 지위와 사명을 가지고 아름다운 하나님 나라를 건설해 나갈 수 있다.

3) 진리를 위한 목적

그는 진리의 영이라 세상은 능히 그를 받지 못하나니 이는 그를 보지도 못하고 알지도 못함이라 그러나 너희는 그를 아나니 그는 너희와 함께 거하심이요 또 너희 속에 계시겠음이라 ... 보혜사 곧 아버지께서 내 이름으로 보내실 성령 그가 너희에게 모든 것을 가르치고 내가 너희에게 말한 모든 것을 생각나게 하리라 (요14:17, 26)

기름 부으심을 통해 우리는 영적인 진리를 깨닫게 되고 우리의 삶의 지혜를 풍성하게 체험하게 된다.

(3) 기름 부으심을 받았다는 증거

1) 하나님의 영광을 체험함으로

여호와의 사자가 떨기나무 가운데로부터 나오는 불꽃 안에서 그에게 나타나시니라 그가 보니 떨기나무에 불이 붙었으나 그 떨기나무가 사라지지 아니하는지라 (출3:2)

셋째 날 아침에 우레와 번개와 빽빽한 구름이 산 위에 있고 나팔 소리가 매우 크게 들리니 진중에 있는 모든 백성이 다 떨더라 (출19:16)

모세는 하나님의 불꽃인 '쉐키나(shekinah)'를 보았다. 광야에서 이스라엘 백성들은 천둥과 번개, 빽빽한 구름 기둥, 불기둥을 보았고, 나팔 소리를 들었습니다. 기름 부으심이 넘치게 되면 우리가 기도할 때, 찬양과 경배할 때, 말씀을 들을 때, 사역할 때, 심지어 잠을 자고 있을 때도 하나님의 영광을 느끼고, 보고, 듣고 체험할 수 있었다.

2) 내적으로 뜨거워짐을 체험함으로

> 그들이 서로 말하되 길에서 우리에게 말씀하시고 우리에게 성경을 풀어 주실 때에 우리 속에서 마음이 뜨겁지 아니하더냐 하고 (눅24:32)

엠마오로 가던 두 제자는 예수님을 만난 직후에 마음이 뜨거워지는 체험을 하였다. 기름 부으심이 임하면 때로는 전기에 감전된 것 같이 몸이 짜릿하기도 하고 가슴이나 머리에 뜨거운 불이 임하는 것 같은 느낌을 받기도 한다. 어떤 분은 열왕기하 2장 13절에서 엘리야의 몸에서 떨어진 겉옷을 성령의 기름 부음이라고 주장하기도 한다.

케네스 헤긴(Kenneth E. Hagin, 1917~2003)은 "때때로 직무를 수행할 때 기름 부음이 내 위에 임하시면 마치 외투가 내 위에 내려와 덮이는 것같이 느껴진다"라고 말하면서 "내가 오버코트를 입고 있는 것과 같은 느낌을 주는데 사실은 입고 있지 않고 하나님의 권능, 즉 기름 부음이 나를 그렇게 덮으시기 때문에 내가 그렇게 느끼게 된다."라고 말했다.

3) 자유함을 체험함으로

> 주 여호와의 영이 내게 내리셨으니 이는 여호와께서 내게 기름을 부으사 가난한 자에게 아름다운 소식을 전하게 하려 하심이라 나를 보내사 마음이 상한 자를 고치며 포로된 자에게 자유를, 갇힌 자에게 놓임을 선포하며 (사61:1)

성령의 기름 부으심은 곧 해방의 영이 임했음을 뜻한다. 억눌리고, 갇혀 있고, 탈진된 자들이 승리의 기쁨을 느끼며 앞으로 나아가게 되고, 포로되고, 마음이 상하고, 마귀의 노예가 된 자들이 진정한 해방의 기쁨을 느끼게 된다. 그래서 얼마 전까지 두렵고, 불안하고, 근심, 걱정이 너무 많이 있던 사람에게 기름 부으심을 통해 참 자유와 기쁨의 찬양과 경배가 흘러나오게 된다.

4) 능력이 나타남으로

> 오직 성령이 너희에게 임하시면 너희가 권능을 받고 예루살렘과 온 유대와 사마리아와 땅끝까지 이르러 내 증인이 되리라 하시니라 (행1:8)

치유와 기적, 능력과 권세가 나타나서 영적 싸움, 영적 대결에서 승리하게 된다. 마귀와의 싸움, 각종 질병과의 싸움, 정신적인 고통에서 승리하게 된다.

5) 사랑이 충만해짐으로

> 사랑하는 자들아 우리가 서로 사랑하자 사랑은 하나님께 속한 것이니 사랑하는 자마다 하나님으로부터 나서 하나님을 알고 사랑하지 아니하는 자는 하나님을 알지 못하나니 이는 하나님은 사랑이심이라 ... 사랑 안에 두려움이 없고 온전한 사랑이 두려움을 내쫓나니 두려움에는 형벌이 있음이라 두려워하는 자는 사랑 안에서 온전히 이루지 못하였느니라 (요일4:7~8, 18)

미움이 변하여 사랑이 되고, 분노가 변하여 사랑이 되고, 슬픔이 변하여 사랑이 되고 한숨이 변하여 사랑이 된다.

(4) 기름 부음 후 나타나는 역사

1) 하나님의 영이 들이닥쳤다.

> 이에 사람을 보내어 그를 데려오매 그의 빛이 붉고 눈이 빼어나고 얼굴이 아름답더라 여호와께서 이르시되 이가 그니 일어나 기름을 부으라 하시는지라 사무엘이 기름 뿔병을 가져다가 그의 형제 중에서 그에게 부었더니 이 날 이후로 다윗이 여호와의 영에게 크게 감동되니라 사무엘이 떠나서 라마로 가니라 (삼상16:12~13)

그렇게 겸손했던 사울 왕은 점점 자신의 세력이 강성해가자 마침내 교만해지기 시작했다. 아말렉과의 싸움에서 승리한 사울은 하나님께서 아말렉의 모든 것을 진멸하라고 명령했음에도 불구하고 몰래 아말렉 왕인 아각과 그의 양, 소 등을 숨겨 두었다(삼상15: 8~9). 그리고는 하나님의 선지자 사무엘이 찾아왔을 때 거짓말로 하나님과 인간을 속이려 하였다. 그러자 사울을 왕으로 세우신 하나님은 다시 새로운 왕을 세우시기로 작정하셨다. 하나님은 베들레헴 사람 이새의 아들 중에서 한 사람을 선택하여 왕으로 삼기로 결심하시고 선지자 사무엘로 올리브기름을 채워 넣은 소뿔을 가지고 이새의 집을 찾아가게 하셨다. 아버지 이새는 8명의 아들 중 7명의 아들(엘리압, 아비나답, 삼마 등)을 사무엘 앞에 선보이며 하나님의 명령을 기다렸지만, 용모와 신장 등 사람의 외모를 보지 않으시고 오직 마음(중심)을 보시는(삼상16:7) 하나님께서는 막내아들인 다윗을 택하셔서 이스라엘 왕으로 삼으셨다.

성경에는 선지자 사무엘이 기름 뿔을 취하여 다윗에게 기름을 부었더니 이날 이후로 다윗이 여호와의 영에 크게 감동되었다고 기록하고 있다. "여호와의 영에 크게 감동되니라"(개역개정). 이 말씀을 주석 성경에는 다음과 같이 번역하였다.

> 사무엘은 기름이 담긴 뿔을 들고 형들 한가운데에서 그에게 기름을 부었다. 그러자 주님의 영이 다윗에게 들이닥쳐 그날부터 줄곧 그에게 머물렀다. 사무엘은 그곳을 떠나 라마로 갔다 (삼상16: 13)

히브리어로 이 구절은 '엘로힘 루아흐 짜라흐(elohim ruach tsalach)'인데, '엘로힘 루아흐'는 '하나님의 영'이란 뜻이다. '짜라흐' 혹은 '찰라흐' 또는 '찰레아흐(tsaleach)'라고 불리는 히브리어는 2가지의 뜻이 있다.
하나는 '달려들다', '돌진하다', '힘 있게 내리다', '들이닥치다'라는 뜻이고, 또 하나는 '앞으로 나아가다', '발전하다', '번영하다'라는 뜻입니다.[8]
개역개정성경은 너무 의미를 매끄럽게 번역하여서 원어의 본뜻을 사실상 변질시켜 버렸다.

8_로고스 편집위원, 『NIV 구약 원어 대조성경』 (서울 : 도서출판로고스), 6739.
see 주교회의성서위원회 편찬, 『주석성경 구약』 (서울 : 한국천주교중앙협의회), 708.

정확하게 번역하면 '하나님의 영이 달려들었다', '하나님의 영이 돌진하였다', '하나님의 영이 들이닥쳤다'라고 번역해야 맞다. 사무엘이 기름 뿔 병을 가져다가 어린 다윗에게 부으니까 갑자기 주님의 영이 들이닥쳤다. 하나님의 영이 들이닥친 이후 다윗의 삶은 어떠했는가?

첫째, 마귀와의 싸움에서 이기는 능력이 나타났다.

> 하나님께서 부리시는 악령이 사울에게 이를 때에 다윗이 수금을 들고 와서 손으로 탄즉 사울이 상쾌하여 낫고 악령이 그에게서 떠나더라 (삼상16:23)

'축사(逐邪, 귀신 쫓음)'를 통해 악령과의 싸움에서 이기게 되었다. 예수님께서 제자들에게 제일 먼저 주신 능력이 '더러운 귀신'을 쫓아내는 능력이었다.

> 예수께서 그의 열두 제자를 부르사 더러운 귀신을 쫓아내며 모든 병과 모든 약한 것을 고치는 권능을 주시니라 (마10:1)

우리에게 하나님의 영, 즉 성령님이 들이닥치시면 성령의 권능 안에서 마귀와 귀신과의 싸움에서 승리하는 역사를 이루게 된다. 우리의 싸움은 육체적 싸움이 아니다. 바로 영적인 싸움이다. 그러므로 우리는 항상 영적 무장하고 싸움에 임해야 한다.

우리의 씨름은 혈과 육을 상대하는 것이 아니요 통치자들과 권세들과 이 어둠의 세상 주관자들과 하늘에 있는 악의 영들을 상대함이라 그러므로 하나님의 전신 갑주를 취하라 이는 악한 날에 너희가 능히 대적하고 모든 일을 행한 후에 서기 위함이라 (엡6:12~13)

모든 전쟁에서는 반드시 승리해야 한다. 전쟁에서 지는 것만큼 불행한 일은 없다. 진리, 공의, 예수 복음, 믿음, 구원, 말씀 등을 가지고 우리는 반드시 마귀를 대적해야 하고 승리해야 한다.

그런즉 너희는 하나님께 복종할지어다 마귀를 대적하라 그리하면 너희를 피하리라 (약4:7)

하나님의 영이 들이닥칠 때 우리는 마침내 영적 싸움에서 승리하게 되는 것이다.

둘째, 하나님의 보호를 받았다.

그 이튿날 하나님께서 부리시는 악령이 사울에게 힘 있게 내리매 그가 집 안에서 정신없이 떠들어대므로 다윗이 평일과 같이 손으로 수금을 타는데 그 때에 사울의 손에 창이 있는지라 그가 스스로 이르기를 내가 다윗을 벽에 박으리라 하고 사울이 그 창을 던졌으나 다윗이 그의 앞에서 두 번 피하였더라 (삼상 18:10~11)

다윗의 인기가 사울 왕 보다 자꾸만 올라가자 사울의 마음속에 질투와 미움이 생기게 되었고 마침내 다윗을 죽이기로 작정하였다. 그래서 수금을 타면서 노래를 부르고 있는 다윗을 향해 손에 든 창을 던졌다. 그러나 다윗은 그의 앞에서 두 번이나 피하였다. 그러자 사울은 다윗을 두려워하기 시작하였다.

여호와께서 사울을 떠나 다윗과 함께 계시므로 사울이 그를 두려워한지라 (삼상 18:12)

하나님의 영으로 충만한 사람들을 하나님이 보호하신다. 어떤 도전이나 어떤 어려움이 있더라도 결국 주님은 우리를 보호해 주시고, 먹이시고, 입히시고, 승리하게 만드신다. 그래서 다윗은 이렇게 노래하였다.

여호와는 나의 목자시니 내게 부족함이 없으리로다 그가 나를 푸른 풀밭에 누이시며 쉴 만한 물가로 인도하시는도다 내 영혼을 소생시키시고 자기 이름을 위하여 의의 길로 인도하시는도다 내가 사망의 음침한 골짜기로 다닐지라도 해를 두려워 하지 않을 것은 주께서 나와 함께 하심이라 주의 지팡이와 막대기가 나를 안위하시나이다 주께서 내 원수의 목전에서 내게 상을 차려 주시고 기름을 내 머리에 부으셨으니 내 잔이 넘치나이다 내 평생에 선하심과 인자하심이 반드시 나를 따르리니 내가 여호와의 집에 영원히 살리로다 (시 23편)

셋째, 모든 일에 지혜가 생겼다.

다윗이 그의 모든 일을 지혜롭게 행하니라 여호와께서 그와 함께 계시니라 사울은 다윗이 크게 지혜롭게 행함을 보고 그를 두려워하였으나 (삼상18:14~15)

다윗은 여러 차례 전쟁터에 보내졌지만 가는 곳마다 지혜롭게 전술과 전략을 수립하고 수행함으로 항상 승리하게 되었고, 탁월한 지도력과 외교적 수완을 발휘하여 실질적인 이스라엘 국가의 대표가 되었다. 우리에게 하나님의 영이 임하면 우리는 세상을 분별하고, 세상을 이기는 지혜가 생기게 됩니다. 성령님은 지혜의 신이요, 지식의 신이시기 때문이다.

그러나 진리의 성령이 오시면 그가 너희를 모든 진리 가운데로 인도하시리니 그가 스스로 말하지 않고 오직 들은 것을 말하며 장래 일을 너희에게 알리시리라 (요 16:13)

어떤 사람에게는 성령으로 말미암아 지혜의 말씀을, 어떤 사람에게는 같은 성령을 따라 지식의 말씀을 (고전12:8)

성령의 기름 부으심이 충만해질 때 우리는 삶의 지혜, 하나님을 아는 지혜, 승리할 수 있는 지혜를 받게 될 것이다.

넷째, 고난도 찾아왔다.

그리스도를 위하여 너희에게 은혜를 주신 것은 다만 그를 믿을 뿐 아니라 또한 그를 위하여 고난도 받게 하려 하심이라 (빌1: 29)

미갈이 다윗을 창에서 달아 내리매 그가 피하여 도망하니라 (삼상19:12)

하나님께서는 다윗을 왕으로 선택하시고 또한 그에게 왕의 일을 감당할 수 있는 능력을 주셨지만, 고난도 주셨다. 하나님의 영이 들이닥쳤다고 해서, 성령의 능력이 임했다고 해서 모든 것이 만사형통한 것은 아니다. 오히려 그때부터 집단적인 마귀와 귀신들의 역공을 받아서 쫓기고, 배신당하고, 올무에 걸리고, 동굴에 숨어야 하고, 심지어 망명까지 하게 되는 그야말로 벼랑 끝의 삶이 시작될 수 있다. 다윗은 가드 왕 아기스에게 망명을 신청하면서 혹시 그가 자기를 죽일까 봐 겁이나 침을 흘리고, 대문짝을 박박 긁고, 미친 체하는 원맨쇼를 하기도 하였다. 오직 살아남기 위한 몸부림이었다.
성령이 비둘기 같이 내리셨던 예수님도 성령의 임재 이후 바로 광야로 이끌려 마귀의 시험을 세 번이나 받았다. 마귀는 우리가 능력을 받았다고, 은사가 넘친다고, 40일 금식했다고 두려워하거나 그냥 물러서는 존재가 아니다. 오히려 더 달라붙어 우리를 넘어뜨리려고 한다. 그래서 능력의 종들은 더 조심해야 한다.

> 그런즉 선 줄로 생각하는 자는 넘어질까 조심하라 (고전10:12)

그러나 우리는 이런 고난 속에서도 주님만 바라보며 전진해야 한다.

> 우리가 사방으로 우겨쌈을 당하여도 싸이지 아니하며 답답한 일을 당하여도 낙심하지 아니하며 (고후4:8)

2) 새 사람(새 마음)이 되었다.

> 네게는 여호와의 영이 크게 임하리니 너도 그들과 함께 예언하고 변하여 새 사람이 되리라… 그가 사무엘에게서 떠나려고 몸을 돌이킬 때에 하나님이 새 마음을 주셨고 그 날 그 징조도 다 응하니라 (삼상10:6, 9)

> 맑은 물을 너희에게 뿌려서 너희로 정결하게 하되 곧 너희 모든 더러운 것에서와 모든 우상숭배에서 너희를 정결하게 할 것이며 (겔36:25)

> 내가 그들에게 한 마음을 주고 그 속에 새 영을 주며 그 몸에서 돌 같은 마음을 제거하고 살처럼 부드러운 마음을 주어 (겔11:19)

새 사람이란 구체적으로 어떤 사람인가?

첫째, 자신의 혼적인 것이 깨진 사람이다.
자신의 자아, 죄악 된 마음, 율법적인 마음, 세속적인 마음이 깨어져서 다시 태어난 사람이다.
둘째, 겉 사람에서 속 사람으로 변한 사람이다.

> 그러므로 우리가 낙심하지 아니하노니 우리의 겉 사람은 낡아지나 우리의 속 사람은 날로 새로워지도다 (고후4:16)

육신적인(bios) 육체가 영적인(zoe)육체로 변화되는 것을 의미한다. 과거의 육적인(술, 담배, 마약)모습에서 영적인 모습으로 변화된 사람이다.
셋째, 부드러운 마음으로 변화된 사람이다.
율법적이고, 세속적이고, 굳어있는 자아에서 애통함, 긍휼함을 가진, 다시 말해 예수님의 마음으로 변화된 사람이다.

3) 지도자로 세움을 받았다.

> 이에 사무엘이 기름병을 가져다가 사울의 머리에 붓고 입 맞추며 이르되 여호와께서 네게 기름을 부으사 그의 기업의 지도자로 삼지 아니하셨느냐 (삼상10:1)

높이 세움을 받기 위해 기름 부으심이 필요하다.

> 그때 주께서 환상 중에 주의 성도들에게 말씀하여 이르시기를 내가 능력 있는 용사에게는 돕는 힘을 더하며 백성 중에서 택함 받은 자를 높였으되 내가 내 종 다윗을 찾아내어 나의 거룩한 기름을 그에게 부었도다 (시89:19~20)

높이 세움을 받는다는 의미에는 3가지 의미가 있다.

첫째, 영적인 세움 : 민족을 이끄는 영적 지도자, 선지자
둘째, 사회적인 세움 : 사회적, 정치적으로 영향력을 행사할 수 있는 지도자
셋째, 문화적, 예술적인 세움 : 문화적, 예술적 거장
넷째, 경제적인 세움 : 경제를 이끄는 최고경영자(chief executive officer, CEO)

> 그러나 그는 사람이 그들을 억압하는 것을 용납하지 아니하시고 그들로 말미암아 왕들을 꾸짖어 이르시기를 나의 기름 부은 자를 손대지 말며 나의 선지자들을 해하지 말라 하셨도다 (시105:14~15)

4) 거대한 장애물(골리앗)과 싸워 이겼다.

다윗이 이같이 물매와 돌로 블레셋 사람을 이기고 그를 쳐 죽였으나 자기 손에는 칼이 없었더라 다윗이 달려가서 블레셋 사람을 밟고 그의 칼을 그 칼집에서 빼내어 그 칼로 그를 죽이고 그의 머리를 베니 블레셋 사람들이 자기 용사의 죽음을 보고 도망하는지라 (삼상17:50~51)

이스라엘 백성 앞에 거대한 거인 한 명이 나타났다. 바로 '골리앗'이었다. 그의 키는 2m 93cm이었고, 57kg나 되는 갑옷을 입었으며 그가 들고 있는 창의 끝날 만 7.5kg가 넘었다. 이 거인 앞에서 이스라엘 백성들은 감히 앞에 나가 싸우지도 못하고 진지 안에 숨어만 있었다. 그때 다윗은 담대하게 나아가 매끄러운 돌멩이를 물매로 던져 골리앗의 이마를 정통으로 맞춰서 그를 거꾸러뜨리고 목을 베는 승리자가 되었다. 이것은 하나님의 영이 들이닥친 사람만이 할 수 있는 능력이다.

이 골리앗을 영적으로 해석하면 우리 앞을 가로막고 있는 거대한 벽, 즉 거대한 문제, 거대한 고난 등을 의미한다. 어떤 사람은 물질의 골리앗을, 어떤 사람은 질병의 골리앗을, 어떤 사람은 자녀나 부모의 골리앗을 만난다. 그러나 이 골리앗은 너무나 거대하고 강해서 절대 우리의 힘으로는 이길 수가 없다. 이 골리앗을 이길 수 있는 유일한 방법은 하나님의 영이 나에게 들이닥쳐서 나를 강하게 이끌어주시는 것 뿐이다. 지금 우리 앞을 가로막고 있는 골리앗은 무엇인가? 우리의 삶을 가로막고 있는 거대한 골리앗은 우리의 힘으로 이길 수 없는 것들이다. 오직 하나님의 영이신 성령의 능력으로 이길 수 있는 것이다.

(5) 세 번의 기름 부으심

다윗 왕은 한 번만 기름 부으심을 받은 것이 아니라 세 번이나 기름 부으심을 받았다. 그런데 매번 기름 부으심을 받을 때마다 그는 점점 더 강성해져 갔다. 우리도 한 번의 기름 부으심에 만족해서는 안 된다. 더 깊은 기름 부으심의 속으로 계속 들어가야 한다.

1) 첫 번째 기름 부으심은 개인적 사역을 위한 은사의 기름 부으심이다.

이에 사람을 보내어 그를 데려오매 그의 빛이 붉고 눈이 빼어나고 얼굴이 아름답더라 여호와께서 이르시되 이가 그니 일어나 기름을 부으라 하시는지라 사무엘이 기름 뿔병을 가져다가 그의 형제 중에서 그에게 부었더니 이 날 이후로 다윗이 여호와의 영에게 크게 감동되니라 사무엘이 떠나서 라마로 가니라 (삼상16:12~13)

다윗이 아직 어린 소년이었을 때 선지자 사무엘이 하나님의 명을 받아 그의 아버지 이새를 찾아와서 어린 다윗에게 기름 뿔을 취하여 그의 머리에 첫 번째 기름을 부었다. 그런데 그날 이후로 다윗은 여러 가지 영적 현상들이 나타나기 시작하였다. 사역의 기름 부으심은 구체적으로 어떤 기름 부으심인가?

첫째, 악령을 내어 쫓는 축사의 기름 부으심이다.

여호와의 영이 사울에게서 떠나고 여호와께서 부리시는 악령이 그를 번뇌하게 한지라 ... 하나님께서 부리시는 악령이 사울에게 이를 때에 다윗이 수금을 들고 와서 손으로 탄즉 사울이 상쾌하여 낫고 악령이 그에게서 떠나더라 (삼상16:14, 23)

사울에게 악령이 붙었는데 번뇌(beerah)하게 하는 귀신이었다. '번뇌케 한다'라는 뜻은 '두려워하다'라는 뜻으로 예상치 못한 행동으로 불안을 유발한 사탄의 영향을 보여주고 있다. 그때 첫 번째 기름 부으심을 받은 다윗이 수금을 타고 찬양하니까 악령들이 떠나갔다. 귀신을 내어 쫓는 축사의 영이 임한 것이다.

우리는 인간 안에 역사하는 귀신들을 내어 쫓아야 한다.
우리는 가정 안에 역사하는 귀신들을 내어 쫓아야 한다.
우리는 지역 안에 역사하는 귀신들을 내어 쫓아야 한다.
우리는 민족 안에 역사하는 귀신들을 내어 쫓아야 한다.
오직 기름 부으심 속에서 축사가 이루어진다.

둘째, 예언의 기름 부으심이다.

네게는 여호와의 영이 크게 임하리니 너도 그들과 함께 예언하고 변하여 새사람이 되리라 (삼상10:6)

사랑을 추구하며 신령한 것들을 사모하되 특별히 예언하려고 하라 (고전14:1)

우리에게는 선지자의 영이 임해야 한다. 그래서 개인적인 예언도 하고 민족적인 예언도 해야 한다. 예언의 기름 부음이 넘쳐서 서로서로 세워주어야 한다.

셋째, 치유의 기름 부으심이다.

> 너희 중에 병든 자가 있느냐 그는 교회의 장로들을 청할 것이요 그들은 주의 이름으로 기름을 바르며 그를 위하여 기도할지니라 (약5:14)

각종 질병에 고통당하며 상처받은 자들을 향해 우리는 치유의 기름 부음을 통해 모든 병마에서 해방 시키는 사역을 감당해야 한다.

2) 두번째 기름 부으심은 직분, 직임을 위한 기름 부으심이다.

> 유다 사람들이 와서 거기서 다윗에게 기름을 부어 유다 족속의 왕으로 삼았더라 ... 이제 너희는 손을 강하게 하고 담대히 할지어다 너희 주 사울이 죽었고 또 유다 족속이 내게 기름을 부어 그들의 왕으로 삼았음이니라 하니라 (삼하2:4,7)

두 번째 기름 부으심을 통해 다윗은 유다 족속의 왕으로 임명되었다. 12 지파 중 유일하게 유다 지파만 다윗을 왕으로 삼았다. 비록 다른 11 지파는 아직 다윗을 인정하지 않았지만 그는 당당히 자신의 직임을 위임받게 되었다. 두 번째 기름 부으심은 지도자, 멘토(mentor), 트레이너가 되는 지도력 있는 기름 부으심이다. 두번째 기름 부으심은 구체적으로 어떤 기름 부으심인가?

> 하나님이 교회 중에 몇을 세우셨으니 첫째는 사도요 둘째는 선지자요 셋째는 교사요 그 다음은 능력을 행하는자요 그 다음은 병 고치는 은사와 서로 돕는 것과 다스리는 것과 각종 방언을 말하는 것이라 (고전12:28)

> 그가 어떤 사람은 사도로, 어떤 사람은 선지자로, 어떤 사람은 복음 전하는 자로, 어떤 사람은 목사와 교사로 삼으셨으니 이는 성도를 온전하게 하여 봉사의 일을 하게 하며 그리스도의 몸을 세우려 하심이라 (엡4:11~12)

첫째, 사도(apostolos)적 기름 부으심이다.
사도의 어원은 '파견하다'라는 뜻의 그리스어 동사 '아포스텔(apostell)'이며 명사형인 '아포스토롤스(apostolos)'는 '보내진 자'또는 '파견된 자'라는 의미다. 성경에서 사도는 초기에 주님을 따르고 그의 가르침을 세상에 전한 사람을 가리키는 말로 사용되었다.
오늘날의 탁월한 지도자 중의 한 사람으로 '사역자들과 교회들의 연합'(federation of ministers and churches)이라는 단체를 인도하는 짐 핫지(Jim Hodge)는 사도와 목사의 차이점을 다음과 같이 설명했다.[9]

9_C. Peter Wagner, Changing Church, 『신사도적 교회로의 변화』, 김영우 역(서울:Shekinah, 2007), 43-44.

<표 2> 목회적 기름 부음과 사도적 기름 부음 차이점

목회적 기름 부음	사도적 기름 부음
성도들의 개인 즉 '양떼'의 변화에 집중한다.	성도들 넘어서 도시와 지역을 변화시는 데 집중한다.
조화, 균형, 화평, 안정성을 유지하는 데 집중한다.	적극적인 영적 전쟁을 통해 하나님의 지경을넓히는 데 집중한다.
교회를 주님의 가족으로 본다.	교회를 하나님의 군대로 본다.
하나님과 친밀한 교제에 관심이 있다.	마귀와의 싸움에 관심이 있다.
교사들과 더 잘 동역한다.	선지자들과 잘 동역한다.
논쟁을 피하고 문제가 원만히 해결되기를 원한다.	확실한 결정을 목표로 하며 충돌도 불사한다.

둘째, 선지자(先知者)적 기름 부으심이다.
선지자란 '말씀을 쏟아붓는 자', '부름을 받아 말하는 자'란 뜻으로 히브리어로 '나비(nabi)'라고 부르며 그리스어로는 '프로페테스(prophetes)'라고 부른다. 선지자의 기름 부으심을 받았다는 것은 개인적인 계시와 민족적인 계시를 다 받게 되었음을 의미한다. 그래서 신약적인 개인 예언과 구약적인 민족 예언을 통해 하나님의 뜻을 전달시키는 중개자의 역할을 감당할 수 있다.

셋째, 교사(teaching)적 기름 부으심이다.
교사로서 사람들을 가르치고, 세우고, 파송하는 은사는 매우 중요하다. 적과 싸우기 위해서는 많은 전술(戰術)과 전략(戰略)이 필요하다.[10]

넷째, 목회적 기름 부으심이다.
목자(shepherd)란 '양을 치는 사람'이란 뜻이다. 일정한 장소, 기관, 단체를 관리하면서 양떼를 지도하는 기름 부으심이다. 목회자는 일반 교회 사역과 특수(기관, 단체)사역으로 나눌 수 있다. 목회자의 기름 부음은 설교, 상담, 심방을 통해 더욱 극대화될 수 있다.

다섯째, 나눔과 섬김의 기름 부으심이다.
서로 교제(koinonia)하고 섬기면서(diakonia) 아름다운 공동체를 만들어가

10_두산동아 편, 『동아 새 국어사전 제5판』, (서울:두산동아), 2056, 2062.
전술(戰術, tactics)이란 전투에서 병력을 운영하는 기술을 말하고, 전략(戰略, strategy)이란 전쟁에서의 승리를 위해 여러 전투를 계획·조직·수행하는 방책을 말한다.

는 기름 부으심이다.
하나님께서 교회 안에 직분 자를 세웠다. 사도, 선지자, 교사, 전도자, 집사, 권사, 장로, 목사 등의 직분 자를 세웠다. 이렇게 하신 이유는 교회의 덕을 세우고, 그리스도 몸과 나라를 완성 시켜 나가기 위해서였다. 우리는 주님의 직분을 받았다. 달란트를 받았다. 이런 달란트는 우리는 잘 사용해야 하며 많은 열매를 맺음으로 주님께 영광을 돌려야 한다. 우리는 계속해서 우리에게 직분을 달라고 기도해야 하며, 그 직분을 잘 감당해서 많은 열매를 맺게 해 달라고 기도해야 한다. 직분에 대한 기름 부으심이 넘칠 때 우리는 우리의 사명을 잘 감당할 수가 있다.

3) 세 번째 기름 부으심은 왕권의 기름 부으심이다.

> 이에 이스라엘 모든 장로가 헤브론에 이르러 왕에게 나아오매 다윗 왕이 헤브론에서 여호와 앞에 그들과 언약을 맺으매 그들이 다윗에게 기름을 부어 이스라엘 왕으로 삼으니라 (삼하5:3)

드디어 다윗은 모든 이스라엘 장로와 백성에게 인정받는 기름 부으심을 받게 되었다. 세 번째 기름 부으심은 결국 다윗을 위대한 이스라엘 민족의 왕으로 만드는 것이었다. 이 기름 부으심은 왕권을 위한 기름 부으심이다. 이제는 하나님의 왕권을 가지고 하나님의 나라를 이 땅에 실현 시켜 나가는 최고 능력 있는 기름 부으심이다. 사탄의 왕국을 무너뜨릴 수 있고, 하나님의 뜻을 이 땅에 건설할 수 있는 기름 부으심이다.
왕권의 기름 부으심이란 구체적으로 무엇을 뜻하는가?

첫째, 빼앗는 기름 부으심이다.

> 다윗이 시온 산성을 빼앗았으니 이는 다윗 성이더라 그 날에 다윗이 이르기를 누구든지 여부스 사람을 치거든 물 긷는 데로 올라가서 다윗의 마음에 미워하는 다리 저는 사람과 맹인을 치라 하였으므로 속담이 되어 이르기를 맹인과 다리 저는 사람은 집에 들어오지 못하리라 하더라 다윗이 그 산성에 살면서 다윗 성이라 이름하고 다윗이 밀로에서부터 안으로 성을 둘러 쌓으니라 (삼하5:7~9)

다윗이 왕권의 기름 부으심을 받은 후 가장 먼저 행한 일이 바로 타민족에게 빼앗긴 성을 빼앗아 오는 것이며 더욱 튼튼히 성을 재건하는 일이었다. 이처럼 우리는 마귀가 점령한 지역, 국가, 민족, 기업, 경제, 문화, 정치 그리고 마귀의 영토, 마귀의 산성을 빼앗아 와야 한다. 우리는 마귀에게 포로 된 사람을 빼앗는 것뿐 아니라 마귀가 지은 성벽과 동산,

부동산까지 무너뜨리고 빼앗아 와야 한다.
둘째, 영향력이 증가하는 기름 부으심이다.

> 만군의 하나님 여호와께서 함께 계시니 다윗이 점점 강성하여 가니라 (삼하5:10)

우리의 영향력이 커져야 한다. 예수 믿는 사람은 사회적, 민족적 영향력을 가지고 있어야 한다. 그래서 민족을 이끄는 지도자가 되어야 한다.

셋째, 축복권이 있는 기름 부으심이다.
두 번의 기름 부으심을 받았을 때까지도 다윗은 축복권이 없었다. 그러나 왕권의 기름 부으심을 받고서는 축복의 통로가 열렸으며, 그 능력을 갖추고 모든 백성을 축복했다.

> 다윗이 번제와 화목제 드리기를 마치고 만군의 여호와의 이름으로 백성에게 축복하고 (삼하6:18)

넷째, 물권의 기름 부으심이다.

> 모든 백성 곧 온 이스라엘 무리에게 남녀를 막론하고 떡 한 개와 고기 한 조각과 건포도 떡 한 덩이씩 나누어 주매 모든 백성이 각기 집으로 돌아가니라 (삼하6:19)

이스라엘 민족이 이집트에서 탈출하여 홍해를 건너 가나안으로 왔을 때 장정만 60만이었다. 여자들, 노인들, 어린이들이 합쳐지면 200만 명이 넘었다. 이제 400년이 흘러 인구는 더욱 늘어났을 것이다. 아마 800만 명을 넘었을 것이다. 그중에 성인 남녀는 대략 400만 명이었을 것이다. 그들에게 빵 한 덩이를 제공하려면 엄청난 양의 밀가루가 필요하고, 고기 한 조각을 나누어주려면 엄청난 양의 소나 양을 잡아야 한다. 또한 건포도 빵 한 덩이를 나누기 위해 많은 양의 건포도와 밀가루가 또 필요하다. 이것은 물권의 축복이 없다면 불가능한 사건이다. 아마 다윗은 부족한 부분은 외국과 비즈니스를 통해 채웠을 것이다. 이전의 다윗은 매우 가난했다. 자신과 가족을 먹여 살리기도 벅찼다. 그러나 왕권의 기름 부으심을 받은 후 엄청난 재정을 움직이는 힘이 생겼다. 왕권의 기름을 받아야 물권이 열린다. 오늘날 재정문제로 많은 성도와 사역자들이 고통을 당하고 있다. 우리는 왕권의 기름을 가지고 이 모든 문제를 해결해 나가야 한다.

(6) 기름 부으심은 언제 일어나는가

1) 겸손한 사람에게 기름 부으심의 역사가 일어난다.

> 사무엘이 이르되 왕이 스스로 작게 여길 그때 이스라엘 지파의 머리가 되지 아니하셨나이까 여호와께서 왕에게 기름을 부어 이스라엘 왕을 삼으시고 (삼상15:17)

겸손한 사람은 자신을 잘 드러내지 않는다. 참으로 겸손한 사람은 자신이 선행을 베푼 후에 그 선행을 곧 잊어버리는 사람이다. 우리의 자아(성격, 성깔, 생각, 행동, 계획 등)가 죽어야 겸손이 생긴다. 자신을 비우는 삶이 매우 중요하다.

2) 순종하는 사람에게 기름 부으심의 역사가 일어난다.

> 사무엘이 이르되 여호와께서 번제와 다른 제사를 그의 목소리를 청종하는 것을 좋아하심 같이 좋아하시겠나이까 순종이 제사보다 낫고 듣는 것이 숫양의 기름보다 나으니 (삼상15:22)

우리는 하나님 말씀(명령)에 절대 순종해야 한다. 주님이 go라면 go하고 주님이 stop 하면 stop 해야 한다. "사랑하라, 기뻐하라, 감사하라, 전도하라"고하면 그 명령대로 움직여야 한다. 순종이 예배보다, 헌금보다 더 중요한 것이다.

3) 중심에 하나님을 모시는 사람에게 기름 부으심의 역사가 일어난다.

> 여호와께서 사무엘에게 이르시되 그의 용모와 키를 보지 말라 내가 이미 그를 버렸노라 내가 보는 것은 사람과 같지 아니하니 사람은 외모를 보거니와 나 여호와는 중심을 보느니라 하시더라 (삼상16:7)

마음 즉, 중심에 하나님을 모시고 있는 사람, 사상 속에, 행동 속에, 생각 속에, 오직 하나님 한 분만을 모시고 하나님 뜻대로 살려고 하는 사람에게 성령의 기름이 넘쳐 난다. 마음에 하나님을 모시는 사람은 믿음에 절대 흔들림이 없다. 믿음을 아주 쉽게 측정하는 방법이 있는데, 우리가 돈이 없을 때 오히려 마음의 평안이 오면 믿음이 있는 것이고, 돈이 없을 때 불안하고, 두렵고, 짜증이 나면 믿음이 없는 것이다. 중심에 주님이 있다면 우리는 신앙적 흔들림이 있을 수 없다.

4) 영적 목마름이 있는 자에게 기름 부으심의 역사가 일어난다.

에반 로버츠(Evan Roberts,1878~1951)는 웨일즈(welsh)에 성령의 역사가 일어나기 위해 13년 동안이나 기도해 왔다. 1904년 그는 비전을 갖고 10만 명의 영혼을 주시도록 하나님께 기도해 왔다. 하나님은 10만 명의 영혼을 돌아오게 한 웨일즈의 부흥으로 그 기도에 응답하셨다. 그 부흥은 영국, 인도, 유럽, 아시아, 북아메리카에도 영향을 주었다. 웨일즈의 부흥 운동을 주도했던 에반 로버츠는 다음과 같이 기도했다.

간절히 원하오니 지금 성령을 보내 주소서
간절히 원하오니 지금 강력한 성령을 보내 주소서
간절히 원하오니 지금 더 간절한 강력한 성령을 보내 주소서
간절히 원하오니 지금 훨씬 더 성령을 보내 주소서

5) 찬양과 경배하는 자에게 기름 부으심의 역사가 일어난다.

하나님께서 부리시는 악령이 사울에게 이를 때에 다윗이 수금을 들고 와서 손으로 탄즉 사울이 상쾌하여 낫고 악령이 그에게서 떠나더라 (삼상16:23)

다윗이 거문고를 타면서 노래할 때 사울 왕을 괴롭히는 악령이 떠났다. 찬양은 하나님을 경배하고 예배에 큰 도움을 준다. 찬양의 직무를 하는 사람들은 하나님께 감사하고 기도로 준비하고 성령의 기름 부으심을 받도록 기도 시간을 꼭 가져야 한다.
시편 22편 3절에서 하나님은 이스라엘의 찬송 중에 거하신다고 말씀하고 있음을 알아야 한다. 바울과 실라가 감옥에서 찬양하였을 때 놀라운 일이 발생하였다.
찬양의 기름 부으심이 강하게 역사하는 교회를 방문할 때, 우리의 영은 해방되어 자유롭게 하나님을 예배하는 것을 체험할 수 있다. 그들이 주님을 찬양할 때 박수를 치기도 하고 춤을 추기도 하고, 큰 소리로 소리치기도 하고, 무릎을 꿇기도 하며, 서서 찬양하기도 한다. 하나님은 우리의 찬양을 합당하게 받으시는 분이시다. 그분을 찬양할 때 몸으로 뿐만 아니라 감정까지도 표현해야 한다. 이렇게 우리의 마음을 다해 하나님을 사랑할 때 성령의 기름 부으심은 더 역사하신다.

6) 담대한 사람에게 기름 부으심의 역사가 일어난다.

다윗은 담대했다.

다윗이 블레셋 사람에게 이르되 너는 칼과 창과 단창으로 내게 나아오거니와 나는 만군의 여호와의 이름 곧 네가 모욕하는 이스라엘 군대의 하나님의 이름으로 네게 나아가노라 (삼상17:45)

주님은 이렇게 말씀하셨다.

이것을 너희에게 이르는 것은 너희로 내 안에서 평안을 누리게 하려 함이라 세상에서는 너희가 환난을 당하나 담대하라 내가 세상을 이기었노라 (요16:33)

7) 하나님만 의지하는 사람에게 기름 부으심의 역사가 일어난다.

우리 하나님이여 그들을 징벌하지 아니하시나이까 우리를 치러 오는 이 큰 무리를 우리가 대적할 능력이 없고 어떻게 할 줄도 알지 못하옵고 오직 주만 바라보나이다 하고 (대하20:12)

사람을 의지하거나, 돈과 권력을 의지하는 사람은 반드시 실패하게 된다. 다윗은 하나님만 의지했다.

8) 의리 있는 사람에게 기름 부으심의 역사가 일어난다.

자기 사람들에게 이르되 내가 손을 들어 여호와의 기름 부음을 받은 내 주를 치는 것은 여호와께서 금하시는 것이니 그는 여호와의 기름 부음을 받은 자가 됨이니라 하고 다윗이 이 말로 자기 사람들을 금하여 사울을 해하지 못하게 하니라 사울이 일어나 굴에서 나가 자기 길을 가니라 (삼상24:6~7)

다윗은 원수 사울을 죽일 기회가 있었지만, 하나님이 세우셨고, 자기의 상관이자 주인이었던 사울을 끝까지 배신하거나 헤치지 않았다. 우리는 어려울 때나, 힘들 때나, 기쁠 때나, 슬플 때나 오직 주님만을 바라보며 주님을 배신하지 말아야 하고 또한 인간관계에서도 의리를 지킬 줄 알아야 한다.

9) 끝없이 갈망하는 자에게 기름 부으심의 역사가 일어난다.

하나님이여 사슴이 시냇물을 찾기에 갈급함 같이 내 영혼이 주를 찾기에 갈급하니이다 (시42:1)

우리는 끊임없이 성령의 기름 부으심을 갈망해야 한다. 성령의 기름 부으심이 있어야 비로소 위대한 하나님의 사역을 감당할 수 있다. 그러기 위해 끊임없이 성령의 능력, 은사, 불을 갈망해야 한다. 이때 새로운 능력과 권세를 주실 것이다.

기도는 24시간 365일 하는 것이다. 기도는 우리의 삶 속에서 계속 이루어져야 한다. 주님만을 갈망할 때 성령님이 역사하신다. 24시간 중 2시간만 기도해서도 안 된다. 먹을 때나, 공부할 때나, 쇼핑할 때나, 지하철을 탈 때나 언제나 "주님 사랑합니다", "성령님 나에게 임하시옵소서"를 수백, 수만 번 외쳐서 끝없이 주님과 교제해야 한다. 잠을 자기 전에도 "주님! 나의 육신은 잠을 자지만 나의 영을 깨어 계속 기도하게 하소서" 하고 기도한 후 잠을 자야 한다.

10) 성령님이 대신 기도 하는 사람에게 기름 부으심의 역사가 일어난다.

> 이와 같이 성령도 우리의 연약함을 도우시나니 우리는 마땅히 기도할 바를 알지 못하나 오직 성령이 말할 수 없는 탄식으로 우리를 위하여 친히 간구하시느니라 마음을 살피시는 이가 성령의 생각을 아시나니 이는 성령이 하나님의 뜻대로 성도를 위하여 간구하심이니라 (롬8:26~27)

인간이 신께 기도할 때 응답이 이루어지는 것이 아니라 신이 신께 기도할 때 즉 성령 하나님이 성부 하나님께 우리를 대신하여 기도할 때 응답이 이루어지는 것이다. 이것이 영의 기도다. 그렇다면 어떻게 이런 영의 기도, 성령 기도를 드릴 수 있나?

먼저 나의 문제를 내려놓아야 한다. 나의 문제(금전, 자녀, 부모, 직장)가 있다면 그것을 가지고 기도하는 것이 아니다. 그것은 그냥 주님께 맡겨 버리고, 생각도 하지 말고, 오직 주님께만 초점을 맞추면서, 주님만 사랑한다고 고백하는 것이다.

그러면 성령님께서 말할 수 없는 슬픔을 가지고 우리 문제를 가지고 대신 기도해 주신다. 아바 아버지는 바로 이런 기도를 듣고 응답하신다. 문제를 놓고 기도하면 그 문제가 기도를 잡아먹는다. 기도의 대상인 예수님보다 문제가 더욱 크게 대두되고 그 문제만 생각나서 결국 예수님은 없어지게 된다. 우리는 성령님이 나 대신 나를 위해 기도하실 수 있게 그분께 자리를 내어드려야 한다.

11) 세상과 구별되어 있어야 기름 부으심의 역사가 일어난다.

> 나는 여호와 너희의 하나님이라 내가 거룩하니 너희도 몸을 구별하여 거룩하게 하

고 땅에 기는 길짐승으로 말미암아 스스로 더럽히지 말라 나는 너희의 하나님이 되려고 너희를 애굽 땅에서 인도하여 낸 여호와라 내가 거룩하니 너희도 거룩할지어다 (레11:44~45)

물과 기름이 섞일 수가 없듯이 세상적인 것과 영적인 것은 함께 갈 수 없다. 12지파 중 레위 지파는 군대도 보내지 않고, 완전히 구별된 생활을 하였다. 레갑 족속도 완전히 구별된 삶 가운데 하나님께 나아갔다. 우리가 구별된 삶을 살기 위해서는 강도 높은 기도 생활과 사랑의 실천이 요구되고, 말씀 속에 깊이 침몰해 있어야 한다.

12) 자기 자신을 부인할 때 기름 부으심의 역사가 일어난다.

이에 예수께서 제자들에게 이르시되 누구든지 나를 따라오려거든 자기를 부인하고 자기 십자가를 지고 나를 따를 것이니라 누구든지 제 목숨을 구원하고자 하면 잃을 것이요 누구든지 나를 위하여 제 목숨을 잃으면 찾으리라 (마16:24~25)

자기를 부인한다는 것은 인간적 본성이나 육적인 욕구를 내려놓는다는 의미이다. 우리의 최대 걸림돌은 바로 자기 자신이다. 우리 자신을 포기하고 죽음의 도, 고난의 도, 그러나 영광과 부활의 도인 십자가를 지고 정진해 나아가야 한다.

13) 고난을 통해 기름 부으심의 역사가 일어난다.

이세벨의 역공을 받은 엘리야는 더욱 영적으로 예민해졌다. 그래서 세미한 영의 음성을 들을 수 있었다(왕상19:11~13).
많은 사람이 질문한다. 어떻게 해야 영적으로 예민해질 수 있는가? 어떻게 해야 하나님의 음성을 구분할 수 있는가? 승리와 축복보다는 어려움과 탈진 속에서, 그래서 자신이 완전히 죽어있는 상태에서 우리는 주님의 음성을 듣게 되고 더 깊은 기름 부으심 속으로 들어가게 된다.

고난 당한 것이 내게 유익이라 이로 말미암아 내가 주의 율례들을 배우게 되었나이다 (시119:71)

고난을 오히려 영적 성숙의 장으로 삼고 그 고난을 주님과 함께 극복해 나갈 때 우리는 세 번의 기름 부으심을 체험하게 될 것이다.

3. 성령의 은사

사실 우리가 흔히 사용하는 '성령의 은사'라는 말 자체는 성경에 나오지 않는다.

'성령의'라는 단어는 문법적으로 형용사이고 **'은사'**라는 단어는 명사다. 이 두 단어는 고린도전서 12장에 나오는데 사도 바울은 이것을 '영적인 것들(혹은 신령한 것들)'(고전 12:1)이라고 표현하면서 이것을 다시 '은사'(고전 12:4) 혹은 '성령의 나타남'(고전 12:7)이라고 표현하고 있다. 이 두 단어 '영적인 것'과 '은사'를 결합하여 우리는 '성령의 은사'라고 부르게 된 것이다.

은사란 그리스어로 카리스마타(karismata)인데 이 단어는 '카리조마이(charizomai)'에서 유래되었으며 '거저 주다', '값없이 주다.', '용서한다'라는 뜻이 있다. 즉 '은혜로 값없이 준 선물'이란 의미다.[11] 은사와 개인적 재능(talent)은 다른 것이다. 재능은 '선천적으로 부여받은 재주와 능력'이지만 은사는 '주님의 일을 하도록 신자에게 주어진 어떤 능력'을 말한다. 그래서 은사의 목적은 신앙공동체의 유익을 주기 위한 것이다(고전 12:7). 또한 사도 바울은 **은사와 직분과 사역**(활동)도 구별하였다.

> 은사는 여러 가지나 성령은 같고 직분은 여러 가지나 주는 같으며 또 사역은 여러 가지나 모든 것을 모든 사람 가운데서 이루시는 하나님은 같으니 (고전12:4~6)

사도 바울은 은사를 성령님(pneuma)과 연결시켰고, 직분을 예수님(kurios)과 연결시켰으며, 왕성한 활동(사역)을 성부 하나님(theos)과 연결시켰다. 그래서 우리는 '은사'와 '직분'과 '사역'을 혼동해서는 안 된다. 바울의 예를 들면 그는 사도의 직분을 갖고 있었고(이것은 주님이 주신 것이다), 방언이나 병 고치는 은사가 있었고(이것은 성령님이 주신 것이다) 이것을 통해 그의 삶에 창조적인 역사가 일어났다(이것은 성부 하나님이 주신 것이다).

11_로고스편찬위원회 편, 『스트롱코드 헬라어사전』(서울 : 도서출판 로고스), 1061.

(1) 은사의 종류

1) 특별한(구별된) 삶을 살아가도록 하는 은사가 있다.

> 나는 모든 사람이 나와 같기를 원하노라 그러나 각각 하나님께 받은 자기의 은사가 있으니 이 사람은 이러하고 저 사람은 저러하니라 (고전7:7)

사도 바울은 하나님의 소명을 완성할 수 있도록 특별히 '독신의 은사'를 받았다. 그는 이 은사가 좋다고 권면하지만 그러나 이것은 은사이기 때문에 각자 받은 대로 행하여야 한다고 강조하고 있다. 대부분 '결혼의 은사'를 가지고 있지만 또 어떤 사람은 독신의 은사가 있다. 구약의 나실인(Nazir, 신에게 바쳐진 사람, 삿13:5)도 같은 맥락에서 해석할 수 있다.

2) 교회와 사회를 섬기기 위한 기능적 은사가 있다.

> 우리에게 주신 은혜대로 받은 은사가 각각 다르니 혹 예언이면 믿음의 분수대로, 혹 섬기는 일이면 섬기는 일로, 혹 가르치는 자면 가르치는 일로, 혹 위로하는 자면 위로하는 일로, 구제하는 자는 성실함으로, 다스리는 자는 부지런함으로, 긍휼을 베푸는 자는 즐거움으로 할 것이니라 (롬12:6~8)

섬기는 은사, 가르치는 은사, 위로하는 은사, 구제하는 은사, 다스리는 은사, 긍휼 베푸는 은사 … . 이것은 마치 누구나 하는 일인 것처럼 보이지만 은사가 없으면 할 수 없는 일들이다.

3) 초자연적인 은사가 있다.

> 어떤 사람에게는 성령으로 말미암아 지혜의 말씀을, 어떤 사람에게는 같은 성령을 따라 지식의 말씀을, 다른 사람에게는 같은 성령으로 믿음을, 어떤 사람에게는 한 성령으로 병 고치는 은사를, 어떤 사람에게는 능력 행함을, 어떤 사람에게는 예언함을, 어떤 사람에게는 영들 분별함을, 다른 사람에게는 각종 방언 말함을, 어떤 사람에게는 방언들 통역함을 주시나니 (고전12:8~10)

지혜의 은사, 지식의 은사, 믿음의 은사, 치유의 은사, 능력 행함의 은사, 예언의 은사, 영 분별의 은사, 방언의 은사, 통변의 은사 등 … . 이 모든 것들은 성령님이 임하셔야 가능한 은사들이다.

(2) 은사의 목적

1) 공동의 유익을 주기 위함이다.

각 사람에게 성령을 나타내심은 유익하게 하려 하심이라 (고전12:7)

'유익'이라는 단어는 그리스어로 "쉼페로(sumphero)"인데 '가져가 쌓는다', '돕다'라는 뜻으로 '공공의 유익'(to bring together), '공동선'(to be profitable)을 뜻한다.[12]

12_Ibid., 1018.

성령의 은사는 개인뿐만 아니라 모두에게, 모두를 위해, 교회공동체에 유익을 주기 위함이다. 그러므로 은사자들은 개개인의 이익을 추구해서는 안 된다.

은사 받은 사람 중 은사를 이용해서 자신의 이익을 취하는 사람들이 많이 있다. 기도원, 영성원을 차려 놓고 소위 은사 집회를 통해 물질을 강요하고, 순진한 사람들의 영혼을 강탈하는 경우가 너무 많이 있다. 병을 고쳐준다고 하면서 거액을 금전을 요구하는 행위, 예언 기도해 준다고 하면서 부동산이나 동산을 요구하는 행위, 귀신을 쫓아 준다고 하면서 물질 등을 요구하는 행위 등은 은사의 본래 목적에서 벗어난 행위들이다.

2) 교회의 덕을 세우기 위함이다.

그러므로 너희도 영적인 것을 사모하는 자인즉 교회의 덕을 세우기 위하여 그것이 풍성하기를 구하라 (고전14:12)

'덕을 세운다'의 그리스어 "오이코도메(oikodome)"는 주로 성전 건축에 사용되었던 단어이지만 건물뿐 아니라 인간이 덕을 건축하는 의미로도 사용되었다.[13] 교회는 그리스도의 몸(성전)이다. 우리가 받은 은사는 교회공동체를 세우기 위한 도구로 사용돼야 한다. 그러기 위해서 은사자들은 연합해야 하고, 중보 해야 하고, 서로 사랑해야 한다. 분란을 일으키거나 분파, 분열, 분립 되어서는 안 된다. 은사자들의 가장 큰 실수는 자신의 은사, 자신이 받은 은사만 최고라고 생각하고 교회 안에서 상대방의 직분, 사역, 재능 등을 무시하는 것이다. 그래서 예배 질서를 무시하고 무질서하게 은사를 남용하는 것이다. 자신의 체험이 다른 사람보다 우월하다고 생각하는 그 자체가 죄악이다. 이 모든 것은 은사의 목적에서 벗어난 것이다.

13_Ibid., 930.

3) 죄와 악한 영을 드러내게 하기 위함이다.

> 그 마음의 숨은 일들이 드러나게 되므로 엎드리어 하나님께 경배하며 하나님이 참으로 너희 가운데 계신다 전파하리라 (고전14:25)

"그 마음의 숨은 일들이 드러나게 되므로 … ."
은사자를 통해 인간의 내면에 있는 죄악들이 드러나고, 오랫동안 내면에 숨어 있으면서 인간을 조정했던 악한 영들의 정체가 드러나게 되어 결국 쫓아낼 수 있다. 은사가 없을 때는 무엇이 선이고, 악이며, 무엇이 성령의 역사이고, 마귀의 역사인지를 구분할 수가 없다. 그래서 마귀에게 속아 넘어가 성령의 역사인 것 같지만, 결국은 마귀의 역사, 양신의 역사인 경우가 많이 있었다. 우리는 영 분별의 은사를 받아 영을 분별할 수 있어야 한다.
예전에 양주에 있는 '덕정 사랑교회'에서는 죽은 사람들을 천국과 지옥에서 보게 해 준다고 선전하였다. 그들은 지옥을 자신들만이 갈 수 있다고 하면서 지옥에 가 보았더니 유명한 배우 최진실 씨 남매가 지옥에 있다고 말하면서, 얼마 전 돌아가신 유명한 목사님도 지옥에 있다고 주장하였다. 그러면서 지옥에서 울부짖는 '최진실의 육성 음성파일'이라는 것을 들려주고 있다. 저도 그 파일의 음성을 들어보았는데 이것은 완전히 마귀의 음성이며, 무속인이 귀신이 붙었을 때 나오는 귀신의 소리임을 알 수 있었다. 무엇보다도 그들은 이것을 이용해서 헌금을 강요하고, 자신의 부를 축적하여 그들의 삶 자체가 문제가 되었다. 지금은 교회 자체가 유명무실해졌다. 우리는 여기에 속아 넘어가서는 안 된다. 성령님은 비인격적, 비성경적, 비신앙적, 비객관적인 귀신의 역사를 분별하게 하시고 드러나게 하신다.

4) 선교와 부흥의 열매를 얻기 위함이다.

> 그 말을 받은 사람들은 세례를 받으매 이 날에 신도의 수가 삼천이나 더하더라 (행2:41)

그냥 전도하는 것보다 은사를 활용해서 하는 전도는 더 많은 열매를 맺게 한다. 겁 많던 베드로가 성령이 충만하여 담대하게 그리스도를 증거할 때 한꺼번에 3,000명이 회개하고 구원받았다. 성령의 은사는 강력한 부흥의 도구가 된다. 우리는 신유의 은사, 예언의 은사, 능력 행함의 은사를 활용하여 하나님의 영광을 드러내고 선교와 부흥의 열매를 맺어야 한다.

(3) 은사의 분별기준

신학자 아브라함 카이퍼(Abraham Kuyper·1837 ~ 1920)는 "성령님은 모래 위에 자신의 발자국을 남겨두지 않으신다"라고 말했다. 이 말은 성령님은 자신을 잘 드러내지 않기 때문에 성령님에 대해 인간들이 구체적으로 잘 알기가 어렵다는 뜻이다. 그런데도 우리는 성령의 은사 혹은 역사에 대해 분별할 수 있어야 한다.

부흥사, 신학자, 철학자인 조나단 에드워드(Jonathan Edwards, 1703~1758)가 쓴 '성령의 역사 분별 방법'이라는 책에 보면 다섯 가지의 분별 방법이 나온다.[14] 이 내용들은 사탄이 절대로 흉내 내거나 흉내 내려고 하지 않는 것들이며 오직 성령의 역사로만 일어나는 것들이다.

14_see, Jonathan Edwards, 『성령의 역사 분별방법』, 노병기 역 (서울 : 부흥과 개혁사, 2017).

1) 성령의 은사는 예수를 주, 그리스도, 하나님의 아들이라고 시인하게 한다.

성령님은 오순절에 강림하셔서 교회에 권능을 주시고(행1:8), 십자가에 못 박혀 돌아가시고 부활하신 그리스도의 복음을 만민에게 전파하게 하셨다(막16:15). 따라서 성령님은 언제든지 임재하시면서 믿음 안에서 예수를 주님으로 고백하게 하신다. 성령님은 하나님의 섭리에 따라 사람에게 여러 가지 은사를 주시고, 정성을 다하여 예배하게 하시고 성도의 교제를 갖게 하시며(행2:42~47), 우리가 말씀을 선포하게 하며, 말씀을 듣고 깨닫게 하고, 세상에 나가서 예수 그리스도의 십자가와 부활의 증인이 될 지혜와 의욕과 담대함을 갖게 하신다 (요14:26, 15:26~27, 행1:8, 16:7)

사랑하는 자들아, 영을 다 믿지 말고 오직 영들이 하나님께 속하였나 분별하라 많은 거짓 선지자가 세상에 나왔음이라 이로써 너희가 하나님의 영을 알지니 곧 예수 그리스도께서 육체로 오신 것을 시인하는 영마다 하나님께 속한 것이요 예수를 시인하지 아니하는 영마다 하나님께 속한 것이 아니니 이것이 곧 적그리스도의 영이니라 오리라 한 말을 너희가 들었거니와 지금 벌써 세상에 있느니라 (요일4:1~3)

그러므로 예수를 고백하지 않거나, 예수를 인정하지 않거나 예수를 대적하거나 예수와 자신을 동등하게 여기거나 예수를 깎아내리는 모든 행위는 성령의 은사가 아니다.

2) 성령의 은사는 죄에 대한 각성과 회개를 주신다.

사도 베드로가 성령의 충만함을 받고 성령의 능력으로 담대하게 복음을 증거하자, 그 말씀을 들은 유대인들이 마음에 찔려 "그러면 우리가 무엇을 해야 합니까?"라고 질문했다.

> 베드로가 이르되 너희가 회개하여 각각 예수 그리스도의 이름으로 세례를 받고 죄 사함을 받으라 그리하면 성령의 선물을 받으리니 (행2:38)

> 죄악에 대해 고백과 회개의 삶이 없다면 그것은 성령의 역사가 아니다. 그가 와서 죄에 대하여, 의에 대하여, 심판에 대하여 세상을 책망하시리라 (요16:8)

3) 성령의 은사는 기록된 말씀을 존중하신다.

소위 직통 계시만 주장하는 광신주의자(狂信主義者), 신비주의자(神秘主義者)들은 성경 말씀을 무시하고, 자신들의 계시만이 진실이라고 주장한다. 그러나 역사 속에 임재하신 성령님은 그 선지자들에게 감동을 주어 말씀을 기록하게 하셨다. 그러므로 우리는 무엇보다도 말씀을 붙잡아야 한다. 말씀 없는 은사, 은사 없는 말씀은 둘 다 무의미한 것이다. 이러한 말씀은 하나님을 아는 지식의 은사가 없으면 이해할 수 없다. 우리는 성령의 은사를 통해 하나님을 아는 지혜와 지식을 소유해야 한다.

4) 성령의 은사는 진리를 깨닫게 하신다.

> 보혜사 곧 아버지께서 내 이름으로 보내실 성령 그가 너희에게 모든 것을 가르치고 내가 너희에게 말한 모든 것을 생각나게 하리라 (요14:26)

> 그러나 진리의 성령이 오시면 그가 너희를 모든 진리 가운데로 인도하시리니 그가 스스로 말하지 않고 오직 들은 것을 말하며 장래 일을 너희에게 알리시리라 (요16:13)

복음의 진리, 말씀의 진리, 삶의 진리, 사역의 진리를 깨닫게 해 주시고 또한 깨달은 자는 진리 안에서 더욱 겸손하게 만든다.

5) 성령의 은사는 하나님과 인간을 사랑하게 하신다.

> 사랑을 추구하며 신령한 것들을 사모하되 특별히 예언을 하려고 하라 (고전14:1)

'추구하라'의 그리스어 "디오케테(diokete)"는 '갈망한다', '열망한다', '찾

15_로고스편찬위원회 편, 스트롱코드 헬라어사전, 758.한다.

는다'라는 뜻이다.[15] 이 단어는 "사모하라(젤루테, zeloute)"와 같이 현재 능동태 동사 명령법으로 되어 있다. 그러므로 '사랑을 갈망하라'와 '영적인 것들을 사모하라'는 동격이다. 이 말은 사랑과 은사는 함께 간다는 의미다. 사랑은 성령의 은사를 분별할 수 있는 가장 중요한 표징이다. 사랑 없는 은사는 그 자체가 바로 마귀다.

(4) 은사의 활성화

1) 성령의 주권적 역사에 순종해야 한다.

성령님은 주권적으로, 주체적으로 역사하신다. 우리는 어떤 은사가 임하든 성령님의 권위에 순종해야 한다.

2) 성령의 은사를 끊임없이 갈망해야 한다.

> 너희는 더욱 큰 은사를 사모하라 내가 또한 가장 좋은 길을 너희에게 보이리라 (고전12:31)

앞에서도 언급했듯이 '사모하라'는 그리스어 '젤루테'는 사실 부정적인 뜻이 더 많이 있다. '시기한다', '질투한다', '애정을 가지다', '열심을 내다'라는 뜻이다. 우리는 더욱 큰 은사를 받기 위해 시기하고, 질투할 정도로 열정을 가지고 성령의 은사를 사모해야 한다.

3) 성령의 은사를 제한하지 말아야 한다.

> 그런즉 형제들아, 어찌할까 너희가 모일 때 각각 찬송 시도 있으며 가르치는 말씀도 있으며 계시도 있으며 방언도 있으며 통역함도 있나니 모든 것을 덕을 세우기 위하여 하라 (고전14:26)

4) 성령의 은사 사역을 멈추지 말아야 한다.

어떤 사람은 힘들고 어려울 때 고난과 고통이 다가올 때 은사 사역을 중단하라고 권면한다. 정말 사역을 중단하고 다시 주님과 깊은 교제의 시간을 가져야 할 때가 있다.
그러나 그때는 하나님이 인도해 주시고 만들어 주신다. 그 이외에는 어떠한 고난과 역경이 다가와도 우리는 은사 사역을 멈출 수가 없다. 우리가 멈춘 만큼 마귀는 승리하게 되는 것이다. 우리는 기도하면서 더욱 크게 부르짖으면서 더욱 깊이 회개하면서 앞으로 나가야 한다. 그때 성령의 은사는 더욱 충만하게 될 것이다.

(5) 바른 은사 사역

주님께서 부활 승천하시면서 마지막으로 하신 말씀은 '성령 세례를 받으라.'(행1:5)는 예언적 명령이었다. 이 말씀에 의지하여 120명(행1:15)의 제자들은 밤 낮으로 기도하면서 성령의 임재를 기다렸다. 결국 이스라엘 3대 절기 중의 하나인 오순절(유월절 이후 50일째 되는 날, 칠칠절, 맥추절, 초실절) 날에 강력한 성령님의 임재가 있었다.
예수님의 제자들은 모두 성령의 능력에 취해 방언도 하고, 예언도 하고, 능력도 행하면서 복음을 증거하기 시작하였다. 그때부터 본격적인 교회가 설립되었다.
그런데 문제가 발생했다. 각종 은사가 넘쳐나기 시작하면서 영적으로 충분히 훈련받지 못한 사람들에 의해 교회가 혼란에 빠지기 시작했고, 마침내 교회 내에 분리, 분열, 분파가 생기게 되었다. 성령의 은사는 순수하지만, 그 은사를 미처 소화해내지 못한 사람들에 의해 또 다른 역풍이 불어오기 시작하였다.
사실 성령의 사역은 유익한 것임이 분명하지만, 영성 훈련을 제대로 받지 못한 무지한 사람들에 의해 많은 결점과 약점이 드러나기도 했다. 그러나 우리가 진실한 성도라면 이러한 약점과 결점을 잘 이해하고 수정하면서 계속해서 진보해 나갈 수 있을 것이다. 반면, 교만하고 자기중심적인 사역자는 자신만 옳다고 여기며 거룩한 충고를 배척하고, 오히려 자기 자신을 돋보이려 할 것이다. 성령의 은사는 매우 중요한 것이며, 우리는 그 은사를 사모해야 한다. 그러나 더 중요한 것은 은사를 받은 후에 그 은사를 바르게 활용하는 것이다. 그렇다면 바른 은사 사역이란 무엇인가?

1) 서로의 덕을 세우는 것

> 그러나 예언하는 자는 사람에게 말하여 덕을 세우며 권면하며 위로하는 것이요 방언을 말하는 자는 자기의 덕을 세우고 예언하는 자는 교회의 덕을 세우나니 … 그런즉 형제들아 어찌할까 너희가 모일 때에 각각 찬송시도 있으며 가르치는 말씀도 있으며 계시도 있으며 방언도 있으며 통역함도 있나니 모든 것을 덕을 세우기 위하여 하라 (고전14:3~4, 26)

'덕'[16]이란, "사회적인 규범이나 윤리 등을 수양이나 교육으로 수득(修得)하여 바른 길을 행할 수 있게 된 사람"을 의미한다.
방언을 말하는 자는 하나님과 자신과의 나눔을 통해 '자기 덕'을 세우고 예언하는 자는 하나님과 타인과의 나눔을 통해 '교회 덕'을 세우는 것이다. 또한 영적 찬송, 말씀, 계시, 통역 등도 모두 하나님의 덕, 교회의 덕, 자신의 덕을 세우는데 사용돼야 한다. 사도 베드로는 너희가 힘써 믿음에 덕을(벧후1:5) 세우라고 권면하였다. 진정한 부흥, 진정한 카리스마적 갱신 운동은 바로 '덕'을 세우는 것이다.
예로부터 훌륭한 장수를 일컬어 맹장(猛將)[17], 지장(智將)[18], 의장(義將)[19], 예장(禮將)[20], 덕장(德將)[21]이라고 말했다. 그러나 그중에서도 가장 뛰어난 장수를 덕장(德將)이라고 말한다. 노자(老子)가 쓴 '도덕경'에 보면 다음과 같은 내용이 나온다.

> 道生之德畜之物形之勢成之
> 도생지 덕축지 물형지 세정지
>
> 是以萬物莫不存道而貴德
> 시이만물막불존도이귀덕
>
> 道之尊德之貴夫莫之命而常自然
> 도지존덕지귀부막지명이상자연
>
> 故道生之 德畜之 長之 育之 亭之 毒之 養之 覆之
> 고도생지 덕축지 장지 육지 정지 독지 양지 복지
>
> 生而不有爲而不恃長而不宰是謂元德
> 생이불유 위이불시 장이불재 시위원덕

도는 모든 것을 낳고, 덕은 모든 것을 낳고 기르고, 물은 모든 것을 낳고 꼴 지우고, 세는 모든 것을 낳고 완성 시킨다.
그래서 모든 것은 도를 존중하고 덕을 귀하게 여기지 않을 수 없다.
도를 존중하고, 덕을 귀하게 여기는 것은, 명령 때문이 아니라 저절로 그렇게 되는 것이다.
그러므로 도가 모든 것을 낳고, 덕이 모든 것을 기르고, 자라게 하고, 양육하고, 감싸주고, 실하게 하고, 먹여주고, 덮어준다.
그러나 덕은 낳으나 가지려 하지 않고, 이루나 거기에 기대려 하지 않고, 기르나 지배하려 하지 않는다. 이를 일컬어 그윽한 덕이라 한다.[22]
'도'는 만물을 낳고 '덕'은 만물을 자라게 하고 양육한다. 그런데도 '만물을 지배하거나 기대려 하지 않는다.'라는 노자의 사상은 예수님의 말씀과 일치되는 내용이다. 서로의 덕을 세우는 것이 진정한 영적 부흥이다.

16_덕(德, virtue) : 덕이 있는 사람의 인격은 선이며, 행실은 올바르고 그 인품은 남의 숭배를 받는다. 또한 덕은 훌륭한 성격, 능력, 혜택, 부, 이익 등을 뜻하기도 한다. 올바른 덕은 미덕 (美德)이라고 하며, 그것의 반대는 "악덕 (惡德)"이라고 한다.

17_맹장(猛將) : 강적이라도 두려워하지 않고 기세는 대군을 능가하며, 큰 전투에서는 용감무쌍한 장수

18_지장(智將) : 변화무쌍하며 임기응변에 능하고, 화를 복으로 돌리며 위기에서도 승리를 끌어내는 장수

19_의장(義將) : 일을 피하지 않고, 이익에 흔들리지 않으며, 영예롭게 죽고 굴욕 속에 살지 않는 장수

20_예장(禮將) : 신분이 높으나 교만하지 않고, 승리하고도 뽐내지 않으며, 현명하면서도 겸손하고, 강직하면서도 참을성 있는 장수

21_덕장(德將) : 덕의 길을 가고 예(禮)로써 다스리며, 병사들의 굶주림과 추위 등 어려움을 보살필 줄 아는 어진 장수

22_See 『노자의 도덕경』, 최태웅 역(서울:새벽이슬신문사, 2011)

2) 품위 있고, 질서 있게 사역하는 것

> 하나님은 무질서의 하나님이 아니시요 오직 화평의 하나님이시니라 모든 성도가 교회에서 함과 같이 ... 모든 것을 품위 있게 하고 질서 있게 하라 (고전14:33, 40)

사도 바울은 공교회에서 은사 자들이 따라야 할 몇 가지 규칙에 대해 언급하고 있다.

첫째, 공예배 모임에서 방언이나 예언은 2~3명 정도만 할 것
둘째, 한 사람씩 순서대로 할 것
셋째, 방언할 때 한 사람이 통변할 것
넷째, 만약 통변 하는 자가 없으면 교회에서는 잠잠하고 하나님께만 기도할 것
다섯째, 예언할 때 다른 사람이 분별할 것
여섯째, 예언이 과하면 제재할 것

> 예언하는 자들의 영은 예언하는 자들에게 제재를 받나니 (고전14:32)

하나님은 무질서의 하나님이 아니기 때문에 영적인 사역이 너무 감정적으로 흐르거나 신비적으로 흐르지 않게 말씀과 품위와 질서대로 진행되어야 한다. 품위 있고 질서 있게 사역하는 것이 진정한 영적 부흥이다.

3) 하나님 은혜를 높이는 것

> 그러나 내가 나 된 것은 하나님의 은혜로 된 것이니 내게 주신 그의 은혜가 헛되지 아니하여 내가 모든 사도보다 더 많이 수고하였으나 내가 한 것이 아니요 오직 나와 함께 하신 하나님의 은혜로라 (고전15:10)

우리가 영적 사역하고, 비록 기적과 능력을 행한다고 할지라도 나의 나 됨은 내 능력이 아니라 바로 '하나님의 은혜'로 된 것이다. 우리는 더욱 겸손히 주님께 무릎을 꿇고 주님께 영광을 돌리고, 하나님의 하나님 됨을 증거 해야 한다. 그때 우리는 더욱 큰 주님의 은혜를 체험할 수 있다. 말씀을 탐구하고 말씀과 능력을 갖추고 하나님의 하나님 됨을 선포해야 한다. 오직 예수 영광만을 나타내는 것이 진정한 영적 부흥이다.

4) 오직 예수 이름으로 사역하는 것

예수님의 3대 사역은 가르치고(teaching), 선포하고(preaching), 치유하는

(healing) 것이었다. 그중 대부분을 이 땅에서 역사하는 마귀를 내어 쫓고, 질병으로 고통을 당하는 자들을 해방 시키는 사역이었다. 우리는 강력한 축사와 치유를 통해 이 땅을 지배하고 있는 사탄의 왕국을 파쇄시키는 사역을 해야 한다. 복음이 복음 되게 하려면, 말씀이 말씀으로서의 권위와 능력을 갖추려면 우리는 영적 싸움을 통한 승리를 쟁취해야 한다. 우리는 죽을 때까지 영적 전쟁터에서 살수 밖에 없다. 조금만 방심하거나, 조금만 틈을 보이면 마귀는 어김없이 우리의 내면세계를 침범해 들어온다. 우리는 영적인 경계를 늦추면 안 된다. 우리는 예수 이름과 성령의 권세를 가지고 마귀를 대적해야 한다. 마귀에게 포로된 자들과 눌린 자들을 해방시키는 것이 진정한 영적 부흥이다.

5) 신앙의 본질을 추구하는 것

카리스마 운동의 가장 큰 폐단이 바로 '번영신학'이다. '능력 받으면 만사가 형통하게 된다', '예수 믿으면 축복받는다', '무조건 은사만 받으면 된다'라는 은사 제일주의가 바로 번영신학의 문제점이다.
이단과 사이비 종교들을 연구하고 기독교 진리를 증거하기 위해 캘리포니아에 설립된 기독교연구소 소장인 행크 헤네그래프(Hank Hannegraaff)는 '바벨탑에 갇힌 복음'이란 책에서 번영신학의 문제점에 대해 신랄하게 비판하였다.[23]
사실 기독교의 근본 진리는 '번영'이나 '축복'이 아니라 '고난'이나 '죽음'이다. 먼저 '죽는 법'을 가르치고 배우고 체험해야 한다. 진정한 영적 부흥은 자신을 죽임으로 상대방을 살려내는 것이다.

> **좁은 문**으로 들어가라 멸망으로 인도하는 문은 크고 그 길이 넓어 그리로 들어가는 자가 많고 생명으로 인도하는 문은 좁고 길이 협착하여 찾는 자가 적음이라 (마 7:13~14)

> 이에 예수께서 제자들에게 이르시되 누구든지 나를 따라오려거든 **자기를 부인**하고 자기 십자가를 지고 나를 따를 것이니라 (마16:24)

> 인자가 온 것은 **섬김**을 받으려 함이 아니라 도리어 섬기려 하고 자기 목숨을 많은 사람의 **대속물**로 주려 함이니라 (마20:28)

진정한 영적 사역자가 되기 위해서는 2가지의 조건을 갖추고 있어야 한다.

첫째, 타인을 위해 스스로 가난해져야 한다는 것이다.

23_See Hank Hannegraaff, 『바벨탑에 갇힌 복음』(Christianity In Crisis: The 21st Century), 김성웅 역(서울: 새물결플러스, 2010)

> 우리 주 예수 그리스도의 은혜를 너희가 알거니와 부요하신 이로서 너희를 위하여 가난하게 되심은 그의 가난함으로 말미암아 너희를 부요하게 하려 하심이라 (고후8:9)

내가 가난해질 때 비로소 축복의 통로가 열려서 모든 사람을 부요하게 할 수 있다. 이 말은 영적 사역자가 필요 이상으로 부를 축적해서는 안 된다는 것과 모든 부는 이웃과 주님의 영광을 위해서 사용돼야 한다는 뜻이다.

둘째, 타인을 위해 대신 고통을 받아야 한다는 것이다.

> 그리스도께서 우리를 위하여 저주를 받은 바 되사 율법의 저주에서 우리를 속량하셨으니 기록된바 나무에 달린 자마다 저주 아래에 있는 자라 하였음이라 이는 그리스도 예수 안에서 아브라함의 복이 이방인에게 미치게 하고 또 우리로 하여금 믿음으로 말미암아 성령의 약속을 받게 하려 함이라 (갈3:13~14)

이 말은 상대방의 아픔, 고통, 상처, 약함을 사역자 자신이 대신 짊어지고 갈 준비를 하고 있어야 한다는 뜻이다.

6) 하나님과 인간에 대한 사랑을 나타내는 것

카리스마 사역을 하는 사람들과 진보적인 사역을 하는 사람들의 가장 큰 문제점이 모두 한 쪽으로만 쏠렸다는 것이다. 영적 사역을 하는 사람들의 단점은 하나님에 대한 사랑과 열정을 가지고 있으면서도 인간에 대한 사랑이 부족한 것이다. 반대로 진보적인 사역을 하는 사람들의 단점은 인간에 대한 사랑과 열정은 크면서도 하나님에 대한 사랑이 부족하다는 것이다. 우리는 하나님에 대한 열정을 가지고 있어야 한다. 동시에 인간의 아픔, 소외, 고통, 고난에 동참해야 한다.
70~80년대 우리나라 기독교는 극과 극을 달렸다. 한쪽에서는 오직 능력, 오직 예수만 강조하면서 아멘, 할렐루야만 외쳤고 다른 한쪽에서는 오직 민중, 오직 변혁을 강조하면서 독재 타도, 호헌 철폐 등을 외치면서 서로를 비난했다. 지금의 상황도 별반 다르지 않다. 우리는 이 둘을 합쳐서 진정한 그리스도의 사랑을 이 땅에 펼쳐 나아가야 한다.
진정한 부흥, 진정한 영적 부흥, 진정한 은사를 위해 우리가 해야 할 일이 무엇일까?

첫째, 끊임없이 주님을 사랑하는 것이다.
끊임없이 주님을 묵상하고 사랑하고 또 사랑해야 한다.

둘째, 끊임없이 성령님을 갈망하는 것이다.
끊임없이 성령님을 갈망하고 또 갈망해야 한다.
셋째, 끊임없이 말씀을 깊게 탐구하는 것이다.
끊임없이 말씀을 파고 또 파야 한다.
넷째, 끊임없이 서로 사랑하는 것이다.
끊임없이 이웃을 사랑하고 또 사랑해야 한다.
다섯째, 끊임없이 덕 세움을 위해 노력하는 것이다.
끊임없이 겸손하게 자신과 교회의 덕을 세워나가야 한다.

무엇보다도 우리는 각자의 은사를 가지고, 서로 협력하는 사역을 해야 한다. 그래야 조직적으로 덤벼드는 마귀 무리들과의 싸움에서 승리할 수 있다. 그러므로 개인보다는 함께 팀 사역을 하는 것이 좋고, 각 지체가 연합하여 주님과 한 몸통이 되어 마귀의 역습에 대비해야 한다.

생각&묵상

제1장 성령 하나님

1. 성령님은 누구신가요?

2. 성령충만과 기름 부으심의 차이는 무엇인가요?

3. 기름 부으심을 받았다는 증거는 무엇인가요?

4. 첫번째, 두번째, 세번째 기름 부으심이란?

5. 기름 부으심은 언제 일어나나요?

6. 성령 은사의 목적이 무엇인가요?

7. 바른 은사 사역이란 무엇인가요?

제2장 축사 사역

Wholistic Anointing Ministry

제2장
축사(逐邪) 사역

1. 성경 말씀

마귀를 대적하라 그리하면 너희를 피하리라 (약4:7)

저물매 사람들이 귀신 들린 자를 많이 데리고 예수께 오거늘 예수께서 말씀으로 귀신들을 쫓아 내시고 병든 자들을 다 고치시니 (마8:16)

예수께서 그의 열두 제자를 부르사 더러운 귀신을 쫓아내며 모든 병과 모든 약한 것을 고치는 권능을 주시니라 (마10:1)

병든 자를 고치며 죽은 자를 살리며 나병환자를 깨끗하게 하며 귀신을 쫓아내되 너희가 거저 받았으니 거저 주라 (마10:8)

예수께서 각종 병이 든 많은 사람을 고치시며 많은 귀신을 내쫓으시되 귀신이 자기를 알므로 그 말하는 것을 허락하지 아니하시니라 (막1:34)

예수께서 열두 제자를 불러 모으사 모든 귀신을 제어하며 병을 고치는 능력과 권위를 주시고 (눅9:1)

믿는 자들에게는 이런 표적이 따르리니 곧 그들이 내 이름으로 귀신을 쫓아내며 새 방언을 말하며 뱀을 집어 올리며 무슨 독을 마실지라도 해를 받지 아니하며 병든 사람에게 손을 얹은즉 나으리라 하시더라 (막16:17~18)

그러나 내가 하나님의 성령을 힘입어 귀신을 쫓아내는 것이면 하나님의 나라가 이미 너희에게 임하였느니라 (마12:28)

2. 귀신에 대한 여러 관점

(1) 동양 철학적 관점

동양철학에서는 옛날부터 귀신을 주로 음양설(陰陽說)로 해석하는 경향이 많았다. 한국에서도 이익의 『성호사설』을 보면 귀신의 존재에 대하여 귀(鬼)는 음지령(陰之靈)이고, 신(神)은 양지령(陽之靈)이라 하였다.
즉, 생물을 구성하는 본질은 음과 양의 두 기(氣)이며, 이 두 기의 영(靈)이 그 생물에서 떠날 때 혼(魂)·백(魄)·정(精)·신(神)이 분해 되고 합쳐져 귀신이 되고, 이들 혼백이나 귀신은 존재 기간이 있어 영구히 존재하는 것이 아니라고 하였다. 또한 귀신은 사람과 같이 지각이 있고 인간이 하는 모든 일에 등장하며, 귀신은 원래 기(氣)이므로 들어가지 못하는 곳이 없고 목석도 자유자재로 통과할 수 있다고 하였다. 귀신은 본래 사람을 현혹하는 일에 흥미가 있어 괴상한 일로 사람을 속이는 일이 많다고 하였다.
『금오신화』에서도 김시습은 "귀자(鬼者), 신자(神者), 음지령, 양지령"이라 하였다. 그의 귀신관을 요약하면, 천지 우주만상을 음양(陰陽), 양기

〈그림 1〉 무속신앙의 귀신이해

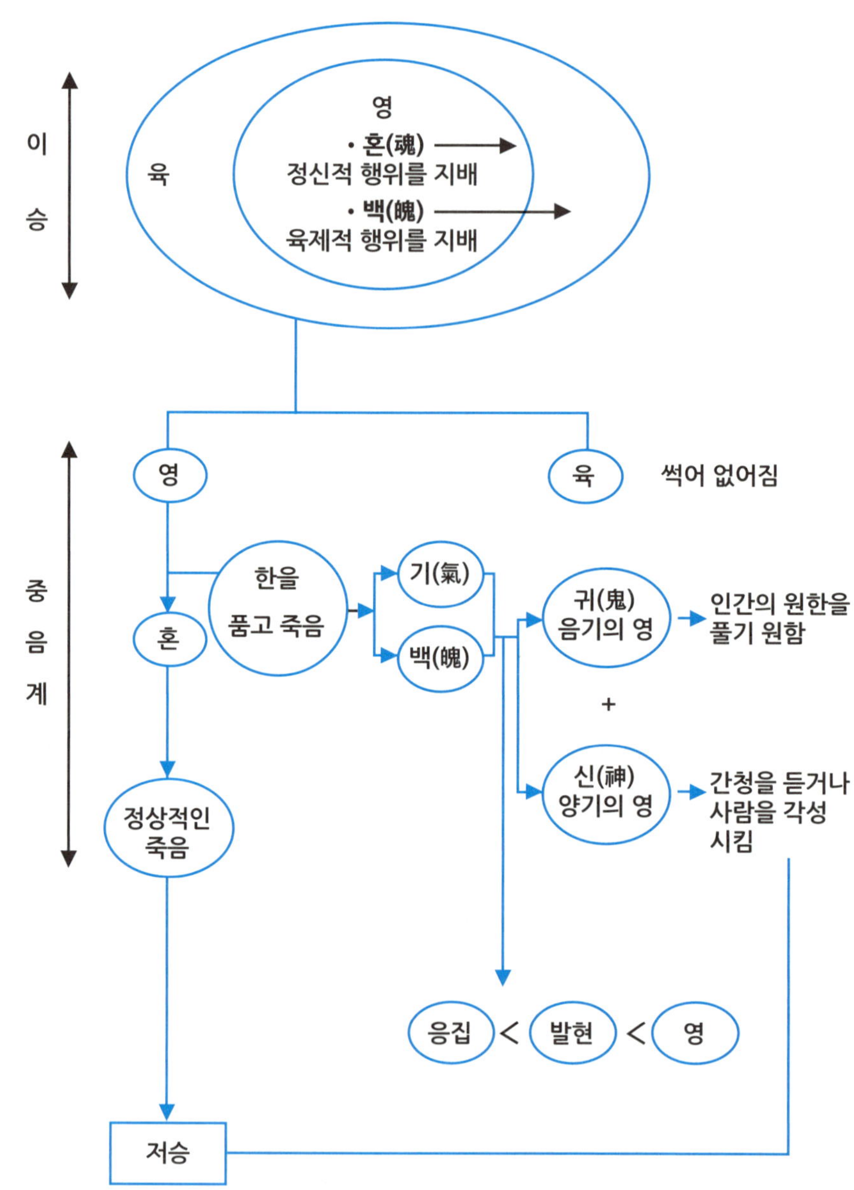

(兩氣)의 활동으로 보고 이것을 생사의 두 범주로 나누어, 살아 있는 상태에 있는 것이 인(人)·물(物)이고, 생물이 죽은 상태인 경우를 귀신이라 하였다.

『해동잡록』에서 장계이(張繼弛)는 귀신은 사람의 사령(死靈)이며, 죽은 후 잠시 존재하지만 결국은 없어진다고 하였다. 즉, 영혼의 상대 불멸을 시인하고 절대 불멸을 부정하였다.

또 서거정은 『필원잡기』에서 귀신은 음성인 까닭에 여자에게 잘 붙는다고 하였는데 음양설에서 보면 그럴 수도 있지만, 민담과 전설에 의하면 남성에게도 귀신이 붙어 나쁜 일을 자행하는 경우가 많다고 하였다.

한국 사람들은 귀신은 일부 착한 것도 있으나 나쁜 것이 더 많다고 보았으며, 형체는 없으나 사람을 뛰어넘은 행위를 할 수 있고, 우주에 가득 차 있어서 능히 사람과 교섭한다는 공통된 관념을 가졌다. 동서양을 막론하고 귀접에 대한 괴담은 자주 언급된다. 그런데 귀신은 나쁜 것이 더 많기에, 귀 접하는 것은 거의 모두가 좋지 않은 것으로 생각하였다.

귀신은 음기(陰氣)를 좋아하고 양기(陽氣)를 꺼리며, 썩은 것을 좋아하고 신선한 것을 꺼리며, 어둡고 탁한 것을 좋아하고 맑은 것을 꺼리며, 성한 것을 꺼리고 약한 것을 좋아하며, 건전한 것을 꺼리고 쇠퇴를 좋아하며, 밝은 것을 꺼리고 어둠을 좋아한다. 강한 것을 꺼리고 약한 것을 좋아하는 등 양기 성한 것을 꺼리고 음기 있는 것을 좋아한다고 한다. 그래서 귀신이 사람에게 들어올 때, 음을 좋아하고 양을 싫어하므로 원기가 왕성하고 건강한 사람에게는 들어오지 않고 원기 없고 허약한 사람에게 들어온다고 생각하였다. 또 음습한 곳을 좋아하여 옛 성곽이나, 옛 우물, 폐허 된 절, 허물어진 고가(古家)나 문루(門樓), 어두운 동굴, 고목, 음산한 계곡 등에 살고, 썩은 절굿공이와 절구통 등 오래되어 더러운 것에 붙는다고 생각했다.

유교적 관점에서 귀신에 대한 견해는 실로 다양하다. 그러나 공자와 주자의 귀신관은 휴머니즘을 기초로 하되 신비한 귀신 현상을 부정하지 않고 그것을 합리적으로 설명하려는 인식론적 입장이라고 말할 수 있다.

공자의 논어 '선진편'에 보면 "산 사람도 잘 섬기지 못하면서 어찌 귀신을 섬기겠느냐? 삶도 다 모르는데 어찌 죽음을 알 수 있겠느냐?"라는 문장이 나오는데, 이 말은 인간의 죽음과 그 이후에 잔존하는 어떤 것으로서의 귀신에 대한 그의 휴머니즘적이고 현세적인 입장을 보여준다. 귀신보다는 현재 살아 있는 인간, 그리고 곧 다가올 죽음보다는 지금 당장의 삶이 더 중요하고 시급한 문제라는 그의 견해는 이후 동아시아의 역사에서 줄곧 사람들의 표준적인 지침으로 간주 되었다. 공자는 오늘날 우리가 일반적으로 생각하는 악귀(惡鬼) 같은 귀신을 완전히 부정하거나 허구적인 것으로서 배척하지 않았다.

논어 '팔일편', '술이편'에 보면 제자 재아(宰我)가 공자에게 "저는 귀신이라는 말을 들어 보기는 했습니다만, 그것이 무슨 말인지 모르겠습니다."라고 묻자 공자는 다음과 같이 대답했다. "기(氣)란 신(神)이 왕성한 것이고, 백(魄)이란 귀(鬼)가 왕성한 것이다. 그러므로 귀와 신을 합하여 말해야 한다. 여러 생물은 반드시 죽고, 죽으면 반드시 흙으로 돌아가니, 이를 일러 귀라고 한다. '인간에 있어' 뼈와 살은 아래로 쓰러지고, 음(陰)은 들판의 흙이 된다. 그러나 기는 위로 발현하여 날아가서, 환히 빛나고 향기가 서려 올라 '기분'을 오싹하게 하니, 이것이 만물의 정(精)이고 신의 드러남이다."라고 말했다.

공자는 귀신을 하나의 실체적인 어떤 것으로서 말한 것이 아니라, 당시 일종의 유물론적인 사상인 기(氣)의 음양론에 따라 설명하고 있다. 유교는 과학을 배척한 것이 아니라, 오히려 적극적으로 자신의 철학에 도입했다. 귀신에 대한 설명도 이와 같은 과학적 기초 위에서 가능했다. 이(理)에 대한 신념이라는 입장, 달리 말하면 인식론적 입장은 객관적 실재에 관심을 두고 종교와 과학의 대립을 지양하고 종합할 수 있는 유일한 입장이라고 여겨진다.

(2) 무속적 관점

무속에서 보통 귀신이라고 할 때 생물이 죽은 후 혼이 원한이 남아서 저승으로 가지 못하는 경우를 말하는데, 이는 그들에게 있어서 매우 불행한 것이다. 그들이 이승에서 남겨진 고리를 모두 끊지 못해 승천하지 못하는 것인데, 이것이 지속되면 그들의 성정이 맹목적이고 악하게 변질할 수 있기 때문이다. 그들이 이승에 남아 떠돌 때 계속 인간의 양기를 갈구하게 된다. 흔히 기가 허한 사람들에게 붙어서 빨아들이게 되는데, 그렇지 않은 사람들이 특정 장소에 있을 경우도 양기를 취할 수 있다. 특정 부위에 귀신이 붙어 양기를 흡수할 때 그 부위가 아프거나 결림, 무거움 등의 느낌을 받게 된다. 따라서 그 성격은 부정적이며, 인간과 분리돼야 할 존재로 인식된다.

조상 숭배의 대상이 되는 혈연적 조상과 정신을 제외하고 온갖 잡귀 잡신은 어르거나 달래고 혹은 위협해서 축출해야 하는 존재다. 무당들은 자신들이 모시고 있는 신령들을 귀신이라고 표현하지 않는다. 이들은 정신(正神), 조상, 잡귀 잡신 등으로 정확하게 신령들을 구분해 부른다.

무속에서는 사람이 죽으면 세 가지로 그 존재가 분열된다는 믿음이 있다. 혼(魂)과 귀(鬼)와 넋이 그것이다. 혼은 하늘로 올라가고 넋은 땅에 돌아가며 귀는 공중에 떠돈다. 이 귀가 일반적으로 신주로서 후손들로부터 모셔진다는 것이다. 이 요소 중 귀와 넋은 인간과의 관계를 유지하는데, 제사를 받으면 귀와 넋은 만족하여 떠나간다.

넋은 묘지에서 3년 동안 제사를 받고, 귀는 사당에서 4대 봉사를 받는다고 여겨진다. 충분한 제사 후 귀는 떠나가 버려 자손과 관계를 갖지 않는다. 그러나 넋과 귀가 정당한 위안을 못 받는 경우는 응집되어 귀신이 되는 것이다. 민간전승에서 나오는 동물(특히 고양이나 뱀)을 괴롭히면 죽어서 그 사람에게 붙는다는 것이 무속에선 사실로 받아들여진다. 사람의 귀신과 동물의 귀신의 큰 차이점은 저승으로 갈 때의 길의 차이점이다.

사람 저승으로 갈 땐 하늘로 올라가지만, 동물은 땅으로 사라진다. 귀신은 음한 속성을 좋아하는데, 이에 대조적인 것은 극도로 싫어하거나 약하다. 예를 들어 대부분 빛(인공적이어도 상관없다)에 노출되는 것을 꺼린다거나, 매운 속성의 음식에 약하다. 그래서 집 안에서 귀신을 쫓을 땐 고추를 볶아 매운 냄새를 온 집 안에 진동하게 한다. 귀신이 모이는 장소 또한 음한 곳인데 특정 장소가 음한 기운으로 가득하면 그 위에 볕이 잘 드는 호화저택을 지어도 밤만 되면 귀신소굴이 된다.

한국 무속은 애니미즘(animism)에 기초하고 있다. 현대의 과학에서는 '물질'은 물질이요 '정신'은 정신이다. 그러나 무속적 관점에서는 정신이 물질 형성에 근원이 된다. 이런 애니미즘, 곧 모든 물질에는 '영혼'이 있다는 사고방식은 영국의 문화인류학자 에드워드 버넷 타일러(Edward Burnett Tylor, 1832~1917)에 의하면, 원시인들이 '꿈'을 이해하는 방식에서 출현했고 한다. 꿈이란, 영혼이 몸을 벗어나 자유로이 움직이며 천상과 지하를 경험하는 것이라는 원시적 믿음이 단지 '인간'뿐만이 아니라 모든 생명체나 무생물 에게도 '영혼'이 있어 꿈을 통해 동식물의 영혼들과 만난다는 믿음을 성립시켰다.

이런 애니미즘은 샤머니즘(shamanism)과 결합하여, 신적인 존재를 불러들이는 무당(巫堂), 곧 샤먼(shaman)을 중심으로 한 신앙 체계로 발전하였다. 샤먼은 신령이나 정령 등 초자연적 존재와 직접 교류하고, 이 사이에 예언, 탁선(託宣, 계시), 복점, 치병, 제의 등을 행하여 샤머니즘 신앙의 중심이 되었다. 샤먼은 엑스터시의 기술을 통해 몸을 벗어난 영혼의 자유로운 여행을 하면서, 동식물과 바위, 천둥, 구름, 하늘에 내재한 영혼들을 만나고 현세의 길흉화복과 미래를 예언한다는 것이다.

그래서 하늘과 땅 사이에는 수많은 영혼 곧 만신이 깃들여져 있다는 세계관이 샤머니즘의 애니미즘적 세계관이다. 무속에선 죽은 자의 영혼, 상황과 때에 따라 선과 악이 넘나드는데, 이런 관점은 문화와 문명이 성립하면서, 또한 자연의 위계를 상상하면서, 영혼의 상하 구조가 생기게 되었고, 이것이 신과 영혼의 위계를 만들게 되었다.

여기서 '신'의 위치는 인간과 너무 동떨어진 초월의 영역을 만들었다.

평민이나 노예가 왕과 소통하는 것이 거의 불가능하다는 것을 상상해 본다면 이해가 될 것이다. 사람들은 그들과 가장 가까운 친지나 부모의 영혼이나 가까운 자연의 '애니마'(천하대장군, 지하여장군, 기묘한 모양의 바위인 미륵)에게 의지하여 복과 미래를 기원하고자 했다. 이 '영계'와 '현실계'를 자유로이 왕래하며 복과 예언을 하는 사람이 바로 무당이다.
한국 무속의 '귀신'은 이러한 세계관을 반영하고 있다. 귀신은 다름 아닌 죽은 자의 '영혼'이며 무당은 이들과의 소통을 통해 현세의 복락을 점하고 치유한다. 치유의 방식은 인간의 모든 문제를 담아내고 있는 귀신을 달래 저승으로 보낸다든지, 애니마를 원래의 위치에 놓는다든지, 이들이 가지고 있는 원한을 풀어준다든지 하는 형식이다. 이 '귀신'은 '선'과 '악'이라는 가치론적 구조에 통제받지 않는다. 상황과 때에 따라 선과 악은 결정된다는 것이다.

1) 귀신의 종류와 계급

첫째, 종류

명도 : 3세 미만의 말을 제대로 하지 못하는 어린아이들의 죽은 귀신을 말하며, 보통 영매들이 이 귀신을 접하면 말은 하지 않고 휘파람이나 여러 손짓말 짓을 한다고 한다. 이 귀신은 구천을 떠돌다가 일정한 시간이 되면 승천한다고 한다.

동자동녀 : 주로 무당의 몸을 빌려서 나타나며, 어린아이의 말로 자기 의사를 전달한다. 대략 5세에서 15세 사이의 귀신들이다.

몽달귀신 : 총각 귀신에게 붙여진 이름이다. 그래서 결혼하고 난 다음에 죽으면 몽달귀신은 면했다고 말했다. 결혼하지 않았다는 이유만으로 제사를 얻어먹지 못한다는 것에서 다소 억울한 혼이다.

손각시 : 손말명이라고도 한다. 처녀가 죽으면 원혼이 악귀로 변해, 다른 처녀에 붙어 다니며 괴롭힌다고 한다. 따라서 예로부터 처녀가 병이 생기면 무당을 불러 처녀의 의복을 전부 꺼내 놓고 옷에 붙은 손각시가 다른 곳으로 이동하도록 기도하는 일이 많았다. 또한 처녀가 죽으면 손각시가 되지 않도록 남자 옷을 입혀 거꾸로 묻거나, 가시가 돋친 나무를 관 주위에 넣고 매장하기도 하였다. 이 밖에도 사거리의 교차점이 되는 곳에 시체를 은밀히 매장하여 많은 남자가 밟고 지나가게 함으로써 처녀 귀신의 못다 푼 정을 달래는 풍습도 있었다.

선관도사(仙官道士) : 결혼하고 자녀를 두고 살다가 한이 남아 죽었을 때, 선관도사라고 하는 이름으로 다시 무녀의 몸에 붙어서 남의 길흉사를 예언해준다. 보통 무녀의 집에는 선관이라는 글이 붙어있다.

도사 : 할아버지로 수명을 누리고서도 저승을 가지 못하고 구천을 헤매

는 귀신이다.

보살 : 할머니 귀신을 의미한다. 보통 점집을 '보살집'이라고 하는데, 실제로 이름만 보살이고 실제로는 무녀의 집이다.

터 귀신 : 건축물을 수호하는 귀신이다. 터 귀신은 보통 인간에게 해를 끼치지 않으며 자신의 보금자리를 지키는 귀신이다.

달걀 귀신 : 어느 곳에 달걀로 분신을 숨긴 후, 때가 되면 거기서 나와 행동하는 귀신이다. 그 달걀은 많은 시간이 지나도 썩지 않는다.

나무 귀신 : 한국의 대부분 마을에 있는 큰 나무에 붙어있는 귀신이다. 고목은 당목(당산나무) 또는 도당 목이라 하여 마을 전체가 그 나무를 위하고, 산신제, 기우제 등을 지냈다. 제사를 지낼 때는 금줄을 치고 주변에 황토를 뿌리는 등 정결하게 한다.

무자 귀 : 무주 귀라고도 한다. 자손이 없는 사람이 죽으면 제사를 지내 줄 사람이 없어, 망령이 위안받지 못하고 고독과 불만 속에서 지내게 되므로, 이러한 영혼은 원귀가 되어 온갖 심술궂은 가해행위를 자행한다고 여겼다.

물 귀신 : 대개 물에 빠져 죽은 사람이 귀신이 되어 물속에 있다가 다른 사람을 잡아당겨 익사시킨다고 한다. 예로부터 사람이 물에 빠져 죽으면 그곳에 고사 굿을 지내고 물 귀신을 위안하여 발동을 막으려는 풍습이 있었다. 동해 신은 강원 양양에서, 서해 신은 황해도 풍천에서, 남해 신은 전남 나주에서, 북해 신은 함경 경성에서 음력 2월과 8월에 제사 지냈으며, 칠 독신이라 하여 전국의 이름난 7곳의 나루터, 즉 서울의 한강, 평양의 대동강, 의주의 압록강, 공주의 웅진, 장단의 덕진, 양산의 가야진, 경원의 두만강 등에서 제사 지냈다.

미명 귀신 : 남편에게 못다 한 미련 때문에 후처에게 붙어서 괴롭힌다고 한다. 후처가 병이 들게 되었을 때 미명 귀의 짓이라 하여 무당을 불러 귀신을 달래는 굿을 하였다. 보통 무덤을 파서 시체를 화장한다.

둘째, 용어

고사 : 액운은 없어지고 풍요와 행운이 오도록 집안을 지키는 신에게 음식 등을 차려 놓고 비는 제사.

구미호 : 한·중·일 삼국에서 구미호(九尾狐)는 신통력을 가진 꼬리 아홉의 여우를 뜻하며 남자를 잘 홀리는 매혹적인 여성으로 변신하는 것으로 유명하다.

굿 : 무속인이 신과의 교접을 통하여 인간사에 명을 비는 의식이자 마을 단위의 축제로서 다양한 문화적 성격을 띠는 활동을 말한다. 굿이라 불리는 의식을 통해 여러 가지 행위를 하는데 작두의 날카로운 칼날 위에서 춤추거나 불 위에서 춤추는 등 초인적인 행동을 통해 신격화되었음

을 나타낸다. 굿은 신을 기쁘게 하여 인간의 소망을 이뤄달라고 비는 춤이다. 이런 행위를 '푸닥거리'라고도 하는데 '푸닥'이라는 단어가 '샤먼'을 의미한다고 한다. 충청도 지역에서는 다른 지역과 달리 앉아서 경을 읽고 의례를 행하는게 특징적인 앉은굿(양반 굿)이 있다.

굿 것 : 귀신의 순우리말.

귀태 : 귀신 귀(鬼)자에 태아 태(胎)자를 써서 태어나지 않아야 할 사람이 태어났다는 뜻으로 '귀신에 의해서 태어난 인간'을 말한다.

그슨 새 : 제주도의 정통 귀신 혹은 요괴. 주정이(낟가리 위에 빗물이 새어들지 않도록 덮는 것, 주저리)라는 제주도의 비옷을 뒤집어쓴 채 길거리를 돌아다닌다. 제주도에서는 사악한 기운이나 액을 '새'라고 하거나 원통하게 죽은 영혼은 '새'가 된다고 믿기도 했다.

독 각 귀 : 외다리로 걸어 다니고 불처럼 이글거리는 눈빛을 가졌으며, 심한 비린내를 풍기고 역병을 일으키는 요괴를 말한다.

두억시니 : 가위에 눌리거나, 성질머리가 나쁜 요괴를 말한다.

도깨비 : 동물이나 사람의 형상을 하고 있다는 잡된 귀신. 다른 귀신과는 달리 악한 일만 하는게 아니라 짓궂은 장난도 하고 신통력으로 금은보화를 가져다주기도 한다.

무당 : 정식 명칭은 무속인(巫俗人). 보통 여성을 가리키는 말이다. '무당'이라는 표현은 한자어가 아니다. 남성은 박수 혹은 박사라 불린다. 지역마다 호칭이 다른데, 북한 지역이나 서울 지역에서는 만신, 충청도는 법사/보살, 경상도는 화랭이/양중, 전라도는 단골레, 제주도는 심방, 소미 등으로 불린다. 영어로 한자의 "巫" 를 가져와서 Wu 라고 부르거나 그냥 샤머니즘의 한 종류로 보아 샤먼(shaman)이라고 부르기도 한다.

묘귀 : 고양이 귀신

소도(蘇塗) : 큰 나무를 세워서 꿩의 털과 방울을 걸고 귀신을 섬기는 것, 후에 솟대, 서낭대로 변경되었다.

새우니 : 귀신이 영적 능력을 쌓아 진화된 악귀로, 날씨도 변화시킬 정도로 능력이 있고, 통제 불능이라 자신을 부린 무당을 죽이고 사람들을 괴롭힌다고 한다.

새타니 : 북쪽 무속의 동자 귀신. '새를 받은 이'라는 뜻으로서 영험한 귀신이다.

영매(靈媒) : 죽은 자의 영혼과 살아있는 사람이 소통하게 만들어 주는 사람 또는 그 의식을 말한다. 메디엄(medium), 채널링(channeling)이라고도 한다.

원귀 : 제 명을 다하지 못하고 억울하게 죽거나 비명횡사(非命)하여 이승과 저승을 떠도는 인간의 혼을 말한다. 이들은 이승과 저승 사이에서 방황하며 인간에게 여러 가지 해를 끼친다. 민간신앙에서는 억울하게 죽

은 만큼 사람을 해치기 때문에 굿을 통해 해원(解寃)을 하거나 무당의 인도를 받아 저승에 갈 수 있다고 믿었다. 또한 일부 원귀들은 복수하거나 원한을 풀기 위해 인간에게 도움을 청하기도 한다. 한을 풀어주는데 도움을 준 사람에게 금은보화를 주거나 장수하게 하는 등 도움을 주지만 때때로 은혜를 원수로 갚는 일도 있다. 또한 자신의 원한을 방해한 이에게 복수하기도 한다.

악귀 : 악한 성향의 귀신이나 요괴, 마물을 일컫는 말. 원귀보다 더 흉 폭하고 흉측한 이미지로 그려진다.

역귀 : 역병(疫病)을 일으키는 귀신.

액귀 : 모질고 사나운 운수를 가져오는 귀신. 이 액을 쫓아내려면 푸닥거리해야 한다고 한다.

지박신 : 특정한 장소를 기반으로 묶여있거나, 세상에 남아있는 귀신. 원한이 깊어서 자기가 죽은 곳이나 생전 인연이 있던 장소를 떠나지 못하여 쫓아내기 힘들다.

저퀴 : 저퀴는 중국의 역신이 토속화된 것으로 기귀란 귀신과 동화되었다. 기귀는 죽은 아이 귀신으로 어미의 사랑을 받는 아이들을 질투해 아이들에게 병을 준다는 귀신이다. 이에 따라 조선시대 때 아이를 험한 이름으로 부르는 풍습이 생겼다. 예를 들자면, 개똥이, 말똥이 등의 이름 같은 것들이 그 예이다

아귀 : 늘 굶주리는 귀신이다. 몸은 태산만 하고, 입은 바늘구멍만 한 지옥의 아귀도에서 사는 귀신.

왕신 : 이승에서 정처 없이 떠돌던 처녀 귀신은 왕신으로 좌정(坐定)하여 가족들의 지극한 정성을 받는 대신에 일종의 '가신(家神)'이나 '비운(悲運)의 조상신(祖上神)'으로서 집안을 잘 보살핀다. 그러나 왕신은 조금만 서운해도 집안에 큰 풍파를 일으키는 매우 무섭고 사나운 신령이기도 하다.

요괴 : 요사스럽고 괴이함. 인격이 아닌 정에서 발현되었다. 주로 동물, 자연, 사물이 오랜 시간을 거쳐 자연의 정기를 받아 생겨났다고 믿는다.

퇴마사 : 마물, 악령 따위의 나쁜 것들을 쫓아내는 일을 직업으로 삼는 사람을 일컫는다. 일명 엑소시스트(exorcist)를 말한다.

태자귀 : 병마와 영양실조로 죽은 아기 혼령들을 말한다. 태자귀(太子鬼), 태자귀(胎子鬼), 동자신(童子神), 탱자귀(撑子神), 태주(太主), 명도(明圖)라고 부른다. 근래에 와서는 태주도령, 동자, 애기동자, 산신동자, 선동이란 이름이 선호된다고 한다.

창귀 : 호랑이에게 잡아먹힌 이의 영혼이 호랑이의 꼬리에 속박되어 자유를 빼앗긴 채 귀신이 된 경우를 이르는 말로, 호환의 무서움을 상징하며 물귀신과 같이 산 사람을 홀려 죽게 만드는 악귀다.

셋째, 귀신의 계급(7등급)

귀신들은 등급에 따라 제사상의 위치가 다르고 신가도 구별되는 등 차별대우를 받는다. 등급이 높을수록 제사상이 앞쪽에 놓이고 등급이 낮으면 대청마루로 밀려나는 것이다.

1등급 : 제석, 천존, 일월성신, 칠성, 불사 등 천신 계통이다. 이들 천신 계통 신령은 하늘에 근원을 두고 있어서 최고 권위와 영험을 지니는 것으로 받아들여진다.
2등급 : 본향 산신, 본향 조상신 등 산신 계통. 이들은 각 지역에 오랫동안 뿌리를 내려온 토착 세력으로 주민들의 주체성과 정체성의 반영이기 때문에 영향력이 크다.
3등급 : 유비, 관우, 장비, 제갈량 등 중국에서 바다를 건너온 외래 신령들로, 별도 건물에 모셔지기 때문에 전내 신이라고 불린다.
4등급 : 최영, 임경업, 신립 등 우리 민족 고유의 장군 신이다.
5등급 : 집을 지켜주는 성주, 마을이나 국가를 지켜주는 신이다.
6등급 : 터주, 서낭, 지신 할머니 등 잡신들이다.
7등급 : 시왕, 넋 대신, 사자 등 저승과 관련된 귀신들이다.

원시사회 이래 공통 적으로 공포의 대상으로 삼았던 천둥·번개·비바람·질병 등의 범람을 귀신의 작용이라고 믿은 사람들은 이에 대처할 강력한 대립물을 생각해 냈다. 주술적으로 이를 격퇴하고 인간사회에 침투하는 것을 단념시키기 위해 갖가지 방법으로 회유책을 쓰기도 하였다.
사람들은 귀신을 격퇴하는 힘은 신명(神明)이 있어야 한다고 생각했다. 신명은 귀신을 부릴 수 있으며 명령할 수도 있고, 그 생사여탈의 권리까지 지닌 존재로 알았다. 그러므로 귀신이 몰고 오는 재화(災禍)를 면하려면 그 통솔자인 신명에게 빌어 귀신을 단속하도록 하는 일이 가장 효과적이었다. 한국의 각 마을에서 동제(洞祭)를 지낸 까닭은 신명의 위력에 의하여 귀신의 침입을 막자는 데 있었다.
기(氣)가 강한 사람, 혹은 나라에 큰일을 하기 위해 천명을 받은 사람은 감히 귀신이 범접하지 못한다. 무속인들은 귀신은 자신의 존재를 알아채는 사람들에게 더더욱 집착한다고 한다.
자신의 한을 풀어줄 사람이라고 생각하기 때문이라는 것이다. 그래서 어설프게나마 영감을 가진 사람들이 더 위험하다고 한다.
실제로 귀신의 개념 속에는 무속신앙, 유교, 도교, 불교 등에 기원을 둔 개념들이 얽혀 있는 만큼, 단정적인 정의가 힘들다. 더불어 자연 신적인 것까지 겹쳐 있어서 귀신이라는 개념이 지닌 복합성은 더욱 크다. 귀신이 범신론적인 명사가 될 수밖에 없는 이유는 개념의 복합성에 있는 것이다.

(3) 불교적 관점

1) 6도 귀(鬼)와 신(神)

불교의 6도(六道)는, 중생이 깨달음을 얻지 못하고 윤회할 때 자신이 지은 업(業)에 따라 태어나는 세계를 6가지로 나눈 것으로, 지옥도(地獄道)·아귀도(餓鬼道)·축생도(畜生道)·아수라도(阿修羅道)·인간도(人間道)·천상도(天上道)를 말한다. 이들 중 앞의 3가지 지옥도, 아귀도, 축생도를 악한 업으로 인해 태어나는, 고통스러운 세계, 악한 세계 또는 박복한 세계라는 뜻에서 3악도(三惡道)·3악처(三惡處) 또는 3악취(三惡趣)라고 하며, 반대로 아수라도, 인간도, 천상도를 선한 업으로 인해 태어나는 좋은 세계, 착한 세계 또는 다복한 세계라는 뜻에서 3선도(三善道), 3선취(三善趣)라고 한다. 그러나 비록 3선도도 미혹된 상태의 세계에서 번뇌에 물들어 있어 사(事)와 이(理)를 바르게 알고 행하지 못하고, 잘못을 범하는 상태로 있다면 완전한 깨달음(열반)을 얻을 때까지 계속하여 탄생과 재탄생을 반복하면서 윤회하여 생사의 고통을 받는다고 한다.

이런 6도에 귀(鬼)와 신(神)이 나오는데 이 둘은 근본적으로 다른 존재이다. 귀(鬼)는 아귀의 줄임말로 육도 중생의 하나이다. 귀는 페귀(弊鬼), 아귀, 유위덕귀(有威德鬼), 무위덕귀(無威德鬼)로 나누거나 다재(多財), 소재(少財), 무재(無財)로 나뉜다. 공포스럽고 기괴한 모습을 하고 염라대왕계에 살고 있다.

신(神)은 여러 가지 능력을 지닌 특별한 존재이기는 하지만 기독교의 개념처럼 절대적인 존재는 아니고 정령과 비슷한 존재로 볼 수 있다. 불교에서는 귀신의 존재는 믿으면 있고 믿지 않으면 없다고 보아도 되는 신념의 문제로 본다. 귀신을 무엇이라고 정의하느냐 즉 개념에 따라 의식과 믿음도 달라지는 것이라고 보는 것이다.

2) 귀신(鬼神), 마왕(魔王)

귀신은 대단한 위력을 가지고 있으면서 변화를 일으키는 힘이 자유자재한 존재를 말한다. 사람과 다른 존재에 도움을 주는 선한 귀신과 해악을 주는 악한 존재가 있다. 세상을 수호하거나 불법을 저지하는 존재로 대범천왕, 33 천왕, 사천왕, 염마왕, 난타용왕, 발난타용왕 등이 선한 귀신으로 분류된다. 나찰(羅刹)은 악한 귀신이다. 나찰은 붓다의 수행자 시절에 깨달음으로 이끌어 주는 게송(偈頌; 붓다의 공덕이나 가르침을 찬탄하는 한시 형식의 노래)을 들려주고 잡아 먹으려 했던 존재이기도 하다. 또한 야차(夜叉)는 선하기도 하고 악하기도 한 귀신이다.

때때로 귀신은 마(魔)로 나타나기도 한다. 마(魔)는 mara의 줄인 말로 '욕계' 중생의 번뇌를 빨아먹는 낙으로 지금까지 욕계의 주인으로 군림한다고 한다. 이런 마에는 번뇌 마, 음(陰)마, 사(死)마, 타화자재천 마 등이 있다.

불교의 세계관은 본래 우주관 속에 들어있는 시간관을 갖춰야 온전하다. 그래서 3세(三世) 3계(三界)라고 한다. 3세는 과거, 현재, 미래의 시간을 말한다. 3계는 존재들의 의식 수준을 나타내는 우주관으로서 욕심의 세계인 욕계(欲界), 물질의 세계인 색계(色界), 정신의 세계인 무색계(無色界)를 말한다. 욕계는 탐심을 가진 존재들이 사는 세계이다. 색계는 육체적 쾌락만을 가지고 있는 존재들이 사는 세계다. 무색계는 육체는 없고 정신만을 가진 존재들이 사는 세계다. 인간들이 의식 수준을 명상(참선 등)을 통해 고양하여 욕심을 제거하고, 물질을 제거하다 보면 더 나은 수준의 세계에 살 수 있다는 것이 불교의 세계관이다.

이 가운데 욕심의 세계인 욕계는 다시 여섯 세계로 나누어지는데, 그것은 지옥, 아귀, 축생, 수라, 인간, 천상이다. 이 가운데 지옥의 중생, 아귀의 중생 그리고 수라의 중생과 천상 중생의 일부가 귀신이라고 할 수 있다.

천상은 욕계와 색계, 무색계에 걸쳐서 있는데 욕계에는 6개의 하늘이 있고, 색계에는 18개, 무색계에는 4개의 하늘이 있다고 한다. 욕계의 하늘이 4천왕천, 도리천, 야마천, 도솔천, 화락천, 타화자재천이다. 이 타화자재천의 왕이 그 유명한 마왕 파순(魔王 波旬 : papiyas)이라는 것이다. 이 파피야스가 붓다의 득도를 방해했다. 깨달음을 이루기 직전에 나타나 군대를 동원해서 방해하고, 세 딸을 이용해 방해했지만, 붓다는 그것을 극복했다.

세 딸은 탐심, 진심, 치심이라는 설도 있고 그 자체가 이성을 그리워하는 음욕(淫慾)이라는 설도 있다. 음욕이 강한 존재가 얻는 인과응보는 마왕, 마민, 마녀로 태어나는 것이다. 수행자가 도를 이루어 붓다가 되려고 하면 마왕의 궁전이 흔들리고, 햇빛에 가려져 보이지 않게 된다는 설도 또한 깨달음의 반대편에 있어서 서로 만나기 어렵다는 것을 상징적으로 나타낸 것이라 할 수 있다.

3) 아귀(餓鬼)와 중음신(中陰身)

아귀는 다음 생으로 태어날 힘을 가지지 못한 존재를 말한다. 배고픈 귀신이라는 것이다. 그들은 배불리 먹어야 다른 몸을 받아서 태어난다. 아귀의 모습은 무섭고 입에 먹을 것을 가져가면 먹을 것이 불로 변하여서 입과 목구멍 등에 화상 입게 해서 먹을 수 없게 되어 괴로움을 받는 존재이다. 어떤 사람이 숲속에서 도를 닦으려 하자 입에서 불을 뿜는 아귀가 나타났다. 하룻밤에 한 섬(두 가마)의 밥을 해 먹이면 아귀에서 벗어날 수 있다고 하여 안심하자 아귀가 나 말고 저렇게 8만 4천 마리가 있는데 그들도 또한 두 섬씩의 밥을 해 주어야 한다고 말했다. 낙심한 수행자는 부처님께 도움을 청한다. 부처님은 우리가 먹는 밥을 아귀가 먹는 밥으로 변하게 하고, 8만 4천 마리의 아귀를 배 불리게 하기 위한 49재, 즉 천도재의 밥을 베푸는 의식 시행하였다. 그래서 시식 문을 보면 배고픈 귀신에게 음식 베푸는 내용이 나온다.

불교에서 중생들이 태어나는 것은 생유(生有), 살아가는 모습은 본유(本有), 죽는 것은 사유(死有)라고 하며, 죽은 뒤 다른 존재로 생유 하기 전에 머무는 단계가 있는데 그것을 중유(中有)라고 하는데 이 중유 즉 중음신(中陰身)을 귀신이라고 한다. 중유는 중간존재를 말한다. 죽음의 순간으로부터 다음 생의 태어나는 찰나에 이르기까지의 중간 시기의 존재인 영혼신(靈魂身)이라고 할 수 있다.

죽은 영혼이 다음 생에 태어나기 전의 칠칠일(7×7=49일)을 중음이라 한다. 아주 착하거나 악하면 다음 생을 바로 받아서 중음을 경험하지 않으나 보통의 영혼은 중음으로 있는 동안 다음 생을 결정받는다는 것이다. 이때 인간의 몸은 그 모양이 동자의 형체와 같으며 반드시 7일을 1주기로 삼아 본생 처에 태어난다.

만일 7일이 지나도 몸을 받지 못하면 다시 7일의 중음 기간이 지난 14일에 가서야 본생 처에 태어난다. 이렇게 7일을 주기로 하여 길게는 7기까지를 다 활용해야 다음 존재로 태어나기 때문에 49재를 지내는 것이다. 이때 천도하는 것을 중음 법사(法事)라고 하며 그때의 내용을 담은 것이 중음경(中陰經)이다. 불교의 이론에 의하면 귀신이 있다고 해도 그들이 설사 수행과 존재들의 평화로운 삶을 방해하는 못된 일을 한다고 해도 그들은 없애야 할 존재들이 아니라 그들의 상태를 바꿔야 할 존재라는 인식이 있다. 그래서 불교에서는 귀신을 정리하거나 귀신들의 왕 또는 마귀나 마왕을 처단하는 등의 독단적인 일이 일어나지 않는다.

그래서 그들이 산다고 하는 풀과 나무를 함부로 베거나 불태우지 못하게 한다. 즉 낮은 수준의 존재가 귀신이므로 우리 스스로 수행을 통해 존재의 위상을 업그레이드하듯이 그들에게도 그런 기회를 주기 위해 끊임없이 노력해야 한다는 것이다. 다만, 귀신의 존재를 과장하거나 조상 또는 가족의 영혼이 제대로 천도 되지 못했다는 것을 강조하여 마음이 굳세지 못한 이들에게 엉뚱한 경험을 강요해서는 안 된다고 말한다.

(4) 기독교적 관점

1) 기독교 신정론(神正論, theodicy)

무속적 세계관과는 달리, 기독교적 세계관은 하나님과 사탄의 대립을 통한 이원론을 주장한다. 정통 기독교에서는 유대 신명기 학파의 기본적인 전제, 곧 "이스라엘아 들으라 우리 하나님 여호와는 오직 유일한 여호와이시니 너는 마음을 다하고 뜻을 다하고 힘을 다하여 네 하나님 여호와를 사랑하라"(신 6:4-5)를 따르고 있다. 유일한 하나님, 곧 다른 신이 없이 오직 하나님만이 신으로 존재하기 때문에, 오직 그만 사랑하라는 것이다. 그러니까, 이 신명기 신관의 범주에 의하면 하나님을 제외한 어떠한 초월적 존재나 혹은 영적 존재는 있을 수 없다. 그런데 문제가 생겨난다. 하나님이 유일하시지만, '악'이 존재한다는 것이다. 이 악의 문제를 해결하려고 노력하는 것이 기독교 신정론의 기본적인 전제이며 동시에 딜레마다. 그래서 신정론은 다음과 같은 질문을 던지며, 그 질문에 스스로 답을 찾으려고 노력하고 있다.

> "하나님이 모든 존재의 원인이며 조성자라면 악은 어디서 온 것인가?"
>
> "악(惡)은 도대체 누가 만들었나? 하나님이 모든 것의 창조주라면 악도 결국 하나님의 창조물 아닌가?
>
> "도대체 하나님이 계신다면, 왜 악이 존재하는가?"
>
> "하나님은 왜 악을 방치하고 보고만 있는가?"
>
> "하나님은 정말 악을 예비하셨는가?"

이 문제는 오랫동안 신학과 철학의 주된 주제 중 하나였다. 물론 지금까지 지속되는 논제이기도 하다.

이 질문을 던지는 사람들이 말하는 '악(惡)'에는 살인이나 강도·강간 등 악한 행위와 함께, 지진이나 쓰나미 등의 자연재해, 심지어는 질병이나 가족·친지의 죽음 등 자신에게 닥쳐오는 불행마저도 포함된다. 이런 질문에 대답하는 학문이 바로 신정론이다. 이것은 우리가 창조주가 아닌 피조물이기 때문에 생기는 한계이기도 하다. 이렇게 악과 관련된 신정론의 문제는 성경이 믿는 창조주 하나님의 본성과 관련된 중요한 논제가 아닐 수 없다. 악(惡)으로 번역되는 여러 성경 구절 가운데 주요 성경 구절은 히브리어 '라'(רע, 800번 나옴)와 그리스어 '포네로스'(πονηρs, 82번 나옴)와 카코스(κᾰκos, 78번 나옴)가 있다. 이외에도 악을 나타내는 단어들로 히브리어 '딥바'(민 13:32)와 '아웬'(욥 15:35)과 '짐마'(잠 21:27)와 '라솨'(시140:8) 그리고 그리스어 에피투미아(ἐπιθυμια)와 카코포이에오(κἄκοποιἐω, 막 3:4)가 있다. 이들 구절들은 모두 '악'을 나타내는 '나쁜 것'을 의미한다.

하지만 단어의 뉘앙스가 서로 다르듯 악은 단순하지 않다. 사회적 악, 윤리·도덕적 악, 자연적 악, 육체적 악이 모두 나쁜 것들이다. 즉 범죄, 죽음, 아픔, 고통, 지진, 해일, 홍수, 가뭄, 재앙, 질병, 고통, 가난함, 괴롭힘, 등등이 모두 나쁜 것들이다. 심지어 성경은 여호와의 목전에 악한 것들(창 38:7, 신4:25, 시 51:4)과 이웃과 관계에서 이루어지는 해로운 것들도 있음을 지적한다. 종교적, 관계적 악들도 많은 것이다. 하나님을 떠남(대하12:14)과 하나님의 언약을 어김(신17:2), 하나님을 경외하지 아니함이 모두 '악'하다.

이들 광범위한 성경적 악의 개념들을 모두 신정론적 관점에서 설명하고 해석해야 한다는 것은 악 자체의 신학적 논증조차 쉽지 않은 상황에서 그 범위가 너무 광범위하다는 점에서 분명 딜레마이다. 시편 기자는 무수한 재앙(악)이 나를 둘러쌌다(시40:12)고 탄식하고 있다.

기독교 신정론은 직접적 신 존재 증명은 아니다. 다만 신 존재 증명하다 보면 부딪히게 되는 질문에 대한 답변이다. 기독교 신정론이 성립되기 위해서는 다음의 두 가지 기본 전제가 확보되어야 한다.

첫째, 성경적 신이 존재한다는 것이다. 신이 존재하지 않는다면 기독교 신정론은 제기되지 않는다.

둘째, 성경적 신이 선하다고 할 때 그 선함은 인간들이 생각하는 선함과 일치해야 한다.

만일 '악'이 존재하지 않고, 신의 절대성만을 상정한다면, 신은 너무나 잔인한 존재가 된다. 뉴스의 지면을 잠식하고 있는 연쇄살인, 강도, 성폭력, 대량 학살, 핵 문제, 등등, 상상하기도 싫은 잔인성의 역사가 인간과 함께해 왔는데, 이들의 출발점은 과연 어딘가 하는 점이다.

성경 안에서도, 이스라엘은 가나안을 정복하면서 가나안 민족들을 거의 도륙하는 장면들이 출애굽기, 여호수아, 그리고 사사기를 뒤덮고 있다. 이스라엘의 입장에서 보면, 여호와는 그들의 신이지만, 가나안 부족들의 시각에서 볼 때 그는 악마다. 이런 신이 유목민족이었던 히브리인들이 국가를 만들면서 서서히 이분되기 시작한다. 신의 선한 면에서 어두운 면이 분리되기 시작하는 것이다. 바로 여기에서 후기 유대 사상의 중심 주제인 '천사론'이 등장한다.

창세기 6장에 '네피림'이라는 거인이 등장한다. 그러나 그에 대한 자세한 설명은 생략되어 있다.

그런데, 에티오피아에서 발견된 외경 '에녹서'는 신구약 중간시대인 마카비 시대에 쓰인 것으로 여겨지는데, 이 책에서 다양한 천사가 언급되어 있고, 창세기에 기록된 네피림의 기원이 수록되어 있다. 후기 유대 사상으로 쓰어진 책의 내용으로 볼 때, 악의 기원을 천사론으로 해소하려는 노력이 엿보이며, 이것은 유대의 사상가들이 신명기에서 언급된 유일한 하나님을 설명하기 위한 신정론적 노력이 엿보이는 부분이다. 에녹서에는 다양한 천사의 이름이 언급되며, 지상의 여인들을 탐한 타락한 천사들이 나타나고, 이 타락한 천사와 지상의 여인들 사이에서 탄생한 존재를 언급하고 있다. 루시퍼의 유혹으로 타락한 천사들이 마귀 곧 악령이 되면서, 유일신의 모습에서 '악'의 모습이 제거되고, 타락한 천사가 '악'의 근원이라는 세계관이 성립되는 것이다.

이사야서 12장 12절에는 '빛나는 계명성'이라는 부분이 나타나는데, 제롬이 라틴어로 번역한 구약성경에서는 이를 '루시퍼'라고 명명하고 있다. 즉 후기 유대 사상에서는 이 악의 위계가 나타나게 되는데, 루시퍼를 정점으로 한 타락한 천사는 악령이 되어 인간의 모든 고통의 근원이 되는 것이다. 이들로 말미암아, 아담과 하와가 죄를 저질렀고, 죽음과 질병이 인간에게 들어왔다. 이에 하나님은 사탄을 멸하기 위해 그들을 영원히 가둘 지하의 감옥을 만들었다. 즉, 세상은 하나님과 악령과의 투쟁장이 된 것이다. 그러니까, 인간이 이 과정의 중심에 선 것이 아니고, 역사는 하나님과 사탄과의 우주적 전쟁터가 된 것이다.

예수님은 이 전쟁의 종지부를 찍기 위해서 이 땅으로 내려오신 하나님이 된다. 교회의 전통에서 악마는 검은 피부에 뿔이 달려있으며 날개를 가지고 있다. 검은 피부는 선을 상징하는 빛의 반대이고, 뿔이 달려 있다고 하는 것은 레위기에 등장하는 속죄 염소를 표현하고 있다. 대속죄일이 되면, 염소에게 온갖 죄를 덮어씌운 뒤 광야로 보냈다. 즉 그 염소는 인간의 모든 죄악을 담당하고 있는 동물이다. 그래서 사탄은 염소의 뿔과 다리를 가지고 있다. 또한 날개가 달렸다고 하는 것은, 공중 권세를 뜻한다. 이 공중 권세를 지닌 사탄이 광야에서 예수님을 유혹하지만, 예수님은 이를 극복하고(마4:1~11), 제자들은 공중 권세를 지닌 사탄을 지상으로 끌어 내린다(눅10:18). 이제 주님은 지상의 사탄을 멸하는 치유를 하게 되고, 이 땅에 하늘나라를 완성하는 존재가 되었다.

그런데 문제가 나타났다. 주님의 사후에도 악은 계속 활개를 치고 있다. 이때 재림사상이 출현하게 되었다. 주님이 다시 오셔서 최후로 악의 세력을 처단할 것이라는 믿음이다. 그래서 사탄은 궁극적으로 지하의 감옥에 영원히 갇히게 되며, 지상과 천상에 하나님의 나라가 완전히 성립될 것이다. 이러한 사상이 헬레니즘적 철학 사상을 거치면서, 더욱 복잡한 신정론 논쟁들이 나타나게 된다.

> "그럼 천사 타락을 가능케 한 '욕망'은 어디에서 출현하였는가?"
>
> "루시퍼라는 반란자가 존재할지라도, 기본적으로 '악'이 존재 해야지만 '반란'이고 뭐고 가능한 것 아닌가?"

헬레니즘은 대체로 선과 악의 이원론에 영향을 많이 받았다. 하나님이 빛이시면, 악마는 어둠이고, 하나님이 생명이시면, 악마는 죽음이다. 하나님은 생명을 다스리시지만, 악마는 죽음을 다스린다. 그래서 지하의 무저갱, 곧 악마를 벌주기 위해서 만들어 놓은 '지옥'이 악마의 거주지가 되며, 이곳에서는 오히려 인간을 '벌'주는 악마가 등장한다. 그러니까, 악마는 하나님의 뜻, 곧 악인의 지옥행을 완수하는 존재라고 생각할 수도 있다.

사도신경의 원문에서는, 예수님이 십자가에서 죽은 후 지옥에 내려갔다고 한다. 그들에게 말씀을 전도하고 사흘 후 부활했다는 것이다. 성경 안에서 그리스도의 보편성은 현재 산 자와 죽은 자 그리고 하늘 위에 계신 보편적 존재이며, 이는 하나님과 인간을 엮고 있는 존재이다. 예수님은 사탄이 지배하는 지옥으로 내려갔다. 그런데, 그곳은 '죄' 있는 자들만 들어오는 곳이다. 죄 없는 그가 그곳에 들어갔다는 것은 이제 완전한 '어둠'이라는 의미가 사라져 버린 것이다. 그래서 초대 교부들은 예수의 십자가를 낚시 바늘과 같이 묘사했으며, 바다 괴물로서의 사탄이 그 십자가를 물고 하나님께 낚이는 것으로 묘사했다. 그래서 마침내 지옥도 사탄의 지배를 벗어나게 되며, 최후에 인간들은 구원받고 사탄은 그곳에 갇히게 될 것이다. 그러나 이러한 사고방식은 후에 오리게네스('Οριγενε, A.D.185~254)라는 신학자에게 종말에는 지옥의 문이 열리고 그곳에 갇힌 자들은 물론 악마도 구원받는다는 이론을 만들어내었다.

헬레니즘하에서 기독교가 탄생하면서 나타난 영지주의(gnosticism ; 구원은 믿음이 아니라 앎이라고 주장) 사상에는 초월적 신이 있고, 이에 열등한 신을 설정하며, 세상의 물질은 악한 것으로, 이를 초월한 영적인 것은 선한 것이라는 이분법이 등장하게 된다. 위에 기본적으로 던졌던 질문 곧 신정론을 따른다면, 두 가지의 모순점이 생겨난다. 신만이 존재하고 악이 없다면, 신은 무자비한 존재고, 절대적 선이라면 신은 무기력한 존재가 된다.

동방 기독교 전통의 뿌리가 된 닛사의 그레고리우스(Gregorius Nyssenus, A.D.335~395)와 디오니시우스 엑시구스(Dionysius Exiguus, A.D.470~544)는 신플라톤주의(neoplatonism ; 세상을 하나의 신, 정신, 영혼이 존재하는 이데아계와 그림자인 현상계로 나눈다)를 받아들여, 창조를 '유출'로 이해한다. 절대 선에서 유출된 세상, 혹은 신의 사랑에서 폭발한 마그마가 흘러나오는 것이 창조의 과정이라는 것이다. 마그마는 뜨거운 온도를 지니고 있지만, 산 밑으로 내려오면서 식어간다. 그러나 '본질'은 같다. 즉 악은 '사랑'의 결핍, 혹은 '창조에서 멀리 떨어져 있음'일 뿐이다. 결국 악은 존재하지 않고 다만 선이 결핍되었을 뿐이다. 그러나 선의 결핍인 '악'이 존재할 때, 우리는 다음과 같은 질문을 던지게 된다.

"왜 존재하지 않는 선의 결핍으로의 '악'을 위해 예수님이 죽어야 했는가?"

"도대체 어디에서부터 선의 결핍인 '악', 곧 현실적 악이 출현하는가?"

계속해서 아우구스티누스와 그레고리는 다음과 같이 신정론의 담론을 이어갔다.

신이 악을 극복하고 싶은데 그럴 능력이 없다고 하면, 신이 약하다는 뜻이 되고 이것은 신에게 맞지 않는 일이다.
신이 능력은 있는데 악을 극복하길 원치 않는다면, 신이 악의적이란 뜻이 되고 이것도 신과는 거리가 먼일이다.
신이 악을 극복하길 원치도 않고, 능력도 없다면, 신은 약할뿐더러 악의적이기까지 하다. 따라서 신이 아니다.
신이 악을 극복하고 싶어 하고, 할 수도 있다면, 악은 어디에서 오는 것이며 왜 신은 그것을 당장 없애지 않을까?

신정론에서 볼 때, 속죄를 위해서는 분명한 악이 존재해야 하는 것이다. 교부들과 신학자들은 이 두 가지의 모순된 틀에서 번뇌하였다. 종교개혁의 시대에 들어왔을 때, 루터에게 사탄은 하나님의 징계를 대신하는 악역의 위치에 서게 된다. 그러니까, 모든 것은 신의 뜻이라고 한다. 종교개혁자 루터는 로마서의 전통에 서서 우리는 의문을 제기하는 존재가 아니고, 그분의 뜻을 받아들여야 하는 존재라고 주장했다. "사탄, 귀신, 악의 존재에도 분명 무슨 뜻이 있을 것이다, 분명 숨겨진 하나님의 의도가 있을 것이다."라고 말했다.
신정론적 전통에서는 신의 절대성이 인정되며 악은 선의 결핍이거나, 세상에 존재하는 모든 악은 신의 절대주권에 달려있다는 것이다. 그러나 이렇게 되면 십자가의 속죄론에 걸리게 되며, 나타나는 현상 곧 악령의 현상에 응답할 수 없게 된다. 그러나 반대로 십자가 속죄론에 치우치게 되면, 신의 절대성이 흔들린다. 이 양면 에 대한 연구와 논의가 결국 기독교 신정론의 역사이다.

2) 사탄의 기원

천사들은 크게 2종류로 존재한다. 첫 번째는 영으로 존재하는 천사다. 영으로 존재하기 때문에 보통 인간의 눈으로 볼 수 없으며, 영안이 열린 특정인 에게만 보인다. 이들은 천국과 지구를 왕래하면서 하나님의 명령을 수행한다. 두 번째는 육체로 존재하는 천사다. 하나님의 특별하신 섭리로 인간과 같이 육체로 존재하는 천사가 있다. 이들은 인간 땅에 살면서 인간과 같이 먹고, 마시면서 하나님의 명령을 수행한다. 그러나 그들은 인간의 DNA가 아닌 천사의 DNA를 가지고 있다.
창세기 18장 8절 이하에는 육화된 하나님 즉 예수님과 역시 육화된 2명의 천사가 나오는데 그들 모두는 아브라함과 함께 먹고 마셨다. 만약 이들이 영적인 존재였으면, 반죽한 빵과 송아지 구이 등을 먹을 수 없었을 것이다. 그렇다면 보통 인간과 똑같은 생식기도 가지고 있을 것이다. 특히 2명의 천사는 죄 많은 소돔과 고모라 사람들의 눈에도 보였다. 동방정교회 위디오니시우스(Pseudo~Dionysius, A.D. 500년경)는 천사들에게도 체계화된 등급이 있다고 하면서 9개의 천사 등급을 설정해 놓았다.

제1계급 세라핌(seraphim, Σεραφείμ), 제2계급 케루빔/케루베임(cherubim, Χερουβείμ), 제3계급 오파님/ 드로누스(ophanim, Θρόνους), 제4계급 도미니온스/ 키리오티테스(dominions, Κυριότητες), 제5계급 비르투스/ 두나메이스(virtus, Δυνάμεις), 제6계급 포테스타테스/ 엑수시에스(potestates, Εξουσίες), 제7계급 프린치파투스/ 아르헤스(principatus, Αρχές), 제8계급 아르크안젤루스/ 아르항겔루스(archangelus, Αρχάγγελους), 제9계급 안젤루스/ 앙겔루스(angelus, αγγέλους) 등이다.

이중 가장 첫 번째 계급인 세라핌에 소속되어 있던 루시퍼가 악마의 수괴가 되었다고 한다. 성경에 기록된 사탄, 마귀, 옛 뱀, 용(계20:2), 루시퍼(사14:12), 리워야단(사27:1), 바아세불(마12:24) 등은 모두 동일 인물로 타락한 천사장 한 명을 지칭한 말이다. 이런 루시퍼와 함께 타락한 천사들이 있는데, 이들은 하나님에 의해 두 부류로 갈라지게 되었다. 첫 번째 분류는 하늘나라에서 쫓겨나 인간 땅에 거주하면서 그래도 자유롭게 활동할 수 있는 악한 영으로, 두 번째 분류는 인간과 지구의 마지막 때까지 갇혀 있다가 잠깐 풀려나는 악한 영으로 나누어지게 되었다(벧후 2:4, 유1:6).

사탄의 기원과 특징은 다음과 같다.

첫째, 사탄은 창세 이전 천사장에 속하는 높은 지위의 천사가 교만하여 하나님의 영광을 탐하여 보좌를 찬탈하려는 욕망을 부리다가 지위를 박탈당하고 쫓겨났으며 이때 천사의 약 1/3이 함께 쫓겨났다(계12:4).
둘째, 사탄(마귀)과 귀신은 다른 존재이다. 사탄은 타락한 천사장이며 공중 권세와 세상 권세를 가진 존재다.
셋째, 사탄은 하나님의 일에 대항하고(살전2:16) 복음을 방해하며(마13:19, 고후4:4) 속이며 인간을 함정에 빠뜨린다(눅 22:3, 고후4:4, 계20:7~8, 딤전3:7). 또한 하나님의 성도들을 괴롭히며(욥1:12) 시험하며(살전3:5) 뻔뻔스럽고(마4:4-5) 교만하고(딤전3:6) 권세 있고(엡2:2) 악의 있고(욥2:4) 간교하고(창3:1, 고후11:3) 한계가 있고(엡6:11) 사납고 잔인하다(벧전5:8).
넷째, 사탄은 세상과 인간을 타락시키기 위하여 존재하며, 하나님의 일을 방해하는 것을 최고의 목적으로 한다.
다섯째, 사탄은 거짓말, 속임, 기만하는 존재이다.

> 저는 처음부터 살인한 자요 진리가 그 속에 없으므로 진리에 서지 못하고 거짓을 말할 때마다 제 것으로 말하나니 이는 그가 거짓말쟁이요 거짓의 아비가 되었음이니라 (요8:44).

여섯째, 사탄은 인간을 유혹하여 타락시켜서 자신의 도구로 사용하기를 원한다.
일곱째, 사탄은 하나님 대신 예배의 대상이 되려고 한다. 인간에게는 하나님을 찾는 예배 본능이 있기에 사탄의 대용물인 우상을 숭배하게 한다. 또한 육체적 고통을 주거나, 두려움으로 인간을 협박한다. 그래서 우상숭배와 미신이 사회와 민족 위에 충만하게 만든다(고전 10:20~21, 계9:20, 신32:16, 사65:3).

3) 귀신의 기원

사탄과 천사 기원에 대해서는 성경 여러 군데에 분명하게 기록되어 있어 알 수 있지만 귀신의 기원에 대해서는 성경 어디에도 특정한 내용이 없기에 오늘날 4가지 학설이 존재하고 있다.

타락한 천사설 : 앞에서도 언급했듯이 루시퍼가 하나님께 반기를 들었을 때 함께 동조했던 졸개 천사들이 귀신이 되었다고 주장한다(마12:24, 25:41, 계12:7).

아담이전 영혼설 : 하나님의 창조 사역이 두 번 있었다고 주장한다(창 1:1~3). 소위 재창조설인데 첫 번째 창조된 인간들이 타락하여 귀신이 되었다는 것이다.

타락한 천사와 여자의 후손설 : 하나님의 아들인 천사와 사람의 딸들이 성적인 관계를 맺어 태어난 네피림(창 6:1~4)이 하나님의 심판을 받아 귀신이 되었다고 주장한다.

불신자의 사후 혼령설 : 불신자가 죽어 그의 영이 귀신이 되었다고 주장한다(눅24:39, 벧전3:18~20). 전통적인 무속신앙과 동양철학 사상 등과 일맥상통한다.

이단으로 선고받았고, 한기총에서 이단이 아니라고 했다가 최근에 다시 이단이라고 분류된 김기동 목사는 귀신들을 '불신자들의 사후 영'이라고 해석했다. 그는 불신자들의 사후 영과 타락한 천사를 포괄하여 '귀신'이라고 했으며, 더욱이 성경에 근거해서 모든 병의 원인을 귀신의 소행으로 돌렸다. 물론 많은 경우 맞는 말이다. 신약의 복음서에서 예수님의 귀신을 쫓아내는 일이 그의 사역에 매우 중요한 일이었기 때문이다. 그래서 '성경적'으로 모든 병의 원인이 귀신에게 있고, 그 귀신을 쫓아내면, 병도 치료된다.
그러나 전부 귀신의 역사라고 표현하는 것은 너무 이분법적인 논리가 아닐 수 없다. 그런데도 정신장애와는 다른 영역의 귀신 들림이 존재한다는 것은 확실하다. 밤마다 귀신 때문에 불면증에 시달리다가, 교회에 다니면서 차츰 안정을 찾았다는 일, 집안에 존재하는 귀신 때문에 병마에 시달리고, 일이 잘 풀리지 않다가 귀신을 몰아냈을 때, 병과 우환이 사라졌다는 일, 목사와 성도들의 기도로 귀신이 물러간 이야기, 귀신은 주님의 이름 앞에 저항하지 못한다는 것 등이다.
정신장애는 비교적 긴 시간에 걸쳐 치료되는 것이 보통이지만, 귀신이 들린 사람은 바로 치료가 된다는 특징이 있다. 그러나 김기동 목사는 기독교의 귀신에 대한 존재론적 이해를 한국의 무속적 귀신 이해와 상당 부분 공유하는 부분이 있어서 문제가 되고 있다. 귀신을 '불신자의 사후 영' 곧 죽은 자의 영혼이 구천을 떠돌다 사람에게 들어가 질병과 길흉화복을 주관한다는 것이 그의 생각이다. 사실 육체와 영혼을 인정하고 있는 기독교에서는 무속적 세계관과의 만남을 피할 수 없다.
우리는 성경적으로 다음과 같은 귀신론에 대한 몇 가지 결론을 유출해 낼 수 있다.

첫째, 귀신들은 타락한 악령들이며, 이들은 하나님과 적대적이고, 인간들에게 많은 질병과 아픔을 주고 있다. 그러나 세상의 종말에 사탄이 무저갱에 들어가듯, 그들도 그렇게 될 것이다.
둘째, 사람은 죽으면 즉시 천국이나 지옥 중 한 곳에 가기 때문에 '미련이 남아 떠도는 귀신'은 존재하는지 않는다. 개개인이 주님의 심판을 받아 영혼의 거처가 정해진다.
셋째, 초자연적인 현상들은 죽은 사람의 혼이 일으키는 것이 아니라 사탄이 사람들을 현혹하기 위해 벌이는 일이며, 이를 위해 타락 천사들이 죽은 자의 기억이나 관념, 행동 등을 흉내 내어 행세하는 것이다.
넷째, 죽은 영혼이 현세에도 영향을 미친다는 유교적 이념이나 무속적 행위, 음양이론 등을 부정한다.
다섯째, 사탄과 귀신들은 때로는 하나님의 도구로 사용되어 진다.

영국의 개신교계는 1600년대까지만 해도 귀신은 악마일 수도, 아닐 수도 있다는 견해가 보편적이었다. 대개 귀신은 혼령이거나, 죽은 사람이 하나님의 허락하에 어떤 말을 전하러 지상에 온 것이나, 죽기 전에 할 일을 마치지 못한 사람의 영혼이 배회하고 있거나, 악마의 장난일 수도 있다고 생각했다. 또한 가톨릭에서는 천국에 있거나(예:성모 발현) 연옥에서 고통받는 영혼들이 현세에서 관심을 끌기 위해 일종의 유령으로 나올 수도 있다고 주장한다. 다만 이 경우에도 영혼은 이미 내세에 있으므로 강신술 같은 것은 여전히 금지되어 있다.

> 조상의 영혼을 신처럼 숭배할 수 없다. 길흉화복은 조상의 영혼이 주관하는 것이 아니다. 죽은 후 조상의 영혼이 살아서 배회한다든지, 음식으로서 그 영혼을 공양한다든지, 또는 제사 때에 일시적으로 강생하여 제물을 즐겨 먹고 축복해 준다고 여기는 것은 오직 상상일 뿐이다. 죽은 이의 영혼은 살아 생전에 닦은 행실에 따라 하느님 앞에서 천국 혹은 지옥 그리고 연옥의 심판을 받는다. 교회는 천국에 들지 못하고 연옥에서 보속하고 있는 이들을 위하여 기도하기를 권한다.
>
> <가톨릭 선교 책자 '천주교를 알려드립니다' 제71판>

4) 귀신의 속성

첫째, 귀신 활동의 대부분은 종교라는 탈을 쓰고 나타나며, 우상숭배와 도덕, 윤리적 타락과 함께한다. 술, 담배, 마약 등의 중독성 악습은 모두 귀신 숭배의 부산물이다. 인간은 영적이기에 다른 영적 대상을 섬길 때 그 존재의 특성을 닮는다.
둘째, 하나님이 기뻐하시는 일은 무엇이든지 싫어한다. 그들은 인간에게 강한 질투심이 있는데, 특히 하나님의 자녀가 된 그리스도인에게는 더한 질투심을 지닌다. 그러므로 그들은 하나님을 섬기는 성도와 교회를 공격하여 하나님과의 관계를 끊게 만드는 목적이 있다. 특히 우리 속에 있는 하나님의 형상을 미워하고 있다.
셋째, 귀신은 인간의 몸을 안식처로 삼는다. 악한 영들이 인간의 몸을 가장 선호하는 이유는 인간이 영적인 존재이며 자신들의 영향력을 잘 받으며 더 나아가서는 전 인격을 소유할 수 있기 때문이다. 특별히 인간의 육체 속에서 안식할만한 곳을 찾고 있다는 점에 대해서 주님도 말씀하셨다.

> 더러운 귀신이 사람에게서 나갔을 때에 물 없는 곳으로 다니며 쉬기를 구하되 쉴 곳을 얻지 못하고 이에 이르되 내가 나온 내 집으로 돌아가리라 하고 와 보니 그 집이 비고 청소되고 수리되었거늘 이에 가서 저보다 더 악한 귀신 일곱을 데리고 들어가서 거하니 그 사람의 나중 형편이 전보다 더욱 심하게 되느니라 이 악한 세대가 또한 이렇게 되리라(마12:43~45).

5) 귀신의 능력

첫째, 귀신은 비자연적인 힘을 지녔다.

> 이는 예수께서 이미 더러운 귀신을 명하사 그 사람에게서 나오라 하셨음이라(귀신이 가끔 그 사람을 붙잡으므로 그를 쇠사슬과 고랑에 매어 지켰으되 그 맨 것을 끊고 귀신에게 몰려 광야로 나갔더라) (눅 8:29)

초자연적인 능력과 비자연적인 능력의 차이

초자연적 능력 : 자연의 섭리를 원하시는 대로 바꾸는 능력이며 이러한 능력은 오직 자연의 섭리를 창조하시고 주관하시는 하나님만이 하실 수 있는 능력
  예) 바다를 가르심, 하늘에서 만나를 내림, 태양을 멈추게 하심, 오병이어, 부활

비자연적 능력 : 비자연적 힘은 초자연적인 힘의 예속적인 능력으로 자연의

법칙을 바꾸지 못하는 한도 내에서 자연의 힘을 조절, 변화시키는 능력 예) 홍수, 가뭄, 질병, 전염병을 퍼트림, 저주, 사람을 죽음에 이르게 함.

둘째, 귀신은 인간, 동물에게 영향을 줄 수 있다.

> 마침 그 곳에 많은 돼지 떼가 산에서 먹고 있는지라 귀신들이 그 돼지에게로 들어가게 허락하심을 간구하니 이에 허락하시니 귀신들이 그 사람에게서 나와 돼지에게로 들어가니 그 떼가 비탈로 내리달아 호수로 들어가 몰사 하거늘 (눅 8:32~3)

귀신은 질병을 유발한다.

> 예수께서 안식일에 한 회당에서 가르치실 때에 열여덟 해 동안이나 귀신 들려 앓으며 꼬부라져 조금도 펴지 못하는 한 여자가 있더라 예수께서 보시고 불러 이르시되 여자여 네가 네 병에서 놓였다 하시고 안수하시니 여자가 곧 펴고 하나님께 영광을 돌리는지라 (눅13:10~13)

셋째, 귀신은 인간을 유혹하여 죄를 짓게 만든다.
넷째, 자연계의 장벽과 공간에 제약받지 않는다.

6) 귀신의 한계

첫째, 귀신은 영물이지만 피조물이며 유한한 존재이기에 능력과 활동은 제한받는다.
둘째, 어둠의 영이기에 밝음(도덕적)에서는 활동이 제한받는다.
셋째, 예배, 기도, 성경, 그리스도인과의 교제와 같은 영적인 추구는 귀신의 힘을 점차로 악화시키게 하며 점차로 그들의 기반을 잃게 한다.
넷째, 인간 의지의 허락을 받지 않고는 그 사람을 지배할 수 없다.
다섯째, 성령님의 능력에 의하여 제한받는다.

7) 귀신이 하는 일

첫째, 축사 사역에 대한 부정적 인식 갖게 만든다. 축사 사역을 두려워하게 하거나 귀찮은 사역으로 인식하게 하고, 이단시한다.
둘째, 귀신은 교회와 교인들에게 특별한 관심을 쏟고 있으며 자신들이 보유한 능력을 활용하여 목회자의 목회 관심을 하나님이 원치 않는 세속적인 방향으로, 교인들에게 하나님의 나라보다는 세상에서 즐기는 낙을 더 사모하게 만든다.

셋째, 교단, 교회, 목사와 교인, 교인과 교인을 서로 이간시키며 당을 지으며 권력 다툼과 같은 파벌을 만드는 행위를 한다.
넷째, 자신의 지식, 체험을 극대화시켜 하나님의 능력을 제한시키는 일을 한다.
다섯째, 성경의 한 부분을 너무 강조한 나머지 극단적인 부분에만 집착하게 한다.
여섯째, 교회가 성령의 인도함에 따라 움직이지 않고 조직, 프로그램으로 움직이게 한다.
일곱째, 자신들의 주장, 교리, 전통, 체험을 주장하며 분리, 분파, 파벌을 조성한다.
여덟째, 교회 지도자의 타락을 통해 교회와 성직자의 권위를 땅에 떨어뜨림으로 믿음이 약한 성도를 교회에서 떠나게 하며, 전도의 문을 막는다.
아홉째, 자신의 특성을 인간에게 영향을 끼쳐서 영·혼·육을 더럽혀서 하나님의 형상을 갖지 못하게 한다.
열째, 귀신은 인간을 유혹하여 죄를 짓게 하며 서로에게 미움, 원망, 고발, 저주, 분쟁, 파괴, 음란, 자살을 충동한다.

8) 귀신의 침입

귀신을 직접, 간접으로 초청함으로, 인간 내면에 거주할 조건이 제공됨으로, 인간에게 들어와서 거주할 수 있다. 초청에는 의식, 무의식 초청이 있다.

첫째, 의식적인 초청을 통한 침입
① 우상숭배를 통해 의식적으로 초청할 때 사탄은 귀신을 그 사람에게 들여보낸다.
② 사교(이단) 모임 참석: 자신이 영적 활동에 대한 지식이 없는 상태에서 불건전한 모임, 무당집, 점치는 집은 귀신이 강하게 역사하므로 영적 침범 당한다.
둘째, 무의식적인 초청을 통한 침입
① 자신의 행위와 관계없이 조상으로부터 유전적으로 침입
조상의 심한 우상숭배, 가족에 대한 다른 사람으로부터의 저주, 가족 가운데 무당과 같은 귀신에게 직접 관련된 사람이 있는 경우, 폭력, 살인과 같이 다른 사람에게 피해 입힌 경우 그리고 악한 사업과의 관련 **(성매매, 마약 밀매, 포르노 사업, 도박장 등)** 이 있을 때이다.
② 문화, 생활환경: 시대의 영적 배경, 부모의 영적 상태, 성장배경에 영향을 받는다.
기독교 문화 보다 무속적 문화에서 귀신의 영향을 많이 받는다. 미국의 북서 지역**(시애틀)**은 겨울에 매일 비가 내리며 음침하여서 다른 지역보다 귀신 들림의 현상이 많다.

③ 마음의 큰 충격, 상처받았을 때

인간이 가장 약해졌을 때 공격받는다. 또한 인간의 성장 기간 중 가장 약한 기간인 유아 기간에 공격이 심해진다.

또한 노인 시기에 이성의 활동과 육체의 활력이 떨어지는 시기이므로 귀신의 공격에서 많은 부분이 노출된다.

인간의 장점, 약점을 공격한다. 인간은 교만해지기 쉬운 습성이 있다. 귀신은 이 부분을 공략하여 인간을 교만하게 하여 넘어지게 만든다. 배우자와의 사별, 파산, 직장 해고와 같은 자신이 수용할 수 있는 한계를 넘은 환경의 큰 변화나 심한 수치, 모욕, 충격을 받았을 때 있을 수 있다.

④ 심한 분노를 지니고 있을 때

> 분을 내어도 죄를 짓지 말며 해가 지도록 분을 품지 말고 마귀에게 틈을 주지 말라 (엡4:26)

⑤ 신앙생활을 하면서도 특정한 죄를 상습적으로 반복하는 행위

⑥ 자신의 추구하던 일이 성공적으로 이뤄졌을 때. 교만한 마음을 일으키고 그 뒤를 따라 들어간다.

다윗이 왕이 되고 난 후 우리아의 아내를 범한 경우나, 엘리야 갈멜산의 대결이 끝난 후 또는 여리고 성의 전쟁에서 대승을 거둔 후의 경우를 예로 들수 있다.

⑦ 술, 마약, 도박과 같이 중독성을 유발하는 물질과 접할 때

⑧ 탈진 현상을 통해

탈진 현상은 과도한 직무나 스트레스가 장기간 계속될 때 생기는 증상으로 의사, 간호사, 목사. 교사, 경찰관과 같이 사람들과 접촉이 많은 직업인에게 많이 생긴다.

셋째, 죄를 통한 침입

① 사람의 마음속에 죄를 범할 생각을 넣어줌. 귀신은 우리의 생각에 죄지을 생각을 넣기 위하여 항상 기다린다.

용서하지 않는 미움(고후2:10~11), 영적인 속임(딤전4:1~2), 교만(딤전3:6~7), 음란(고전7:5, 유1~10, 벧후 2:9~15), 불순종, 거역과 완악함(삼상 15:23), 심한 두려움(히2:1~14~15)을 성경 속에서 찾을 수 있다.

② 선한 생각을 하지 않으면 악한 생각이 침입한다.

③ 사탄은 생각을 넣어준 후 틈을 타기 위해 기다린다.

사탄이 넣어준 생각을 떨쳐 버리지 않으면 시간이 흐르면서 생각이 점차 구체적으로 발전하게 되며 상상의 범위를 벗어나서 사건화된다.

④ 귀신이 죄를 짓게 한 후 자신의 거점을 확보해 나간다. 이때가 귀신의 잠복 시기다.

⑤ 어느 정도 시간이 지나면 본격적인 활동을 시작한다(불안, 초조. 어두움, 눌림)

⑥ 인격을 사로잡아 포로로 삼은 상태(죄의식의 상실)

9) 귀신의 영향

첫째, 악한 영에 의한 괴롭힘(무력감, 절망감. 두려움, 분노, 미움)이 있게 된다.
둘째, 악한 영에 눌림(환청, 환각)이 있게 된다.
셋째, 악한 영에 눌림(환청, 환각)이 있게 된다.
넷째, 악한 영에 사로잡힘(자살, 이성을 조절 못함. 부끄러움 상실)이 있게 된다.

10) 귀신에 사로잡힘의 증상

첫째, 인성에 심한 변화가 온다.
둘째, 두 인격체가 한 몸 안에서 활동하며 양신이 역사한다.
셋째, 악습 중독(마약, 도박, 거짓말) 이다.
넷째, 심령술. 마술적 능력이다.

> 우리가 기도하는 곳에 가다가 점치는 귀신 들린 여종 하나를 만나니 점으로 그 주인들에게 큰 이익을 주는 자라 그가 바울과 우리를 따라와 소리 질러 이르되 이 사람들은 지극히 높은 하나님의 종으로서 구원의 길을 너희에게 전하는 자라 하며 (행16:16~17)

다섯재, 심한 신체적 장애이다.
여섯째, 자살 충동, 자기 학대이다.
일곱째, 비정상적인 생활. 식생활, 성생활이다.
여덟째, 하나님에 대한 모독이다.

> 3절 사무엘이 죽었으므로 온 이스라엘이 그를 두고 슬피 울며 그의 고향 라마에 장사하였고 사울은 신접한 자와 박수를 그 땅에서 쫓아내었더라 4절 블레셋 사람들
> 이 모여 수넴에 이르러 진 치매 사울이 온 이스라엘을 모아 길보아에 진 쳤더니 5
> 절 사울이 블레셋 사람들의 군대를 보고 두려워서 그의 마음이 크게 떨린지라 6절
> 사울이 여호와께 묻자 오되 여호와께서 꿈으로도, 우림으로도, 선지자로도 그에

문제 1

사무엘상 28장 3절~19절, '엔돌의 무당' 을 통해 나타난 사무엘은 진짜 사무엘의 영혼인가요? 아니면 사무엘을 빙자한 귀신인가요? 그 이유는?

게 대답하지 아니하시므로 7절 사울이 그의 신하들에게 이르되 나를 위하여 신접한 여인을 찾으라 내가 그리로 가서 그에게 물으리라 하니 그의 신하들이 그에게 이르되 보소서 엔돌에 신접한 여인이 있나이다 8절 사울이 다른 옷을 입어 변장하고 두 사람과 함께 갈새 그들이 밤에 그 여인에게 이르러서는 사울이 이르되 청하노니 나를 위하여 신접한 술법으로 내가 네게 말하는 사람을 불러 올리라 하니 9절 여인이 그에게 이르되 네가 사울이 행한 일 곧 그가 신접한 자와 박수를 이 땅에서 멸절시켰음을 아나니 네가 어찌하여 내 생명에 올무를 놓아 나를 죽게 하려느냐 하는지라 10절 사울이 여호와의 이름으로 그에게 맹세하여 이르되 여호와께서 살아 계심을 두고 맹세하노니 네가 이 일로는 벌을 당하지 아니하리라 하니 11절 여인이 이르되 내가 누구를 네게로 불러올리랴 하니 사울이 이르되 사무엘을 불러올려라 하는지라 12절 여인이 사무엘을 보고 큰 소리로 외치며 사울에게 말하여 이르되 당신이 어찌하여 나를 속이셨나이까 당신이 사울이시니이다 13절 왕이 그에게 이르되 두려워하지 말라 네가 무엇을 보았느냐 하니 여인이 사울에게 이르되 내가 영이 땅에서 올라오는 것을 보았나이다 하는지라 14절 사울이 그에게 이르되 그의 모양이 어떠하냐 하니 그가 이르되 한 노인이 올라오는데 그가 겉옷을 입었나이다 하더라 사울이 그가 사무엘인 줄 알고 그의 얼굴을 땅에 대고 절하니라 15절 사무엘이 사울에게 이르되 네가 어찌하여 나를 불러올려서 나를 성가시게 하느냐 하니 사울이 대답하되 나는 심히 다급하니이다 블레셋 사람들은 나를 향하여 군대를 일으켰고 하나님은 나를 떠나서 다시는 선지자로도, 꿈으로도 내게 대답하지 아니하시기로 내가 행할 일을 알아보려고 당신을 불러올렸나이다 하더라 16절 사무엘이 이르되 여호와께서 너를 떠나 네 대적이 되셨거늘 네가 어찌하여 내게 묻느냐 17절 여호와께서 나를 통하여 말씀하신 대로 네게 행하사 나라를 네 손에서 떼어 네 이웃 다윗에게 주셨느니라 18절 네가 여호와의 목소리를 순종하지 아니하고 그의 진노를 아말렉에게 쏟지 아니하였으므로 여호와께서 오늘 이 일을 네게 행하셨고 19절 여호와께서 이스라엘을 너와 함께 블레셋 사람들의 손에 넘기시리니 내일 너와 네 아들들이 나와 함께 있으리라 여호와께서 또 이스라엘 군대를 블레셋 사람들의 손에 넘기시리라 하는지라

문제 1의 해석 · 답변 : 진짜 사무엘의 영혼이 아닌 이유

첫째, '영'이 신접한 여자를 통해 나타났기 때문이다(7절). 이 말은 적어도 '선지자나 하나님께서 보내신 사람을 통해 나타난 영은 아니다'라는 뜻이다.

אֵשֶׁת בַּעֲלַת-אוֹב 에쉐트(여인) 빠알라트(접한) 오브(신)'는 하나님께서 용납하지 말고 죽이라고 한 사람이다(출22:18)

> 네 하나님 여호와께서 네게 주시는 땅에 들어가거든 너는 그 민족들의 가증한 행위를 본받지 말 것이니 그의 아들이나 딸을 불 가운데로 지나게 하는 자나 점쟁이나 길흉을 말하는 자나 요술하는 자나 무당이나 진언자나 신접자나 박수나 초혼자를 너희 가운데에 용납하지 말라 (신18:9~11)

둘째, '영'이 땅에서 올라왔기 때문이다(13절).
'땅'이라는 개념은 '하늘'과는 반대되는 개념으로 영이 땅에서 올라왔다는 것은 하나님으로부터 온 것은 아니라는 의미다.
셋째, '영'이 무척 화가 났다고 말했기 때문이다(15절).

> "네가 나를 화나게 했다"라는 히브리어 '히르까즈타니'는 잠에서 자는 사람을 깨워 짜증이 나고 화나게 만들었다는 뜻이다. 진짜 하나님의 인도함을 받은 영이라면 이렇게 말할 수 없다. 하나님의 나타남은 두려움 속에서도 평안히요, 기쁨이다 (마28:9)

그런데 귀신 들림 문제는 신접한 여인에게서 나타난 영이 예언한 내용들이다. 나타난 영은 말할 때마다 하나님의 이름을 가지고 예언하고 있다.

① **여호와께서 나를 통하여 말씀하신 대로 네 나라를 다윗에게 주셨다**(17절).
② **여호와께서 이스라엘은 너와 함께 블레셋 사람 손에 넘기신다**(19절).
③ **내일 너**(사울)**와 네 아들들**(요나답, 아비나답, 말기수아)**이 나와 함께 있을 것이다.**
첫 번째, 두 번째 예언은 이미 사무엘이 살아있을 때 한 예언들이라 별 문제가 없지만, 특히 3번째 예언인 생사(生死)에 대한 예언은 사무엘을 가장한 마귀의 영이 말하기는 매우 어려운 내용이다. 왜냐하면 인간의 생사는 하나님의 절대 주권에 달려있기 때문이다. 내일이면 금방 확인할 수 있는 4명의 생사를 하나님의 이름으로 과감하게 예언할 수 있는 자라면 적어도 하나님이 보내신 선지자이거나, 하나님께 정보를 받은 사람이 아닐 수 없다. 그렇다면 영매를 통해 나타난 사람은 진짜 사무엘이 아닌 사무엘을 빙자한 귀신일 수 있지만, 큰 틀에서 하나님의 뜻 가

운데 보내 진(혹은 허락된) 하나님의 혼령은 아닐까.

3. 귀신 들림이란 무엇인가

(1) 귀신 들림의 개념

귀신은 그리스어로 '다이모니온'(δαιμονιον), 또는 '다이몬'(δαιμον)으로 성경에 100회 이상 등장한다. 이 단어의 동사로 '다이모니조마이(δαιμονιζομαι)'가 있다. 같은 어원에서 파생된 그리스어 분사 '다이모니조메노스(δαιμονιζομενος)'는 신약성경에서 12회 사용되는데, 이는 현재 시제로 '귀신이 어떤 사람에게 계속하여 거주하는 상태'를 가리킨다. 이 단어는 사역동사 '이즈'(iz)와 수동태 어미 '오메노스'(όμενος)가 결합되어 어떤 사람이 '귀신에 사로잡혀 있는' 수동적인 상태를 가리킨다.

보통 인간에게 '귀신이 들렸다.' 혹은 '귀신이 붙었다.'라는 말을 '귀신이 인간을 완전히 지배하는 상태'로 해석하려는 경향이 있다. 이러한 이해는 귀신 들림에 해당하는 그리스어 '다이모니조마이'에 대한 잘못된 영어번역 'demon possession'(소유)에서 기원한다 .

사람들은 '귀신 들림'이란 표현에 소유 그리고 통제라는 개념이 들어 있다고 믿는다. 즉 귀신에게 소유되었으며 완전히 그의 통제 아래 있다는 것이다. 그래서 귀신 들렸다는 것은 그 사람이 무능하게 되었으며 더 이상 자신의 의지에 기초하여 행동할 수 없게 되었다고 생각한다. 그러나 신약성경에 기록된 원어 '다이모니조마이'에는 이러한 '소유권 ' 혹은 '소유'라는 개념이 없다. 그런데도 이러한 번역은 3세기 동안 가장 대중적인 성경이었던 킹 제임스역(KJV)에 의해 표준이 되었다. 가장 이른 라틴어 역본인 라틴 벌게이트(Latin Vulgata)는 그리스어 '다이모니조마이'를 '소유'로 번역하지 않고 단순한 표현인 '귀신을 가졌다'(to have a demon)로 번역했다 .

전 세계 복음주의 진영의 귀신론에 성경적 기초를 제공한 엉거(Merrill Frederick Unger, 1909-1980)는 '귀신소유'와 '귀신 들림' 개념을 구분하여 설명하였다. 즉 '귀신의 소유'는 귀신의 완전히 사람을 지배하는 상태, 즉 가장 심각하고 가장 심하게 귀신 들린 상태를 말하며 대표적인 실례가 '거라사 귀신 들린 남자'(막5:1~20)라고 말했다. 그러나 '귀신 들림'은 귀신의 모든 침범의 경우를 총칭하는 개념으로 '귀신침입(demonization)'으로 생각하면 된다고 말했다. 엉거(Merrill Frederick Unger)는 귀신 들림을 다음과 같이 정의하였다.

> 귀신 들림에 대한 일반적인 술어가 말하는 의미를 더 성경적으로 정확하게 정의하면 '하나 또는 그 이상 귀신들의 지배를 받는 결과로서의 귀신이 들려 있는 상태'라고 말할 수 있다. 그리하여 모든 귀신의 침범은 그 정도가 가벼운 것, 또는 심한 것에 상관없이 귀신 들림을 말하는 것이 분명한 것이다. … 불행하게도 '귀신 들림'이라는 낱말이 일반적으로 정확하게 귀신들의 침범과 관련하여 사용되지 아니하고 오히려 정확하지 못하게 거라사 지방의 귀신 들린 사람(막5:1~20)으로 대표되어 가장 심하게 귀신들이 종으로 삼는 형태로만 말하고 있다.

딕카슨(C.F. Dickason)도 귀신은 실제적으로 소유하지 못하며 오직 하나님만이 인간을 소유할 수 있다고 보았다. 거듭난 그리스도인의 영혼 속에는 성령께서 거주하시기에 심각한 귀신 들림의 상태 즉, 귀신의 소유로부터 보호받지만 귀신의 영향으로부터 완전히 벗어난다고 볼 수 없다. 거듭난 그리스도인일지라도 '귀신의 압박(demon oppression)' 즉, 인간의 지(intellect), 정(emotion), 의(volition)와 몸과 환경이 귀신의 영향을 얼마든지 받을 수 있다.
그래서 멀쩡한 사람 중에도 귀신의 영향을 받는 사람들이 많이 있다. 전혀 아무렇지도 않게 보이는 사람들 가운데 귀신들이 얼마나 가깝게 영향력을 행사하고 있는지 모른다. 그래서 그리스도인이라 할지라도 늘 깨어 성령 충만한 삶을 살지 않으면 얼마든지 귀신의 억압이나 영향을 받는 상태에 빠질 수 있다. 이는 곧 예수 그리스도로 말미암아 거듭난 성도라 할지라도 그 육체에는 얼마든지 귀신이 침입할 가능성이 있다는 것이다. 비록 영혼은 예수 그리스도의 공로로 새로운 피조물이 되었을지라도 육체에는 여전히 하나님을 거부하는 요소가 충만하기 때문이다(롬7:18, 8:7~8). 마태복음 12장 43~45절은 귀신 들림의 상태나 결과에 대해 중요한 단서를 제공해주고 있다.

> 더러운 귀신이 사람에게서 나갔을 때에 물 없는 곳으로 다니며 쉬기를 구하되 쉴 곳을 얻지 못하고 이에 이르되 내가 나온 내 집으로 돌아가리라 하고 와 보니 그 집이 비고 청소되고 수리되었거늘 이에 가서 저보다 더 악한 귀신 일곱을 데

리고 들어가서 거하니 그 사람의 나중 형편이 전보다 더욱 심하게 되느니라 (마 12:43~45)

예수님은 귀신이 사람에게서 나갔다가도 다시 들어가고자 하는 속성이 있음을 말씀하셨고, 또 사람을 '귀신의 집' 곧 귀신이 거하는 장소로 말씀하셨다. 또한 귀신 하나가 나가서 저보다 더 악한 귀신 일곱을 데리고 들어갈 수도 있다는 것과, 그 결과는 전보다 더 심한 형편이 된다고 말씀하셨다. 이를 통해 볼 때 사람마다 귀신이 들어가 거하는 숫자가 다를 수 있으며, 또한 귀신의 숫자나 성질에 따라서 그 사람의 형편이 달라질 수 있음을 알 수 있다.
김기동은 "귀신은 인간의 영혼에는 절대 들어갈 수 없다. 왜냐하면 영혼은 오직 하나님만이 거하실 수 있는 처소이기 때문이다. 귀신은 단지 영혼과 육체의 중간인 신경계통에 들어간다."라고 주장했다.

영적인 존재는 공간적으로 제한받지 않는다. 마치 우리가 몸은 집에 있어도 마음은 다른 곳을 가 있을 수 있는 것과 같다. 그래서 귀신이 우리 몸 안에 혹은 몸 밖에 있는가를 아는 것보다, 어떤 '지배력'을 가지고 있는가를 아는 것이 더 중요하다. 그런 의미에서 사람들은 귀신들의 공격에 모두 노출되어 있다고 보면 된다.

가룟 유다의 경우

마귀가 벌써 시몬의 아들 가룟 유다의 마음에 예수를 팔려는 생각을 넣었더라 (요 13:2)

조각을 받은 후 곧 사탄이 그 속에 들어간지라 … (요13:27)

마귀가 가룟 유다의 마음속에 예수님을 팔려는 생각을 넣었을 때, 가룟 유다는 사탄임을 의식하지 못했을 것이다. 단지 자신의 욕망을 이룬다고 생각했을 것이다. 즉 가룟 유다는 본래 예수를 거부하는 자신의 생각·욕망이 있었고(이때까지 사탄은 침범하지 않았다), 이를 안 사탄이 그 마음속에 주님을 팔아야 한다는 생각을 슬쩍 끼워 넣었는데(이때까지도 사탄은 침범하지 않았다), 유다는 이런 사탄의 움직임을 눈치채지 못했고(그가 행동하려고 했을 때) 결국 그의 영혼은 사탄의 본격적인 거주지가 되었다.

베드로의 경우

> 베드로가 예수를 붙들고 항변하여 이르되 주여 그리 마옵소서 이 일이 결코 주께 미치지 아니하리이다 예수께서 돌이키시며 베드로에게 이르시되 사탄아 내 뒤로 물러 가라 너는 나를 넘어지게 하는 자로다 네가 하나님의 일을 생각하지 아니하고 도리어 사람의 일을 생각하는도다 하시고 (마16:22~23)

바로 직전 베드로가 "주는 그리스도시요 살아 계신 하나님의 아들이시니이다"(마16:16)라고 바른 신앙고백을 했을 때는 성령님이 그 마음속에 믿음의 생각을 집어넣어 주었다고 한다면, 십자가를 지지 말라고 한 것은 사탄이 그 마음속에 집어 넣어준 생각이었다. 물론 베드로는 몰랐지만, 예수님은 단번에 지적하셨다. 이처럼 사탄(귀신)은 예수님의 제자이든, 주님을 방금 하나님의 아들이라고 고백했던 사람이든 상관없이, 가리지 않고 들어올 수 있는 존재임을 잊어서는 안 된다.
귀신 들림에 대한 용어들을 정리하면 다음과 같다.

첫째, 귀신의 압박(demon oppression) : 인간의 의식과 인식기관이 귀신의 영향(demon influence)을 받는 상태를 말한다. 대부분 자신도 모르게 영향을 받기 때문에 본인은 귀신이라고 생각하지 않는다. 그래서 귀신의 역사라고 지적하면 오히려 반발할 수 있다. 깊은 공감과 소통 혹은 영적 훈련 등을 통해 깨달음을 주어야 한다.
둘째, 귀신의 침입(demonization) : 보편적으로 귀신 들린 상태를 말한다, 귀신 들린 사람들 대부분이 여기에 속한다. 다른 말로는 '귀신의 지배', '귀신의 거주', '귀신에 사로잡힘', '귀신이 붙었다', '귀신에 눌렸다', '양신의 역사'라고 표현할 수 있다. 그러나 자신의 의지, 인지, 자아는 살아 있기 때문에 얼마든지 자기 자신을 축사할 수 있고, 타인에게 축사를 받을 수 있다. 아직 내 안의 주체가 '나'이지 '귀신'은 아니다.
셋째, 귀신의 소유(demon possession) : 다른 말로 '귀신의 통제' 또는 '귀신의 제어', '귀신의 괴롭힘'이라고 표현할 수 있다. 이는 내 안의 주체가 '나'가 아니라 '귀신'이 되는 상태를 의미한다. 보통 초인적인 힘이 나오고, 귀신의 언어가 나오고, 괴이한 행동들이 나타난다. 일반사람들이 제어하기가 어렵다. 강력한 축사 사역과 축사 후 사역이 있어야 한다.
세상의 모든 일들은 하나님의 허락하에서 일어난다. 그런 의미에서 귀신 들림도 하나님의 허락하심이 있어야 가능하다. 그러나 생각해 보아야 할 것은 하나님이 일부러 그렇게 하지는 않는다는 것이다.
아담이 선악과를 따 먹은 그 순간부터 그는 사탄의 지배 아래 들어갔다. 즉 자신의 의지로 그쪽을 선택한 것이다. 하나님은 사람들이 하나님의 말씀을 따라서 하나님 안에 거하기를 원했지만, 사람들은 자신의 욕망을 따라 살아가고자 하는 것이다. 이것이 결국은 사탄의 지배하에 들어가는 것을 의미한다. 그래서 하나님이 억지로 귀신 들리도록 허락하는 것이 아니라 인간이 스스로 그 길을 선택했다고 볼 수 있다.

(2) 귀신 들림의 강도

사람들은 '귀신 들렸다.'라고 하면 일반적으로 거라사 지방에 군대 귀신 들린 자처럼 완전히 귀신에게 사로잡힌 경우만을 연상하기에 부정적인 시각을 갖는 경우가 많다. 하지만 귀신 들림에는 분명한 강도의 차이가 있다. 귀신 들림의 강도가 사람마다 차이가 있다는 것은 성경을 통해서도 알 수 있다. 특히 마가복음의 네 가지 축사 본문을 보면, 귀신 들림을 각각 다르게 표현하고 있는데, 이는 그 강도와 상태가 각기 다름을 의미한다. 마가복은 1장의 가버나움 회당의 귀신 들린 자는 '더러운 귀신들린'(엔 프뉴마티 아카다르토 : εν πνευματι ακαθαρτω)(막1:23)으로, 마가복음 5장 거라사 광인은 '귀신 들린'(톤 다이모니조메논 : τον δαιμονιζομενον)(막5:15)으로, 마가복음 7장의 수로보니게 여인의 딸은 '더러운 귀신 들린'(에이켄 프뉴마 아카다르톤 : ειχεν πνευμα ακαθαρτον)'(막7:25)으로, 마가복음 9장의 뇌전증 소년은 귀신이 아이를 '잡으면'(카탈라베 : καταλαβη)(막9:18)으로 기록하고 있다.

1) 강도 1 단계(초기 단계)

마가복음 1장 23절의 ~1장 23절의 귀신 들림은 '~ 안에, 함께'를 의미하는 '엔'을 사용하여, 귀신이 그 사람 안에 잠시 머문 상태를 의미한다. 이때는 평소에는 귀신이 드러나지 않다가 하나님의 말씀과 기도로 성령 충만해지면 자연스럽게 드러나거나 떠나는 경우다. 이는 단순한 복종(simple subjection)으로 표현할 수 있으며, 귀신 들림의 가장 초기 단계로 볼 수 있다.

2) 강도 2 단계

마가복음 7장 25절의 귀신 들림은 '가지다, 소유하다'를 뜻하는 '에이켄'을 사용하여, 더러운 귀신의 영을 가졌다는 것을 의미한다. 이는 사도행전의 '점치는 귀신 들린 여종'(에쿠산 프뉴마 퓌도노스 : εχουσαν πνευμα πυθωνος)에서도 동일하게 나타난다(행16:16). 이 경우는 귀신이 사람의 육체를 정기적으로 점유한 상태로서 평소에는 정상이지만 귀신이 어느 순간 침입하면 신체의 어느 한 부분이 점령당하는 것이다.

3) 강도 3 단계

마가복음 9장 18절의 뇌전증에 걸린 소년은 처음에는 '언어장애 귀신 들린'(에콘타 프뉴마 알라론 : εχοντα πνευμα αλαλον) 아들이라고 말했고, 그 귀신이 그를 '잡으면'(καταλαβη)뇌전증이 나타난다고 말했다. 여기에 사용된 '잡으면'은 악한 것이든 선한 것이든 사람에게 영향력이 미치는 상태를 의미한다(요12:35, 살전5:4, 빌3:12). 이는 이전 단계들보다 더욱 심각하여 '귀신에 사로잡힘'(obsession)의 단계로 표현할 수 있다.

4) 강도 4 단계

마가복음 5장 15절의 귀신 들림에 사용된 "다이모니조메논(δαιμονιζομενον)'은 '어떤 귀신에 의해서 지배받고 있다'라는 의미로, 군대 귀신 들린 자는 귀신에게 대부분 의지가 지배받거나 소유된 상태임을 알 수 있다.

귀신 들림의 강도는 귀신의 수나 귀신 들린 기간과 밀접한 관계가 있다. 귀신의 수가 많을수록, 귀신 들린 기간이 길수록 상태는 더 악화한다. 누가복음 13장 11절에 "열여덟 해 동안이나 귀신 들려 앓으며 꼬부라져 조금도 펴지 못하는 한 여자"가 있었는데, 이 여인은 처음에는 '귀신에 들렸고,' 그 후로 '꼬부라졌고', 그리고 최종적으로 '조금도 펴지 못하게 된' 것이다. 이처럼 귀신이 사람 속에 들어가 거하는 시간에 따라 상태와 정도가 달라짐을 알 수 있다.

(3) 귀신 들림의 깊이

귀신 들림의 강도는 지금 사람에게 들어온 귀신의 강약을 의미한다. 그러나 귀신의 깊이는 태어나기 전, 태어난 후 그리고 성장 과정을 거치면서 오랜 기간 나와 가족 안에 동거하고 있는 귀신의 내력 혹은 역사(歷史)를 의미한다. 귀신 들림의 강도와 함께 우리가 생각해 봐야 할 부분이 사람마다 귀신 들림의 깊이가 다르다는 사실이다. 사람들은 어떤 특별한 문제가 발생하거나 병이 들었을 때만 축사를 받으려는 경향이 있다. 하지만 이는 사후약방문인 셈이다. 의학적으로도 병의 치료보다는 예방에 초점을 맞추는 것처럼, 귀신 들림의 문제에 있어서 예방이 중요하다.

다시 말해 평소에 미리 축사할 필요가 있다.
예방 차원의 축사가 잘 이뤄지지 않는 이유는 귀신 들림의 깊이에 대한 이해가 부족하기 때문이다. 또한 이것은 귀신이 어떤 병이나 사고에만 관여한다고 오해하기 때문에 평소에 귀신의 역사에 대해 민감하게 느끼지 못하기 때문이다. 그러므로 귀신 들림의 깊이에 관해 관심을 가질 필요가 있고, 귀신이 병이나 사고뿐 아니라 개인의 성격과 생활 깊숙이에도 영향을 미치고 있다는 것을 깨닫는 것이 중요하다.
이를 위해서는 특히 가족력에 관심 두고 접근하는 것이 중요하다. 부모가 믿는 경우라면 그나마 덜하겠지만, 믿지 않는 부모 아래서 자란 경우에는 이러한 귀신의 침입에 무방비로 노출된 셈이다. 부모가 믿는 경우라고 하더라도 위로 삼사 대까지, 모두 믿는 경우가 아니라면 적극적으로 귀신을 쫓아내야 한다. 왜냐하면 그로 인해 가정 안에 부모와 자녀 사이에 다양한 갈등과 문제 양상이 발생하기 때문이다. 이 문제를 다룸에 있어 자녀의 성장에 따라 그 의지가 부모 중 누구에게 귀속되어 있느냐 하는 것은 중요한 문제다.

1) 어린아이에게 침입하는 귀신

귀신은 결코 신사적이지 않다. 귀신은 신자와 불신자를 막론하고 어떤 육체든 침입하며 이는 어린아이에게도 마찬가지다. 프랭크 해먼드(Frank D. Hammond)는 귀신은 인간이 살아가는 동안에 발생하는 모든 약점을 최대한 이용하며, 전적으로 다른 사람에게 의존하는 가장 약한 시기인 어린 시절을 통해 침입하는 경우가 많다고 주장했다. 그는 심지어 귀신들이 태아에게까지도 침입한다는 사실을 이미 확인했다고 주장했다.
곧 귀신은 어린 시절에 가정 안에서 누려야 할 사랑과 안락함과 평안 대신 미움과 다툼과 불안한 환경을 조성함으로써 어린아이들에게 침입하는 것이다. 유아의 의지는 그 생모에게 있다. 사람은 누구나 생명에 대해 애착하고 있는데, 어린아이의 생에 관한 애착은 그 생모가 소유한다. 생모는 어린아이가 느낄 수 없는 그 분량만큼 생명에 대한 애착을 소유하고 있다. 그러므로 유아가 병든 경우 그 생모의 의지 속에서 귀신을 추방할 때 그 어린아이는 그 즉시 병고에서 해방된다. 그러므로 생모의 불신앙은 자녀에게 큰 고통을 가져오게 된다. 유아란 7~8세 이내를 말한다.
사람의 인격은 완전한 상태에서 태어나는 것이 아니라, 태어나서 육체가 성장함과 함께 자라간다. 곧 인격이 온전한 사람으로 자라가는 것이다. 모태에서나 유아 시기에도 분명히 독립된 하나의 인격으로 존재하지만, 자신을 지킬만한 힘이 없다는 것이다. 그래서 모태에서나 어린아이 때 부모의 신앙과 역할은 매우 중요하다. 임신 기간에 유산되거나 유아기에 육체가 다치지 않기 위해 최대한 보호하는 것처럼, 육체뿐 아니라 영혼도 귀신의 침입으로부터 보호해 주어야 한다. 그러므로 어머니가 불신자인 경우는 무방비 상태로 귀신의 침입에 노출될 수 있고, 귀신이 그 육체에 침입해 그 아이의 인격 속에 자신의 인격을 투영하기 시작할 수 있다. 그렇게 어릴 때부터 침입해 함께 성장해 온 귀신은 그 사람의 인격 속에 깊이 뿌리 내리고 있어서, 자신의 의지와 귀신의 의지를 분리해 내기가 쉽지 않다. 이처럼 어릴 때부터 귀신에 의해 뿌리 내려진 마귀의 근성이 우리 속에 자리 잡고 있기에 온전한 성령의 사람으로 변화되는데 방해가 된다.

이렇게 '귀신 들림의 깊이'라 함은 모태나 어린아이 때부터 침입해 우리의 인격 속에 깊이 뿌리 내리고 있는 귀신들의 존재를 이해하고, 그 깊이만큼 추적하여 축사하는 과정을 말한다. 그렇게 귀신이 인간의 인격과 함께 몇십 년간 함께 자라 왔는데, 우리가 어느 순간 예수를 믿고 거듭났다고 해서 한순간에 귀신이 다 떠나겠는가? 결코 아니다. 깊이 있는 상담을 통한 지속적인 축사가 필요한 이유도 여기에 있다.

우리의 영과 혼과 및 관절과 골수를 찔러 쪼개기까지 하시며 우리의 마음의 생각과 뜻을 감찰하시는 말씀 앞에서 우리의 인격 안에 잠재해 있는 마귀의 근성들을 철저히 파헤치고 회개하고 내어버리고 돌이키지 않고서는, 귀신도 쉽게 자기 집을 포기하고 떠나지 않을 것이다.

그러므로 그리스도 안에서 철저히 자신을 죽이는 과정이 필요하고, 그 가운데 역사하는 더러운 귀신들과의 처절한 싸움에서 승리했을 때만이 온전한 그리스도의 형상을 이뤄갈 수 있다. 이러한 승리를 이루기 위해서는 전적으로 주를 의지하고 해산의 수고와 같은 부르짖음과 성령의 도우심이 있어야만 한다.

세례 요한은 모태로부터 성령의 충만함을 받았다(눅1:15). 모태에서 성령의 충만함을 입을 수 있다면, 그 반대로 악한 영들에 의해 억압되거나 눌릴 수도 있다는 뜻이 된다. 다윗의 시편에도 자신이 죄악 중에 출생하였고 모친이 죄 중에 나를 잉태하였다고 고백하고 있다(시51:5).

최근에는 태내에서부터 아이의 인격이 형성된다는 인식이 보편화되면서 태교에 관한 관심이 매우 높은데, 이 또한 같은 맥락에서 이해할 수 있다. 임신했을 때 부모의 환영을 받지 못했거나 부모의 다투는 소리를 듣고 태어났다면 이미 성격적으로 억압이 형성되는 것을 볼 수 있다. 산모가 불안하면 아기가 뱃속에서 자기 몸을 똘똘 뭉치면서 웅크리는 것을 산모는 체험한다.

마가복음 7장에 보면, 수로보니게 족속의 여인이 자기 딸을 위해 예수의 도우심을 구하는 장면이 나온다. 이때 그 여인의 딸은 "더러운 귀신 들린 어린 딸"(막7:25)이라고 말씀한다. 결국 그 딸은 어머니의 믿음을 통해서 고침을 받게 된다. 이처럼 어린아이에게도 귀신의 침입이 가능하고, 그러면 어머니의 믿음과 축사를 통해 고침 받을 수 있게 된다.

성경은 부모가 거룩하니 자녀도 거룩해진다고 말씀한다(고전7:14). 이는 역으로 부모가 거룩하지 않다면 자녀도 거룩하지 않다는 것이다. 부모가 교회를 다니지만, 자녀들이 신앙생활을 등한시하는 경우를 보게 되는데 결국은 귀신의 방해이다. 자녀의 거룩함을 방해하는 요소를 부모에게서 쫓아내야 한다. 부모의 청소년기를 성령으로 돌아보면, 자녀에게서 부모 자신의 미혹들이 나타나는 것을 발견할 수 있다.

2) 자손에게 영향을 끼치는 귀신

찰스 크래프트(C.H. Kraft)는 한 가족의 조상을 통해 내려오는 영들은 대개 조상이 받은 저주를 통해서 들어가거나, 조상이 자신을 다른 신에게 의탁할 때 들어간 영들이다. 이들은 조상들과 같은 감정적 문제, 죄의 문제, 질병 등을 일으킨다고 말했다.

성경도 "아비의 악을 자손 삼사 대까지 보응하리라"(출34:7)고 말씀하셨다. 귀신도 나름 인격을 가지고 있다. 그러므로 가족이나 친척 관계에 있는 자들에게 들어와서 자신들의 생전의 성격이나 병 등을 동일하게 나타내는 것이다. 세상 의학에서 유전이라는 말을 사용하듯이, 영적으로도 조상으로부터 육신의 재산이나 정신만을 유산 받는 것이 아니라, 영적인 환경도 함께 받는 것이다.

(4) 귀신 들림의 유형

1) 제1유형

귀신 들림의 첫 번째 유형은 인간의 뇌 기능을 장악하고, 정신장애와 비슷한 증상이 나타나는 경우이다. 흔히들 귀신 들림이라고 하면 연상되는 유형이다. 이 경우에는 귀신이 특정한 생각이나 감정을 불어넣어 환청, 망상과 비슷한 현상을 일으킨다. 귀신이 "다 죽여버려", "아파트에서 뛰어내려", "불 질러버려" 등의 음성을 환자에게 들려줄 수 있다. 귀신이 환자의 이성을 마비시키고 분노나 우울함과 같은 특정한 감정을 증폭시켜 사로잡히게 하고 환자의 몸을 강제할 수 있다. 제1유형에 속하는 사례로 성경에는 군대 귀신 들린 사람과 회당에서 귀신 들린 사람의 이야기가 나온다.

> 배에서 나오시매 곧 더러운 귀신 들린 사람이 무덤 사이에서 나와 예수를 만나니라 그 사람은 무덤 사이에 거처하는데 이제는 아무도 그를 쇠사슬로도 맬 수 없게 되었으니 이는 여러 번 고랑과 쇠사슬에 매였어도 쇠사슬을 끊고 고랑을 깨뜨렸음이러라 그리하여 아무도 그를 제어할 힘이 없는지라"(막5:2~4)

> 마침 그들의 회당에 더러운 귀신 들린 사람이 있어 소리 질러 이르되 나사렛 예수여 우리가 당신과 무슨 상관이 있나이까 우리를 멸하러 왔나이까 나는 당신이 누구인 줄 아노니 하나님의 거룩한 자니이다 (막1:23~24)

2) 제2유형

귀신 들림의 두 번째 유형은 생각을 장악하고, 나쁜 특정 생각에 사로잡히게 되는 경우이다.
제1유형과의 차이점에서 제2유형은 환청이 동반되지 않으며, 자기의 이성은 그대로 유지된다는 점이다. 제1유형은 누가 보아도 이상하다는 것을 알 수 있지만, 제2유형의 경우에는 나쁜 사람일 수는 있지만 기능적으로는 누가 보아도 정상으로 보인다. 제2유형에 속하는 사례로 귀신이 가룟 유다에게 예수님 팔 생각을 불어넣은 사건이다.

> 예수께서 대답하시되 내가 떡 한 조각을 적셔다 주는 자가 그니라 하시고, 곧 한 조각을 적셔서 가룟 시몬의 아들 유다에게 주시니 조각을 받은 후 곧 사탄이 그 속에 들어간지라. 이에 예수께서 유다에게 이르시되 네가 하는 일을 속히 하라 하시니 (요13:26~27)

3) 제3유형

귀신 들림의 세 번째 유형은 질병과 같은 현상이 나타나는 경우이다. 증상이 명확한 질병이므로 의사와 보호자는 보통 일반적인 질병으로 인식하게 된다. 제3유형에 속하는 사례로 귀신이 뇌전증의 형태로 나타난 경우다.

> 주여 내 아들을 불쌍히 여기소서 그가 간질로 심히 고생하여 자주 불에도 넘어지며 물에도 넘어지는지라 이에 예수께서 꾸짖으시니 귀신이 나가고 아이가 그때부터 나으니라 (마17:15,18)

이 질병은 귀신 들림의 결과이므로 의학적인 방법으로는 치유가 잘되지 않거나, 계속 재발하게 된다.

4) 제4유형

귀신 들림의 네 번째 유형은 귀신이 몸의 한 부분을 장악한 형태로 나타나는 경우다. 증상만 보면 단순한 질병으로 보이지만 실제는 육체를 귀신에게 장악당한 상태다.

제4유형에 속하는 사례로 언어장애, 시각장애, 청각장애, 꼬부라지게 만드는 귀신의 경우다. 귀신이 입을 장악하면 '귀신 들려 말 못하는 질병'에 걸리게 된다. "그들이 나갈 때 귀신 들려 말 못하는 사람을 예수께 데려오니"(마9:32). 이와 유사하게 귀신이 눈과 입을 동시에 장악하게 되면 '귀신 들려 눈멀고 말 못하는 질병'에 걸리게 된다. "그때 귀신 들려 눈멀고 말 못하는 사람을 데리고 왔거늘 예수께서 고쳐 주시매 그 말 못하는 사람이 말하며 보게 된지라"(마12:22). 또 다른 경우에 귀신이 몸을 꼬부라지게 하는 사례도 있다. "열여덟 해 동안이나 귀신 들려 앓으며 꼬부라져 조금도 펴지 못하는 한 여자가 있더라"(눅13:11).

일반적으로 귀신 들림은 제1형만 있다고 많이들 오해한다. 귀신 들림을 바르게 이해하고 치유하기 위해서는 제2유형, 제3유형, 제4유형과 같이 다양한 형태가 있다는 것을 기억할 필요가 있다. 그러나 귀신 들려 질병을 일으키는 경우 해당 질병의 원인이 모두 귀신이라는 의미는 아니다. 뇌전증의 경우 그 원인을 귀신 들림과 뇌 손상의 모두를 고려할 수 있다. 시각장애자 경우 그 원인을 귀신 들림과 눈의 손상 모두를 고려할 수 있다.

(5) 귀신 들림의 예비 징후들

일반적으로 볼 때, 다음과 같은 현상이 나타났다면 적어도 귀신 들림의 예비 증상일 수 있다.

1) 자신에 대한 통제력과 분별력이 지속해서 상실될 때
2) 마음 상태가 어떤 영적인 것에 의해서 사로잡혀 있을 때
3) 악한 행동을 하도록 내면에서 자꾸 사주받을 때
4) 이단에 연루되었을 때
5) 다음 같은 현상들이 지속될 때

감정적 문제 : 분노, 증오, 공포, 자기연민, 질투, 우울증, 불안함

정신적 문제 : 환청, 생각의 와해, 혼란, 우유부단, 게으름, 타협, 의심, 합리화
언어상 문제 : 거짓말, 저주, 신성모독, 비평, 조롱, 악담, 스스로 혀를 통제 하는 것
성적 문제들 : 성매매, 변태, 호색, 근친상간
중독적 문제들 : 담배, 알코올, 마약, 약물, 음식, 포르노, 인터넷, 도박 중독 등
육체적 질병의 문제 : 각종 질병
주술적 문제 : 강신술, 점성술, 타로점, 영매, 굿 등

(6) 귀신 들림의 장소와 시간

성경적으로 볼 때 귀신들이 거처하는 장소로 광야(눅8:29, 마12:43, 눅11:24, 막1:12~13), 파괴된 곳(계18:2), 무덤(마8:28, 막5:2, 막 5:3, 눅8:27, 막5:5), 물(계12:15~16, 13:1, 막5:1~13) 공중(엡2:2)) 등이 있다.
귀신이 활동하는 시간은 주로 밤이다. 밤이란 신적인 계시의 시간이면서 동시에 악한 영들이 활동하는 시간으로 나타난다(눅12:20, 행20:7~9). 예를 들어, 베드로가 고기 낚기에 실패하는 때도 밤이며(눅5:5~7, 요21:3~6), 예수님이 배반당한 때도 밤이다(요13:30, 고전 11,23, 눅 22:53, 마26:31, 26:34, 막14:30). 귀신들은 곧 어두움을 가져오는 존재이다(계16:10). 따라서 예수님이 다시 오시는 재림의 때는 더 이상 밤이 없고, 귀신이 없는 빛의 나라다(계21:25, 22:5).

(7) 귀신 들림 현상에 대한 경험론적 특징

1) 귀신 들린 자들은 영적인 사람(축사 사역자 등)을 알아보고 불안해한다.
대부분 귀신 들린 사람들은 상대방이 자신보다 강하거나, 약함을 인지할 수 있으며 상대방이 영적으로 강할 경우 피하려고 하고 반대로 상대방이 영적으로 약하다면 더욱 위협적으로 나온다.
2) 정체가 드러나거나 축사가 이루어질 때 "아이고 분해, 아이고 분해"하면서 엉엉 울기도 하고 흥분하기도 한다.
귀신이 나갈 때 자신의 한풀이를 하는 경우가 많이 있다. 그 대표적인 것이 억울함을 한풀이 하면서 떠나가는 것이다.
3) 상대방의 과거나 죄악을 알아맞히기도 한다.
상대방의 과거사를 알아맞히면서 힐난하거나 정죄하기도 한다. 그러나

축사 후에는 이런 일을 잘 기억하지 못하는 경우가 많다.

4) 입에서 거품이 흘러나오거나 구토한다.

일반적인 현상이다. 그래서 항상 휴지나 비닐봉지 등을 준비하는 것이 좋다.

5) 거짓 몸짓으로 귀신이 떠나간 것처럼 속이는 경우가 있다.

귀신은 근본적으로 속이는 영이기 때문에 마치 축사가 다 된 것처럼 속이는 몸짓으로 나타날 때가 있다. 사역자에게 영적 분별력이 있어야 한다.

6) 자주 졸린다고 말하면서 하품을 많이 한다.

자주 하품하는 현상은 귀신이 떠나기 싫거나 자신의 정체가 드러나자 감추기 위함이다. 계속 축사하여 귀신들을 내쫓아야 한다.

7) 떠나지 않으려고 몸부림치면서 살려달라거나, 다른 곳으로 가게 해달라거나 하면서 시간을 지연시키려고 한다.

인간의 육체 안에서 어떻게 하든지 떠나지 않으려는 귀신들의 지연작전에 말려들면 안 된다. 여유를 주지 말고 쫓아 보내야 한다.

8) 소리를 지르기도 하고 떼굴떼굴 구르면서 몸부림친다.

괴성을 지르고, 몸부림을 치면서 축사 사역자의 힘을 뺄 때가 많이 있다. 이때 사역자나 주위에 있는 사람들의 육체가 상처를 입을 수 있으므로 조심해야 한다.

9) 음란한 생각을 심어 주거나 음란한 행동을 취하기도 한다.

함부로 아무 곳이나 안수하면 위험하고 모든 질병(특히 정신이상)은 뇌 손상에서 비롯되었으므로 모든 안수는 머리 쪽에다 하는 것이 좋다. 어떤 축사 사역자는 배꼽부터 위로 올라가면서 안수해야 귀신이 위로 밀려 올라가면서 입으로 떠난다고 하는데 잘못하다가는 음란의 영에 덜미를 잡힐 수 있다. 만약 조금이라고 음란적 생각이 일어나거나 육체에 반응이 나타나면 무조건 사역을 멈추어야 한다.

10) 고약한 냄새를 풍기기도 한다.

귀신들은 무당에게서 나는 이상하고 특유한 냄새를 풍긴다. 그러나 성령님의 사람에게는 향기가 나온다.

11) 성경에 있는 내용을 말하거나, 자신을 하나님이라고 주장한다.

때로는 성경에 대한 해박한 지식을 가지고 있어서 성경을 가지고 말하기도 한다. 또한 자신이 이 지역의 왕이라거나 신이라거나 하는 망상에 사로잡혀 있을 때가 많다.

12) 영적인 사람과 눈을 잘 맞추지 못한다.

귀신 들린 사람과는 눈싸움에서 먼저 이겨야 한다.

13) 예수를 입으로 고백하지 않는다.

축사를 위해 일부러 예수님을 입으로 시인하게 하여도 자주 거부하는 반응을 보인다. 그러나 우리는 계속해서 예수 그리스도의 구주 되심을 본인의 입으로 시인하게 만들어야 한다.

14) 주위 사람들을 자주 피하기도 한다.

귀신 들림은 인격의 파괴와 대인관계의 문제점을 노출 시켜서 대인관계를 피하는 성격장애 현상으로 나타나는 경우가 많이 있다.

15) 귀신 들림으로 인한 방언이 있다.

이상한 말들을 중얼거리면서 마치 방언처럼 말을 하기도 하고, 어떤 사람은 방언으로 싸우기도 하고, 분노를 나타내기도 한다.

16) 축사가 이루어졌을 때 자신이 한 일을 잘 기억하지 못한다.

귀신이 떠나갔을 때 귀신 들렸을 때의 기억 상실하는 경우가 있다.

17) 귀신이 자신의 정체를 감추면서 끝까지 숨어 있는 때도 있다.

대부분 귀신은 축사 사역 중에 정체가 폭로되지만 어떤 경우는 끝까지 자신을 드러내지 않고 숨는 경우가 있다. 이때는 영적인 분별력과 인내를 가지고 사역해야 한다.

18) 두통, 한기, 두려움 등이 엄습해 오기도 한다.

축사 사역 중 두통이나 두려움이 있다고 괴로워하는 경우가 많이 있다. 그러나 계속 기도 사역을 통해 치유해야 한다.

19) 목에 작용하여 기도를 못하게 하기도 하고 호흡기 장애를 일으키기도 한다.

갑자기 목을 눌러서 본인이 입으로 시인하는 기도를 못하게 하거나 호흡곤란을 일으켜서 기도나 회개하는 것을 포기하게 만든다.

20) 이단, 사이비 사상을 말한다.

자신을 재림주, 감람나무, 영생주 등으로 표현하면서 하나님을 깎아내리고 자신을 신격화시키면서 자신의 사상과 방법만이 구원의 길이라고 주장한다.

문제 2

2020년 2월 17일 채널A '아이 콘택트'라는 프로에서 방송된 내용

거제도에 사는 8남매의 엄마 C씨는 오랫동안 하는 일마다 안 되고, 몸도 아프고, 마음도 지쳐 있는 가운데 점집을 찾았습니다. 그때 점쟁이가 "너는 신(神)을 받아야 한다."라고 말했고, C씨는 점쟁이가 시키는 대로 밤, 낮으로 기도 하는 가운데 점점 신기가 생기면서 몸도 건강해졌고, 마음도 안정되었고, 무엇보다도 심적으로 너무 행복감을 느껴서 그대로 집을 떠나 무속인이 되려고 준비하고 있었습니다. 그러나 무능한 남편과 8남매는 엄마가 神 받는 것을 전부 반대하였습니다. 그런 가운데 방송국의 주선으로 예전의 엄마로 돌아오기를 간절히 바라는 8남매와 집을 떠난 엄마가 오랜만에 재회하게 되었습니다. 오랜만에 재회한 엄마와 아이들은 서로를 바라보며 울었습니다. 그때 제일 나이 어린 10살 난 딸이 울면서 엄마에게 도전적인 질문을 했습니다. "엄마, 우리야, 神이야?" 그러자 함께 울고 있던 엄마는 이 질문에 단호하게 대답했습니다. "神".

1. 엄마 는 귀신의 압박, 침입, 소유 중 어디에 속하며, 또한 강도는 어느 정도인가요?

2. 귀신 들림의 유형 중 어디에 해당할까요?

3. 엄마를 위해 당신은 어떻게 사역하시겠습니까?

문제 3

2019년 10월 중학교 여학생인 B양은 그 또래 남, 녀 선배들에게 끌려가 구타당하고, 성폭행 당했습니다. 집에 간신히 돌아온 B양은 그 후 이상행동을 보이기 시작하였습니다. 자꾸 神의 음성이 들려온다고 하면서 매일 주문을 외우듯이 기도하고, 찬송을 부르고, 자신만의 제단을 쌓기 시작하였습니다. 그러던 어느 날 神이 자기를 부른다고 아파트 옥상으로 올라간 B양은 결국 20층 옥상에서 떨어져 생을 마감하였습니다.

1. 이 여학생의 자살은 자의적 자살, 타의적 자살, 귀신에 의한 자살 중 어디에 해당할까요?

2. 자살하면 다 지옥에 가는 것일까요?

3. 만약, 당신이 B양을 자살 직전에 만났다면, 어떻게 사역했을까요?

문제 4

A씨는 뚜렷한 이유도 없는데, 몸 상태가 항상 나쁘고, 병명도 모르는 질병으로 인해 고통을 당하였습니다. 원인을 알 수 없는 질환으로 인해 기력도 없고, 식욕도 없고, 의욕도 사라지면서 까닭 없이 늘 불안해 휘말려 살아왔습니다. A씨는 큰 병원을 여러 군데 방문하여 치료받았지만, 병명은 노이로제 혹은 스트레스로 인한 신경과민으로만 기재되고 제대로 치유가 되지 않았습니다. 결국 A씨는 영통하다는 무당을 찾아갔는데 그 무당은 대뜸 이것은 '무병(巫兵)'이라고 말하면서 신내림을 받아야 한다고 말했습니다.

관연 A씨의 상태는 신경성 질환일까요? 아니면 귀신 들림 현상일까요? 그 이유는?

문제 5

B씨는 언제부터인가 자주 환상과 환청이 들려오기 시작했습니다. 환상과 환청은 B씨의 마음과 몸을 지치게 만들어서 날이 갈수록 몸이 점점 쇠약해져 갔습니다. 때로는 가위눌림으로 인해서 잠을 깊게 자지도 못하였고 식욕이 없어지고 소화도 잘되지 않는 극심한 스트레스에 시달렸습니다. 시도 때도 없이 공포영화에서나 볼 수 있는 흉악한 모습의 괴물 현상이 나타나 무섭고 두려웠습니다. 자신은 눈을 감으나 뜨나 이런 괴물이 보이지만, 다른 사람들은 보지 못하기 때문에 정말 미칠 지경이었습니다.

관연 B씨는 정신장애일까요? 아니면 귀신 들림일까요?
만약 정신장애라면 그 이유는? 귀신 들림이라면 귀신의 압박, 침입, 소유 중 어디에 속하며 또한 강도는 어느 정도이고 유형은 무엇인가요?

문제 6

K 집사는 카리스마가 있는 교회에서 B 목사님의 인도로 영적 훈련을 많이 받았습니다. 그러다 경기도 D 도시로 이사를 하였습니다. 그는 D 도시에 있는 여러 교회를 찾다가 H 교회에 적을 두게 되었습니다. 그러나 새로 등록한 J 교회는 보수 정통교회로 카리스마적인 면이 부족했습니다. 그러던 어느 날부터인가 새벽 3시가 되면 성령님이 자신을 깨워서 잠을 자지 말고, 전에 있던 교회 B 목사님을 위해 중보기도 하라고 강권했습니다. 기도만 하면 불이 쑥쑥 들어오기도 하고 소름이 끼치기도 했는데, 멈추지 않았습니다. K 집사님은 B 목사님이 요즘 영적으로 상태가 좋지 못하여 영적으로 다시 깨어나기를 소원하면서 기도를 계속하였습니다. 그러나 시간이 지나면서 점점 일찍 깨어 기도하기가 힘들어졌고, 결국 불면증에 빠져 모든 삶이 엉망이 되고 말았습니다.

K 집사의 영적 상태는 어떠한가요?

4. 솔 타이(soul-tie)

솔 타이(ssoul-tie)라는 말의 솔(soul)은 우리말로 '영혼' 혹은 '혼'이며 타이(tie)라는 말은 '묶는다.'라는 의미로서 우리말로는 '혼적 유대', '혼적 얽힘', '혼적 결합'이라고 말할 수 있다.[24]

이 솔 타이는 긍정적인 솔 타이가 있고, 부정적인 솔 타이가 있다. 긍정적 솔 타이는 매우 좋은 열매를 맺지만 부정적 솔 타이는 비인격적이고, 불경건한 삶을 나타내어 되도록 빨리 끊어버리는 것이 건강한 삶을 유지하는 데 중요하다. 영국에 본부를 두고 있는 세계적인 치유사역 학교

24_강요셉, 『귀신축사차원높게하는법』, (서울: 성령,2014),105-108.

'엘렐 사역원'(Ellel Ministries)의 치유 사역 매뉴얼 에는 솔 타이를 이렇게 말하고 있다.

두 사람이나 그 이상의 사람이 같이 결합 될 때 솔 타이가 형성된다. 어떤 솔 타이는 경건한 것이지만 어떤 솔 타이는 불 경건한 것이다. 거룩하신 하나님은 부모와 자녀, 남편과 아내, 친구와 친구, 그리스도 안의 형제, 자매 사이 영혼의 관계를 허용하시고 거룩하게 하셨다. 경건한 솔 타이는, 성경이 말하는 '그리스도의 법'과(갈6:2) '황금률'에(약2:8) 그 기초를 두고 있다.[25]

25_구요한, 『성서적 내적치유』(서울: 뉴라이프북스, 2018), 50-53에서 재인용. see David Cross, 『A-Z guide to the Healing Ministry』,

창세기 2장 24절에는 남편과 아내의 솔 타이에 대해 이렇게 기록하고 있다. "이러므로 남자가 부모를 떠나 그 아내와 연합하여 둘이 한 몸을 이룰지로다" 이 말씀에서 '연합하다'라는 말의 히브리어는 다바크(dabaq)인데 이 말은 '들러붙다, 접착되다, 단단하게 붙다, 가까이 따르다, 합세한다' 등의 뜻하고 있다. 특히 하나님은 우리가 오직 하나님께만 솔 타이 되기를 원하신다.

> 너희는 너희의 하나님 여호와를 따르며 그를 경외하며 그의 명령을 지키며 그의 목소리를 청종하며 그를 섬기며 그를 의지하며(다바크) (신13:4)

> 나의 영혼이 주를 가까이 따르니(다바크) 주의 오른손이 나를 붙드시거니와(시63:8)

사무엘상 18장 1절에 기록된 "다윗이 사울에게 말하기를 마치매 요나단의 마음이 다윗의 마음과 연락되어 요나단이 그를 자기 생명같이 사랑하니라"(when he had finished speaking to Saul, the soul of Jonathan was knit to the soul of David, and Jonathan loved him as his own soul, NKJV)에서 두 사람이 맹세로 서로 솔 타이가 이루어졌음을 볼 수 있다. 솔 타이는 마치 실로 엮듯이 묶이는 것이다. 부정적인 솔 타이일수록 그 유대는 강하기도 한데 요나단은 아버지보다 다윗을 더 소중하게 생각했다. 그러나 다윗은 요나단보다 하나님과 강한 솔 타이를 맺고 있었으므로 언제나 하나님을 의지했고 붙들었다.

신약에서 구약의 다바크의 뜻을 가진 단어는 프로스콜라오마이(πρόσκολλάομαι, proskollaomai)(마19:5, 막10:7 참조)와 프로스메노(προσμένω, prosmeno)가 있다.

> 저가 이르러 하나님의 은혜를 보고 기뻐하여 모든 사람에게 굳은 마음으로 주께 붙어 있으라(프로스메노) 권하니(행11:23)

성경은 물론 경건한 솔 타이는 권장한다.

> 마음을 같이 하여 같은 사랑을 가지고 뜻을 합하며 한마음을 품어 (빌2:2)

> 만일 우리가 그의 죽으심을 본받아 연합한 자가 되었으면 또한 그의 부활을 본받아 연합한 자가 되리라 (롬6:5)

> 내 안에 거하라 나도 너희 안에 거하리라 가지가 포도나무에 붙어있지 아니하면 절로 과실을 맺을 수 없음 같이 너희도 내 안에 있지 아니하면 그러하리라 (요15:4)

그러나 불경건한 관계는 금지한다.

> 너희는 믿지 않는 자와 멍에를 같이 하지 말라 의와 불법이 어찌 함께하며 빛과 어두움이 어찌 사귀며 그리스도와 벨리알이 어찌 조화되며 믿는 자와 믿지 않는 자가 어찌 상관하며 하나님의 성전과 우상이 어찌 일치가 되리요 (고후6:14~16)

우리와 어떤 사람 사이에 솔 타이가 형성되면 그 사람의 좋은 점은 물론 나쁜 점의 영향을 받게 된다. 물론 내적 치유의 대상이 되는 것은 부정적인 영향력을 끼치는 불경건한 솔 타이다. 내가 어떤 사람과 가진 불경건한 결합을 예수 이름으로 끊어서 그로 인한 불경건한 영향력을 제거하는 것이 바로 솔 타이를 끊는 것이다

룻기에 나오는 룻과 나오미의 솔 타이의 경우는 건강한 유대를 만들었다. 늙은 시어머니와 젊은 며느리의 관계는 서로 돕는 관계다. 이처럼 솔 타이는 기도 동역자, 종교적 지도자, 종교적인 멘토 사이에 쉽게 형성된다. 담임 목사와 성도 사이에 형성되는 솔 타이는 교회를 강하게 만든다. 그러나 이와 반대로 이단 지도자와의 솔 타이는 그 영혼을 망하게도 하는 것이다.

결론적으로 솔 타이란 "실제적으로 더 사랑하는 대상이 있어 그 대상에 집착하여, 그 대상의 상황에 따라 감정과 행동이 좌우되는 현상"을 말한다. 예를 들면 가족 중 한 명이 사망한 후 그 슬픔을 이기지 못하고 따라서 목숨을 끊는 경우, 고양이, 개 등 동물에 집착하여 동물의 삶에 과도한 감정 표현하는 경우, 기도하거나 예배드릴 때는 은혜로 들어가지 못하면서 연속극만 보면 감정 이입이 잘 되는 경우 등을 말한다.

긍정적 솔 타이는 깊어질수록 성령의 임재가 더욱 강해지나 부정적 솔 타이가 깊어지면 악한 영 즉 귀신이 침범할 기회가 많아지고, 결국 귀신과 인간의 혼이 결합 되고 만다.

(1) 부부간의 솔 타이

> 이러므로 사람이 부모를 떠나 그 아내와 합하여 그 둘이 한 육체가 될찌니 (엡 5:31) ... 이 둘은 사랑으로 하나가 되는 관계이다 ... 이와 같이 남편들도 자기 아내 사랑하기를 제 몸 같이 할지니 (엡 5:28)

하나님은 인간을 남자와 여자로 만드셨다. 그래서 인간은 혼자 살 수 없도록 지음을 받았다. 간혹 혼자 독신으로 살기도 하지만 하나님의 창조 섭리는 남녀가 부부로 살아가도록 하신 것이다. 성경도 이를 지지하여 두 몸이 한 몸을 이루는 관계라고 말씀하셨다. 그러므로 부부관계는 솔 타이의 전형을 이루는 관계라고 하겠다. 그러한 이유로 인하여 이런 보편적인 관계가 절대적으로 유대를 이루어야 하는 것이다. 부부는 닮아 간다는 말이 두 사람 사이에 솔 타이가 형성이 되었다는 말이다. 예를 들어 정직한 성품의 여자가 사기성이 많은 남자와 결혼하였다면, 그녀는 남편의 사기성을 깨닫고 이를 지적하였고 이 때문에 많은 갈등을 겪었지만, 처음에는 그러한 남편의 성격이 맞지 않아 부부 싸움이 잦았지만, 세월이 흐르면서 그녀는 남편의 그러한 성향을 닮아가기 시작했고 친정 식구들은 남편처럼 변해버린 그녀를 기피 하게 될 수 있다. 이것이 솔 타이다. 또한 부부지간에는 마음은 각기 다르지만, 몸은 하나다. 그래서 자손을 생산하기도 하고 부부 성생활을 통해 남편과 아내의 혼(겉 사람)에 있는 어둠의 악령들과 귀신은 인간의 혼과 묶임이 되어, 남편과 아내의 몸에 상호 이동하면서 거할 수 있다. 그래서 성령 충만한 어느 한 쪽을 축사하면 다른 쪽에 있는 귀신들이 축사가 되기도 하는 것이다.

하나님이 허락하신 결혼 관계 이외에 성관계를 통해 그 사람들 사이에는 영적 결합(spiritual-tie), 혼적 결합(soul-tie) 및 육적 결합(body-tie)의 삼중 관계가 형성된다.

> 너희 몸이 그리스도의 지체인 줄을 알지 못하느냐 내가 그리스도의 지체를 가지고 창기의 지체를 만들겠느냐 결코 그럴 수 없느니라 창기와 합하는 자는 저와 한 몸인 줄을 알지 못하느냐 일렀으되 둘이 한 육체가 된다고 하셨나니 주와 합하는 자는 한영이니라 음행을 피하라 사람이 범하는 죄마다 몸 밖에 있거니와 음행하는

자는 자기 몸에게 죄를 범하느니라 (고전6:15~19)

음란 행위를 통하여 정욕의 영이 역사하고, 성적 파트너와 '"한 몸'(one flesh)이 되어 상대방이 가진 모든 영적, 흔적, 육체적인 관계를 그대로 전이 받게 된다. 어떤 한 사람과 성관계를 통해 그 사람이 이전에 가졌던 나쁜 영향력을 그대로 받게 된다. 그래서 혼외정사를 가진 사람의 경우, 부부관계의 유지가 어려운 이유는 이 때문이라고 할 수 있다. 그러므로 이미 신자가 된 사람들은 이전에 결혼 외에 가졌던 모든 성관계로 인해 생긴 솔 타이를 한 건 한 건 기억하면서 끊어야 한다. 성적인 솔 타이는 자신에게 영향을 미침은 물론 자손까지 영향을 미친다(신23:2).

(2) 부모와 자녀의 솔 타이

야곱과 그의 아들 베냐민과의 관계에 대해 성경은 이렇게 기록한다.

> 우리가 내 주께 고하되 우리에게 아비가 있으니 노인이요 또 그 노년에 얻은 아들 소년이 있으니 그의 형은 죽고 그 어미의 끼친 것은 그뿐이므로 그 아비가 그를 사랑하나이다 하였더니. 아비의 생명과 아이의 생명이 서로 결탁하였거늘 이제 내가 주의 종 우리 아비에게 돌아갈 때 아이가 우리와 함께하지 아니하면 (창44:20, 30)

자녀는 주안에서 부모를 공경하고 부모에게 순종해야 한다. 또한 부모는 자녀를 노엽게 하지 말고 주의 교양과 훈계로 양육해야 한다(엡6:1~4). 직장의 고용인은 그리스도께 순종하듯 육신의 고용주들에게 순종해야 하고 고용주들도 주를 섬기듯 고용인들을 섬겨야 한다(엡6:5~9). 이것은 하나님의 명령이자 하나님이 허락하신 경건한 인간관계이다. 그러나 실제로는 이렇게 되지 않은 경우가 많다. 실제로는 모든 인간관계가 하나님이 허락하신 범위를 벗어나는 불경건한 관계를 형성하게 된다.

내적 치유의 목적상 가장 영향력을 많이 끼치는 부모와 자녀의 관계를 예로 들어보면, 상한 감정과 나쁜 기억을 가지는 가장 큰 요인 중의 하나는 어린 시절 가정에서 부모가 자녀에게 끼친 것들이다. 부모는 주의 교양과 훈계로 양육하는 것이 아니라, 세상의 유행과 지식으로 자녀를 양육한다. 성경은 부모에게 자녀를 노엽게 하지 말라고 기록하지만 많은 부모가 자녀를 노엽게 한다. 또한 성경은, 자녀들은 부모를 공경하고 부모에게 순종하라고 가르치지만 그렇게 하는 자녀는 많지 않다.

만일 성경의 가르침대로 부모나 자녀가 말하고 행동했다면, 둘 사이에는 하나님이 허락하신 경건한 관계만 성립되기 때문에 자녀들에게 내적 치유 자체가 필요 없을 것이다. 그러나 현실은 그렇지 못하다. 가정 폭력이 난무하는 결손 가정은 물론 신앙생활을 잘하는 믿음의 부모나 자녀라도 정도 차이는 있지만, 하나님이 허락하신 범위를 넘어서거나 범위에 미치지 못하는 불경건한 관계가 형성되기 마련이다. 그렇게 되면 부모와 자녀 사이에는 하나님이 허락하시지 않은 불경건한 관계가 형성되고 그로 인해 부모나 자녀들은 서로에게 나쁜 영향을 미치게 되어, 서로 상처받고 고통을 받는다. 이것이 우리 삶의 현실이다.

물론 일반적인 부모와 자녀 관계는 하나님의 허락하신 경건한 관계로도 연결되어 있다. 즉 보통의 부모라면 자녀에게 애틋한 사람, 돌봄, 헌신적인 사랑 등을 보인다. 마찬가지로 자녀도 부모를 공경하고 말씀에 순종한다.

그러나 동시에 부모는 자녀에게 화를 내고, 자녀를 하나님의 말씀대로 양육하지 못하고, 내 의견을 주입 시키기 위해 자녀를 윽박지르거나 자녀에게 상처를 준다. 마찬가지로 자녀도 부모 말을 듣지 않고 나쁜 길로 빠져 속을 썩이거나 고통을 주는 경우가 많다. 모두가 완벽한 부모나 완벽한 자녀는 아니다. 그러나 분명한 것은, 만일 우리가 하나님이 허락하신 경건한 관계를 유지하지 못한다면, 인간적으로는 변명이 되겠다. 하나님의 영적 법칙에 의할 때 그로 인한 죄악의 열매는 우리가 먹는다는 사실이다.

부모가 자녀를 지나치게 통제하고 조정할 때 솔 타이가 생긴다. 대표적인 경우는 마마보이라고 할 수 있다. 특히 외아들에 대한 홀어머니의 집착은 정상적인 관계를 초월하여 많은 문제를 일으킨다. 부모가 장성한 아들을 혼적으로 떠나보내지 못하고 묶어 두는 경우이다. 이런 관계에 있는 홀어머니는 외아들의 며느리를 도저히 용납하지 못하여 고부간에 심각한 갈등을 초래한다. 어느 소설에 의하면 홀어머니와 외아들이 너무 사랑하여 둘이 아예 같이 살면서 부부관계를 이룬 경우를 다루기도 했다.

한편 자녀들도 장성하면 부모로부터 영적, 심리적인 의존에서 벗어나야 한다. 그렇지 않으면 독립심이 없고 나약한 사람으로 자라기 쉽다. "사람이 부모를 떠나 그 아내와 합하여 둘이 한 육체가 된다."라는 말은 영적, 정신적 및 육체적 독립을 포괄적으로 나타내는 말이다.

우리 대부분이 이런저런 형태로 부모와 불경건한 솔 타이를 형성하고 있다. 이것은 내가 기억상으로 잊어버렸다고 해서 끊어지는 것이 아니다. 죄를 지었으면 회개해야 하듯, 이미 형성된 솔 타이는 내가 의식적으로 끊을 때 끊어진다. 자녀는 부모를 거울로 삼아 성장한다고 할 수 있다. 그러므로 부모는 모든 면에서 자녀에게 많은 영향을 주는데 좋은 면뿐만 아니라 나쁜 면도 그대로 영향을 끼치게 된다. 자녀에게 지나친 간섭이나 강요는 나쁜 솔 타이를 만들어낸다. 언어 습관이나 행동을 부모와 똑같이 행하게 되도록 만든다. 따라서 부모가 하나님을 섬기고 순종하는 삶은 자녀가 본을 받게 되어 대대로 가계에 축복이 되는 것이다. 부모와 자녀는 의지로 솔 타이 되어 있다. 그래서 어린 아기가 몹시 아플 때는 아기보다는 그 어머니가 성령이 충만할 경우 엄마 안에 있는 귀신과 악령을 예수님의 이름으로 쫓고 나면 아기가 금방 낫게 된다. 이렇게 의지가 종속되어 있다.

(3) 권위자와의 솔 타이

부모 외에 과거 나의 권위자(연장자 친척들, 직장이나 군대의 상사나 상관, 교회의 지도자나 목회자들 등) 사이에 생긴 불경건한 솔 타이도 끊어야 한다. 신앙생활에서 절대적인 영향을 끼치는 사람이 바로 목자인 담임 목회자이다. 어떤 교회에 오래 다니면 그 교회 담임 목회자와 비슷하게 닮아가는 경우를 많이 볼 수 있다. 좋은 점뿐만 아니라 나쁜 점도 그대로 닮아가게 되는 것이다. 올바른 지도자, 건강한 지도자, 성숙 된 지도자를 만나면 긍정적인 솔 타이가 되지만 미성숙 된 지도자를 만나면 부정적 솔 타이가 형성된다.

(4) 친구 사이의 솔 타이

우리 한국의 속담에 '친구 따라 강남 간다.'라는 말이 있듯이 성장기의 자녀들에게 가장 큰 영향을 끼치는 것이 친구 관계다. 친구 한 사람 잘못 만나서 인생을 망치는 사람이 있는가 하면 친구 한 사람 잘 만나서 인생의 전기를 만든 사람도 있다. 사람들은 친구와 교제하면서 자기도 모르게 닮아가기 때문이다. 이전에 내가 가진 친구 관계를 점검하면서, 그로 인한 모든 불 경건한 솔 타이를 끊을 필요가 있다.

(5) 동료 신자와의 솔 타이

신자들을 주안의 형제자매로서 사랑 안에서 함께 지어져 가야 한다(엡 4:16). 그리스도 안에서 신자의 관계는 한 몸에 붙은 각 지체와의 관계다. 따라서 신자들은 서로 간에 솔 타이가 생겨서 상호 경건한 영향을 끼치는 것은 바람직한 일이다. 그러나 이러한 관계들이 잘못되면 불경건한 관계로 발전되어 마귀에게 틈을 주게 된다(고후2:11). 하나님이 허락하신 경건한 솔 타이는 그리스도 안에서 사랑에 기초한 관계이지만 마귀적인 솔 타이는 탐욕에 그 기초를 둔 것이다.

(6) 죽은 사람과의 솔 타이

가족의 일원이나 친구가 죽었을 때 그 사람과 형성된 연민의 정, 즉 솔 타이를 끊어야 한다. 그렇지 않으면 그로 인한 슬픔이나 비탄으로 인해 생존자가 고통을 받는 경우가 많으며, 영적인 존재인 악령과 귀신은 그것을 매개로 들어오게 되는 것이다. 성경에 보면 사랑하는 사람이 죽었을 때, 애통한 기간은 보통 7일에서 한 달이다. 야곱이 죽었을 때 요셉은 7일 동안 애통해했다(창50:10). 아론이나 모세가 죽었을 때 이스라엘 사람들은 한 달간 애통했다(민20:29, 신34:8). 그러므로 너무 오랫동안 애통해하는 것은 그만큼 솔 타이가 깊게 형성되었음을 의미하며 그럴 때 생존자에게 슬픔, 비탄, 고독의 영이 발판을 삼고 침투할 우려가 크다.

(7) 교회내 솔 타이

교회 내에서 당 짓는 사람들 사이에 솔 타이가 강하게 형성이 된다(고전3:4~5). 특히 주의해야 할 사실은, 내가 오랫동안 신앙생활을 해 온 특정 교파나 특정 교회와도 솔 타이가 형성된다는 사실이다. 교파나 교단은 몸인 그리스도의 다양한 한 지파로서 하나님을 섬기는 곳이지만, 이 세상에서 어느 것도 완벽한 것은 없으므로, 그런 교파나 교회와 나 사이에 솔 타이가 생겨서 다른 교파나 다른 교회를 수용하지 못하는 배타적 성향을 띄기 쉽다. 특정 교단에서 신앙생활을 한 사람은 다른 곳으로 이사를 하여도 그 교단에 속한 교회에만 출석한다. 물론 자기가 은혜를 받았고 또한 익숙하고 편한 곳에서 신앙생활 하는 것이 당연하다고 생각할 수 있다. 그러나 그런 긍정적인 측면 외에도 솔 타이로 인해 특정 교파나 교회에 나 자신을 제한하여 새로운 가능성에 문을 닫는 것은 현명한 처사라고 할 수 없다.

(8) 기타 솔 타이가 생기는 경우

서로 비슷한 생각이나 마음을 가질 때 솔 타이가 형성된다.
나쁜 일을 공모할 때, 공모자 사이에 솔 타이가 형성된다.
이념이나 사상을 공유할 때 이데올로기 솔 타이가 형성된다.
어떤 사람에 대해 특정한 감정을 가질 때 솔 타이가 형성된다.
어떤 사람을 미워하거나 증오할 때 솔 타이가 형성된다.
어떤 사람과 오랫동안 같이 교제했을 때 솔 타이가 형성된다.
애완동물이나 마스코트 같은 것을 좋아할 때 솔 타이가 형성된다.
스포츠, 영화, 오락 등도 지나치면 솔 타이가 형성된다.
중독 증세. 마약, 술, 담배. 인터넷, 포르노 등으로 인해 솔 타이가 형성된다.

(9) 솔 타이 끊기

상처받았으면 상대방을 용서해야 솔 타이가 끊어지게 된다.
원수 갚는 것은 하나님께 맡겨야 솔 타이가 끊어지게 된다.
손에 가진 것을 내려놓을 때 솔 타이가 끊어지게 된다.
매사에 자존심을 버리고 겸손할 때 솔 타이가 끊어지게 된다.
이기심을 버리고 공동체 의식을 가질 때 솔 타이가 끊어지게 된다.

5. 윤회

윤회(輪廻)란 인도의 산스크리트어인 삼사라(samsāra: '계속된 흐름 continuous flow)를 뜻에 따라 번역한 것으로 윤회전생(輪廻轉生) 또는 생사유전(生死流轉)이라고도 한다. 해탈의 경지에 도달하지 못한 사람이 그 깨달음을 얻을 때까지 또는 구원된 상태에 도달할 때까지 계속하여 이 세상으로 재탄생한다는 다르마[26] 계통 종교(힌두교, 자이나교, 불교)의 교리를 말한다. 이 세상에서 겪는 삶의 경험이 자신의 발전에 더 이상 필요 없는 상태이거나 또는 최고의 경지에 도달할 때 비로소 이 세상으로의 윤회가 끝난다. 마치 수레바퀴가 회전하여 멎지 않는 것처럼 중생이 번뇌[27]와 업(業)[28]으

26_힌두교로 번역되는 영어 힌두 이즘(Hinduism)이라는 명칭은 영국이 인도를 식민지로 삼으면서 인도의 종교에 자의적으로 붙인 이름이다. 원래 힌두교 신자들은 자신들의 종교를 힌두교라고 부르지 않으며, '영원한 다르마(법칙)'라는 의미의 '사나 타나 다르마(Santana Dharma)'라고 불렀다. 사나타나 다르마는 힌두교의 기본 교의를 지칭하는 말이다. 사나 나타나는 '영원하다'라는 뜻이며 다르마는 '법(法) 또는 법칙'을 말한다.

27_번뇌란 세상을 살면서 겪는 모든 생각에 의한 괴로움을 말한다.

28_업이란 현재의 행위는 그 이전 행위의 결과로 생기는 것이며, 그것은 또한 미래의 행위에 대한 원인으로 작용하는 것을 말한다.

로 인하여 '길 잃은 세계'(미계, 迷界), 즉 3계(三界: 욕계, 색계, 무색계) 6도(六道: 지옥도, 아귀도,축생도, 수라도, 인간도, 천신도)에 다시 태어나고 죽는 것이 끝없이 반복되는 것을 말한다. 이 괴로운 존재에서 벗어나는 경지가 바로 열반(涅槃)[29]이다.

윤회 사상은 인도 철학사상의 특징이었으며, 불교가 이 사상을 받아들였다. 윤회를 반복하면서도 깨닫지 못한 사람들의 삶의 모습을 '있는 모습'(bhava, 有)[30]이라고 부르기도 한다. 힌두교와 불교에 따르면, 윤회를 부정하는 것은 인과응보 또는 원인과 결과의 인과법칙을 부정하는 것으로, 인과법칙을 부정하게 되면 인간이 도덕적 행위를 해야 하는 근거가 무너진다고 본다. 윤회의 교리에 따르면, 탄생은 영혼이 육체, 감각기관, 마음과 연결되는 것으로, 탄생은 새로운 무언가가 생겨나는 것이 아니라 새로운 연결을 맺는 것이며, 그리고 죽음이란 완전한 소멸 또는 파괴가 아니라 영혼이 육체와 분리되는 것을 의미한다.

힌두교에서는 이러한 윤회 사상을 부정하는 것은 모든 사람이 원인과 결과의 법칙에 따른 도덕적 법칙을 부정 또는 무시하는 것이라고 본다. 또한 윤회를 부정하는 것은 세상에 존재하였던 여러 위대한 성인들의 가르침을 무의미한 헛된 일로 치부하는 것이라고 본다.

힌두교 내에서 윤회 개념의 발전은 B.C.1000년 이후에 이루어졌고, 곧이어 실제 존재하는 모든 것을 포함하는 우주적 마음(universal Mind)인 브라만 사상[31]과 연합되었다. 윤회 사상에 의하면 영혼들은 시작도 끝도 없는 불멸하는 것으로 끝없는 순환 속에서 세상에 다시 태어나고, 환생하는 환경과 조건은 업보의 법칙에 따라 결정된다는 것이다. 모든 생각과 모든 행동의 영적 결과가 반드시 일어나게 하고, 영혼의 다음 존재를 가능하게 하는 것을 업보라고 말한다. 윤회의 고리에서 벗어나기 위해서는 브라만의 지식이 필요하고 마야(maya)에서 벗어나야 한다. 마야란 '그것이(ya) 아닌(ma) 것' 즉 '현상된 그것은 본질이 아닌 환영'이라는 뜻이다.

이런 마야는 이 세상의 힘으로써 궁극적 실체보다는 못하고, 사람을 망상으로 유혹하고 있다고 말한다. 가장 심오한 브라만의 지식은 이성을 넘어선 요가 명상의 도움으로 얻을 수 있는 직관적 깨달음에 있다. 부모들의 업보를 받아들이는 힌두교나 불교는 환생을 강조한다. 이러한 윤회 사상은 19세기부터 오늘에 이르기까지 소위 새로운 에이지 운동이라고 불리는 종교 운동에도 계속적으로 영향을 주고 있다. 힌두교가 이 혼합적 종교의 지도자들에게 계속적으로 영향을 주고 있다.

이 사상 속에는 출생-죽음-환생이라는 순환 고리는 선한 업보의 축적으로 끊어지고, 선한 업보는 이 세상의 망상으로부터 사람을 자유롭게 한다. 불교도들은 이 깨달음을 고통이 없는 최고의 기쁨 상태인 열반에

29_열반이란 번뇌의 불을 꺼서 깨우침의 지혜를 완성하고 완전한 정신의 평안함에 놓인 상태를 뜻하는데, 불교의 수행 중 최고의 이상향(완성된 깨달음의 세계)을 말하며, 실천의 궁극적인 목적이다.

30_유'란 감정적 근거가 분명하고, 적어도 자기 방식이 옳다고 확신하는 완고한 상태를 말한다. 자신으로 존재하는 데 외부의 도움이 사실상 필요로 하지 않을 정도로 독선적인 상태다. 곧 감옥에 가게 될지라도 사건을 저지르는 상태와 유사하다.

31_브라만교는 <우파니샤드>라는 경전이 탄생하면서 우주의 근본원리 브라만(Brahman, 梵)과 개인의 본체인 아트만(atman, 我)이 같다는 '범아일여'(梵我一如) 사상이 중심사상이 된다. 즉 우주의 근본원리인 범(梵)과 불변하는 영원한 참 존재인 나(我)는 하나라는 뜻이다. 외부가 아닌 나의 내면에 있는 신을 찾고 의례적인 제식이 아니라 만물에 스며있는 브라만을 찾으라는 가르침이 핵심이다.

들어간다고 부른다. 도교와 불교가 만나서 선불교[32]를 낳았다. 기독교에 일찍이 영향력을 끼친 영지주의[33]는 비밀지식을 깨달을 때, 자신이 나온 신적인 본질에 재결합하는 운명이 모든 사람에게 있다고 하는 사상이 있었다. 세계적인 우상숭배는 헬레니즘과 로마 시대 통치자들이 다양한 종교들과 문화들을 결합하기 위해 사용했다.

윤회 사상을 보면서, 우리는 다른 사회에서는 어떤 개인의 영혼 즉 죽은 영혼이 살아있는 사람으로 환생한다고 한다. 이 사상은 특히 중앙아시아 의식 속에 자리 잡고 있다. 그러나 모든 사람의 영혼이 환생하는 것이 아니고, 죽은 자들과 이야기하는 영매와 연관되어 있어, 힌두교, 불교, 뉴에이지 종교에서 깨달은 영혼을 제외한 모든 영혼이 살아있는 존재로 환생한다고 하는 일반적인 법칙과는 어느 정도 구별된다. 사람이 죽은 자의 영혼에 의해 사로잡힐 수 있다는 생각과 세상을 떠난 영혼이 다음 세대에 다시 태어난다는 사상은 우리에게 경고하고 있다. 왜냐하면 한국인의 심성은 환생 사상을 쉽게 받아들일 수 있기 때문이다.

(1) 전생 기억

전생이 있다는 것을 어떻게 알아낼 수 있을까? 그중 하나가 이 세상에 태어나기 전의 일을 기억하는 전생 기억(past life memory)이다. 보통 전생 기억은 최면이나 명상 중에 나타나지만, 평상시 나타나는 일도 있다. 그러나 이 기억이 실제 전생의 기억인지 아니면 무의식적 사건의 재구성에 의한 것인지는 논란이 있을 수밖에 없다.

미국의 초심리학자이며 인류학자인 매틀록(James Matlock)의 전생 기억 확인 방법에 따르면 첫째 전생의 이름, 날짜, 사실 등을 말한다. 둘째 사람과 장소를 확인해 낸다. 셋째 인격, 기질, 흥미, 재능 등이 나타난다. 넷째 육체적으로 출생 마크 등에서 전생과 외형상 유사성이 나타나야 한다는 등의 방법론이 있다.

미국 버지니아 의과대학 정신병리학 교수 스티븐슨(Ian Stevenson)은 2,000건 이상의 자발적 전생 회상 사례를 수집하였다. 대부분 이런 사례는 문화적으로 전생 회상을 격려하는 동양에서 그리고 육체적 정신적으로 덜 성숙한 어린아이 가운데 나타났다.[34] 그의 연구에 의하면, 거의 모든 세밀한 점을 말한 어린아이의 경우 전생에 대해 말하기 시작한 것은 2살에서 4살 사이, 평균하여 2살 반 때이다. 8살이나 그 이상의 나이에서 시작하는 경우는 드물다고 하였다. 또한 폭력적 사망이나 갑작스러운 자연사를 경험했을 경우 그리고 아직 이루지 못한 일이 많은 경우에 전생 기억이 나타났다. 또한 설명할 수 없는 공포증과 같은 것은 사

32_선(禪)이란 고요히 앉아서 참선(좌선)하는 것을 말하며, 인도에서 오래전부터 요가 등에서 행하던 수행법으로 석가모니가 불교의 실천 수행법으로 발전시켰다. 이후 도가나 도교의 양생법 그리고 무술 유파 등 많은 곳에서 정신 수양 또는 심신 수양의 수련 방법으로 이를 채택 해오고 있다. 현대에는 스포츠 등에서도 활용하는 사례가 많다. 한편 현대에는 '마음을 한곳에 모아 고요히 생각하는 일'을 의미하는 '정신 집중' 또는 '명상'을 일반적으로 가리킬 때도 '선'이라는 용어를 사용한다.

33_영지주의란 영적 지식(gnosis)을 추종하는 동방 종교와 그리스철학과 신지학(theosophy), 그리고 그리스도교의 혼합형태로 주후 80년부터 150년 사이에 초대 교회와 경쟁했던 가장 강력하고 위협적인 운동이었다. 계시록에 버가모에 있는 교회에 보내신 편지의 내용 중에 "니골라당의 교훈시키는 자들이 있도다"(계2:15)라는 내용이 있는데, 이것이 초대 교회에 침투한 영지주의 흔적이다. '니골라당'(Nicolaitans)이라는 말은 초기 영지주의의 지도자 니콜라스(Nicolas)라는 이름에서 유래되었다. 니콜라스는 안디옥 출신으로서, 사도들에게서 신앙을 전수하고 집사의 직분을 받았으나 결국 이단의 길로 빠지고 말았다. 신의 피조물인 영혼이 악마의 창조물인 물질(육체)에 갇혀 있으므로 영지(지식)를 얻어서 탈출해야 한다는 그것이 기본개념이다.

34_한국의사과학문제연구소, "전생기억, 스티븐슨의 연구와 비평" 2000년 2월 22일 자에서 재인용.

망방식과 관련이 있는데, 익사에 기인한 물에 대한 공포가 그런 것이라고 하였다. 어떤 아이들은 전생에 대해 단지 몇 마디 말만을 하나 이와는 달리 끊임없이 말하며 전생의 집으로 데려가 달라고 말하는 어린아이도 있었다. 어떤 아이는 잠에서 깨어난 직후에 또는 어떤 사람이나 물체를 본 다음과 같이 특정한 때에 전생에 관해 말했다.

스티븐슨과는 달리 전생 기억을 텔레파시의 산물, 귀신들림(spirit possession)과 연관 짓는 초심리학자도 있다. 또한 어떤 학자들은 전생 기억을, 잊힌 기억(forgotten memories)을 무의식적으로 기억해 내어 새로운 생각으로 현재에 포함한 생소 기억(cryptomnesia) 또는 망상적 '기억착오(paramnesia)'라고 말하기도 한다. 즉 잊힌 기억과 관련된 것이 처음 있는 일이지만 이전에 보거나 경험했었다는 인상을 받는 데자뷔(deja vu)[35]라는 것이다. 데자뷔는 현재의 경험이 과거에 경험했으나 잊힌 유사한 기억 또는 단편적 기억의 조합을 불러내어 이전에 일어난 적이 있는 것으로 인식하는 심리적 현상을 말한다. 전생 기억이란 과학적으로 존재하지 않는다고 대부분 학자는 말한다.

스티븐슨도 이러한 과학적 해석을 인정했다. 그러나 그는 그렇다고 하더라도 자신의 연구사례 중에는 전생 기억이라는 부정할 수 없는 확고한 증거에 기초한 것이 있다고 말했다. 그는 환생을 나타내는 20가지 사례(twenty cases suggestive of reincarnation)에서 그런 확고한 증거가 나와 있다고 주장했다.[36] 그러나 대부분 학자는 전생 평가가 많은 문제점을 안고 있다고 말한다.

스티븐슨은 전생을 기억한다는 어린아이를 조사하기 위해 그 아이가 사는 마을을 방문한다. 이때 아이는 전생에 알던 사람의 존재와 특징을 말한다. 다음에 어린아이 가족과 함께 그를 전생에 살던 마을로 데려가서 그 말의 진의를 확인한다. 마을 사람의 증언이나 기록에 어린이가 말한 사람이 과거에 살았고 그의 특징이 아이의 말과 일치하면 어린아이의 기억이 전생 기억이라고 판정한다. 그러나 비평가들은 그 어린아이가 실제는 전생의 사실들을 정상적인 방법 예를 들어 대화를 통해 엿들어 알았거나 인지과정에서 감각적 실마리에 기초해 구성해 내었을 가능성을 말한다. 또한 스티븐슨이 도착했을 때는 전생과 후생의 가족들이 서로 만나 이야기를 교환한 후가 많이 있었다. 그리고 전생을 회상하는 어린아이가 환생을 믿는 문화권이라는 사실은 아마도 그러한 기억을 말하도록 사주하여 나타났을 가능성도 있다. 보통 전생을 체험하는 경우는 다음과 같다.

첫째, 어떤 사람(사건)을 처음 만났음에도 불구하고 전에 비슷한 사람(사건)을 보았다고 하는 강한 느낌을 통하여 전생에 그 사람(사건)을 만났다

35_오감, 주로 시각의 경험을 통해 받아들이는 어떤 현상이 이미 접한 것처럼 느껴지는 것을 말한다. 프랑스어 'déjà vu'는 '이미 본 것'이란 뜻이다. 예를 들면 처음 방문한 여행지에서 가방을 떨어뜨린 순간, 초면의 사람과 대화하다 특정 단어를 말하는 순간 분명 자신에게 처음 일어나는 일이 이전에 경험한 듯 느껴질 때를 뜻한다. 이전에 꿨던 꿈과 현실의 상황이 유사해서 한 것을 느끼는 일도 있다. 데자뷔를 통해 현재 자신이 느끼는 감각이 과거의 사건에 의한 것으로 착각하기도 한다. 20세기 초 프랑스의 심리학자인 플로랑스 아르노(Florance Arnaud)가 최초로 이러한 현상을 규정하고, 이후 에밀 부아라크(Emile Boirac, 1851-1917)가 데자뷔란 단어를 처음 사용하였다. 또한 그는, 데자뷔 현상은 과거의 망각한 경험이나 무의식에서 비롯한 기억의 재현이 아닌, 그 자체로서 이상하다고 느끼는 뇌의 신경 화학적 요인에 의한 것이라고 규정하였다.

36_see Jim Tucker, 『어떤 아이들의 전생 기억에 대하여』, 박인수 역(서울 : 박영사, 2015)

고 주장하는 '직관적 회상'이다.
둘째, '심령술적 회상'으로 교령회(交靈會), 영매, 초감각적 지각(Extrasensory perception, ESP : 인지되거나 물리적 감각을 통해서 얻지 않은, 즉 마음을 통해서 얻은 정보) 등의 외부에 있는 영적 존재인 귀신과의 접촉을 통하여 전생을 알게 되는 경우이다.
셋째, 최면술적에 따라 전생을 경험하게 되는 '최면술적 회상' 등이 있다. 최근에는 이러한 '전생(前生)'이나 '환생(還生)'을 주제로 한 TV프로, 서적, 드라마, 영화 등이 많이 나타나 일반 대중을 교묘히 현혹하고 있다. 요가나 기(氣) 또는 단전호흡을 단순한 체조 정도로 가볍게 여기며 기독교인들까지 받아들이듯이, 전생에 대한 윤회 사상을 거부감 없이 받아들이고 있다.

(2) 전생 요법

신경정신과 의사 김영우 박사는 최면술로 사람들의 전생을 기억하게 해 질병을 치료한다는, 소위 전생 요법(past-life therapy)을 시행하여 화제가 되었다. 그는 그동안 치료받은 환자만도 수백 명이 훨씬 넘는다고 주장했다. 주로 뉴에이지 관련 서적을 펴내고 있는 정신 세계사의 『김영우와 함께하는 전생 여행』 책에 보면 일반적으로 사람들이 전생의 체험에 몰입하도록 하는 데는 두 가지 요소가 있다고 주장한다.

첫 번째는 체험자 자신이 그동안 알게 모르게 습득한 지식에 근거하여 이루어진 상상의 표현이다. 예를 들어 어떤 사람이 중국 당나라 시대에 관한 정보를 가지고 있을 때 최면 상태에서 그것을 바탕으로 그 당시의 특별한 경험을 예상하거나 특정인의 삶을 상상하여 이를 자신의 전생의 삶인 양 생각하게 만든다는 것이다. 이것은 상당수 전생 체험자들의 진술이 실제적인 역사 자료와 비교해볼 때 차이가 있다는 점에서도 알 수 있다.
두 번째는 체험자가 전생의 상태에 몰입할 때 어둠의 영(귀신)들이 개입하여 인위적인 경험을 하도록 하는 경우이다. 예를 들어 김영우 박사가 원종진이란 26세 청년을 대상으로 12회 정도의 퇴행 실험했을 때 그는 전생의 체험뿐만 아니라 미래의 지구와 한국의 역할 등에 관한 예언까지 했다는 것이다. 그런데 특이한 것은 이런 예언을 할 때 체험자 자신의 목소리가 아닌 제3의 목소리가 흘러나온다는 것이다.
이런 '목소리'에 관해 원종진은 "또렷하게 들리며, 말과 함께 가슴으로도 그 내용이 전달됩니다. 텔레파시라고나 할까요… 영적으로 높은 수준의

37_see 김영우, 전생 여행(서울 : 정신 세계사, 2009).

어떤 존재가 가르침을 주고 있다는 느낌이 들었습니다"라고 말했다.[37] 그러나 기독교적으로 볼 때 자신 육체를 통해 자신이 아닌 다른 인격체의 목소리가 나온다는 것은 그가 귀신 들렸다는 가장 강력한 증거가 아닐 수 없다. 실제로 귀신 들린 상황에서 이런 현상은 비일비재하게 나타난다. 그러므로 이런 경우의 예언이란 전생 요법을 핑계 삼아 어둠의 영들이 그 사람을 장악하여 지배하는 귀신 들림의 한 현상에 불과한 것이다. 성경은 최후에 정복될 적이 사망이라고 말한다. 이것은 인간 타락의 일차 결과이기도 하다.

창세기 2장 17절에 하나님은 "네가 먹는 날에는 정녕 죽으리라(창2:17)" 라고 말씀하시면서 죄로 인해 죽음이 임했음을 말씀하고 있다. 사망의 저주는 인간의 가장 궁극적인 문제인데, 예수님께서는 이런 사망의 권세를 깨뜨리고 부활하심으로 우리를 구원시키셨으며, 자유롭게 하셨다. 만약 인간이 계속 윤회한다면 예수님의 십자가 사건은 아무 의미도 없는 것이 되고 만다.

김영우는 자신의 근거를 양자물리학에서 찾으며 최면에서 주관적·신비주의적 혐의를 벗겨내려 노력하였다. 생물학적 정신의학은 약물치료로 생물학적 증상을 개선하고 환자의 왜곡된 인지 심리 상태에 공감하는 이야기로 정신적 상승효과를 노린다. 그러나 정신과 질환인 조현병이나 해리장애에 대해서는 의학적 치료 효과가 높지 않다는 것이 현실이다.

그는 우울증·공포증·강박증·조현병 등의 진단을 받고 여러 진료 기관에서 갖가지 치료를 받았으나 효과를 보지 못했다가 그의 전생 요법으로 치료했다는 환자 11명의 사례를 소개했다. 일상적으로는 약물 처방과 상담 치료를 하나 인격에 지배당하는 환자를 만났을 때는 전생 요법인 최면 치료로 큰 효과를 볼 수 있었다고 주장했다. 환자 자신을 파괴하고 공격하는 귀신 들림에 대해 그는 이렇게 말했다. "나는 그 인격들이 정말 악마라고 생각하지는 않지만 그렇게 믿고 있다면 그 상황을 치료에 이용하는 것이 더 합리적이고 효율적이라고 생각한다. 그 원인이 귀신이건 아니건 상관없이 환자를 지배하는 논리와 힘을 무력화하는 것이 치료의 핵심이다." 그는 환자를 지배하는 힘의 논리를 무력화 시키는 방법으로 전생 요법이 필요하다고 강조했다. 또한 한 환자의 전생 퇴행을 시술하며 환자의 전생에서 구체적인 역사적 사건과 맞닿는 지점을 확인했을 뿐만 아니라 예언가 에드거 케이시(Edgar Cayce, 1877~1945)[38]등이 말하는 지혜의 목소리를 듣게 됐다고 말했다.

원인을 알 수 없는 우울증 가진 어린 환자가 있었는데 최면하며 기억을 더듬어 보니 전생에서 목을 매어 자살한 기억을 토해 놓았다. 과거에 죽었던 기억의 뿌리를 찾아 환자를 치료하는 경우가 수도 없이 많았다. 임

38_1877년 3월 18일 켄터키주 홉킨스빌에서 태어났으며 어렸을 때부터 초감각적 지각을 보였다고 한다. 에드거 케이시는 어렸을 때부터 혼자 놀거나 '돌아가신 할아버지의 영혼'과 놀고 있었다고 한다.

사체험 연구사례를 보면 우리 육체가 죽어도 의식은 불멸의 에너지로 남아 유지된다고 한다. 기본적으로는 현재의 심리학과 정신의학이 넓어져야 한다고 생각한다. 최면 치료의 핵심은 환자의 자기 치유력이다. 나는 최면 기법을 환자들에게 강조하지 않는다. 최면 시술 이후 환자들이 자기 내면을 건강하고 맑은 기운으로 채우는 방법을 배우도록 하는데, 이는 양자물리학에서 말하는 공간의 자기 에너지를 수리하는 것과 비슷하고 전통적 명상법과도 비슷하다. 인격이 분열되고 파탄 난 것처럼 보이던 환자가 스스로 자신의 에너지를 물갈이하는 과정을 지켜보노라면 사람에 대한 희망이 절로 솟아난다. 이것은 인간을 사랑하고 발견하게 되는 치료 법이다.[39]

그는 소위 빙의·해리·임사체험 등은 귀신의 장난이 아니라 인간의 의식·상념·감정의 에너지가 외부 에너지 파동과 복잡하게 얽혀 일어나는 현상이라고 설명한다. '관찰자가 없는 공간에서는 아무 일도 일어나지 않는다.'라고 말하는 양자역학에서 여러 초자아적인 정신 증상을 설명하는 이론적 가닥을 잡은 듯하다.

> 의학은 실용 학문이기 때문에 나는 양자역학을 실용적인 수준에서 그저 이용할 뿐이다. 의식의 에너지를 이용한 치료가 향후 정신과의 주요 흐름이 될 것이다.[40]

정신의학적으로 볼 때 고통받는 사람은 치유자의 모습으로 동정을 보이는 사람에게 반응한다. 그래서 최면 치료받은 환자들이 합리적으로 설명되지 않는 빙의나 다중인격에 대한 원인을 발견할 수 있다. 그렇다고 해도 무의식을 활용해 뇌전증이나 암, 자폐증 환자의 병증까지 줄였다는 주장과 '주관과 객관은 하나'라는 범신론적 사고는 우리의 논리 체계를 뒤흔드는 말이 아닐 수 없다.

(3) 뉴에이지 운동

기독교의 반대에도 불구하고 새로운 에이지 운동은 이미 정치, 경제, 사회, 문화, 종교 등에 침투해 들어왔다. 음악, 예술, 문학, 영화, 점성술, 동기 부여 훈련, 상담과 종교학 강의실…. 이 모두는 뉴에이지[41] 사상의 연결 통로이다. 한 설문 조사에 의하면 현재 미국인의 42%가 죽은 자와 만난 경험이 있고, 다른 조사에 의하면 미국의 성인 67%가 초감각적 지각 같은 정신적 경험했고, 1/4의 미국인이 윤회를 믿는다고 보고하고

39_김영우, 『전생 여행』, 30-40.

40_see 김영우, 『영혼의 최면 치료』, (서울 : 나무심는 사람, 2002)

41_뉴에이지 운동은 1875년 뉴욕에서 러시아인 헬레나 페트로브나 블라바츠키(Helena Petrovna Blavatsky)에 의해 창설된 '신지학협회(神知學協會, Theosophy)'에서 시작되었다. 이 협회의 3대 회장인 영국 출신의 엘리스 베일리(Alice A. Bailey)에 의해 뉴에이지 운동의 실질적인 기초가 닦여졌으며, 4대 회장 스리랑카 출신의 즈나라 자사(Jnara Jasa)도 뉴에이지의 확립과 이론화에 크게 이바지한 인물로 평가받고 있다. 일부에서는 1세기경에 그리스도 신앙을 크게 위협했던 '영지주의(靈知主義, gnosis)'까지 그 기원을 소급시키기도 하지만, 현대적 의미의 뉴에이지 운동은 1960년대 이후 기존의 사회체제, 가치, 규범, 신앙, 제도 등을 거부하면서 전개된 미국의 반문화운동(counter-culture movement)가 그 출발점이다.

있다.[42]

서양 문명 사상사에 보면, 윤회 사상은 플라톤(BC427~347)의 철학사상과 그리스 신화인 오르페우스(orpheus) 그리고 밀의 종교[43]에서 발견된다. 또한 19세기 중엽의 초월주의자들 가운데서도 찾아볼 수 있다. 에머슨(Ralph Waldo Emerson, 1803~1882)은 범신론적 영혼 사상을 내놓았고, 소로우(Henry David Thoreau, 1817~1862)는 힌두교와 불교 작품들로부터 자율성과 개인주의적 결정주의라는 미국인들의 사상에 적합한 사상들을 만들었다. 그리고 이것을 수용하고, 적용하는 것은 뉴에이지의 특징이 되었다.

오늘날 북미 뉴에이지 사상에서 또 하나의 운동은 '새 정신 치유 운동(mental healing movement)'이라는 정신주의(spiritualism)가 있다. 이 운동은 병은 신체적 무질서가 아닌 잘못된 신념에 의해 생긴다고 믿는 메리 베이커 패터슨 에디(Mary Baker Patterson Eddy, 1821~1910)의 크리스천 이언스(Christian Science)[44]에서 출발했다. 그러나 정통 기독교 교리와 다른 부분들이 많이 있어 이단으로 정죄되었다.

인도의 마하리신 마헤시(Maharishi Mahesh Yogi, 1917~2008)의 초월명상의 원리들은 사업계나 정부 내에서 스트레스로부터의 해방과 업무 능률 향상을 위해 사용되었다. 그로 인해 무아경과 최면을 사용해서 예언과 투시가 성행했고, 또한 선, 요가, 명상 기법, 영매 등이 증가하였다. 이런 뉴에이지 운동은 다음과 같은 몇 가지 특징을 가지고 있다.

범신론에서 출발한다. 범신론은 하나님과 세상의 관계가 연못과 물방울의 관계와 같다고 말한다. 그들은 "우리는 모두 작은 물방울들로 함께 모여 무한한 점을 이룬다. 우리는 모두 하나님의 거대한 물방울이다." 라고 말한다. 그래서 하나님은 그것 곧 물체가 된다. 하나님은 아버지가 아니라 힘이다. 따라서 "나도 신이고, 너도 신이고, 신은 모든 것이다" 라고 말한다.

1) 일원론을 주장한다.

우주에 오직 한 개의 실체가 있을 뿐이라고 가르친다. 하나님은 자연이며 자연은 하나님이다. 그래서 이들은 자기를 신격화한다.

2) 환생을 말한다.

우리는 하나님이 되는 법을 배워야 하지만 만약 우리가 그것을 이생에서

42_권오덕, "한국 무속과 윤회 그리고 뉴에이지 운동", 월간 『교회와 신앙』, 에서 재인용.

43_밀교(密敎, Mysteries, μυσ τ ρια) 또는 밀의종교(密儀宗敎, Mystery religion)는 해당 가르침 또는 종교의 입문자에게만 그 가르침의 내용이 알려진 고대 그리스와 로마의 컬트 종교들을 통칭한다. 종교적 수행과 실천의 세부 내용을 외부로 밝히지 않는 비밀엄수 주의를 주된 특징으로 한다.

44_크리스천 사이언스는 영성과 건강에 관한 새로운 아이디어를 개척한 메리 베이커 에디에 의해 시작되었다. 그녀는 1866년에 자신의 치유 경험에서 영감을 얻은 후, 성경 공부, 기도, 다양한 치유 방법연구에 수년을 보냈다. 그 결과로 1879년에 그녀가 '크리스천 사이언스'라고 명칭을 붙인 치유 시스템이 나오게 되었다. 그녀의 책 '성경에서 배우는 과학과 건강(Science and Health with Key to the Scriptures)'은 정신-육체-영의 관계를 이해하는 새로운 장을 열었다. 그러나 정통 기독교와는 삼위일체론, 기독론, 성경론 등이 달라서 이단으로 정죄되었다.

배우지 못한다면 우리는 그다음 생에서 그것을 얻을 수 있다고 말한다.

3) 선과 악이 하나이며 같은 것이라고 말한다.

만약 하나님이 모든 것이고 모든 것이 하나님이라면 존재하는 모든 것은 하나님이다. 그래서 우리가 선하다고 부르는 것과 악하다고 부르는 것은 마치 동전의 양면처럼 존재의 다른 면일 뿐이다. 모든 것이 하나님이고 선과 악이 실제로 환상일 뿐이라면 하나님은 선할 수도 있고 악할 수도 있다.

4) 세계주의를 추구한다.

세계주의는 당연히 사회 진화론과 결정주의에 기초하고 있다고 말할 수 있다. 전 인류는 하나가 될 것이다. 이것이 바로 하나의 지구촌인 세계가 되는 것이다.

5) 혼합주의다.

모든 종교와 철학들은 연합되어야 한다. 그들은 한데 섞여야 하며 함께 섞여놓아도 여전히 독특한 특성이 남아있는 것이 되어서는 안 된다. 모든 종교는 하나의 세계종교로 절충되어 연합되어야 한다고 주장한다.

6) 윤회 사상을 추구한다.

그래서 업보와 각성을 강조한다. 상과 벌을 주는 우주의 업보 법칙에 따라 영혼이 수많은 인생의 단계를 통해 진화한다고 말하며, 특히 집단 영혼에 개개인의 미래 삶의 목적과 사건을 선택하면서 윤회가 일어난다는 집단 윤회 사상을 신봉한다.

7) 최면술에 의한 전생체험을 추구한다.

영혼을 선택해서 자신의 미래에 어떤 경험을 한다고 믿기 때문에, 그들은 이것들이 인간들에게 자유의지를 준다고 말한다. 영매자들은 우리의 미래의 윤회를 알게 해 주고, 심리치료사들은 이런 사상과 함께 최면을 사용해서 사람들을 과거로 퇴행시켜 준다.[45]

상담심리치료 기법, 그리고 질병을 다루는 모든 분야에서 윤회 사상과 관련된 개념들이 밀려들어 오고 있다. 이들의 사고에 따르면, 질병

45_Ed Murphy, 『영적전쟁』, (서울: 두란노, 2001), 954-960

은 전생에 한 업의 결과이다. 이것은 우리가 악한 영이 질병을 일으킨다는 것을 지나치게 강조할 때, 종종 병의 육체적 요인을 무시하는 정신적(psychosomatic) 질병관으로 나타날 수 있다.

그러면 전생이란 과연 존재하는 것인가? 이에 대해 기독교인들은 어떻게 설명해 줄 것인가? 하나님의 말씀인 성경에서 우리는 그 해답을 명확히 찾을 수 있다. 먼저 그리스도인들은 귀신의 정체를 알아야 한다. 귀신이란 무엇인가? 그것은 인간의 사후 영혼이 아니라 범죄하고, 타락한 천사들이다.

인간의 영혼은 사후에 불신자는 음부로 가고(시9:17, 눅16:23) 구원받은 신자는 천국으로 간다(눅16:22). 또한 천국과 지옥 사이의 왕래가 불가능한 것 같이(눅16:26) 이승과 저승은 왕래할 수 없다(눅16:27~30). 따라서 죽은 사람의 혼령이 귀신이 되어 세상에서 배회할 수 없으며 그가 산 사람에게 빙의할 수도 없는 것이다.

그러면 귀신 들린 자로부터 축사 사역할 때 그 사람에게 빙의한 귀신이 죽은 자의 혼령처럼 나타나 보이는 그 현상은 무엇인가? 성경을 살펴보면 믿는 자에게는 하나님께서 부리시는 영, 곧 구속받는 성도들을 섬기라고 보낸 천사가 있다(히1:14). 그러나 구원받지 못한 믿지 아니하는 사람들은 하나님이 부리시는 천군, 천사 이외의 영물, 즉 마귀의 지배 아래서 활동하는 더러운 천사, 곧 귀신들이 따르고 있다(고후4:4).

이런 이해 속에서 한 불신자가 죽었다고 가정해 보면, 그에게 붙어있던 귀신은 육체에서 분리된 상태로 돌아다니며 자신이 들어가기에 무난한 다른 사람을 찾는다. 만일 어떤 영매가 이 귀신과 소통한다면, 이 귀신은 죽은 자를 자연스럽게 흉내 낼 수 있으며 이렇게 하여 강신술 집회에 참석한 순진한 사람들을 농락하는 것이다.

최면술에 의한 전생 체험 역시 같은 원리가 적용된다. A라는 사람에게 귀신이 빙의했다가 죽었다고 가정해 보자. 그러면 이 귀신은 A의 성품, 지식, 체험, 버릇 등 모든 것을 가지고 B에게 옮겨붙고, B가 죽은 다음에는 C에게, 다시 D에게 옮겨 붙는 것이다(특별한 경우 귀신은 마8:31~32에 기록된 데로 짐승의 몸에 옮겨 붙기도 한다). 이 D에게 최면술을 걸어 잠재의식을 끌어 올리면 A, B, C의 전생이 나오는 것이다.

즉 최면술에 나타나는 이른바 전생의 실체는 다름 아닌 귀신이다. 어떤 사람은 최면 상태에서 전생만 기억하는 것이 아니라 심지어 다른 목소리로 앞날을 점치기도 하는데 이는 전형적인 귀신 현상이다. 바로 여기에 성령 충만한 그리스도인은 소위 전생이라는 것을 체험할 수 없는 이유가 있다. 전생 체험은 귀신 체험이다. 따라서 누구든지 전생을 체험한 사람은 축사 사역이 필요한 사람이다.

결국 전생, 환생설 등은 귀신의 미혹이다. 진리의 말씀인 성경은 인생은 단 한 번뿐이며 그 후에는 심판이 있으므로(히9:27), 이 한 번뿐인 삶의 기회를 최선을 다해 살 것을 교훈한다. 사람은 죽으면 제 갈 곳으로 간다. 전생이 있고 내생이 있어 윤회 속에서 다시 환생하는 것이 결코 아니다. 그러나 나타나는 현상만으로 윤회는 사실처럼 보일 수도 있다. 그러나 실상은 사람의 영혼이 윤회하는 것이 아니라 사람에게 빙의했던 귀신의 영이 배회하는 것이다. 하나님을 불신하는 인본주의자들은 환생설에 속겠지만 그리스도인들은 속지 않는다. 진리를 알기 때문이다. 윤회, 전생, 환생, 전생 요법, 뉴에이지 등은 죽음을 두려워하여 살고자 발버둥을 치는 인간의 열망이 우상인 태양숭배 사상과 접목된 것이다. 태양의 순환과 회귀와 현상을 통하여 인생의 순환과 회귀라는 사상을 끌어낸 것이다.

그런데 특이한 것은 마약 복용에 의한 황홀경과 탈혼(脫魂) 상태가 힌두교의 최고의 경전인 '리그베다'[46]에도 기록되어 있다는 것이다. 이런 사실로 마약과 전생이 매우 관련이 깊음을 알 수 있다.

윤회설을 신봉하고 있는 인도의 정통 힌두교도들조차도 전생을 경험하는 대부분이 일종의 '귀신 들림' 현상으로 간주하고 있고, 또한 의식 있는 불교학자들도 윤회와 전생을 비판하고 있다. 따라서 윤회는 마약 복용이나 최면술에 의한 의식불명의 상태에서의 귀신 들림을 자신의 체험으로 착각하는 환각상태(幻覺狀態)를 이론화한 우상 종교의 망령된 사상이요, 귀신의 가르침이다.[47]

그러나 인생은 단 '한 번'뿐이다. 그래서 사람은 단 '한 번'만 죽는 것이며, 단 '한 번'의 심판으로 영원한 생명과 죽음이 결정되는 것이다. 성경은 진실을 말한다.

> 한 번 죽는 것은 사람에게 정하신 것이요 그 후에는 심판이 있으리니 (히9:27)

윤회 사상은 우리 그리스도인들의 영광스러운 부활과 불신자들에 대한 하나님의 심판이라는 성경의 대 주제에 대해 사탄이 만들어 놓은 교묘한 사상적, 종교적 올가미임을 알 수 있다. 진실한 기독교 신앙을 파수하기 위해서는 샤마니즘, 뉴에이지, 윤회, 전생 등으로부터 유입된 위험한 사상들을 배제 시켜야 한다. 이것을 위해 우리는 영적, 지적인 차원에서 기독교적 세계관의 정립이 필요하다. 이것은 현대적인 세계관과 과학관 그리고 철학관을 가진 현재와 미래의 한국 신앙인들에게 타협됨 없이 신앙을 변증할 수 있는 능력을 제공한다.

> 저는 처음부터 살인한 자요 진리가 그 속에 없으므로 진리에 서지 못하고 거짓을

46_인도의 가장 오래된 문헌이며 인도 신화의 근원을 이룬다 할 수 있다. 10권 1028의 시구(詩句)로 되어 있으며, 자연신 숭배의 찬미가를 중심으로 혼인·장례·인생에 관한 노래, 천지 창조의 철학시(哲學詩), 십왕 전쟁(十王戰爭)의 노래 등을 포함하고 있다.

47_김중영, 『윤회와 3단계와 열반은 허구다』, (서울 ; 온누리 선교회, 2017), 42-43.

말할 때마다 제 것으로 말하나니 이는 저가 거짓말쟁이요 거짓의 아비가 되었음이니라 (요8:44)

6. 가계 저주론

구약적 관점에서는 가계의 저주론이 나올 수도 있겠지만 신약적, 복음적, 특히 기독론적 관점에서는 가계 저주론은 예수 그리스도의 십자가 구원 사역을 약화 혹은 격화시킬 수 있기에 상당히 위험한 이론이다. 가계 저주론은 1972년 케니스 맥콜(Kenneth McAll)이란 미국의 정신과 의사가 처음 주장했으며, 1986년 제이 햄프쉬(J. Hampsch)에 의해 신학적 이론으로 만들어졌다. 그리고 메릴린 히키(Marilyn Hickey)의 『가계에 흐르는 저주를 끊어야 산다』와 『가계에 흐르는 저주 이렇게 끊어라』가 출판되어 선풍적인 인기를 끌면서 국내에 널리 알려지게 되었다.
사전적으로 저주란 '미운 사람에게 재앙이나 불행이 닥치기를 빌고 바람'으로 정의하고 있다. 좀 더 구체적으로 표현하면 ① 어떤 사람이나 물건에 악을 부르거나 해를 입히는 것 ② 신들에게 탄원함으로써 마술을 통하여 상처를 입히거나 다치게 하는 것 ③ 상대방에게 나쁜 일이 일어나도록 기원함으로 인해 야기된 악 또는 상처 등을 말한다. 히브리어로 저주는 '엄숙한 맹세'를 의미하는 '알라(alah)' 그리고 '경멸', '거절'로 사람들을 가볍게 취급한다는 개념이 담긴 '크랄라(qelalah)'등이 있다. '알라'는 특별히 맹세와 관련되어 사용되었고, '크랄라'는 한 사람이 어떤 것을 저주하면, 그것을 거의 무가치하게 만든다는 의미가 내포되어 있다. 고대에서 저주는 해를 끼치려는 욕망의 표현일 뿐 아니라 실제적인 파괴 능력을 갖춘 것으로 믿어졌다. 그러므로 모압 왕이 발람을 고용하여 이스라엘을 저주하게 하려고 했을 때, 그는 발람에게 하나님의 백성을 약화할 수 있는 마술적인 주문을 사용할 것을 요구했다(민22장). 이에 반하여 신약에서는 '너희를 박해하는 자를 축복하라 축복하고 저주하지 말라'고 권고하고 있다.
신명기에는 6개의 복(신28:1~14)과 12개의 저주(신28:16~68)가 기록되어 있고, 레위기에는 4개의 복(레26:1~13)과 7개의 저주(레26:14~39)가 기록되어있다.
성경에는 38번이나 복과 저주란 단어가 동일한 구절에 동시에 등장한다. 복과 저주는 상응하는 개념으로, 동전의 앞·뒷면과 같이 분리할 수 없는 하나의 진리이다. 그런데도, 우리는 '축복받는다'라는 말에는 상당히 익숙해 있고, 물질 축복, 건강 축복, 자손 축복만을 지나치게 강조한 것이 사실이다. 반면에 우리는 '저주받는다.' 혹은 '저주가 내린다'라는 말을 들으면 대부분 좋지 않은 기분을 느낀다.
조상들의 순종과 신앙으로 인해 백성과 후손이 받는 축복이 진리라면, 조상들의 죄와 불순종으로 인해 백성이 받는 저주 역시 진리가 될 수 있다. 하나님은 선을 행하며 순종하는 사람들에게 상급으로 보응하신다(룻2:12, 잠 22:4, 롬2:7, 사40:10, 62:11 참조). 반면에, 하나님은 악을 행하며 불순종하는 사람들의 죄에 대해 심판으로 보응하신다(사3:11, 골3:25). 한 개인 순종의 삶에 대한 하나님의 상급과 심판은 한 개인의 현세 및 내세에 이루어지고, 또한 그들의 후손에게 주어진다. '가계의 저주'와 관련하여, 하나님은 조상의 죄를 후손에게 갚으신다(출34:7).
종교 개혁자 칼뱅은 부모의 죄를 후손에게 치르게 하는 이유를 '죄에 대한 하나님의 처벌이 너무 엄중해 현세의 범주에 국한할 수 없기 때문이다'라고 설명했다(기독교강요, 제2권, 332면). 성경 역시 조상의 죄로 인해 후손이 받게 될 심판에 대해서 증언한다(출20:5, 34:6~7, 레26:39, 민14:33, 욥5:3, 18:19, 21, 21:21, 시21:10, 37:28, 109:9~15, 잠14:11, 사14:20~22, 렘32:18, 애5:7, 5:7, 12).

(1) 가계 저주론자들의 주장

1) 신자들의 구원은 이미 완성된 것이 아니라는 것이다.

'구원이 칭의, 성화, 영화의 3단계로 점진적이라면, 죄의 결과인 저주로 한 구원인 저주로부터의 해방은 연속되는 과정에 의해 만들어지며, '이제 우리의 구원이 처음 믿을 때보다 가까웠음이니라'(롬13:11, 히 6:9)라는 말씀은 구원의 점진성에에 관해 설명한다고 주장한다.

2) 신자들이 율법을 포함한 죄의 저주에서 신분적으로는 해방되었지만, 실제적·경험적으로는 해방되지 않았다는 것이다.

사도 바울은 모든 피조물이 저주의 고난(the curse of suffering)으로 인해 '신음하고 있다'라고 가르친다(롬8:19~21). 성경은 또한 모든 저주로부터 완전한 구속이 이루어지는 날이 그리스도의 재림이라고 증언한다(빌 3:20~21, 고전 15:51~53, 요일3:2). 결론적으로 말한다면, 계시록 22장 3절의 말씀과 같이, 그리스도가 재림하여 만물을 새롭게 하시는 때에야 비로소, '다시는 저주가 없게 된다.' 따라서, 예수님의 구속으로 인해 신자가 저주로부터 해방된 것은 신자의 신분·위치 혹은 법적인 것을 말하는 것이지, 신자의 현재 상태를 말하는 것이 결코 아니라는 것이다. 즉, 신자들이 '이미(already)'와 '아직(not yet)' 혹은 미래에 '완성될' 것과 현재에 '미완성'된 중간 상태의 종말론적 긴장의 삶을 살고 있다고 주장한다.

3) 전통적 교리는 우리가 저주로부터 이 세상에서 완전 해방되었다는 것을 전혀 인정하지 않는다. 〈장로교 대요리문답〉제153문은 이런 질문을 던진다.

〈질문〉 율법을 범함으로 우리가 마땅히 받아야 할 하나님의 진노와 저주를 피하게 하려고 하나님이 우리에게 요구하시는 것은 무엇입니까?
〈답변〉 율법을 범함으로 우리가 마땅히 받아야 할 하나님의 진노와 저주를 피하게 하려고 하나님께서는 하나님을 향한 회개와 우리 주 예수 그리스도를 향한 믿음과 그리스도께서 자기의 중보의 혜택을 우리에게 전달하시는 외적 방편을 부지런히 사용할 것을 우리에게 요구하신다(장로교 소 요리문답, 제85문 참조).

우리는 예수님의 죽음과 부활로 인해 '모든 죄'에 대한 저주에서 이미 신분적·위치적으로 속량 되었지만(요19:30, 갈3:13~14), 아직도 실제로 저주 아래 살고 있다는 것이다. '가계의 복'이 존재한다면 '가계의 저주' 역시 존재한다. '가계의 복과 저주'의 말씀의 목적은 사람들이 하나님의 말씀에 불순종함으로 저주받지 않고, 순종함으로 하나님의 복을 받는 것임이 자명하고, 불신자들에게 '지옥'의 말씀을 증거 하는 목적이 그들이 '지옥'에 가지 않도록 경고하는 것과 같다고 말한다.

4) 가계 치유를 부정하는 사람들의 공통점은 영적 전쟁에 대해 경험이 없거나 악령의 세계를 잘 모르는 사람들이라는 것이다.

왜냐하면 실제로 성도들의 삶의 형편을 보면, 이유 없는 고통에 시달리는 사람들이 너무도 많이 있는데, 그들에게 가계 치유라는 주제는 그들의 삶을 돌아보며 새롭게 하는 강력한 영적인 도구가 되는 것을 경험적으로 알 수가 있다는 것이다. 논쟁을 위한 논쟁을 하지 말고 시달림당하는 분들의 관점에서 고민해 보고, 단 몇 명에게라도 치유 사역해보면 생각이 금방 달라질 것이라고 권면한다.
특히 그들은 '가계 저주론'이라는 단어를 써서 성도들에게 공포심을 준 적이 없고, '가계 치유'라는 단어를 써서 긍정적 차원에서 성도들을 돕고자 한다고 주장한다. 반대자들은 오히려 '가계 저주론'이라는 이름을 사용하며 매도한다는 것이다. 그리고 인간에게 주어지는 모든 문제, 고통, 죄, 질병 등의 불행한 원인을 가계의 저주로만 국한한 적이 결코 없고, '혹시'라는 차원에서 주위를 환기시키는데, 반대자들은 하지도 않은 이야기 즉 '모든 고통을 조상 탓으로 믿는 사람들'로 호도하여 비판한다는 것이다.

가장 중요한 것은 "예수를 믿으면 천국 간다."라는 것만 가르치지 말고 "예수를 안 믿으면 지옥 간다."라는 것도 가르쳐야 하듯이, "부모의 믿음으로 자녀들에게 축복을 물려줄 수 있다."고만 강조하지 말고 "잘못하면 그 반대의 것 즉 저주도 물려줄 수 있다."는 것도 가르쳐야 한다고 강조한다.

5) 성경 말씀의 증언

> 그것들에게 절하지 말며 그것들을 섬기지 말라 나 네 하나님 여호와는 질투하는 하나님인즉 나를 미워하는 자의 죄를 갚되 아버지로부터 아들에게로 삼사 대까지 이르게 하거니와 (출20:5)

> 여호와는 노하기를 더디하시고 인자가 많아 죄악과 허물을 사하시나 형벌 받을 자는 결단코 사하지 아니하시고 아버지의 죄악을 자식에게 갚아 삼사 대까지 이르게 하리라 하셨나이다 (민14:18)

이 말씀을 '집단적 책임의 원리'에 따라 적용하기 때문에, 가계에 흐르는 저주는 3~4대 조상 죄의 영향력 아래에 있는 후손들의 삶에 운명적이고 절대적이고 자동적이고 필연적으로 유전되는 것으로 해석한다. 하나님은 집단적 책임의 원리에 따라 후손들을 심판하는 분이시며. 후손들이 죄를 짓거나 우상숭배 등을 하지 않는다고 할지라도 후손들은 그 저주 아래 있게 된다고 주장한다. 조상의 죄로 말미암아 발생한 죄와 저주는 그들의 후손에게 '대물림'된다. 후손이 조상의 죄와 저주를 대물림 받는 것은 과히 숙명론적이고 결정론적이고 운명적이고 절대적이라고 말한다. 후손들은 조상들과 동일한 죄뿐만 아니라 조상의 저주와 심판을 대물림받아 그들의 조상의 죄를 반복적으로 되풀이하는 고통의 삶을 살 수밖에 없다. 물론 영적 법칙으로 절대화된 조상의 죄로 물려받은 저주나 암, 당뇨병, 심장병 같은 유전병 그리고 가정의 우환이나 불행 등도 후손들에게 대물림되는 하나님의 저주로 간주 한다.

6) 가계적 속박의 사슬에서 벗어나기 위해서는 회개를 통해 조상의 죄로 인한 저주를 끊어야 한다는 것이다.

하나님의 저주가 가계의 혈통을 통해서 흐르기 때문에 후손의 가계에 흐르는 저주를 끊어야만 한다고 말한다. 조상의 죄를 처리하는 방법은 후손이 조상의 죄를 인정하고 회개하는 것이다. 그것이 바로 가계 저주의 사슬에서 해방되는 유일한 방법이다. 문제는 저주를 일으키는 조상의 죄를 찾아내어 회개하는 것인데, 그것을 위해서 회개 기도문을 제시하고 있다. 그렇게 하지 않으면 후손들은 조상의 죄로 인해 초래된 가계에 흐르는 저주의 사슬에서 벗어날 수 없게 되어 저주 속에서 고통과 멸망의 길을 걷게 되는 것이다. 이렇듯 후손들은 조상의 죄를 처리할 운명적 책임을 지고 있다고 주장한다.

7) 가계도를 제시하는 궁극적 목적은 조상의 죄를 회개하지 않으면 조상의 죄와 저주가 후손에게 유전적으로 대물림되기 때문에 회개를 촉구하기 위함이다. 3~4대 조상의 범위는 다음과 같다는 것이다.

하나님의 저주가 가계의 혈
① 1대 조상(아버지 어머니), ② 2대 조상(친할아버지 친할머니 외할아버지 외할머니), ③ 3대 조상(증조할아버지 증조할머니 친할머니의 아버지와 어머니, 외증조할아버지 외증조할머니외할머니의 아버지와 어머니) 그리고 ④ 4대 조상(고조할아버지 고조할머니 친할머니의 친할아버지와 친할머니 외 고조할아버지 외 고조할머니 외증조할머니의 아버지와 어머니, 외할머니의 친할아버지와 친할머니, 외할머니의 외할아버지와 외할머니).

결론적으로 가계 저주론자들의 주장을 요약하면 다음과 같다.

첫째, 조상의 죄는 5가지 통로로 유전된다.
① 유전인자를 통한 전가 ② 부모의 삶을 모방 전가 ③ 추수의 법칙을 통한 전가 ④ 악한 영들을 통한 전래 ⑤ 혼의 결속을 통한 전가
둘째, 죄에 대한 하나님의 저주도 함께 유전된다.
셋째, 유전적인 죄는 죄의 뿌리를 끊지 않는 한 가계를 타고 계속 내려간다.
넷째, 저주도 차단하지 않으면 가계를 타고 내려간다.

다섯째, 신자도 저주 아래 살 수 있다.
여섯째, 예수를 믿어 구원받았다고 해서 모든 저주에서 해방된 것은 아니다.
일곱째, 하나님은 조상의 삶이 자손에게 반드시 어떤 종류의 긍정적 혹은 부정적 영향을 미치는 영적 법칙을 설정하셨다.
여덟째, 하나님을 믿는 사람에게도 귀신이나 거짓된 영이 함께 있을 수 있다.
아홉째, 신자는 예수 그리스도와 연합을 통해 사탄과 죄악의 세력으로부터 위치적으로는 자유함을 얻었지만, 상대적으로는 부정적인 영향을 계속 받고 있다.
열째, 한 가계를 통해 계속 전래 되는 영들을'가계의 영'(family or familiar spirits)라 부르며 이런 영들은 조상이 지은 죄들과 후손에 대한 저주때문에 법적 권리를 획득해서 가계에 들어온다.
열한째, 혼의 결속을 통하여 죄와 저주가 전가된다.
열두째, 신자가 율법의 저주에서 해방되었다는 것은 영이 율법의 저주에서 해방되었다는 것이요. 혼과 육은 조상의 죄로 인하여 대물림된 저주에서 완전히 해방되지 않았기 때문에 죄와 저주로부터 구원받아야 한다.
열셋째, 가계 치유를 성경적인 진리로 받아들여야 하며 신자가 개인의 구원을 통해 조상의 죄의 영향이 이미 다 제거된 것으로 착각해서는 안 된다.
열넷째, 조상들의 죄를 밝혀내고 조상들의 죄를 회개해야 문제의 근원을 발견하고 치유할 수 있다.

가계 저주론자들은 빌 클린턴 대통령의 성적인 스캔들을 '성 중독증'이라 표현하면서, 이것은 클린턴 대통령의 가계 전체가 '중독의 역사'이며 클린턴의 탈선 원인은 중독의 가계사로 인한 성 중독증이라고 결론짓고 있다. 그래서 계부의 알코올 중독, 할머니의 마약 중독을 들고 나온다. 아브라함에게서는 거짓말이, 다윗에게서는 간음과 살인이, 노아에게서는 동성애를 후손에게 죄와 저주를 통해 대물려 주었다고 말한다.

(2) 신학적 논란

가계 저주에 대한 신학적 논란은 크게 두 가지로 나눈다. 바로 가계 저주의 전제에 관한 것과 가계 치유의 방법에 관한 것이다. 즉 조상의 죄에 대한 벌이 후손에게 전달되는 것과 어떻게 가계에 흐르는 저주를 끊을 수 있는 것인가 하는 문제다. 또한 가계 저주의 전제는 다시 두 문제로 세분할 수 있는데 조상의 죄가 후손에게 전달되느냐는 것과 신자도 저주 아래 있는가 하는 것이다.

1) 저주가 후손에게 전달되는가

가계 치유의 첫 번째 전제는 조상의 죄에 대한 저주가 후손에게 전달된다는 것이다. 히키에 따르면 가계를 통해 내려온 저주가 고통과 질병의 원인 이라는 것이다.

우리를 괴롭히고 우리를 병들게 하는 이런 것들은 실제로 가계를 통해 내려온 저주들, 혹은 조상으로부터 물려받은 저주들로서 우리의 조상때부터 시작된 문제들이 오늘 우리에게 전해져 내려온 것들이다 ... 그런 저주들이 ... 우리의 후손들 까지 전해져 내려갈 수 있다.

조상의 저주가 후손에게 전달되는 통로로 부모의 유전인자, 부모모방, 악한 영, 영과 혼의 결속 등을 강조하고 있다. 그렇다면 성경은 벌과 저주의 전가에 대해 무엇이라고 가르치고 있는가?

보편적 저주는 저주가 아담의 타락 이후 인간의 공통적 분깃이 된 것을 가리킨다(창3:14~17). 원죄 교리는 죄가 계속 전가될 수 있다는 것을 가르치고 있다.

원죄는 모든 사람 안에 있는 도덕적 결함과 부패성이요, 악으로 향하는 본성을 말한다. 이 세상에 태어난 사람은 아담의 죄로 인해 모두 저주 아래 있고 하나님의 진노와 처벌을 받아야 할 상태에 있는 것이다. 그렇다면 어떻게 아담의 죄성이 우리에게 전해졌는가? 기독교 신학은 그것을 직접 전가와 간접 전가 두 형식으로 설명하고 있다. 직접 전가는 아담의 죄에 인류 전체가 책임이 있다는 것을 말한다. 즉 아담의 죄가 즉각적이고 직접적으로 우리에게 전해졌다는 것이다. 아담은 모든 인류의 머리인 동시에 대표자였다. 따라서 우리는 그의 죄에 연루되었으며, 죄로부터 나온 저주와 관련되었다. 하나님과 아담 사이에 일종의 언약이 있었으며, 그로 인해 아담의 행위가 후손들을 속박한 것이다. 그러나 직접 전가설의 가장 큰 문제점은 자신의 죄가 아닌, 다른 사람의 죄에 대한 공동의 책임을 강조하는 것이다. 그것은 죄를 범하지 않은 자를 죄 있는 자로 선언하게 만든다. 이런 난점을 피하기 위해 나온 것이 간접 전가설이다.

간접 전가설은 아담의 죄가 즉각적, 직접적인 것이 아닌 어떤 다른 것의 중개에 의해 전달된다는 이론이다. 즉 아담은 선악의 중립 상태로 창조되었으며, 그 후손도 그 같은 상태로 태어난다. 그러므로 원죄란 존재하지 않으며, 아담으로부터 어떤 죄의 오염도 전가되지 않는다.

펠라기우스(Pelagianism, 360~418)[48]는 죄의 보편성을 모방으로 설명했다. 아담은 후손들에게 나쁜 본을 보였고, 인간은 이런 나쁜 본을 모방하였다는 것이다. 가톨릭 신학자 해그(Herbert Hagg)는 전통적인 원죄 개념을 비성경적으로 취급했다. 그는 다음과 같이 말했다.
아담의 후손들이 조상의 죄 때문에 자동적으로 죄인이 되었으며, 그들이 이 세상에 태어날 때 이미 죄인이 되었다는 생각은 성경에 맞지 않는다. 어느 누구도 죄인으로 이 세상에 들어오지 않으며, 하나님의 원수나 진노의 자녀로 태어나지 않는다. 사람은 오직 자신의 개인적 행위를 통해서만 죄인이 된다.
개별적 저주는 우리 자신이 개별적인 범죄로 인해 받는 저주를 말한다. 까닭없이 임하는 저주는 없으며, 다 이유가 있다(잠26:2, 신27:15~26)는 것이다. 그러나 이 죄는 자기 자신의 죄의 결과이다. 성경은 우리가 죄를 짓는 순간 율법의 저주 아래 있게 된다고 증거 한다.

> 무릇 율법 행위에 속한 자들은 저주 아래에 있나니 기록된 바 누구든지 율법 책에 기록된 대로 모든 일을 항상 행하지 아니하는 자는 저주 아래에 있는 자라 하였음이라 (갈3:10)

엘리 가문에 내려진 저주(삼상2:27~36)는 그의 가문에 늙은이가 없으리라는 것과 새로운 제사장 가문이 세워지고 엘리 가문은 쇠퇴하게 될 것이라는 내용이다. 사울과 그 후손들은 대대로 왕이 되지 못한다는 것(삼상15:23)이다. 이런 개인적 죄는 연대적 죄로 발전하여 국가 전체가 곤욕을 당하는 경우도 있었다. 그 대표적인 것이 아간의 범죄로 인한 아이성 전투의 참패였다(수7장).
이상의 논의를 정리하면 성경에는 조상의 죄에 대한 벌이 자손에게 전가되는 것과 전가되지 않는다는 것, 집단주의와 개인주의적 요소가 모두 존재한다.

2) 신자도 가계 저주 아래 있는가

가계 저주론자들은 전통교회가 원죄를 피상적으로 이해한다고 비판하면서 다음과 같이 말했다.
가계저주는 삶에 실제적 영향을 주는 보이지 않는 힘 혹은 영향력이다... 아담의 죄와 저주는 모든 인류에게 미치게 되었다... 모든 인간은 아담의 죄로 인해 죄의 상태로 태어나게 되었으며, 본질상 하나님의 진노와 저주 아래 놓이게 되었다... 인류의 조상 아담과 하와의 죄는 유전적 뿌리가 되어 우리 본성 안에 엔그램(engram)되었다.

48_펠라기우스주의에 따르면, 원죄는 인간의 본성을 오염시키지 않았으며 도덕적 의지는 여전히 신의 도움 없이 선과 악을 선택할 수 있다고 한다. 그는 인간의 의지는 하나님이 창조한 능력으로 죄 없는 삶을 살기에 충분하다고 보았다. 물론 그는 하나님의 은총이 모든 선한 행위를 도와준다고 믿었다. 그는 인간은 자기의 노력으로 구원을 얻을 수 있다고 보았다. 이런 견해는 원죄를 근거로 하나님의 도움 즉 하나님의 은혜가 없이는 인간은 스스로 구원을 받을 수 없다고 주장한 어거스틴의 견해와 반대되었고 후에 이단으로 정죄되었다. see Anthony A. Hoekema, 『개혁주의 인간론』, 이용중 역 (서울: 부흥과 개혁사. 2012), 260.

가계 저주론자들이 원죄를 '삶에 실제적인 영향을 주는 힘'으로 정의한 것은 가계 저주를 원죄로 이해했기 때문이다. 그들은 신자도 모든 저주에서 해방된 것은 아니라고 주장한다. 예수를 믿고 구원받았다해도, 모든 저주에서 해방된 것은 아니라는 것이다. 즉 저주가 믿는다고 축복으로 자동으로 바뀌는 것은 아니라는 것이다. 왜냐하면 저주 문제를 해결하지 않으면 여전히 저주 아래 있기 때문이다. 따라서 신자들이 구원을 통해 조상의 죄의 영향에서 벗어났다는 것은 착각으로 그리고 사탄의 속임으로 취급한다.
그들은 원죄와 율법의 저주로부터 이미 해방되었다는 성경의 증거(고후 5:17, 갈3:13~14) 사이의 모순을 해결하기 위해 다음 두 가지를 시도하였다.

첫째, 인간의 3분설인 영, 혼 , 육 등을 수용하면서 영은 가계 저주로부터 자유함을 받지만, 혼과 육은 아직도 저주 아래 있으며, 저주로부터 구원과 해방이 필요하다.
둘째, 신자는 예수 그리스도와 연합을 통해 조상의 죄와 저주의 세력으로부터 위치적, 신분적으로 자유함을 받았지만, 실제적으로는 부정적 영향을 계속해서 받고 있다. 영의 구원은 칭의로 그리고 혼과 육의 구원은 성화로 이해하면서 아직 자유로운 상태에 도달한 것은 아니다. 혼과 육까지 구원을 얻기 위해 가계 점검표를 사용하여 조상의 죄를 알아내어 그 저주를 풀어야 한다.

(3) 가계 저주론의 문제점

1) 예수 그리스도의 십자가 구속 사역을 불완전한 사역으로 약화시킨다.

> 그리스도께서 우리를 위하여 저주받은 바 되사 율법의 저주에서 우리를 속량하셨으니 기록된바 나무에 달린 자마다 저주 아래에 있는 자라 하였음이라 이는 그리스도 예수 안에서 아브라함의 복이 이방인에게 미치게 하고 또 우리로 하여금 믿음으로 말미암아 성령의 약속을 받게 하려 함이라 (갈3:13~14)

모든 저주를 대신 받으신 예수 그리스도의 십자가 구속 사역으로 이제 더 이상, 가계에 흐르는 저주를 끊을 필요는 없다. 지금 저주는 가계에 흐르는 것이 아니라, 범죄 하는 각 개인에 흐르고 있으며, 개인에게 흐르는 저주를 끊는 방법은 바로 예수님을 '믿는' 일이다. 따라서 가계 저주론은 그리스도의 구원을 불완전한 영적 구원으로 제한하고 왜곡시키고 있다.

그들은 '예수를 믿고 구원받았다고 해서 모든 저주에서 해방된 것은 아니며', 성도가 율법의 저주에서 해방되었다는 것은 '영만 율법의 저주'에서 해방되었다는 것이요 '조상의 죄 및 저주에서 우리의 혼과 몸은 완전히 해방된 것이 아니다.'라고 말한다. 즉, 예수 그리스도의 십자가의 구원을 영적인 것으로만 제한하고 있다. 그러나 예수님은 분명히 "모든 육체가 하나님의 구원하심을 보리라(눅3:6)"고 말씀하셨고, 그리고 "그리스도께서 우리를 위하여 저주받은 바 되사 율법의 저주에서 우리를 속량하셨다(갈3:13)"라고 성경은 증거하고 있다. 우리를 심판하실 그리스도께서 저주의 십자가에 달리심으로 인류의 모든 저주와 심판을 친히 담당하심으로 우리의 영 · 혼 · 육의 온전한 구원을 약속하셨다. 그런데도 가계 저주론은 그리스도의 구원 사역을 불완전한 것으로 가르치고 있다.
그리고 '우리의 혼과 육신은 세상과 사탄의 공격 및 조상의 죄로 인하여 대물림된 저주로부터 구원을 받아야 할 필요'가 있고 그 방식은 가계에 흐르는 저주를 저주로 끊는 축사의 방식이라고 주장한다. 또한 육신과 혼의 구원은 영의 구원과 다른 방식으로 얻어야 한다고 가르친다. 이런 이중 구원론은 구원론의 왜곡이다. '가계 저주의 출발이 어디서 시작된 것인가?'라는 질문은 성경에서 비롯된 것이 아니라, 신앙 상담을 위해 찾아온 내담자의 삶의 정황을 통해 임상 현장에서 얻어진 이론이다.
욥이 고난을 받을 때 그의 친구들은 "원인이 있으니 지금의 고난이 온 것이 아니냐?", "당신이 죄를 짓지 않았다면 어떻게 이런 일이 일어날 수 있겠느냐?"라며 인과응보의 논리를 내세웠다. 욥의 고난과 그 과정을 아는 우리는, 그의 친구들이 얼마나 자신들의 생각에 사로잡혀 있었는지를 알 수 있다. 하나님께서도 그들을 책망하시며 그들의 잘못을 지적하셨다. 욥의 친구들의 사고방식은 단순한 인과응보에 불과하다. 그들은 욥의 고난을 욥 자신의 범죄 결과로 해석했으며, '가계 저주론'이라면 이를 조상의 죄나 저주받은 사람이 욥의 고난 원인이라고 주장했을 것이다.
요한복음 9장에 나오는 나면서부터 소경된 자에 대해, 주님은 부모나 소경 자신의 어떤 범죄나 저주의 결과라고 제자들의 생각을 뒤집으셨다.

> 제자들이 물어 이르되 랍비여 이 사람이 맹인으로 난 것이 누구의 죄로 인함 이니이까 자기니이까 그의 부모니이까 예수께서 대답하시되 이 사람이나 그 부모의 죄로 인한 것이 아니라 그에게서 하나님이 하시는 일을 나타내고자 하심이라 (요9:2~3)

로마서 1장 26~27절에 언급된 죄악 중 동성애도 타락한 일반적 죄로 다뤄지고 있으며, 특정한 사람(예: 함)에게서 비롯된 특별한 죄로 거론되지 않는다. 만약 동성애가 함에게서 나온 특별한 죄였다면, 성경은 동성애의 시조를 함이라고 분명히 언급했을 것이다. 또한, 아브라함의 거짓말로 인해 거짓의 영이 그의 후손에게 계속 이어졌고, 그 결과 이삭도 동일한 죄를 범하게 되었었다고 말한다. 그들은 '부모의 두려움과 거짓을 담은 유전인자 혹은 성향이 사라가 이삭을 임신했을 때 전수되었다'라고 설명한다. 그리고 그것이 '눈덩이처럼 불어나 야곱에게 그리고 그 자식들에게까지 전수되었다'라고 주장한다.

성경을 보면 하나님이 아브라함이 거짓말했다고 책망하시거나 하지 않으셨다. 왜냐하면 그것은 그 당시 상황 가운데서 연약한 믿음의 소유자인 아브라함에게 있을 수 있는 일이었기 때문이다. 그리고 사실 아내 사라는 그의 이복 누이였다. 만일 그 당시 누구라도 그렇게 할 수밖에 없었을 것이다. 그러나 하나님은 그러한 속에서 자신이 보호자 되시며 인도자 되심을 보여주시므로 아브라함의 믿음을 강화하셨다. 거짓말은 타락한 인간, 사탄의 지배를 받는 인간에게 보편적으로 나타나는 죄악일 뿐이다.

다윗의 가계에는 유전적인 죄가 있다고 주장되는데, 이는 음란죄로 지적되며, 솔로몬의 성 중독증 또한 부모의 음란한 죄가 하나의 요인이라고 언급된다. 그러나 다윗의 죄를 그의 어머니의 성적 범죄 때문으로 돌리거나, 조상 중 라합 같은 기생이 있었기 때문이라고 주장한다. 다윗의 고백은 자신이 모친의 성적 범죄 결과로 잉태되었음을 말하는 것이 아니라, 보편적으로 인간이 얼마나 죄인인가를 설명하려는 것이다. 음란한 것 역시 인간의 가장 보편적인 죄 가운데 하나이다. 인간이라면 다 이러한 음란한 마음을 가지고 있다. 어떤 사람은 행동으로 옮기기도 하지만 어떤 사람은 마음만 가지고 있을 수 있다. 결국, 인간의 타락으로 인한 보편적인 죄악을 특정 가계의 저주로 특수화하는 주장은 논리적으로 모순이다.

사람사이의 저주는 주로 윤리적 차원에서 다뤄진다. 이는 남에게 악한 말을 하거나, 좋지 않은 결과를 소원하는 행위를 포함한다. 그러나 저주가 실제로 이루어지는 면에서 볼 때, 하나님의 저주만이 참된 효력을 가진다. 하나님의 저주는 하나님의 축복의 반대이며, 하나님의 영적 질서가 아니라 사역의 한 부분이다. 즉, 축복과 저주는 모두 하나님의 직접적인 사역이다.

가계 저주는 성경의 저주와는 거리가 멀다. 하나님의 거룩한 사역인 저주를 사탄의 활동이나 무기로 둔갑시킨 것이다. 즉, 인간이나 사탄의 저주가 하나님 없이도 그 자체로 효력을 지닌다고 주장함으로써, 하나님의 거룩한 사역과 이를 동일시하고 있다. 그러나 저주는 그 자체로 효력을 가지거나 결과를 만들어 내는 어떤 힘이 아니다. 신자가 예수를 믿어도 완전히 저주에서 해방된 것이 아니라는 주장은 주님의 십자가 구속을 제한하고 왜곡하는 것이다.

> 그러므로 이제 그리스도 예수 안에 있는 자에게는 결코 정죄함이 없나니 이는 그리스도 예수 안에 있는 생명의 성령의 법이 죄와 사망의 법에서 너를 해방하였음이니라 (롬8:1~2)

예수 안에서 죄도 사탄도 저주도 신자 위에 왕 노릇을 할 수 없다. 따라서 신자에게 저주란 있을 수 없다. 만약 신자에게 어떤 질병이나 고통이 있다면 그것은 하나님이 그 사람을 다루시는 손길이다. 또한 예수님의 십자가로 말미암아 율법의 저주에서 해방되었다는 것을 영과 혼과 육에 임한 저주 중에 영은 저주에서 자유함을 얻었지만, 혼과 육은 아직 해방되지 않았다는 주장 즉 신자는 영만 구원받았고 혼과 육은 아직 저주 아래 있다는 주장은 예수께서 우리의 영만을 위해서 십자가를 지시고 죽으셨다는 말이다. 결국 예수님은 우리의 영만의 구원자일 뿐이라는 결론에 도달한다. 이 얼마나 위험하고 잘못된 사상인가? 이러한 주장은 잘못된 인간론 즉, 영은 선하고 육은 악한 것이라는 이원론적 사고를 하고 접근하기 때문이다. 극단적인 귀신론 주의자들이 영의 몸이 따로 있고 육신의 몸이 따로 있으며 영의 인격이 따로 있고 육신의 인격이 따로 있다고 주장하는 것과 맥을 같이한다.

그들은 율법의 저주에서 해방되었다는 것은 성도의 영이 죄의 형벌로부터 구원받았다는 말이며, 이것을 칭의(justification)라고 한다. 그러나 우리의 혼과 육체는 완전한 구속이 필요한데 그러려면, 육신과 세상과 사탄의 공격 및 조상의 죄로 인하여 대물림된 저주로부터 구원받아야 한다. 이것을 성화(sanctification)라고 말한다. 이것은 영의 구원이 따로 있고, 혼과 육체의 구원을 따로 있는 이중 구원론이다.

그러나 성경은 그러한 구분을 하지 않는다. 구원은 ① 그리스도의 죽음과 부활을 통하여 새 생명이 되었고 그래서 하나님과 단절되었던 영적 교통의 회복 되었고 ② 사망에서 생명으로, 흑암의 권세에서 사랑의 아들의 나라로(골1:13~14), 마귀의 자녀에서 하나님의 자녀로(엡2:1~6), 어두움에서 빛으로(엡5:8)의 전이(옮김)되었다고 말씀하신다. 소속이 바뀐 것이고 통치받는 권세가 바뀐 것이다. 성경 아무데도 이중 구원을 말하고 있지 않다. 성화는 이미 구원받은 자의 변화와 성숙을 말하는 것이지 아직 구원받지 못한 자가 구원을 기다리는 것이 아니다.

가계 저주에는 다양한 영들이 나온다. ① 가계의 영(**한 가계를 통해 계속 전래**

되는 영들) ② 공유의 영(혼의 결속을 통해 함께 하는 같은 영/수평적 관계: 부부 수직적 관계: 부모·자식) ③ 복수의 영(원한을 품고 복수하려는 영) ④ 가문의 영/성씨의 영 ⑤ 마약의 영 (마약에 빠지게 할 수 있는 영) ⑥ 죽음의 영(다른 사람을 죽이려고 하는 영) ⑦ 악한 영(죄를 짓게 하는 영) ⑧ 슬픔의 영(사람을 슬프게 하는 영) 등 다양하다. 이렇게 다양한 영을 말하는 것은 모든 것이 영의 문제라는 것을 말하고자 하는 것이다. 즉 모든 것을 악한 영 곧 귀신의 역사로 돌리는 것이다. 극단적 귀신론은 모든 것을 귀신의 역사로 보고 그 귀신을 쫓아내면 문제가 해결된다고 믿는다. 가계 저주에 관련된 영의 문제도 귀신론과 맥을 같이 한다. 저주 퇴치와 축귀 사역이 맥을 같이한다.
성경에는 두 종류의 영밖에 말씀하지 않는다. 하나는 하나님의 영(그리스도의 영) -이런 영의 속성을 나타내기 위해 거룩한 영, 성결의 영, 진리의 영을 말씀하고 있다. 다른 하나는 마귀의 영- 이런 영의 속성을 나타내기 위해 거짓말하는 영, 미혹케 하는 영, 악한 영, 어두움의 영, 귀신의 영으로 등으로 말하고 있다. 또한 정사와 권세, 어두움의 세상 주관자, 하늘에 있는 악한 영으로 표현하기도 한다. 그러나 성경은 슬픔의 영이니 복수의 영이니 하는 식의 명칭은 없다. 이런 것은 모두 하나님이 만드신 정서를 의미한다. 비인격적인 것을 인격화시켜서 말하는 이유는 모든 인간의 문제를 영에 돌리고자 하는 주장이다. 따라서 가계 저주는 결국 극단적인 귀신론과 같은 맥락이다.

2) 긍휼의 하나님을 왜곡시킨다.

성경에서 말하는 하나님의 저주는 하나님의 의로운 심판으로서 아버지가 자녀의 잘못을 사랑으로 하는 징계요 이를 통해 회개를 촉구하는 또 다른 구원과 은혜의 방편이다. 그럼에도 불구하고 삼사 대의 저주만을 굵은 활자로 강조하고 수천 대의 은혜는 약화하며(출20:4~6 등) 사랑과 은혜의 하나님을 저주의 하나님으로 왜곡시킨다.
그뿐만 아니라 자신이 자신에 대한 무의식적인 저주나, 부모가 자녀들에게 무심코 한 말은 자녀를 통해 저주의 효력을 나타낼 수 있다고 주장한다. 그리고 마귀의 역사를 저주하고, 포르노를 저주하고, 근친상간을 저주하라고 가르친다. 결국 가계에 흐르는 저주는 저주로 끊으라고 한 것이다. 그러나 성경은 하나님만이 인간의 범죄를 심판하는 방법으로 저주하실 수 있는 분으로 가르친다.

그러나 성경은 "하나님이 저주치 않으신 자를 내 어찌 저주하리오"(민23:8)라는 말씀처럼 하나님이 허락하지 않는 한 다른 사람에게 행한 저주는 실제적인 효력이 없다고 가르친다. 사람이 자기 자신이나 다른 사람에게 의식적으로나 무의식적으로 행한 저주가 하나님의 뜻과 상관없이 가계의 저주로 실행된다거나, 저주를 저주로 끊을 수 있다는 주장은 인간도 하나님처럼 의로운 심판의 저주를 할 수 있는 존재라고 믿는 전형적인 샤먼(black Shaman)이다. 따라서 가계 저주는 사죄의 확신과 구원의 기쁨과 천국의 소망을 약화하고, 그리스도 안에서 옛사람은 죽고 날마다 새사람으로 사는 복음적인 신앙을 가계의 저주를 끊는 일시적이고, 편협한 도구로 전락시킨다.

3) 정서(긍정적, 부정적)를 영으로 착각하게 만든다.

정서(emotion)는 영이 아니다. 정서는 마음, 감정, 자아, 성격, 무의식 등을 나타내는 혼적인 존재이다. 가계 영들은 세대를 걸쳐 한 가계에 비슷한 감정의 문제, 질병 혹은 중독 등의 문제를 일으키는 '영적 쓰레기'라고 한다. 가계의 영은 가문의 영, 성씨의 영 또는 가문 귀신 또는, 성씨 귀신으로도 불리며, 가계에 흐르는 '영적 쓰레기'가 이러한 영들을 불러들이므로 이를 제거하면 악한 영은 무력해진다고 가르친다. 그러나 '가문 귀신이나 성씨 귀신'은 성경에 없는 표현이며 이러한 귀신을 저주하고 쫓아내어야 모든 문제를 해결할 수 있다는 것은 무당적인 조상귀신 신앙을 부추겨 복음적인 신앙을 왜곡시킬 수 있다. 이외에도 다음과 같은 잡다한 영적 호칭들을 가지고 가계 저주와 연계시키고 있다.

가슴 아프게 하는 영, 건방 떠는 영, 고독의 영, 고공 공포의 영, 기운 없게 하는 영, 교만의 영, 건망증의 영, 귀 얇은 영, 기의 영, 졸음의 영, 귀찮은 영, 고아의 영, 낯가림의 영, 눈치를 보게 하는 영, 남에게 상처 주게 말하는 영, 내성적인 영, 냉정의 영, 담배의 영, 두려움의 영, 단전호흡의 영, 딴짓하는 영, 무시하는 영, 목석의 영, 미움의 영, 미혹의 영, 밀폐공간의 영, 목소리 작게 하는 영, 보상심리의 영, 부끄럼의 영, 분노의 영, 뻔뻔한 영, 삐지는 영, 비웃음의 영, 빈둥대는 영, 삶에 지친 영, 섭섭의 영, 소심함의 영, 속삭이는 영, 속상하게 하는 영, 속이는 영, 식욕과다의 영, 신경질의 영, 쉽게 포기하는 영, 산만의 영, 싫어하게 하는 영, 수근수근의 영, 안달복달의 영, 오기의 영, 외로움의 영, 욕하는 영, 애정결핍의 영, 열등감의 영, 인정받고 싶은 영, 우유부단의 영, 예민의 영, 자신감 없음의 영, 자포자기의 영, 잘난척하는 영, 지레짐작의 영, 짜증의 영, 쪼잔함의 영, 착한척하는 영, 잘못된 동정심의 영, 클래식 음악중독의 영, 정죄의 영, 편애하는 영, 펄펄 뛰는 영, 한심하게 생각하는 영, 현숙한척하는 영, 한숨의 영, 땡깡의 영, 흐리멍덩한 영...

이러한 잡다한 존재는 혼적인 정서를 말한다. 정서와 영은 다른 존재다. 따라서 정서에 영을 부치면 그때부터 이야기는 달라진다.
메릴린 히키의 기도문에는 하나님 아버지와 동시에 '사탄과 귀신의 세력들' 그리고 여러 종류의 악령들이 기도의 대상으로 묘사된다.. 무엇보다도 이들이 제시한 기도문에는 기도의 대상으로 삼위일체 하나님과 성씨 귀신을 비롯한 온갖 악한 영과 귀신들이 번갈아 등장하고, 하나님에 대한 간구와 귀신에 대한 저주가 같은 기도문에 포함되어 있다. 따라서 하나님 신앙과 귀신 신앙을 혼동하게 하고 하나님의 절대성에 대한 확신보다는 비정상적인 영적 두려움과 미신적 귀신 신앙으로 미혹할 우려가 있다.

4) 유익한 고난도 부정하게 만든다.

가계 저주의 목록에는 육체적 정신적 질병, 가난, 실패, 불임, 유산, 가정불화, 동성애를 비롯한 성적 문제, 각종 사고, 주술적인 행위, 모든 종류의 중독, 거식과 폭식, 과소비와 낭비벽, 성격장애 등이 포함된다. 심지어 메릴린 히키는 안경을 쓴 것과 딸만 낳는 것도 조상의 저주 때문이라고 한다. 이쯤 되면 극단적인 귀신론과 별반 다를 것이 하나도 없다. 물론 인간의 여러 고통에는 유전적 기질적 요인과 가정 환경적 요인이 없는 것은 아니지만, 그것을 모두 조상들의 죄의 결과인 저주라고 단순화할 수 없다. 자연 생태적 환경적 요인과 사회 정치 환경적 요인도 허다하다. 무엇보다도 개개인의 잘못이나 범죄로 인한 것이 더 많다고 하여야 할 것이다.

왜 하나님께 순종한 히스기야 왕의 후손에게서, 왜 여호와를 거절하는 사악한 왕들이 나타났는가? 왜 히스기야의 후손은 천대까지 은혜를 받지 못하였는가? 그리고 그 아들 므낫세(**이스라엘 역사상 최초로 우상을 예루살렘 성전에 세운 왕**)는 왜 3~4대까지 저주받지 않았으며, 므낫세 아들 요시야는 여호와께 순종하여 칭찬받는 왕이 되었는가? 므낫세와 요시야를 포함하여 히스기야 때문에 그 천대의 후손들이 모두 구원받았다고 말할 것인가? 과연 조상의 죄가 유전된 것일까? 그렇다면 참 인성을 가진 예수님은 마리아 조상의 죄에서 벗어날 수 있는가? 만일 죄가 유전된다면, 또 의로움도 유전돼야만 하는데, 조상의 믿음으로 그 후손이 구원받을 수는 있는가?
성경은 누구에게나 오직 개인적 믿음으로 구원받으며, 어떠한 죄인이라도 예수를 믿으면 구원받을 수 있다고 말한다. 그리스도인이라면 자신의 죄를 회개하며, 예수를 믿는 시점에서 죄 사함을 받게 된다. 그렇다면 예수를 믿는 그리스도인들도 자기 조상의 죄를 회개하지 않으면 가계에 저주와 죄가 흐른다는 결론이 된다. 그러나 성경에서는 믿음의 선조들이 자기 조상의 죄를 회개하였다는 내용은 전혀 언급되지 않는다. 조상의 죄가 그렇게 중요한 것이라면 성경에는 왜 조상의 죄를 대신 회개하여야 가계의 저주가 풀린다는 구체적인 구절이 없을까? 그렇다면 우리는 알지도 못하는 역대 조상의 모든 죄와 저주 때문에 우리는 저주와 질병과 가난을 받게 되는 것일까? 그렇다면 반대로, 저주와 질병이 있지 않은 자는 역대 조상들의 죄가 없기 때문이며, 저주와 질병이 있는 자는 조상에게 죄가 있기 때문인가?

더욱이, 재앙과 질병, 사고 같은 저주가 없다면, 물질적으로 부유한 불신자나 타종교인은 어떻게 설명할 것인가? 그들은 예수를 믿지 않아도 가계의 저주를 받지 않은 것인가? 성경은 그리스도인들이 고난과 역경을 겪는다고 기록하고 있으며, 초대 교회의 역사는 그리스도인들의 고난과 순교를 생생히 담고 있다.
주님의 제자들은 대부분 순교를 당했고 심한 고난을 겪었다. 스데반은 가계의 저주나 조상의 죄 때문에 돌에 맞아 죽은 것이 아니다. 초대 교회의 신자들 또한 조상의 죄나 가계의 저주 때문에 맹수에게 잡혀 죽은 것이 아니다.

가계 저주는 오히려 그리스도 안에 있는 신앙인마저 과거의 죄, 그것도 조상의 죄라는 굴레에서 벗어나지 못하는 운명에 갇히게 만든다. 모든 고통을 가계의 저주로 돌리는 주장은, 성경이 가르치는 유익한 고통과 자기 십자가를 지는 고통조차 부정한다.

성경에서 고난은 모두 저주가 아니며, 믿음 안에서는 현재의 고난이 장차 받을 영광과 족히 비교할 수 없다(롬8:18)고 가르친다. 예수를 믿는 믿음만으로 부족하여 온전한 죄 사함을 받지 못한다거나 저주에서 벗어나지 못하였다는 주장은 위험한 논리다. 그것은 예수 십자가의 대속이 불완전하다는 치명적인 문제점을 적용하기 때문이다. 예수님은 "다 이루었다"라고 하시며 십자가의 온전한 성취를 말씀하셨다. 그런데 예수를 믿음으로써 조상의 죄와 가계의 저주가 모두 끝나지 않았다는 주장은 비성경적이 될 수 밖에 없는 것이다.

5) 언제나 구약성경만을 인용하고 있다.

그들은 신약성경에서 예수 십자가로 저주에서 승리한 것을 왜 적용하지 않고, 구약만을 그대로 인용하는 것일까? 만약 구약성경만을 적용한다면 기독교는 유대교와 무엇이 달라지는가?
유대인과 달리 기독교인들은 예표적인 구약성경을 십자가의 성취적인 관점에서 바라보아야만 한다는 것은 상식이다. 구약은 슬픈 소식이었지만, 신약은 기쁜 소식이 되며, 구약은 그림자였으나 신약은 실체였다. 가계 저주를 주장하는 자들은 죄와 저주로부터 승리한 예수의 십자가 복음을 잠시 숨겨 두고, 모형론인 구약성경만을 인용하고 있다.

문제 7

『교회 오빠 이관희』를 아십니까? 책과 TV, 영화를 통해 많은 사람에게 감동과 도전을 주었습니다.

교회 오빠 이관희는 오직 믿음, 오직 교회, 오직 공부, 오직 집 밖에 모르는 그야말로 반듯하게 살아온 모범 청년이었습니다. 그는 열심히 공부해서 고려대학교에 입학하여 전액 장학금으로 공부했습니다. 졸업 후 글로벌 IT 회사인 퀄컴 코리아 회사에 스카우트되어 젊은 나이에 차장까지 오른 전도양양한 사람이었습니다. 아내 오은주와 결혼해서 예쁜 딸도 낳았습니다. 그러던 어느 날 몸이 좋지 않아 병원에서 검진받았는데 대장암 4기라는 판정을 받았습니다. 곧이어 아내도 검진받았는데, 혈액암 4기라는 판정을 받았고, 곧바로 아버지는 뇌출혈로 쓰러져 식물인간이 되었으며, 이런 모든 상황을 견디지 못한 어머니는 결국 자살하고 말았습니다. 정말 순식간에 연이어 터진 사건 끝에 이관희 집사도 2018년 9월 16일 40살의 젊은 나이에 천국으로 떠나고 말았습니다….

1. 과연 가계의 저주가 임한 것인가요?

2. 귀신 들림의 결과인가요?

3. 자신의 죄 때문인가요?

4. 여러분은 무엇이라고 답변하시고, 해석하시겠습니까?

문제 8

아일랜드계 이민자 조셉 P. 패트릭은 미국에서 마피아와 연계해서 불법(밀주)을 통해 상당한 재산을 모았습니다. 그는 아들들에게 정치에 관심을 갖게 하여 대통령 가문을 만들고자 했습니다. 그러나 그의 야망과는 다르게 자녀와 손자 손녀가 모두 불운해지는 비극을 겪었습니다.

장남이자 첫째인 조셉 P. 케네디 주니어는 제2차 세계대전 때 폭격기 조종사로 복무 중 사고로 29세의 나이로 목숨을 잃었습니다.

차남이자 35대 미국 대통령이었던 존 F. 케네디가 텍사스주 댈러스에서 리 하비 오즈월드에 의해 암살되었습니다.

3남이자 일곱째인 로버트 F. 케네디가 민주당 대선후보로 선출된 직후 로스앤젤레스에서 서한 비샤라에게 암살되었습니다. 이때부터 케네디가의 저주라는 용어가 본격적으로 등장합니다.

4남이자 아홉째인 에드워드 케네디가 파티를 마치고 돌아오던 중 밤중에 빗길 속에서 몰던 차가 다리에서 추락해 동승하고 있던 여비서가 사망했습니다. 그는 다음 날 아침까지 경찰에 신고하지 않아 여러 의문점이 평생 멍에가 되어 대통령 도전을 포기해야 했고, 나중에 뇌종양으로 사망했습니다.

장녀이자 셋째인 로즈메리 케네디는 어린 시절 입은 뇌 손상으로 인해 장애자로 있다가 비밀리에 이마엽 절제술을 받았으나 실패했습니다. 이후 2살 아기 지능을 가지고 보호시설에 수용되어 여생을 보냈습니다.

차녀이자 넷째인 캐슬린 캐번디시는 애인과 프랑스 파리에서 영국으로 비행기를 타고 돌아가던 중에 프랑스 세벤 산맥에서 추락사고로 28세의 나이로 사망했습니다.

존 F. 케네디의 장남이자 셋째인 존 F. 케네디 주니어가 사촌 결혼식에 참석하기 위해 아내 캐롤린 베셋, 처형 로렌 베셋과 함께 경비행기를 몰고 가다 경비행기 추락으로 사망했습니다.
존 F. 케네디의 부인 재클린 케네디가 딸과 아들을 낳았지만 생후 40시간 만에 사망했습니다.

로버트 F. 케네디의 3남이자 넷째인 데이비드 케네디가 플로리다주 팜비치의 한 호텔에서 마약인 코카인 과다복용으로 사망했습니다.

로버트 F. 케네디의 4남이자 여섯째인 마이클 르모인 케네디가 콜로라도 아스펜에서 스키를 타다 나무에 충돌하는 사고를 당해 사망했습니다.

로버트 F. 케네디 주니어의 아내인 메리 리처드슨 케네디가 뉴욕의 자택에서 자살했습니다.

로버트 F. 케네디의 차녀이자 다섯째인 코트니 케네디의 외동딸 시어셔 케네디 힐이 22세를 일기로 자택에서 약물 과다복용으로 사망했습니다.

로버트 F. 케네디의 손녀 매브 케네디 맥킨은 2020년 아들 기드온과 함께 카누를 즐기다 실종되었고, 모두 시체로 발견되었습니다.

에드워드 케네디 부부의 장남이자 둘째인 에드워드 케네디 주니어가 12살의 나이에 골종양으로 오른쪽 다리의 일부분을 절단하

는 수술을 받아 신체장애인이 되었습니다

에드워드 케네디 부부의 장녀이자 첫째인 카라 앤 케네디 앨런이 워싱턴 D.C.의 헬스클럽에서 심장마비로 사망했습니다.

1. 대를 이은 죽음은 가계의 저주에 의한 것일까요?

2. 아니라면 무엇 때문일까요?

7. 축사 사역

(1) 축사 사역의 목적

1) 영. 혼. 육을 성결하게 보존시키며, 거룩 삶을 위해
2) 진리안에서 진정한 자유를 얻기 위해
3) 자신과의 싸움, 세상과의 싸움, 마귀와의 싸움에서 승리하기 위해
4) 그리스도의 영적 군사가 되기 위해
5) 마지막 시대 티와 흠이 없게 하여 신부로 단장하기 위해

> 너희 마음을 굳게 하시고 우리 주 예수 그의 모든 성도와 함께 강림하실 때에 하나님 우리 아버지 앞에서 거룩함에 흠이 없게 하시기를 원하노라 (살전 3:13)

6) 이 땅에 하나님 나라가 건설되기 위해
7) 질병, 재물, 각종 문제에서 해방을 얻기 위해

(2) 축사 사역의 범위

1) 완연히 드러나는 귀신 들림의 증세의 치유
2) 정신병리학적인 분별과 치유
3) 귀신 들림으로 인하여 생긴 질병의 치유
4) 미움, 분노, 염려, 마음의 상처와 같은 상한 감정의 치유
5) 세속적인 믿음의 치유
6) 알코올중독, 마약, 도박 등 중독의 치유
7) 인본주의적 사상의 치유
8) 분리, 분열의 치유

(3) 축사 사역에 대한 오해

1) 축사 사역은 은사가 있는 특정한 사람만 한다는 고정관념이다.
2) 성경을 많이 알거나 기도 많이 하면 된다는 생각이다.
3) 축사 사역은 진전이 없으며 가장 힘든 사역이다.
4) 귀신의 활동을 우상숭배와 같은 종교적으로 제한시킨다.
5) 일상에서 일어나는 모든 일들을 귀신의 역사로 단정함
6) 기독교인은 귀신의 공격과 관계없는 안전지대에 있다는 안일한 생각이다.
7) 귀신 쫓음 사역은 단번에 이루어져야 한다.
8) 정신적, 정서적 문제는 모두 귀신에 의한 것이다.
9) 모든 질병은 귀신 때문이다.

(4) 축사 사역의 성경적 근거

1) 사탄과 귀신은 이미 패배한 존재이다

인간을 사탄으로부터 패배시켜 빼앗긴 자유를 찾는 사역을 하기 위하여서는 귀신이 사람에게 무슨 이유와 목적으로 접근하며, 어떤 현상이 나타나며, 어떤 근거에 의하여 마귀는 결박당하며 쫓겨나 가는지에 대한 분명한 믿음과 이해와 연구가 필요하며 이에 앞서서 갈보리 십자가의 공로에 대한 분명하고 흔들리지 않는 믿음을 가져야 한다.

첫째, 사탄은 세상을 다스리는 권세를 가지고 세상의 지배자가 되었다.

둘째, 인간은 악한 영적 존재들의 통제를 받아서 하나님을 적대하는 행위인 우상숭배와 타락의 길을 걷게 되었다. 이 땅은 죄와 질병과 저주와 전쟁과 미움으로 가득한 세상이 되었다.

셋째, 예수께서 이 땅에 오셔서 사탄을 이기시고 인류의 죄를 대신 지시고 갈보리 언덕에서 승리를 이루셨다. 예수님은 자신이 대속함으로 사탄의 모든 정죄를 자기 몸에 담당하셨으며 부활의 생명으로서 죽음의 권세가 더 이상 인간을 주관하지 못하도록 저주를 풀어주셨다.

넷째, 사탄에게 빼앗겼던 권세를 찾아서 우리에게 돌려주셨으며, 이제 사탄의 권한. 영향력 아래 놓인 것이 아니라 사탄과 귀신을 멸하는 하늘의 권세를 우리에게 주셨다.

> 예수께서 그 열두 제자를 부르사 더러운 귀신을 쫓아내며 모든 병과 모든 약한 것을 고치는 권능을 주시니 마10:1)

> 믿는 자들에게는 이런 표적이 따르리니 곧 저희가 내 이름으로 귀신을 쫓아내며 새 방언을 말하며 뱀을 집으며 무슨 독을 마실지라도 해를 받지 아니하며 병든 사람에게 손을 얹은즉 나으리라 (막16:15)

다섯째, 모든 권세는 어린양이신 예수 그리스도에게 속한다.

> 예수께서 나아와 일러 가라사대 하늘과 땅의 모든 권세를 내게 주셨으니. 그러므로 너희는 가서 모든 족속으로 제자를 삼아 아버지와 아들과 성령의 이름으로 세례를 주고. 내가 너희에게 분부한 모든 것을 가르쳐 지키게 바라볼지어다 내가 세상 끝날까지 너희와 항상 함께 있으리라 하시니라 (마28:18)

여섯째, 예수께서 자신의 권세를 교회에 부여하시고 함께 하시고 계신다.

> 내가 너희에게 뱀과 전갈을 밟으며 원수의 모든 능력을 제어할 권세를 주셨으니 너희를 해할 자가 결단코 없으리라 (눅10:19)

2) 예수 이름의 권세

첫째, 사탄은 예수 그리스도 이름의 권세 앞에 복종하게 되어 있다.

> 바울이 심히 괴로워하여 돌이켜 그 귀신에게 이르되 예수 그리스도의 이름으로 내가 명하나니 그에게서 나오라 하니 귀신이 즉시 나오느라 (행16:18)

둘째, 예수의 이름은 그와 인격적인 관계를 지닌 신실한 믿음으로만 역사하신다. 그러나 마술적 개념으로 부르는 것은 아무런 도움이 못 된다 (스게와의 일곱 아들들이 이름을 남용했다가 도리어 마귀에게 쫓겨남, 행19:13~16).

셋째, 예수께서 믿는 자에게 능력과 권세를 주셨다.

> 내가 진실로 진실로 너희에게 이르노니 나를 믿는 자는 나의 하는 일을 저도 할 것이요 또한 이보다 큰 것도 하리니 이는 내가 아버지께로 감이니라 (요14:12)

예수께서는 하나님의 아들이라는 권세로서 질병과 마귀를 향하여 명령하셨으며 권세에 근거한 능력이 나타나므로 치유하셨다.
우리는 예수의 이름과 권세를 선포를 통해 사용해야 한다.

3) 권세와 능력

첫째, 예수님에게 있던 권세는 믿는 우리에게 주셨고 이미 우리 안에 보유하고 있다.
둘째, 권세와 함께 성령의 권능도 우리 안에 있다.

> 오직 성령이 너희에게 임하시면 너희가 권능을 받고 예루살렘과 온 유대와 사마리아와 땅끝까지 이르러 내 증인이 되리라 하시니라 (행1:8)

4) 권세를 사용하기 위한 2가지 조건

첫째, 순종과 인격적인 관계: 주님의 사역은 오직 아버지의 뜻에 순종하였다. 권세는 주님께 순종하는 자에게 주어진다.
둘째, 아버지의 원하시는 뜻을 이루기 위하여 권세를 사용할 때 능력이 뒤따른다.

5) 영적 대결

첫째, 질병의 원인은 육체적, 정신적. 영적으로부터 시작된다.
둘째, 누가복음에서의 약 25%가 악령과 질병이 직접적인 관계가 있는 것으로 나타나며. 질병이 악령이 직접적인 관계일 경우 악령이 물러가면서 치유는 뒤따라왔다.
셋째, 귀신이 질병의 직접적 원인으로 작용하는 경우. 증상에 의한 판별보다 영 분별의 은사로서 알 수 있다.

넷째, 한국인은 오랫동안 샤머니즘의 지배를 받아 왔으며 점술, 부적, 굿, 마술에 접하거나 지, 간접적으로 개입되었다. 개인의 개입 정도의 차이에 따라서 개인에게 미치는 영향도 다르게 나타난다. 이러한 부분이 정리되지 않은 상태는 영적인 방황, 혼탁하게 된다.

예수의 이름으로 우상숭배, 속임수, 점치는 행위에 대한 고백과 회개를 해야 한다. 자신이 단호하게 지난날의 관계되었던 악한 영에 철저하고 명확하게 예수의 이름의 권세로 떠날 것을 명령하라.

> 그런즉 너희는 하나님께 순복 할지어다 마귀를 대적하라 그리하면 너희를 피하리라 (약4:7)

우상숭배와 관련된 서적. 부적 등의 물품을 없애 버려야 한다.
예수 그리스도의 이름으로 악한 것들은 내게서 지워지고 완전히 떠나간 것을 믿어야 하며 역사하여 주신 주님께 감사를 드리라.
말씀과 기도로 겸손하며 충실하게 신앙생활을 지속해서 하라.

다섯째, 죄의 문제는 세 분야의 차원에서 다루어져야 한다.

개인적(혼적, 육적) : 우리는 모두 개인적으로 죄 성을 가지고 있다. 우리는 한정적이지만 이미 마귀가 우리에게 침범한 상태에 있다. 그래서 주위의 자극이 없어도 죄의 생각을 한다.

> 내가 죄악 중에 출생하였음이여 어머니가 죄 중에서 나를 잉태하였나이다 (시 51:5)

> 한 사람의 범죄로 인하여 사망이 그 한 사람으로 말미암아 왕 노릇하였은 즉 더욱 은혜와 의의 선물을 넘치게 받는 자들이 한 분 예수 그리스도로 말미암아 생명 안에서 왕 노릇 하리로다 (롬5:17)

사회적 : 우리 사회는 죄로 오염된 상태이며 죄악이 만연한 세상

> 너희는 이 세대를 본받지 말고 오직 마음을 새롭게 함으로 변화를 받아 하나님의 선하시고 기뻐하시고 온전하신 뜻이 무엇인지 분별하도록 하라 (롬12:2)

영적(사탄, 귀신) : 초자연적인 악의 세력

(5) 축사와 상담

1) 축사 사역에 앞서 상담을 통하여 귀신의 침입 경로, 시기, 죄와의 관계, 축사 사역 작전을 세워야 한다.
2) 사역 전에 상담을 통하여 사역을 효과적으로 하지 않으면 축사는 일시적인 것이 되며 귀신들이 쉽게 다시 침입하게 된다(마12:42~5).
3) 상담을 통한 바른 진단이 축사 사역에 많은 영향을 끼친다. 상담을 통해 피상담자의 문제의 원인과 증세의 요인을 찾아야 한다.
4) 사역 중에도 상담해야 한다. 악한 것들이 명령하여도 잘 나가지 않고 계속 괴롭힘을 당하는 상태가 계속되는 경우 용서하지 않거나 원한이 마음에 가득한 경우가 많다. 이런 경우 용서하도록 하면 묶였던 것들이 풀어진다.
5) 특별히 미움의 감정이 없는 경우 본인에게 성령님께 자신이 심하게 받았던 상처를 기억나게 해달라는 간구 후 마음에 떠오르는 사건을 더듬어 보게 한다.
6) 자신이 전혀 기억 못하는 경우는 조상으로부터 흘러 들어온 확률이 높으니, 명하여서 쫓아내어야 한다.
7) 임신 중에 산모는 해산의 두려움을 가지게 된다. 산모가 지니는 두려움은 태아에게 두려움을 주게 되며 아이의 성격 형성에 영향을 준다.
8) 뚜렷한 상처를 발견치 못하는 나이의 치유는 조상. 태아 상태에서 어머니로부터 전이 받은 두려움을 쫓아 주어야 한다.
9) 가장 중요한 것은 정서장애, 정신장애, 귀신 들림을 구별해야 한다.

(6) 축사 사역의 준비

1) 축사 사역은 사역 전에 어느 정도의 작전이 수립되어야 한다. 작전은 상담, 은사, 경험의 3분야가 합쳐져야 한다.
2) 상담과 은사를 통하여 귀신의 침입 경로와 동기, 경로 등을 파악해야 한다.
3) 사역 시에 귀신보다 상처 치유에 우선을 두어야 한다. 상처의 치유보다 귀신의 축출에 집착하면 사역의 부드러움과 질서가 파괴되며 상대방을 비인격적으로 대우함으로 무리한 사역을 하게 된다.
4) 사역 중에 흥분은 금물이며 심하게 누르거나 구타하는 행위는 절대로 금해야 한다. 이러한 행위는 귀신 쫓아내는 것이 아니라 귀신의 계략에 말려 들어가게 된다.
5) 축사 사역은 영적인 사역이나 논리적, 실제적, 합법적 사역이어야 한다.

6) 사역을 마친 후에 상대방에게 사역 도중에 있었던 과정에 대하여 상세한 설명과 악한 영들의 역사를 이해시켜야 한다.
7) 사역을 마친 후 하나님의 축복과 평안의 기도를 해주어야 한다.
8) 영적 관리의 방법을 알려 주어서 자신을 지킬 수 있는 도움을 주어야 한다.
9) 가능하면 지속적인 교제를 통한 도움을 주도록 한다.

(7) 주의 사항

1) 사람과 귀신을 한 인격체로 보거나 상대하지 말라.
2) 사역자는 자신과 내담자 그리고 귀신의 인격체와 상대해야 한다. 성령님의 능력이 사역의 현장에서 역사하심과 성령의 가르침, 치유하심을 예민하게 관찰해야 한다. 상대방을 괴롭히며 사역자를 기만하려고 하는 귀신과 대적해야 한다. 악한 존재에게 괴롭힘을 당하는 피해자에게 사역시 최대한의 인격적인 대우를 해야 하며 진행되는 과정에 대하여 이해시키면서 위로해 주면서 사역해야 한다. 하나님께는 순복, 마귀는 대적, 사람은 사랑의 자세로 사역에 임해야 한다.

(8) 축사 사역의 중에 나타나는 현상

1) 의식이 있을 때 눈이 사람의 상태를 나타낸다. 상담하면서 눈의 상태를 분별해야 한다. 귀신은 영적인 사람의 눈을 피한다.
2) 눈을 감으면 의식에서 무의식으로 옮겨지면 마음의 상태가 이마와 미간에 반영된다. 의식이 있는 경우 자신의 감정을 조절하여 내면의 상태를 가장할 수 있지만 무의식의 상태에는 의식을 거치지 않고 얼굴에 내면의 상태가 나타난다, 이 부분을 관찰, 훈련하면 영적 감각이 예민해지며 사역을 효과적으로 할 수 있다.
3) 상담과 관찰과 영적인 감각(은사)을 통하여 상대방의 마음을 점령하고 있는 존재의 특성을 불러야 한다. 악령들은 한 존재로만 있지 않고 발전. 배양되기 때문에 사역시 이를 추적하여 들어가야 한다.
4) 악한 영의 신분을 노출 시켜야 사역이 진행된다. 이 부분이 사역의 핵심이 되며 사역자는 얼굴, 몸의 변화 상태를 세밀하게 관찰하면서 마음으로는 성령님께 물어야 한다.
5) 악한 영은 자신의 특성이 노출됨과 함께 성령님의 임재하시면 서서히 깊은 부분에서 얇은 부분으로(무의식에서 의식으로) 숨겨진 자기 모습이 나

타나게 된다.
6) 인간 내면에서 활동하던 악한 영들이 성령의 임하심으로 인하여 존재가 표면화, 실제화로 변한다. 인간의 몸에 기생하는 병균을 배양 검사하여 병균을 죽일 수 있는 항생제를 투입하면 몸 안에서 서로 대립하여 싸우는 원리와 같다.
7) 악한 존재가 노출되면서 본인의 의식과 관계없는 말, 행동, 표정이 나타난다.
8) 몸 안에서 병균이 백혈구에 의하여 파괴되어 몸에서 밖으로 배설되는 원리와 같이 악한 존재들도 성령님의 능력에 의하여 몸 안에 숨어 있다가 공격당하여 노출되면서 무의식과 신체 장기의 내부에서 외부로 외부에서 몸 밖으로 쫓겨나 간다.

(9) 귀신 축출 시에 나타나는 현상

1) 내면에 숨겨져 있었던 한. 슬픔, 분노, 우울함, 아픔 등의 억압된 감정들이 노출되면서 여러 가지 가시적인 현상이 나타난다.

첫째, 호흡이 깊어지거나 빨라진다.
둘째, 울음이 터진다.
셋째, 가슴을 찌르는 아픔을 느낀다.
넷째, 위장이나 아랫배 부근에서 어떤 뭉치 같은 것이 움직인다.
다섯째, 큰소리가 속에서 터져 나온다.
여섯째, 가슴이 답답하고 기침이 나온다.
일곱째,기침, 하품, 트림이 나온다.
여덟째, 멀미하는 것처럼 속이 울렁거리며 토할 것 같이 메스껍다.
2) 이러한 현상은 무의식에 숨겨졌던 상한 감정의 상처와 그 속에 기생하던 악한 존재들의 세력과 성령님의 역사가 인간의 육체, 심리에 접촉되면서 생기는 현상이다.
3) 이때 사역자는 상대방의 보이지 않는 내면에서 이성으로 관찰되지 않는 영역의 양극단 세력이 대립함을 감지해야 한다.
4) 사역자는 성령님께 강하게 역사하심을 간구하며 대적의 대상인 악한 존재에게는 그곳에서 떠나갈 것을 명하여야 한다.
5) 몸 안에서 노출된 영적 존재들을 몸 밖으로 축출시키는 작업을 시작해야 한다.
6) 여러 경로로 배출시키는 방법이 있지만 토설을 통해 보내는 방법이 보편적이다.

7) 육체에 심한 반응을 일으켜서 크게 소리를 지르거나 몸을 괴로워할 때 악한 것들에게 예수 그리스도의 이름으로 떠나갈 것을 명령한다.
8) 어떤 경우에 명하기 전에 기침이나 토설을 통해 밖으로 나가게 된다.
9) 귀신이 나갈 때까지 "계속해서 떠나가라."라고 명해야 한다.
10) 항상 휴지 등을 준비해야 하며, 간혹 피가 섞여서 나오는 일도 있다.
11) 사역하는 동안 상대방에게 일어나는 현상에 대하여 약간의 설명으로 마음을 안정시켜 주어야 한다.
12) 동성일 때 가슴이나 진통이 오는 부분에 손을 얹고**(강하게 누르거나, 찌르는 행위는 금해야 한다)** 치유를 계속한다.
13) 어느 정도 축출이 된 후부터는 입을 통하여 나오라고 명령한다.
14) 가슴과 몸 안에 있던 것들을 내보낸 후 머리에 숨어 있는 것들을 내보내어야 한다. 머리에 손을 얹고 뇌 속에 숨어 있는 것들에게 나가라고 명령하면 코로 호흡을 뱉듯이 하면서 떠나간다. 머리에 붙어있던 것들이 배출된 후 머리 아픈 증상. 불면증, 축 농증 등이 치유된다.

⑽ 축사 사역을 방해하는 장애물

1) 회개하지 않는 죄

첫째, 죄악은 많은 경우 질병의 원인이 되고 있다.

> 보라 네가 나았으니 더 심한 것이 생기지 않게 다시는 죄를 짓지 말라 (요5:14)

> 너의 죄를 서로 고하며 병 낫기를 위하여 서로 기도하라 의인의 간구는 역사하는 힘이 많으니라 (약5:16)

둘째, 말씀을 따르지 않으면 우리의 죄와 질병의 문제를 해결하시려는 하나님의 은총을 거부하는 결과가 된다.

2) 분노와 원한

첫째, 분노와 미움의 태도는 직접적, 간접적인 질병의 원인이 되기도 하며 이러한 감정과 관계없이 병에 걸렸을지라도 마음에 이러한 감정이 치유를 방해하는 요인이 된다.
둘째, 하나님께 분노. 미움을 가지고 있다면 회개해야 하며 하나님의 용서를 청해야 한다.

셋째, 다른 사람이 상처를 주었기 때문에 쓴 뿌리가 생긴 경우라면 그들을 용서하고 그들에게 품었던 나쁜 태도를 회개해야 한다.
넷째, 부모님께 쓴 뿌리를 가졌다면 우리는 회개하고 부모님을 사랑해야 한다

믿음은 하나님의 말씀이 우리 마음에 뿌려졌을 때 생기는 것처럼 의심은 사탄이 우리 마음에 죄, 불순종의 씨를 뿌림으로써 생긴다. 의심, 불신앙은 예수님의 보혈로 깨끗이 씻겨져야 한다. 이러한 불신앙은 불순종을 낳고 하나님께 대한 불신을 가져오는데 이런 불신앙의 죄를 우리는 회개하여야 한다.

(11) 축사자의 영적 무기

1) 예수 이름으로(행3:6~10)
2) 기도와 금식(사58:6)
3) 하나님의 말씀(히4:12~13)
4) 성도의 찬양(시42:12~13)
5) 하나님의 전신갑(엡6:13~17)
6) 성령의 권능(마12:28)

(12) 축사 사역에 대한 질문들

축사 사역을 하다 보면 아직도 이해할 수 없는 현상에 대한 질문들이 생겨나게 된다. 이런 질문들에 대해 모두 명확하게 대답한다는 것 자체가 때로는 힘이 들 때가 많이 있다.
다음의 질문들은 바로 이러한 난제들에 대한 내용들이다.

1) 한 사람에게 귀신과 성령님이 동시에 거할 수 있는가

이 질문은 양신(兩神)의 역사에 대한 질문이다. 양신의 역사를 부정하는 사람들은 "성령님이 인간 몸 안으로 내주하실 때는 악한 영들은 떠난다"라고 생각한다. 우리는 초대교회 아나니아와 삽비라 사건을 통해 이 질문에 대한 해답을 얻을 수 있을 것이다.

아나니아라 하는 사람이 그의 아내 삽비라와 더불어 소유를 팔아. 그 값에서 얼마

> 를 감추매 그 아내도 알더라 얼마만 가져다가 사도들의 발 앞에 두니 베드로가 이르되 아나니아야 어찌하여 사탄이 네 마음에 가득하여 네가 성령을 속이고 땅 값 얼마를 감추었느냐 (행5:1~3)

아나니아와 삽비라는 초대교회에 임하셨던 성령님의 오순절 사건들을 충만히 체험하였다. 그래서 하나님 은혜에 너무 감사한 마음으로 자신의 소유를 전부 팔아 하나님 나라 확장과 구제헌금으로 전부 내놓게 되었다.

여기까지는 성령님의 역사임에 틀림이 없다. 그런데 바로 그 순간 사탄이 마음속으로 들어 왔다. 즉 사악한 영이 거룩한 영이 거하신 인간 안으로 들어오게 된 것이다. 그리고 결국 사악한 영이 승리했다.

우리는 축사사역을 통해 마귀는 쫓겨 가지만 여전히 이 세상은 마귀의 권세 아래 놓여 있음으로 잊어서는 안 된다.

만약 성령님께 자신의 몇 개의 마음만 내어준 바 되고 자신의 전부를 내어 주지 않는다고 한다면 그래서 성령님께서 완전한 내주하심이 부족하다고 한다면 그 영역에 귀신이 들어올 수 있는 충분한 이유가 되는 것이다.

2) 바울이나 축사자 자신의 질병(육체의 가시)은 귀신의 역사인가

> kai th uperbolh twn apokaluyewn dio ina mh uperairwmai edoqh moi skoloy th sarki aggelos satana ina me kolafizh ina mh uperairwmai
>
> 여러 계시를 받은 것이 지극히 크므로 너무 자만하지 않게 하시려고 내 육체에 가시 곧 사탄의 사자를 주셨으니 이는 나를 쳐서 너무 자만하지 않게 하려 하심이라 (고후12:7)

귀신을 쫓아내었던 능력의 종 바울도 고통스러운 질병을 가지고 있었으며 바울은 이것을 육체의 가시 곧 사탄의 사자(귀신)이라고 표현하였다. 오늘날에도 많은 축사자들이 자신의 질병들을 가지고 있음을 볼 수 있다. 바울의 질병이 분명하게 무엇인지는 알 수 없지만 그가 말한 '사탄의 사자(aggelos satan)'라는 용어는 타락한 천사를 지칭하고 있다.

우리는 바울을 고통스럽게 만든 장본인이 바로 타락한 천사인 귀신이었다는 것을 알 수 있다.

성경 본문에 '쳐서'라는 단어인 "콜라피제(kolapize)"는 '주먹'이라는 뜻에서 유래된 것으로 사탄의 사자인 귀신이 바울을 정면에서 마구 때렸다는 의미이다.

구약에서 욥의 아픔은 더욱 심한 것이었다.

> עד קדקדו׃ זויצא השטן מאת פני יהוה ויך את-איוב בשחין
> רע מכף רגלו
>
> 사탄이 이에 여호와 앞에서 물러가서 욥을 쳐서 그의 발바닥에서 정수리까지 종기가 나게 한지라 (욥2:7)

욥기서에는 보다 직설적으로 사탄이 역사하여 질병이 생기게 하였다고 기록하고 있다.
결론적으로 말한다면 축사자나 신실한 그리스도인이라도 얼마든지 귀신으로부터 온 질병에 걸릴 수 있다(물론 하나님께서 허용한 범위 내에서 하나님이 허용한 귀신에 의해서). 그러나 그 고통 속에서 신실한 그리스도인들은 하나님의 섭리와 사랑을 깨달을 수 있으며 그 고난을 자신의 유익함으로 바꿀 수 있는 것이다.

3) 귀신축출전이나 후에 약물치료를 즉시 멈추어야 하는가

현장에서 축사사역을 하다보면 가장 대답하기 어려운 질문 중의 하나가 바로 약물치료에 대한 질문이다.
축사 전에는 반드시 약물을 복용하면 안 된다는 사람, 귀신을 쫓아낸 후에도 역시 약물을 복용하면 안 된다는 사람들…, 우리는 귀신이 쫓겨 가기 전이나 후에 그래서 질병의 근본 원인들이 제거될지라도 여전히 증상들은 남아 있는 경우들이 허다함을 볼 수 있다.
어떤 집사님은 기도로 자신의 당뇨병을 치료한다면서 정기적인 인슐린 주입을 거부하여서 도리어 당뇨병을 악화시키기도 하였다. 많은 사람들이 약물치료를 거부함으로서 무서운 결과에 봉착하곤 한다. 우리 인간의 몸은 유한한 존재이다. 한 번 망가진 몸은 축사로 치유되고 나서도 육체의 세포 조직이 완전히 회복되고 건강한 상태로 복귀하는 데에는 여전히 많은 시간이 소요된다.
이 기간 동안 약물치료를 하는 것은 그릇된 것이 아니다. 물론 즉각적으로 치유되거나 약물을 끊어서 더욱 효과적인 치유가 일어나는 것도 있다. 그러나 대부분의 사람들은 온전한 건강을 되찾기 위해서 더욱 점진적인 회복과정을 거쳐야 한다. 그러므로 약물치료를 받는 것이 믿음이 약하다는 증거가 될 수 없다.
히스기야 왕은 죽을병에 걸렸었다(왕하20:1). 이때 하나님은 약물치료를 통해 히스기야의 질병을 치유하셨다.

이사야가 이르되 무화과 반죽을 가져오라 하매 무리가 가져다가 그 상처에 놓으니 나으니라 (왕하20:7)

왜 선지자 이사야가 기도 후에 무화과를 반죽해서 만든 약물에 의존하였는가? 여기에 대해 확실한 대답을 해 줄 수는 없지만 확실한 것은 그것이 그 상황에서 이루어진 하나님의 뜻이었다는 것이다.
어떤 종파에서는 수혈 받는 것을 거부한다. 그래서 결국 심각한 상황 속에서 죽어가는 모습을 볼 수가 있다. 약물치료를 거부하는 행위는 신실한 믿음이 아니라 우매한 믿음이 될 때가 많음을 인식해야 한다.
축사사역자 맥스웰 휘트(Maxwell Whyte)는 이 문제에 대해 다음과 같이 말했다.

나는 정신적, 육체적 질병에 걸린 것이 명백할 경우에 적절한 치료를 받아야 한다고 믿는다. 먼저 우리는 하나님께 치유를 구해야 한다. 그 다음에 질병이 여전히 남아 있다면, 우리는 또한 전문 의료인의 도움을 구해야 한다. 나는 오랜 체험을 통해서 대다수의 사람들이 상당히 그릇된 신앙을 가지고 있다는 사실을 발견하였다. 그들은 약물 치료를 받는 것이 하나님을 모욕하는 짓이라고 생각한다. 만일 치유를 위한 기도를 드렸는데도 여전히 병으로 시달린다면, 당신은 당신을 도울 수 있는 의사의 충고와 처방을 받아야 한다. 당신이 하나님을 믿는다면, 하나님은 여하튼 궁극적으로 당신을 돕는 유일한 분이 되신다.

4) 귀신과 대화하는 것은 성경적인가

이 질문에 대해 성경에는 2가지의 대비되는 사역이 기록되어 있다.
첫째, 귀신으로 하여금 말하지 못하게 하고, 대화하는 자체를 거절하신 예수님의 축 사사역이다(막1:25, 34, 3:12, 눅4:41).

예수께서 꾸짖어 이르시되 잠잠하고 그 사람에게서 나오라 하시니 (막1:25)

여러 사람에게서 귀신들이 나가며 소리 질러 이르되 당신은 하나님의 아들이니이다 예수께서 꾸짖으사 그들이 말함을 허락하지 아니하시니 이는 자기를 그리스도인 줄 앎이러라 (눅4:41)

둘째, 반대로 귀신과 긴 대화를 통해서 새로운 정보를 가지고 축사하신 예수님의 사역이다(막5:1~20, 눅8:26~39)

예수께서 네 이름이 무엇이냐 물으신즉 이르되 군대라 하니 이는 많은 귀신이 들렸음이라 무저갱으로 들어가라 하지 마시기를 간구하더니 마침 그 곳에 많은 돼지 떼가 산에서 먹고 있는지라 귀신들이 그 돼지에게로 들어가게 허락하심을 간구하니 이에 허락하시니 (눅8:30~32)

필자의 개인적인 견해는 귀신들과 대화를 시도하는 것은 바람직하지 않다고 생각한다. 왜냐하면 사탄은 거짓의 아비이고 그의 부하들인 귀신들 역시 근본적으로 거짓말쟁이들 이라는 것을 인식할 필요가 있기 때문이다.
귀신들은 "네가 누구냐?"라고 질문하면 대부분 죽은 사람의 이름이나, 가족, 친척들의 이름이나 그들의 생전모습들을 흉내 낸다. 여기에 많은 사람들이 속아 넘어간다. 진짜 타락한 영물들이라고 말하는 귀신들은 드물다. 그렇다면 타락한 천사들은 전부 어디에 숨어 있으며 무엇을 하고 있단 말인가!
귀신들은 진실을 말하기 보다는 자신의 입장만을 주장하고 자꾸 변명이나 궤변만을 늘어놓는 경우가 허다하다. 그래서 귀신들은 원칙적으로 믿을 수 없는 존재이다. 우리는 귀신들에게 틈을 주지 말고 신속하게 축사사역을 통해 귀신을 내쫓는 것이 가장 좋은 방법이다. 우리는 무조건적으로 귀신들에게 항복을 요구해야 한다.
귀신들은 자신들이 쫓겨나가는 것이 두려워서 자꾸 지연작전을 쓰는데 그것은 말꼬리를 잡고 빙빙 돌리는 작전이다. 특히 영적 분별력이 없다면 더욱 우리는 대화보다는 귀신축출에 비중을 두어 사역해야 할 것이다. 맥스웰 휘트는 다음과 같은 말로 결론을 내린다.

성경 어디에서도 귀신들에게 무언가를 물어보라는 가르침이 없음으로 나는 우리가 귀신들에게 요구하여 그들의 이름을 알고자 하는 비성경적인 근거를 갖지 말아야 한다고 결론을 내리는 바이다. 나는 사역할 때 귀신들에게 어떠한 정보도 받을 필요가 없다는 사실을 깨닫곤 한다. 더욱이 성령님께서는 지식의 말씀으로 귀신의 이름과 본성을 자주 가르쳐 줄 것이다. 그런 후에 그때 우리는 귀신들이 거짓말 할 기회를 갖기 전에 귀신을 축출해야 한다.

5) 예수님은 즉시 귀신을 축출하셨는데 우리는 왜 즉각 쫓아내지 못할 때가 있는가

앞장에서 언급된 내용인데 단 한 번의 명령으로 즉시 축사가 이루어지기도 하지만 때로는 귀신을 내어 쫓는 사역이 피를 말리는 작업일 때가

많이 있음을 경험한다. 어떤 귀신은 밤새껏 혹은 며칠 동안을 축사사역을 해야 겨우 나가는 경우도 있었다(이럴 때 나는 나의 기가 다 빠져 나가는 것을 느낀다).

그런데 성경에 보면 예수님은 전부 단 번에 귀신들을 내어 쫓으셨음을 볼 수 있다. 왜 이런 차이가 생겨나는가? 무엇이 문제인가?

물론 예수님은 하나님의 본체이시고 성 삼위 일체 되시는 창조주이시기 때문에 그렇다고 말할 수 있겠지만 예수님도 역시 참 인간의 모습으로 오셨을 때는 우리와 똑 같은 능력밖에는 소유하지 못하셨다.

그런데 왜 우리의 사역 속에서는 축사의 부족이 생기는 것인가?

여기에는 여러 가지 답변이 나올 수 있겠다. 아직도 부족한 믿음 때문이다, 여전히 가지고 있는 인간의 죄의 속성 때문이다, 성령님의 임재함이 부족하기 때문이다. 그러나 아직까지 확실한 해답을 줄 수 없음을 고백한다. 추론하기는 보다 하나님과 친밀함이 부족해서 그런 것이 아닌가 하는 생각을 하곤 한다.

6) 축사 사역시 역공을 당할 수가 있는가

이것 역시 앞장에서 언급된 내용인데 분명히 그렇다. 귀신들은 자신의 힘이 부족할 때는 다른 귀신들을 불러올 수 있으며 귀신들끼리 힘을 합하여 축사사역자를 넘어뜨릴 수 있으며 무엇보다도 축사사역을 그만하도록 하기 위해 가족들, 즉 배우자, 자녀, 부모 등을 공격하는 일들을 자행한다. 귀신들만큼 팀 사역이 잘 되어있는 집단도 드물 것이다.

필자는 집회를 통해 성공적인 사역을 하고 난 후에 공동체에 돌아와서 자녀나 식구들이 다친다든지, 질병에 걸렸다든지, 새로운 문제가 발생하였든지 하는 역공을 당해 본 경험이 많이 있었다.

분명히 외부에서는 성공을 거두었는데 내부에서 그 성공적인 사역을 무색하게 만드는 사 건들이 터져 나오는 것을 목격할 수 있었다. 그래서 축사를 할 때나 모든 영적 싸움을 할 때는 반드시 자신과 가족, 교회, 성도들을 위해, “예수님의 보혈”로 영, 혼, 육 등을 덮는 보호 기도를 미리 충분히 해 두어야 한다.

마귀가 우리의 약점들을 찾아내어 침범하지 못하도록 끝없는 중보기도 모임과 깨어 있는 삶을 살아 나갈 때 우리는 능히 영적 전투에서 승리할 수 있는 것이다.

7) 계속된 축사사역은 바람직한 것인가

그렇지 않다고 말씀드린다. 유한한 육체를 가진 인간이 계속된 사역만

한다면 우리는 얼마 지나지 않아서 탈진상태로 빠져들 것이다.
중요한 것은 계속된 사역은 우리를 지치게 하고 탈진시키게 한다는 점이다. 반드시 휴식이 필요하며 무엇보다도 중요한 것은 휴식을 취하면서 하나님과의 친밀한 관계를 계속 유지시켜 나가는 것이다.
우리의 목적이 귀신 쫓음에 있는 것이 아니라 그리스도의 복음을 증거하고 그리스도의 사랑을 실천하면서 하나님 나라를 확장시키며 하나님 형상을 회복시키는데 있음을 명심해야 한다. 우리가 이러한 본질적인 사명을 잊어버린다면 우리는 우매한 사역자가 될 수밖에 없는 것이다.

계속 귀신만 쫓다보면 끊임없이 귀신들린 사람들만 우리에게 다가오게 된다. 그러다 보면 그 안에 복음의 말씀이 약화되거나 자신도 모르게 일 중독에 빠져버리는 우를 범할 수 있다.
모든 것을 적당하게 하고 질서대로 할 수 있는 지혜가 우리에게는 필요한 것이다. 유한한 자신의 육체를 무한하게 사용하여서 자신과 사역과 또 하나님 나라 확장에 오히려 역행하는 일들을 행해서는 안 될 것이다. 모든 사역에는 지혜가 따라와야 하고 지식이 따라와야 하며 그리고 근본적인 그리스도의 사랑이 충만해야 할 것이다. 많은 사역자들이 자신을 컨트롤 하지 못하여 충분히 더욱 큰 사명을 감당할 수 있음에도 불구하고 도중에 쓰러지는 모습들을 많이 보아 왔다.
물론 그것이 주님을 위한 것이었으면 영광스러운 것이지만 자신의 과욕과 자기도 모르게 나타나는 자신의 의, 혹은 자랑 때문이었다면 우리는 실패한 사역자일 수밖에 없다. 우린 좀 더 주님과 친밀한 관계를 유지하면서 깊은 영적 교감 속에서 지혜롭게 하나님의 나라를 확장시켜 나가야 할 것이다.

8) 축사는 모든 것을 치유하는가

악한 영으로부터 축사가 일어난 후에도 영원한 해방을 보증하기는 어렵다. 축사는 반드시 하나님 말씀에 대한 순종의 헌신과 그리스도 안에서 성장하는 성화가 함께 이루어져야 한다. 항상은 아니지만 우리는 성숙한 그리스도인들의 개인적인 돌봄과 인도함이 치유의 기간 동안 필요하다. 축사는 단지 귀신을 쫓아냈을 뿐이다. 그 다음은 우리가 새롭게 영적, 육적인 것 등을 적용시켜야 한다.
분명히 귀신들림의 증상이 있는 사람들을 축사하였는데 문제가 해결되지 않은 것도 종종 볼 수 있다.
이런 경우 우리는 여러 각도로 문제를 살펴보아야 한다. 어떤 때는 귀신이 원인일 때도 있고 또 어떤 때는 아닐 경우도 있다. 그래서 우리는 계속해서 하나님께 분별할 수 있는 능력을 고해야 한다.
만약에 부족한 것이 있다면 하나님께서는 그것을 할 수 있는 지혜와 방법을 가르쳐 주실 것이다. 그러므로 축사를 위한 축사를 하는 것이 아니라 통전적인 치유를 위한 축사 더 나아가 성화를 이룰 수 있는 발전적인 축사가 필요한 것이다.

9) 동물들도 귀신들릴 수 있는가

마가복음 5장 1~13절에는 2,000마리 돼지 떼에 들어간 군대 귀신에 대한 이야기가 자세히 기록되어 있다.

> 예수께서 바다 건너편 거라사인의 지방에 이르러 배에서 나오시매 곧 더러운 귀신 들린 사람이 무덤 사이에서 나와 예수를 만나니라 그 사람은 무덤 사이에 거처하는데 이제는 아무도 그를 쇠사슬로도 맬 수 없게 되었으니 이는 여러 번 고랑과 쇠사슬에 매였어도 쇠사슬을 끊고 고랑을 깨뜨렸음이러라 그리하여 아무도 그를 제어할 힘이 없는지라 밤낮 무덤 사이에서나 산에서나 늘 소리 지르며 돌로 자기의 몸을 해치고 있었더라 그가 멀리서 예수를 보고 달려와 절하며 큰 소리로 부르짖어 이르되 지극히 높으신 하나님의 아들 예수여 나와 당신이 무슨 상관이 있나이까 원하건대 하나님 앞에 맹세하고 나를 괴롭히지 마옵소서 하니 이는 예수께서 이미 그에게 이르시기를 더러운 귀신아 그 사람에게서 나오라 하셨음이라 이에 물으시되 네 이름이 무엇이냐 이르되 내 이름은 군대니 우리가 많음이니이다 하고 자기를 그 지방에서 내보내지 마시기를 간구하더니 마침 거기 돼지의 큰 떼가 산 곁에서 먹고 있는지라 이에 간구하여 이르되 우리를 돼지에게로 보내어 들어가게 하소서 하니. 허락하신대 더러운 귀신들이 나와서 돼지에게로 들어가매 거의 이천 마리 되는 떼가 바다를 향하여 비탈로 내리달아 바다에서 몰사하거늘

우리는 여기에서 두 가지의 의문을 제기할 수 있다.
첫째, 군대 귀신들이 단지 돼지들을 죽이기 위해 들어갔는가?
둘째, 돼지들이 몰살했을 때 귀신들은 어디로 갔는가?

위의 질문에 정확하게 답변을 할 수는 없다. 그러나 우리는 귀신들이 사람의 몸이든 동물의 몸이든 모두 침입해 들어올 수 있다는 것을 알 수 있다. 그러나 여전히 귀신들은 동물보다는 사람의 몸을 더 좋아한다.

8. 축사의 실제

(1) 축사하기 전 매뉴얼

교회에 나오는 많은 신자 중에서도 자기가 속해 있는 여러 주위 환경들로 인해서 영적으로, 정신적으로, 육체적으로 질병 등을 비롯하여 여러 고통에서 괴로워하는 분들이 많이 있다. 그런 분 중에는 심한 경우 귀신 들림의 현상이 나타나는 분도 있고, 그 현상은 없다 하더라도 귀신의 영향권에 해방되지 못하고 있는 분들이 많이 있다. 특히 기록된 말씀만 전하는 교회, 율법적인 교회에 있는 분 중에 이러한 신자들이 많은 편이다. 그래서 자기 교회에서 해결을 보지 못하기에 이곳저곳 여러 기도원을 찾아다니며 그 문제를 해결하려고 다니지만, 해결 받지 못하여 괴로워하는 분들을 자주 목격하기도 한다.

어떤 기도원에서는 귀신 들린 사람이 오면 안찰기도를 한다고 머리를 때리고 몸을 치며 귀신을 쫓아내는 행위를 하고 있다. 성경에서 예수님은 그런 방법을 사용한 적이 없다. 그런 방법은 세상의 이방 종교들로부터 영향을 받아 접목한 비기독교적인 행위이다. 대부분 귀신 들림 등 질병으로 피상담자가 오면 사전 상담이나 절차도 없이 무조건 막무가내로 예수님의 이름으로 귀신부터 쫓아내려고 너무 서두르는 경우가 많다. 설령 예수님의 이름으로 귀신이 나갔다 하더라도 귀신 들린 자의 내적 치유가 제대로 되지 않은 상태에서는 성경의 말씀대로 일곱 귀신을 더 달고 들어온다.

그러므로 귀신을 쫓는 사역을 하기 전에 충분히 그 해당 피상담자의 사전 상담을 통해 성령님의 인도로 지혜와 지식의 말씀을 통해 정보를 얻으면서 사역해도 늦지 않을 것이다. 그리스도인들은 세상 임금 사탄과 영적 전쟁 중임을 성경은 말씀하고 계신다. 우리의 몸과 우리 주위의 모든 삶은 영적 전쟁터라고 해도 과언은 아닐 것이다. 믿는 신자라도 귀신이 들릴 수 있고 마귀의 영향을 받아서 얽매일 가능성이 있다. 성경은 예수님을 영접한 신자는 하나님의 자녀가 되는 권세를 확보했음을 기록

50_Ibid., 31-39.

하고 있다. 흔히들 우리 신자들은 이겨놓고 싸움하는 승리자라고 한다. 하지만 이 세상 속에 사는 한, 끝까지 붙들고 이겨야 하는 과정이 있는 것이다.

그런데 이길 수 있는 그 과정에서의 방법과 길을 몰라서 헤매는 경우가 많다. 또한, 그런 방법과 길을 잘 알게 해 주는 목회자를 만나기가 그렇게 쉽지 않은 것도 현실이다. 만약 당신이 목회자라면 다음의 단계와 절차를 기도하면서 적용을 실제 적용하기를 바란다. 그리고 만약 일반 성도라면 이런 절차와 단계를 진행하는 목회자와 사역자를 찾아가 묶인 문제를 해결 받기를 바란다. 그 내용을 경험에 비추어 몇 단계별로 분류해 본다.

1) 내담자의 구원 확신이 절대 필요하다.

기도와 안수를 받기 위해 온 피상담자의 영적인 수준을 먼저 점검해야 하며 구원의 확신이 있는지를 확인해야 한다. 만약 구원의 확신이 없다면 예수 그리스도께서 이 땅에 말씀이신 그분이 육신을 입고 왜 오셨는지를 집중해서 가르치며 말씀을 증거 해야 한다. 설사 교회에 나오는 신자라고 할지라도 구원의 확신이 자기 영혼에 자리매김이 되어 있지 않으면 치유는 불가능하다고 보아야 한다.

구원의 확신은 거듭남과도 관련이 있고 또 변화된 가치관으로 살게 되는 계기이므로 치유에서의 중요한 첫 단추이다. 구원의 확신이 없는 사람은 구원의 확신을 그 심령에 믿음으로 안착하도록 도와야 한다. 구원의 확신이 없는 자는 자기 혼 속에 자기 자아와 귀신의 인격이 엉켜있기에 그것을 분리하지 않는 한 귀신은 잘 나가려 하지 않는다. 자기 자신이 자기 입으로 "예수 그리스도는 나의 구세주이시며 나는 구원받은 하나님의 자녀입니다."라는 고백이 나와야 하는 것이다.

2) 귀신이 분명히 존재함을 성경적으로 설명하라.

우리의 자아 속에서 귀신이 들어갈 수 있다고 성경은 말씀하고 있다. 예수님은 마태복음 12장 43절을 통하여 귀신의 처소, 즉 집이 사람의 몸임을 분명히 밝히 말씀하셨다. 그러므로 자신의 혼 속에는 자신의 자아뿐만 아니라 다른 인격이 들어 올 가능성이 크다.

그래서 교회에 나오는 신자라고 하더라도 주위환경과 자신의 가계 요인들로 자아에 연결 고리가 형성되어 있다. 따라서 여러 가지의 상처들이 접속되어 자신의 자아가 위축될 수 있는 것이다. 사탄의 휘하에 있는 많은 귀신과 악령들은 원한, 증오, 미움, 혈기, 분노, 분쟁, 집착, 중독, 우울

등 다양한 감정을 이용하여 인간의 자아에 침투한다. 이를 통해 당사자의 의지를 약화시키고 예속시키며, 결국 억압하고 포로로 만드는 것이다. 그러므로 이런 영적인 존재인 귀신이 있다는 사실을 성경 말씀에 근거하여 본인이 인정하고 시인해야 하는 것이다. 귀신이 있다는 것을 인정하면 그때부터 자기의 감정과 귀신의 감정을 분리할 수 있는 것이다. 분리하지 못하면 귀신의 감정이 자기 것으로 알고 속아 넘어가서 슬퍼하며, 우울해지고, 혈기를 부리며, 강퍅 해지고 교만해지는 것이다. 그러므로 자기 입술로 구원받은 하나님의 자녀임을 선포하고 자신의 의지를 강력하게 주장해야만 한다. 예수님은 귀신들은 집에 몰래 들어온 강도요, 절도라고 하면서 도적이라고 하셨다. 우리의 몸을 처소로 삼고 들어온 귀신이 자기가 몰래 들어온 집에 숨어 있는데 집주인이 몰래 들어온 도적이 있다는 것을 눈치를 챘다면 불안한 것은 본인이 아니라 귀신이다. 그런데 영적으로 이것을 깨닫지 못하면 불안한 마음이 자기 마음으로 착각하고 귀신에게 속아 넘어가기에 문제가 있는 것이다. 귀신의 생각을 내 생각으로 착각해서는 안 되는 것이다. 그러므로 귀신의 실체를 머리에 뿔이 난 도깨비 정도로 상상하는 것이 아니라, 실제 영적 존재가 있음을 인정해야 하는 것이다.

3) 내담자가 속한 가계의 죄에 대한 회개의 기도를 시켜라.

성경은 분명히 조상의 가계 내력이 하나님을 섬기는 신앙의 계보인지, 아니면 우상을 섬기며 불순종하는 계보인지에 대해 말씀하고 있다. 신명기에서 말하는 생명과 복은 하나님의 계명에 순종함으로 얻는 것이며, 사망과 저주는 하나님의 계명에 불순종함으로 인해 받는 것임을 강조하고 있다.

첫째, 내담자에게 눈을 감게 하고 마음을 평안하게 요구하며 아래와 같이 따라 하기를 권하라.
거룩하시고 자비로우신 아버지 하나님! 먼저 제가 태어날 때부터 원죄가 있는 죄인임을 알고 회개하며 하나님께 나아갑니다. 저의 모든 죄를 예수님의 피로 씻어주시고 용서하여 주셔서 하나님의 자녀로 삼아 주심을 감사합니다. 또한 우리 부모와 조상들이 알지 못한 가운데 행한 모든 불순종의 죄가 저와 저의 가계에 뿌리내리고 있음을 알게 되었습니다.

> 사랑과 긍휼이 많으신 아버지 하나님!
> 우리 부모와 조상들이 우상에게 제사하며 사탄에게 절하고 빌었던 모든 말과 행위들을 제가 대신 회개하오니, 그 죄를 예수님의

피로 씻어주시옵소서. 또한 그 죄의 저주인 영적인 고리가 끊어지게 하여 주시기를 간절히 원합니다. 나사렛 예수 그리스도의 이름으로 기도드렸습니다. 아멘

둘째, 믿음의 고백을 내담자가 따라 하도록 인도하라.
사탄아! 우리 부모와 조상들이 지은 가계의 모든 죄에 대한 저주는 예수 그리스도의 피로써 이제 용서함을 받고 끊어졌다. 또한 나에게 연결된 나의 가계에 대한 모든 저주의 고리는 예수님의 십자가 보혈의 피로 끊어졌다. 나는 자유한다! 저주받은 영들아! 들을지어다! 이제 나는 너희들과 관계를 단절하고 결별한다. 예수님의 이름으로 명하노니 나를 떠나가라 예수님의 발밑으로 갈지어다!

4) 사탄의 권세를 결박하는 명령 기도가 있어야 한다.

사랑과 은혜가 풍성하신 하나님! 이 하나님의 아들(딸)이 자신의 가계에 결부된 더럽고 저주받은 영들과 귀신과의 단절을 선언하고 결별을 고백했습니다. 그 고백에 따라서 이 종은 다음과 같이 선언하오니 이 종의 말과 기도를 들으시는 하나님 아버지 성령으로 역사하여 주시옵소서! 나사렛 예수 그리스도의 이름으로 기도드렸습니다. 아멘

주의 이름의 권세에 의지하여 강한 어조로 꾸짖으며 기도한다.
내가 예수 그리스도의 이름으로 성령의 능력으로 너에게 명령하고 선포한다! 이제 이 아들(딸)은 너희들 저주받은 영들과의 관계를 청산했다. 이제 하나님의 권위와 예수님의 피의 능력으로 이 아들(딸)에게 연결된 죄의 저주를 파기한다. 이 하나님의 아들(딸)에게서 떠나갈 것을 예수님의 이름으로 명령하고 선포한다. 나사렛 예수 그리스도의 이름으로 기도하였습니다. 아멘

5) 마음의 응어리를 토하는 기도를 시켜라.

첫째, 눈을 감게 한 후 찬송 338장 '천부여 의지 없어서' – 찬양을 한 후 말씀이 육신이 되어 오신 예수님이 부활 승천 이후, 지금은 주의 영으로 성령께서 와 계신다. 눈에는 보이지 않으나 우리 주위와 우리 속에 함께 계시면서 우리의 기도와 간구를 듣고 계시는 것이다. 내담자에게 본인 자신의 마음에 있는 그동안의 응어리와 원통함 그리고 분함, 억울함이 있으면 하나님께 토해 내도록 사역자가 인도하여야 한다.
구약성경에 보면 다윗도 하나님께 자신의 마음의 응어리를 하나님께

고하고 토한 내용의 기록이 시편에 많이 있음을 피상담자에게 상기시킨다.

> 여호와여 어느 때까지니까? 나를 영원히 잊으시나이까 주의 얼굴을 나에게서 언제까지 숨기시겠나이까? (시13:1)

또 142편 1~2절에 보면 "내가 소리 내어 여호와께 부르짖으며 소리 내어 여호와께 간구하는도다. 내가 내 원통함을 그의 앞에 토로하며 내 우환을 그의 앞에 진술하는도다."라고 기록하고 있으며 그 외에도 많은 구절이 있음을 상기시키고 솔직한 마음으로 마음의 응어리를 사역자 앞에서 토하여 내도록 인도한다.
둘째, 사역자가 먼저 기도한다.
자비롭고 은혜가 풍성하신 아버지 하나님 ○○○가 자기 내면에 있는 그동안의 응어리와 원통함과 억눌림의 하소연을 받아주시고 위로하여 주시기를 예수님의 이름으로 기도드립니다. 아멘

6) 자신이 지은 죄를 하나님으로부터 용서받는 회개 기도시켜라.

계속 눈을 감은 상태에서 ~찬송 330장 고통의 멍에 벗으려고~ 부른 후에 그동안 그 응어리와 원통함과 분노 등으로 인해 자신도 모르게 하나님께 지은 죄를 고백하고 용서받는 기도가 되도록 사역자가 인도한다. 아래와 같은 질문을 피상담자에게 하면서 자복하고 용서받을 수 있는 회개 기도시켜야 한다.

그동안 응어리를 담고 있으면서 하나님께 지은 죄가 없는지 생각해 보시기 바랍니다. 그 응어리로 인하여 남을 용서하지 못하고 있는 부분이 있습니까? 남을 미워한 죄, 증오한 죄가 없습니까? 분노와 혈기를 부리면서 교만한 적이 없습니까? 하나님께 원망하고 불평하며 주님의 마음을 아프게 한 적은 없습니까?
하나님은 그동안 당신이 지은 모든 죄를 고백하고 회개하면서 용서를 구하면 하나님은 당신의 죄를 용서하십니다. 그리고 하나님은 당신의 죄를 기억하시지 않습니다.

첫째, 사역자는 죄를 회개하도록 계속 인도한다.
내담자의 죄 고백과 회개가 이루어지는 과정을 보면서 히브리서 8장 12절의 말씀을 인용하여 증거할 필요가 있다.

"주님은 내가(형제, 자매) 불의를 긍휼히 여기고 (형제, 자매) 죄를 다시 기억하지 아니하리라 하셨느니라"(히8:12)라고 하셨습니다. 하나님은 전지전능하신 분이시기에 모든 것을 알고 계시지만 기억하지 않으신다고 하십니다. ○○○의 죄를 지우고 지나가신다는 것입니다. 로마서 4장 7~8절에 보면 죄를 가리신다고 하셨습니다.

불법이 사함을 받고 죄가 가리어짐을 받는 사람들은 복이 있고 주께서 그 죄를 인정하지 아니하실 사람은 복이 있도다 함과 같으니라 (롬4:7~8)

둘째, 내담자의 죄 자복과 회개가 끝나면 사역자는 아래와 같이 인도한다. ○○○이 자신의 그동안에 지은 죄를 자복하고 회개하였으니, 하나님은 ○○○의 죄를 용서하셨습니다. 그리고 기억하지 않으십니다. 이제는 그 죄에 대하여 자유하실 수 있습니다.
만약 용서했는데도 하나님께서 자기 죄를 용서하지 않으셨다는 마음이 계속 들면 그것은 사탄이 주는 마음이다. 그럴 때는 아래와 같이 마귀를 대적해야 한다.

"예수님의 이름으로 명하노니 사탄아, 잠잠할지어다"

"나는 하나님으로부터 용서함을 받았다."

"나는 성경에 기록된 하나님의 말씀을 믿는다."

"예수님의 이름으로 명하노니 사탄이 잠잠할지어다"

7) 자신도 용서받았으니 타인이 자기에게 행한 모든 죄를 용서하는 기도를 시켜라.

눈을 감은 상태에서 "찬송 405장 나같은 죄인 살리신"을 찬양한 후에 이제 하나님께서 ○○○의 모든 죄를 하나님이 용서하셨으니 이제 ○○○이 자신에게 해를 끼치고 상처를 주면서 핍박한 사람을 용서해야 할 차례입니다. 하나님의 말씀 성경에서는 이렇게 증거하십니다.

서로 친절하게 하며 불쌍히 여기며 서로 용서하기를 하나님이 그리스도 안에서 너희를 용서하심과 같이 하라 (엡4:32)

너희가 사람의 잘못을 용서하면 너희 하늘 아버지께서도 너희 잘못을 용서하시려니와 너희가 사람의 잘못을 용서하지 아니하면 너희 아버지께서도 너희 잘못을 용서하지 아니하시리라 (마6:14~15)

이제 사역자가 내담자에게 눈을 감으라고 한 후, 머리에 안수하면서 질문을 한다.

현재 도저히 용서가 안 되는 사람이 있습니까? 현재 생각에 어떤 사람이 떠오릅니까? 상처를 준 사람, 핍박하면서 억압한 사람, 폭력으로 몸에 해를 가한 사람, 억울한 일을 당하게 한 사람 그 사람들이 머리와 마음에 떠오르십니까? 그 사람들을 용서해야 합니다. 이제 하나님께서 당신의 모든 죄를 용서하셨으니 그들을 용서해야 합니다.

용서하지 않으면 마음이 정리되지 않고 항상 불안합니다.
용서하지 않으면 사탄이 틈을 타서 공격이 심합니다.
용서하지 않으면 미워하는 그 사람을 자신이 닮아 갑니다.
용서하지 않으면 주님을 닮지 않고 도리어 주님과 멀어집니다.
용서하지 않으면 외롭게 살아가며 우울증에 빠집니다.
용서하지 않으면 과거에 묶여서 미래로 나가지 못합니다.
용서하지 않으면 하나님으로부터 용서함을 받지 못합니다.
용서하지 않으면 상처가 되어 병이 생깁니다.
용서하지 않으면 항상 남의 탓으로 돌리면서 사랑이 결핍됩니다.

그러므로 우리는 서로 용서해야 합니다. 상대방의 용서를 받는 것과 관계없이 내가 먼저 용서하면 내가 먼저 자유 하게 되는 것입니다. 이제 성령께서 생각나게 해주는 사람들 상처 준 사람, 미워하고 증오한 사람들 그 사람들의 이름을 넣어서 다음과 같이 용서해야 합니다.

내담자 본인의 용서기도

사랑과 은혜가 풍성하신 하나님 아버지! 저는 ○○○를 도저히 용서할 수 없습니다. 내키지 않습니다. 또 그 사람이 내 앞에 와서 나에게 용서를 빌면 나도 그 사람을 용서하고 싶은 마음이 있습니다. 그러나 하나님 말씀에 네가 용서받았으니 다른 사람의 죄도 용서하라고 하셨으니 그 하나님의 말씀에 순종해서 아무 조건 없이 예수님의 이름으로 ○○○를 용서합니다.

사역자는 또 다른 이름이 생각나는 것을 묻고 계속 아래와 같이 하도록 인도한다.

"예수님이 이름으로 ○○○를 용서합니다."
"예수님의 이름으로 ○○○를 축복합니다."

이러한 회개와 용서의 단계를 거치는 동안 귀신의 정체가 들통나서 드러날 경우가 있다 그러면 그때부터 해방 사역은 더욱더 쉽게 사역을 이끌 수 있다.

(2) 축사의 실제

1) 영들을 분별해야 한다(1단계).

제일 처음에 이루어지는 단계가 가장 어려울 때가 많이 있다. 정신장애자인가? 귀신 들린 자인가? 하는 질문을 나 자신에게 던져 볼 때가 너무 많이 있었다. 이 분별력은 유명한 치유사역자들도 쉽지 않게 생각하는 문제이다.
첫째, 성령님께 악한 영을 분별할 수 있는 능력을 달라고 기도한다.
초자연적인 영 분별의 은사(고전12 : 10)가 먼저 임해야 바른 치유를 할 수 있다.
둘째, 정서장애, 정신장애, 귀신 들림을 분별해야 한다.
셋째, 상담과 관찰을 통해 상처받은 내면 아이(inner child)를 드러내고, 화해와 용서를 선언하게 한다(상대방에 대한 분노, 적대감, 미움)
넷째, 반복적인 죄를 회개시켜야 한다.
다섯째, 귀신의 정체를 폭로시켜야 한다.
때로는 귀신들이 자신의 정체를 끝까지 속이는 경우가 있다. 마치 인간 속에 전혀 귀신이 없는 것처럼 아주 얌전하게 행동할 때도 있다. 또한 귀신이 떠난 것처럼 거짓 몸짓을 통해 축사자들을 어지럽히는 일도 있다. 축사 기도할 때 민감하게 반응을 보인 후에 예수 이름으로 떠나라고 명령하면 짐짓 떠나간 것처럼 연극을 할 때도 있다. 우리는 직설적이고 도전적인 질문(대화)과 명령을 통해 귀신의 정체를 노출 시켜야 한다.

2) 사역을 하기 전에 먼저 보호막을 쳐야 한다(2단계).

축사자 자신에게 보호 기도를 통해 자신을 예수님의 보혈로 덮어야 하며 축사자 가족, 성도, 장소, 팀 사역자들 모두에게 성령님의 기름 부으심으로 보호해 달라고 기도해야 한다. 사역자들이 성공적인 축사한 후에 자신도 역공당할 뿐 아니라 가족들, 성도들, 교회 등도 역공당하여 분열되고, 쓰러지는 경우가 많이 있다. 악한 영들은 능력에 의해 쫓겨 갈지언정 사역자들은 절대로 지치거나 아프거나 힘들지 않아야 한다. 악한 영은 상대가 강하면 상대를 피하면서 상대 주위에 있는 가장 약한 곳을 침범해 들어가 역사한다.
첫째, 사역과 장소에 대한 보호 기도가 있어야 한다.

"나는 예수 그리스도 이름으로 이곳에 있는 악한 영들을 대적한다. 너희는 이곳에서 떠나가라. 나는 이 장소, 이 시간, 이 사람들을 예수 그리스도께 드린다. 그러므로 내가 명령할 때 이외에는 사탄의 어떤 영도 활동하지 못할지어다."

둘째, 지역과 주변 사람들과 재산 및 건강에 대한 보호 기도가 있어야 한다.

"나는 여기 있는 각 사람과 그 가족과 친구 및 동료 그리고 그들에게 속한 재산, 재정, 건강, 그 외의 모든 것들이 사탄의 복수나 다른 도전적 행동으로부터 보호되기를 예수 그리스도의 이름으로 명한다."

셋째, 지역과 주변 사람들과 재산 및 건강에 대한 보호 기도가 있어야 한다. 기도 받는 사람 속에 있는 귀신들이 그 사람 속에 있는 다른 귀신들이나 밖에 있는 다른 영의 도움을 받지 못하도록 단절시키는 것이 중요하다. 그래서 우리는 이를 위해 다음과 같이 기도해야 한다.

"예수 그리스도의 이름으로 명하노니, 이 사람 속에 있는 귀신들이 그 속에서 있는 다른 귀신들이나, 이 사람 밖에 있는 어떤 영들로부터 도움받지 못할지어다."

넷째, 지역과 주변 사람들과 재산 및 건강에 대한 보호 기도가 있어야 한다. 우리는 폭력이나 토하는 현상 등 과격한 행동이 나타나지 않도록 금하는 기도를 해야 한다.

"예수 그리스도의 이름으로 명하노니, 이 사람 속에 있는 어떤 영도 이 사람으로 하여금 폭력을 행사하게 하거나, 토하게 하거나, 또는 다른 과격한 행동을 하도록 만들지 못할지어다."

이렇게 하면, 이제 귀신을 대적할 준비가 된 셈이다.

다섯째, 예수님의 권세와 성령님의 인도와 능력을 기도해야 한다.
우리는 예수님의 권세, 성령님의 인도와 능력을 구하는 기도를 해야 한다.

> "예수 그리스도의 능력과 권세와 마가의 다락방에 임하신 성령님의 불같은 역사가 나와 사역자 모두에게 임할지어다. 이제부터 악한 영들은 예수 그리스도 이름으로 명하노니 떠나갈지어다."

3) 내면에 있는 상처들을 해결해야 한다(3단계).

존 브래드쇼우(John Bradshaw, 1933~2016)는 "과거에 무시당하고 상처받은 내면 아이가 바로 사람들이 겪는 모든 불행의 가장 큰 원인이라고 믿는다"라고 말했다.[49] 그러므로 축사도 상처받은 내면을 먼저 치유하는 것이 원칙이다. 왜냐하면 귀신들이 우리 안에 있는 상처를 먹으며 생존하기 때문이고 그 상처가 있는 한 절대로 인간의 내면에서 떠나려 하지 않기 때문이다.

첫째, 상처받은 내면 아이(Inner child)를 치유해야 한다.
혼의 치유에서 더 자세히 논하겠지만 마음속에 품고 있는 상대방에 대한 분노, 미움, 적대감 그리고 갖가지 상처 등을 먼저 치유해야 한다. 결국 악한 영들은 우리의 가장 약한 부분이나 상처 속에 머물러 있어 그러한 부분들을 제거하는 것이 중요하다. 과거의 축사 사역자들은 마치 생이를 뽑듯이 악한 영들과 싸움을 벌여 왔었다. 그래서 힘들고 지친(소위 진이 빠지는) 사역들이 많이 있었다. 내적 치유를 통한 축사는 통전적인 치유를 가능하게 만들어 준다.[50]
상처받은 내면 아이의 종류는 다음과 같다.[51]

① 상호 의존증(co-dependence) : 정체성 상실을 의미하는 것으로 건강하지 않은 가족관계에서 나타난다. 예를 들면 알코올 중독자가 있는 가정의 가족들이 어쩔 수 없이 그 중독자의 행동에 맞춰 살아가는 것이다. 그들은 알코올을 경계하면서 나중에는 알코올에 적응하게 되고 심지어는 자신들도 중독자가 되어 버린다.

② 공격적 행동(offender behaviors) : 상처받은 내면 아이를 가지고 있는 사람들은 어떤 때는 조용하고, 착하고, 인내한 사람으로 주위에서 비치곤 한다. 그러나 육체적, 성적 학대 등에 무기력하게 성장한 아이는 가해자와 자신을 동일시하여 나중에 성장하여 많은 사람에게 폭력을 행사하는 경우가 많이 있다. 독재자 히틀러는 어렸을 때 아버지로부터 상습적으로 매를 맞고 자랐다. 그의 아버지는 유태인 지주의 사생아였다. 폭력적인 아버지에게서 학대받은 그는 결국 인류역사상 수백만 명을 죽인

49_John Bradshow, 상처받은 내면아이 치유(Inner Child), 오제은 역, (서울: 학지사, 2006), 31.

50_내적치유에 대해서 다음과 같은 테이프나 서적을 꼭 듣거나 읽어볼 것을 권면한다.
See Charles H. Kraft, Inner Healing and Deliverance Tapes Intercultural Renewal Ministries(Pasadena, DC : 1994) 이 테이프는 교회개발원에서 번역되었다.
Don Matzat, Inner Healing, Deliverance or Deception?(Evgene, OR : Harvest House, 1987)
Rita Bennett, How to Pray for Inner Healing(Eastbourne : Kingsway Publications, 1984)

51_Ibid., 31-39.

장본인이 되었다.

③ 자기애성 성격장애(narcissistic disorders) : 어릴 때 사랑받지 못한 사람은 자기중심적인 사고가 생겨서 결국 상대방을 사랑하지도 못하고 상대방의 사랑도 받지 못하고 자기 자신도 사랑할 수 없게 된다.

④ 신뢰의 문제(trust issues) : 양육자가 신뢰할 수 없는 사람이었다면 아이는 깊은 불신의 뿌리를 안은 채 성장하게 된다. 이들은 결국 친밀한 것과 맹목적인 것, 사랑과 집착, 보호와 통제 등을 혼동하게 된다.

⑤ 표출된 행동 / 내면적 행동(acting out / acting in behaviors) : 상처받은 내면 아이가 해결되지 않은 감정(emotion)이 있을 때 이것을 외부로 표출하는 것을 '격분'이라고 한다. 이것을 존 브래드쇼우는 '움직이는 힘(energy in motion)'이라고 표현하였다. 반대로 내면적으로 표출하는 것을 '자학'이라고 한다. 내면세계에 상처가 있다면 이러한 현상들이 나타난다.

⑥ 마술적 믿음(magical beliefs) : 잘못된 교육과 환경 그리고 잘못된 사고로 인해 막연히, 대책 없이 인생을 기다리는 것을 의미한다.

⑦ 친밀감 장애(Intimacy dysfunctions) : 상처받은 내면 아이들은 혼자 버려지는 것에 대한 두려움과 다른 사람들에게 휩쓸려 버리는 것에 대한 두려움 사이에서 방황하고 있다. 어떤 이들은 다른 사람이 자신을 거절할까 두려워 자신을 영원히 고립시켜 버린다. 또 어떤 이들은 혼자 남겨질까 두려워 자신이 속해 있는 파괴적인 집단을 떠나지 못한다. 대부분은 이 두 극단 사이를 왔다 갔다 하기도 한다.

⑧ 무질서한 행동(non disciplined behaviors) : 설교하는 부모보다는 자기 훈련이 잘된 부모가 필요하다. 아이들은 부모가 하는 말이 아닌 부모가 실제로 하는 행동을 보고 배우기 때문이다. 부모가 제대로 된 모델이 되어 주지 못했을 때 아이는 무질서해진다. 그 반대의 경우로 부모의 규율이 지나치게 엄격할 때 아이는 지나치게 규율적으로 되어버려 거기에 얽매이게 된다. 이런 사람이 나중에 성인이 되었을 때 인간관계에 많은 어려움을 겪게 된다.

⑨ 중독적 / 강박적 행동(addictive / compulsive behaviors) : 내면 아이가 만족할 줄 모르는 욕구와 욕망의 상태로 있다면 습관성 약물, 물건, 정서에 중독될 수 있다.

⑩ 사고의 왜곡(thought distortions) : 상처받은 내면 아이는 전부 아니면 전무(all or nothing)라는 이분법적이고 극단적인 생각하게 되어 대인관계에 문제를 발생하게 된다.

⑪ 공허감, 무관심, 우울(emptiness, apathy, depression)

둘째, 반복적인 죄를 회개시켜야 한다.

사역 가운데 반복적인 죄악에 대한 회개가 중요하다는 것을 종종 느낀다. 실례로 자살 귀신들에게서 벗어났던 사람의 경우가 있다. 내가 명령하자 자살 귀신들은 큰 소리를 울부짖으며 그 사람에게서 나왔다. 그러나 그 후에 그 사람은 다시 범죄 했으며 얼마 안 가 세속인과 같은 삶을 살게 되었다. 그러자 그는 다시 악한 영에 사로잡혔으며 괴로움에 떨게 되었다. 얼마 후 그는 자신의 죄에 대해서 통회하면서 다시 주님께로 돌아왔다. 그러나 그는 그 당시에 자살 귀신뿐 아니라 다른 귀신들에게 사로잡혀 있었다.

축사 사역을 통해 다시 그는 완전하게 귀신에게서 벗어날 수 있었다. 그러나 과정은 대단히 힘들었다. 반복적인 죄를 회개시키는 과정에서 귀신들이 그의 성대를 막고 있었으며 그가 자신의 죄악을 고백하는데 상당한 시간이 걸렸다.

그러므로 인해 축사 사역은 대단히 오랜 시간이 걸렸고 모두의 기운이 빠지는 그러한 결과를 초래하게 되었다. 우리는 수시로 조그만 것에서부터 회개하는 습관을 지니고 있어야 한다. 완전한 축사를 위해서는 회개가 선행되어야 한다. 만일 우리가 귀신의 억압 때문에 고통당한다면 우리는 죄를 고백하고 귀신을 쫓아내는 일에 순종해야 한다. 예수님은 사탄의 속박을 파하시고 사로잡힌 자를 자유롭게 하려고 이 세상에 오셨다. 우리는 예수 이름의 권세 안에서 귀신의 세력을 정복하는 능력을 체험할 수 있다.

4) 악한 영을 대적해야 한다(4단계).

주님께서 사용하신 치유 방법의 통계를 보면 가장 많이 사용하신 방법이 21회로 명령(말씀)이었다. 주님의 말씀과 관련된 치유는 전 치유 사역의 75%에 달한다. 치유나 축사를 위한 명령 기도는 성령님의 인도를 받아 예수 그리스도의 이름으로 명령하는 것이다. 믿는 자는 예수 그리스도의 이름으로 명령 기도를 할 수 있다. 사도행전에 사도 바울이 점치는 귀신 들린 여종이 여러 날을 따라다니며 심히 괴롭게 할 때 귀신에게 이르데 **"예수 그리스도의 이름으로 내가 네게 명하노니 그에게서 나오라 하니 귀신이 즉시로 나오니라"**(행16:18)라고 기록되어 있다. 제자들도 주님께서 명령하신 것처럼 예수 그리스도의 이름으로 병든 자를 고치고 귀신들을 쫓아내며 죽은 자를 살렸다.

우리는 말씀과 능력으로 귀신에게 "예수 그리스도의 이름으로 떠나라" 라고 명령해야 한다. 축사할 때 다음과 같은 방법들이 사용될 수 있다.

첫째, 귀신을 꾸짖거나 모욕을 주어 내쫓아야 한다.

인간 내면 안에 다시는 거할 수 없도록 그냥 내보내는 것이 아니라(귀신을 달래서 내보내 는 것이 아니다) 꾸짖거나 강한 언어를 사용하여 내쫓아야 한다.

> 예수께서 꾸짖어 이르시되 잠잠하고 그 사람에게서 나오라 하시니 더러운 귀신이 그 사람에게 경련을 일으키고 큰 소리를 지르며 나오는지라 (막:25~26)

25καὶ ἐπετίμησεν αὐτῷ ὁ Ἰησοῦς λέγων, Φιμώθητι καὶ ἔξελθε ἐξ αὐτοῦ. 26καὶ σπαράξαν αὐτὸν τὸ πνεῦμα τὸ ἀκάθαρτον καὶ φωνῆσαν φωνῇ μ εγάλῃ ἐξῆλθεν ἐξ αὐτοῦ (막1:25~26, NTG).

'꾸짖어'라는 말은 그리스어로 "에페티메센(epetimeseon)"인데 '질책하다', '비난하다'라는 뜻으로 마가복음 9장 25절에서도 더러운 영을 꾸짖고 추방할 때 사용되어 졌고, 누가복음 4장 39절에서는 시몬의 장모의 열병을 꾸짖을 때 사용되어 졌다. 예수님도 축사 사역하실 때, 제일 먼저 악한 영을 비난하고 질책하시고 난 후에 축사 사역하셨다.

이는 예수께서 이미 그에게 이르시기를 더러운 귀신아 그 사람에게서 나오라 하셨음이라 (막5:8)

ἔλεγεν γὰρ αὐτῷ, Ἔξελθε τὸ πνεῦμα τὸ ἀκάθαρτον ἐκ τοῦ ἀνθρώπου (막 5:8, NTG)

더러운 귀신이라는 말은 그리스어로 "퓨뉴마토 아카다르톤(πνευμα το ἀκαθαρτον)"인데 육체적, 도덕적, 종교적으로 '불결하다'라는 뜻으로 '성결'이라는 하나님의 뜻에 반대되는 저주 같은 욕을 의미한다.
둘째, 강하고 담대하게 명령해야 한다.

마귀를 대적하라 그리하면 너희를 피하리라 (약4:7)

인간 내면 안에 들어가 있는 귀신을 향하여 단호한 어조로 명령해야 한다. 귀신들은 사역자에게 두려움을 주기 위해 자신의 힘을 과시할 때가 있다. 그때 두려움과 공포심을 가져서는 안 된다. 우리는 그들보다 월등하게 강한 능력 가지고 있음을 알아야 한다. 허세를 부릴수록 권세를 가지고 힘을 과시하지 못하도록 명령해야 한다. 귀신축출은 예수 이름으로 권세 있는 명령을 하여 귀신들을 추방하는 실제적인 행위이다. 예수 그리스도가 자신의 주님이심을 고백하고, 자신 안에 있는 귀신을 제거하기 원한다고 고백하게 한 뒤, 담대하게 귀신은 떠나라고 명령해야 한다. 우리는 귀신을 다룰 때 영, 혼, 육을 공격해오는 귀신에게 담대하게 명령해야 한다. 우리가 담대하면 담대할수록 귀신들은 떠나게 되어있다.

5) 귀신이 떠났는지 확인해야 한다(4단계).

악한 영들의 본질은 자신의 존재에 대해 속이는 것이다. 자신의 정체가 드러나는 것을 누구보다도 싫어하는 것이 악한 영들이다. 자꾸 자신의 정체를 숨기면 그것에 대해 예수그리스도의 이름으로 명령해야 한다. 악한 영이 인간 내부에서 무엇하고 있으며, 아직도 남아있는가를 계속 해서 확인해야 한다. 거짓 몸짓을 통해 마치 인간의 몸에서 떠난 것처럼 행동하거나 떠날 것이라고 말하면서 계속 미적 미적거리며 시간 끄는 경우가 있다. 그래서 축사 사역은 혼자의 힘이 아니라, 팀 사역으로 하는 것이 좋다. 또한 적당하게 흥정하자는 귀신들도 있다. 축사 사역에는 타협이 있을 수 없다. 대부분의 귀신들은 어느 선에서 떠나가지만, 그렇지 않은 경우가 종종 있는데 필자도 며칠 동안 영적 전쟁을 벌인 경우가 있었다. 그때 악한 영들은 자신이 가지고 있는 모든 방법을 다 동원하여 축사를 방해하였다.
한 번은 어떤 성도님을 위해 축사 사역을 하였는데,

"예수 이름으로 빨리 떠나가라!",
"알았어, 알았어! 나가면 되잖아. 아 참, 조금만 기다려! 아이고 분해. 아이고 분해."
"빨리 떠나라!"
"지금 떠나가고 있잖아! 아이고 분해 아이고 분해..."
"예수 이름으로 명하노니 더러운 귀신아! 떠나라!"
"나는 나가기 싫단 말이야, 다른 사람에게로 갈 수 있게 해줘"
"안 돼, 더러운 귀신아! 떠나라"
"알았다니까, 자 지금 떠났어."
갑자기 조용해졌다. 그래서 다시 한번 명령하였다.
"몸 안에 남아있는 악한 영들은 떠나라!"

그러나 아무런 반응이 없었다. 악한 영들은 조용히 잠들어 있는 척하고 있었기 때문이다. 다시 귀신에게 "몸 안에 있는 귀신은 지금 빨리 말하라"라고 명령했다. 그러자 다시 악한 영들이 또다시 말을 하기 시작하였다. 본격적으로 대화가 시작되었다.

"넌 어디서 온 거야, 왜 들어온 거야"
"어릴 때 성폭행당할 때 들어왔지, 이 사람을 내 종으로 만들기 위해 들어왔지."
"이제 네가 있을 곳이 아니야, 이제부터 이분에게는 성령님이 거하실 것이다. 이 악한 귀신아 예수 이름으로 떠나라"
"아이고 분해, 아이고 분해, 엉엉"

결국 귀신은 떠나갔지만 계속 물고 늘어지는 악한 영의 술책으로 인해 축사 후에 나의 모든 육체와 정신이 탈진된 듯한 느낌을 받게 되었다. 인간 속에 들어와 있는 모든 악한 영들은 무조건 내보내야 한다. 그러기 위해서는 계속 적인 확인 작업이 필요하다.

6) 축사 후에 관리가 필요하다(6단계).

귀신을 내어 쫓은 후에는 당사자에 대한 훈련(교육) 프로그램이 있어야 한다. 가장 중요한 것은 성경 공부를 통한 말씀 훈련이 있어서 다시는 악한 영이 들어오지 못하도록 말씀으로 무장시켜야 하는 것이다. 또한 카리스마적 사역을 통해 성령의 기름 부으심이 충만하게 넘쳐날 수 있도록 영적인 지도가 필요하다. 육체적으로도 원만한 대인관계를 위해 인간관계 훈련이나 공동체 훈련, 영성 훈련 등을 시키는 것도 중요하다. 축사는 끝이 아니라, 시작이기 때문에 한 영혼을 그리스도의 사랑으로 끝까지 잘 인도해야 한다. 그래서 치유센터에는 악한 영들의 침입을 예방하고, 치유하고, 재활시킬 수 있는 통전적인 프로그램이 적용되어야 한다. 이럴 때 온전한 치유사 역이 이루어질 수 있는 것이다. 또한 다른 축사자들과 서로 네트워크가 형성되어 있어야 한다. 서로를 위해 중보기도 하며, 팀 사역하고, 정보를 공유하면서 이 땅에 자리 잡은 사악한 영들의 견고한 진들을 서로 협력함으로 무너뜨려야 한다.
한국 기독교의 가장 큰 약점이 협력의 부족이다. 하나가 되기보다는 분열, 분리, 독선, 독주하는 것이 현실이다. 조금만 다르거나 튀어나오면 이단으로 정죄하기 바쁘다. 다르다는 것은 결코 틀린 것이 아니다. 우리는 서로 협력하여 장점을 취하고 단점은 버리면서 하나님 나라를 건설해 나가야 할 것이다.

7) 계속된 사역은 탈진을 가져온다(7단계).

우리 인간은 유한한 존재이다. 아무리 능력이 많은 사람이라도 자신의 한계를 인정해야 한다. 귀신들은 지치거나, 아프거나, 탈진되지 않는다. 우리 인간이 지치거나, 탈진되는 것이다. 그래서 능력이 있다고 무조건 모든 악한 영들과 계속해서 싸우면 안 된다. 예수님도 소문을 듣고 찾아오는 수많은 환자에게 치유와 사역을 다 베풀지 않으셨다.
오히려 물러가사 한적한 곳에서 기도하셨다. 악한 영들도 팀 사역한다. 그들은 우리보다 더 잘 조직된 군사 체계를 가지고 있음을 명심해야 한다. 인간이 부여받은 지혜로 그들의 거센 도전을 다 막아내기는 솔직히 역부족이다. 전적으로 성령님의 능력과 도우심에 위탁해야 한다. 우리가 아무리 능력이 있다고 할지라도 역시 인간은 나약한 존재다. 엘리야는 바알 귀신을 섬기는 선지자 450명과 아세라 귀신을 섬기는 선지자 400명과 대적하여 전무후무한 큰 승리를 거두었다(왕상18 : 16~46). 그러나 곧바로 왕후 이세벨에 쫓기는 신세가 되어 광야로 도망을 쳤으며 너무 지쳐서 로뎀나무 그늘 밑에서 탈진되어 쓰러져 있는 나약한 모습을 보여주었다(왕상19:1~5)

이것이 바로 인간의 본 모습이다. 우리는 자신에게 주어진 역량만큼 사역하고 적당한 선에서 멈추어야 한다. 축사하다 보면 정작 전해야 할 복음의 메시지는 실종되고 계속 밀려오는 기도요청에 기계적인 사역만 남게 된다. 축사를 시작하고 소문이 나면 귀신에 들린 사람만 몰려온다. 이때 지혜가 필요하다. 우리의 목표가 축사가 아니라, 더 중요한 것이 예수 그리스도의 복음을 선포하는 것이기 때문에 축사자는 주님과 친밀한 관계를 계속 유지하면서 복음주의로 나아가는 자신만의 노하우를 가지고 있어야 한다.

많은 치유자가 과중된 사역으로 인해 결국 병마에 쓰러지는 것을 보았다. 물론 주님께 열심을 내서 얻은 훈장과 같은 질병이지만 자기 자신을 잘 조절하지 못한 경우가 더 많이 있음을 볼 수 있다.

생각&묵상

제2장 축사 사역

1. 기독교 신정론이란 무엇인가요?

2. 사탄의 기원에 대해 기록하세요.

3. 귀신의 기원에 대한 4가지 학설은 무엇인가요?

4. 귀신 들림이란 무엇인가요?

5. 귀신 들림의 강도는?

6. 귀신 들림의 깊이는?

7. 귀신 들림의 유형은?

8. 귀신 들림의 현상은?

9. 솔 타이란 무엇인가요?

10. 축사의 실제를 단계별로 기록하세요.

제3장 치유 사역

Wholistic Anointing Ministry

제3장
치유(신유)사역

1. 성경 말씀

나는 너희를 치료하는 여호와임이라 (출15:26 下)

그가 찔림은 우리의 허물 때문이요 그가 상함은 우리의 죄악 때문이라 그가 징계를 받으므로 우리는 평화를 누리고 그가 채찍에 맞으므로 우리는 나음을 받았도다 (사53:5)

여호와의 말씀이니라 그들이 쫓겨난 자라 하매 시온을 찾는 자가 없은즉 내가 너의 상처로부터 새 살이 돋아나게 하여 너를 고쳐 주리라 (렘30:17)

그의 소문이 온 수리아에 퍼진지라 사람들이 모든 앓는 자 곧 각종 병에 걸려서 고통 당하는 자, 귀신 들린 자, 뇌전증 환자, 중풍 병자들을 데려오니 그들을 고치시더라 (마4:24)

예수께서 백 부장에게 이르시되 가라 네 믿은 대로 될지어다 하시니 그 즉시 하인이 나으니라 (마8:13)

예수께서 모든 도시와 마을에 두루 다니사 그들의 회당에서 가르치시며 천국 복음을 전파하시며 모든 병과 모든 약한 것을 고치시니라 (마9:35)

예수께서 그의 열두 제자를 부르사 더러운 귀신을 쫓아내며 모든 병과 모든 약한 것을 고치는 권능을 주시니라 (마10:1)

이에 예수께서 대답하여 이르시되 여자여 네 믿음이 크도다 네 소원대로 되리라 하시니 그때로부터 그의 딸이 나으니라 (마15:28)

예수께서 머물러 서서 그들을 불러 이르시되 너희에게 무엇을 하여 주기를 원하느냐 이르되 주여 우리의 눈 뜨기를 원하나이다 예수께서 불쌍히 여기사 그들의 눈을 만지시니 곧 보게 되어 그들이 예수를 따르니라 (마20:32~34)

믿는 자들에게는 이런 표적이 따르리니 곧 그들이 내 이름으로 귀신을 쫓아내며 새 방언을 말하며 뱀을 집어올리며 무슨 독을 마실지라도 해를 받지 아니하며 병든 사람에게 손을 얹은즉 나으리라 하시더라 (막16:17~18)

그가 그들에게서 무엇을 얻을까 하여 바라보거늘 베드로가 이르되 은과 금은 내게 없거니와 내게 있는 이것을 네게 주노니 나사렛 예수 그리스도의 이름으로 일어나 걸으라 하고 오른손을 잡아 일으키니 발과 발목이 곧 힘을 얻고 뛰어 서서 걸으며 그들과 함께 성전으로 들어가면서 걷기도 하고 뛰기도 하며 하나님을 찬송하니 (행3:5~8)

너희 중에 병든 자가 있느냐 그는 교회의 장로들을 청할 것이요 그들은 주의 이름으로 기름을 바르며 그를 위하여 기도할지니라 믿음의 기도는 병든 자를 구원하리니 주께서 그를 일으키시리라 혹시 죄를 범하였을지라도 사하심을 받으리라 그러므로 너희 죄를 서로 고백하며 병이 낫기를 위하여 서로 기도하라 의인의 간구는 역사하는 힘이 큼이니라 (약5:14~16)

2. 치유란 무엇인가

(1) 치유의 어원

성경에 나타난 치유 관련 용어들은 매우 다양하다. 히브리어로 '아루카(arukhah)', '마르페(marpe)', '할람(halram)', '라파(rapha)', '리프우트(riphuwth)', '레푸아(rephuah)' 등이 있으며, 그리스어로는 '테라페이아(therapeia)', '이아마(iama)', '이아시스(iasis)' 등이 있다.[52]

1) 구약의 어원

구약성경에는 치료하는 하나님, 의사 하나님에 대해 60회 이상이나 언급하고 있다.

> "나는 너희를 치료하는 여호와임이라"(출15:26 下)
>
> **אנֲי יְהוָה רפאְ ךָ**,(ănî Yehovah ropheeka, 아니 예호바 로페에카)[53]

'나는(ani)'이란 1인칭 주격 대명사이다. 바로 '예호바(여호와)'와 동격을 의미한다.[54] '로페에카(ropheeka)'는 '고치다', '치료하다', '수선하다'라는 뜻을 가진 동사 '라파(rapha)'에서 파생된 명사형 남성 단수 2인칭 소유격 접미사가 결합한 것으로 '너의 치료자', '너의 의사'라는 의미이다. 남성 단수 2인칭 소유격이 붙은 이유는 이스라엘 백성들을 단수로 취급했기 때문이다. 히브리어 원문에는 동사가 없다. 그래서 '로페에카'를 동사적 용법을 지닌 분사형으로 보고 해석하면, '나 여호와는 너를 치료한다'로 번역된다. 그러나 보통 히브리어에서 '~이다(be 동사)'가 생략되는 경우가 있으므로 이때는 '나 여호와는 너희의 치료자이다'로 해석된다. 개역개정성경에서는 '로페에카'가 '예호바'를 수식하는 것으로 해석했다. 그래서 '나는 너희를 치료하는 여호와임이라'라고 번역했고[55] 가

52_한국가톨릭대사전 편찬위원회 편, "치유", 한국가톨릭대사전(서울 : 한국교회사연구소, 2006), 8333-8335.

53_제자원 편,~

54_로고스편찬위원회 편, 스트롱코드 히브리어사전 (서울 : 도서출판 로고스, 2011), 46.

55_헤쎄드종합자료씨리즈편찬위원회 편, 헤쎄드종합자료씨리즈 제2권 출애굽기(서울 : 임마누엘, 1991), 293-294.

톨릭 공식 성경인 주석성경도 '나는 너희를 낫게 하는 주님이다'라고 번역하였다.[56]
아루카는 '아라크(arak, 길게하다, 확장하다)'에서 유래되었으며 '건강을 회복하다'라는 뜻으로 치료, 고침, 회복, 원상복구, 승소, 병이 차차 나아감을 의미한다. 예레미야 8장 22절에 '치료받는다', 예레미야 30장 17절에 '치료하여' 등으로 사용되었다.

마르페는 '치료' 혹은 '치료법'을 뜻하며 문자적으로는 '약품'으로 추상적으로는 '평온', '치유' 등으로 사용된다. 그 외에 '구제법', '건강', '위생', '부드러움', '온화함', '냉정', '침착' 등의 의미로 사용되고, 예레미야 14장 19절 '치료받기', 말라기 4장 2절 '의로운 해가 떠올라서 치료하는'뜻으로 사용되었다.

할람은 미완료형일 때 '살찌다', '뚱뚱해지다'를 뜻하지만, 히필(hiphil)[57] 형으로는 쓰일 경우 '회복하게 하다'라는 의미로 '견고하게 묶는다', '꿈꾸게 된다.', '강하게 되다', '치료한다'라는 뜻으로 사용되었다. 이사야 38장 16절에서는 '치료하시며'로 사용되었다.

라파는 구약에서 가장 많이 사용되는 용어로 '고치다', '화해시킨다', '치유한다', '제자리로 돌리다'등의 뜻으로 창세기 20장 17절 '그 아내와 여종을 치료하사', 출애굽기 15장 26절 '나는 너희를 치료하는 여호와', 전도서 3장 3절 '죽일 때가 있고 치료시킬 때가', 호세아 7장 1절 '내가 이스라엘을 치료하려 할 때'등에서 사용되었다.
리푸우트는 잠언서 3장 8절에 '양약'으로, '레푸아'는 예레미야 30장 13절, 에스겔 30장 21절에 '약'으로, 예레미야 46장 11절에는 '치료'로 번역되었다.[58]

2) 신약의 어원

그리스어 '테라페이아'는 영어의 '테라피(therapy)'의 어원이 되는 단어로 육체적인 치료에 주로 사용되었지만, 영적인 치유도 포함하여 마태복음 4장 24절에서 '각종 병에 걸려서 고통당하는 자, 귀신들린자, 뇌전증 환자, 뇌혈관 질환인' 및 마태복음 15장 30절 '신체장애인, 시각장애인, 언어장애인'등을 치유하는 데 사용되었다.[59]
원래의 의미는 '신들을 섬긴다.'라는 뜻으로 낮은 신분으로 높은 사람을 '돌봄' 혹은 '섬김'의 뜻으로 병을 간호하는 의미를 내포하고 있다. 신약성경에서는 명사 '테라페이아'보다는 '치료한다.', '시중들다'를 뜻하는

56_주교회의성서위원회 편, "출애굽기" 주석성경 신약(서울 : 한국천주교중앙협의회), 220.

57_히필형이란 사역형 동사를 말한다. 예를 들면 '바아(오다)'라는 기본형 동사가 히필형으로 바뀌면 '레비(데려오다)'가 되고 '메트(죽다)'는 '데미트(죽이다)'가 된다. 또한 상태동사가 되면 그 의미를 더욱 강조하게 되어 '라아크(멀다)'가 '히르히크(매우 멀다)'가 된다.

58_로고스편찬위원회 편, 스트롱코드 히브리어사전 (서울 : 도서출판 로고스), 55-56, 356-357, 182-183, 561-562.
조두만, 히브리어 헬라어 한글성경대사전(서울 : 성지사), 34, 107, 203, 314.
이성호, 성구대사전(서울 : 혜문사), 1401.

59_ 국제신학연구원, 오중복음과 삼중축복의 구원(서울 : 서울서적, 1993), 78.

동사 '테라퓨오(therapeuo)'가 더 자주 사용되고 있다.[60]
예수님의 치유는 단순한 의학적 처방만을 의미하는 것이 아니라 통전적(統全的) 치유를 의미한다. 예수님은 병자를 치유하는 권능을 행하셨다. 이는 복음 전파 못지않게 그의 사역의 중요한 부분이었다. 그 어떤 병도 그를 거역할 수 없었다. 그는 많은 사람을 고쳐주셨고 귀신을 쫓아내셨다.[61]
'고치다', '치유'를 뜻하는 '이아마', '이아시스', '이아오마이(iaomai)'는 그리스어 용법에서 거의 의학적인 용어로 사용되었다. 나중에 도덕적인 상처나 질병의 치료에까지 확장되었으며, 육체적인 치료뿐만 아니라 영적으로 회개하여 마음을 치료하는 것(마13:15)[62], 마귀에 눌린 자를 치료하는 것(마15:28, 행10:38), 마음이 상한 것을 치료하는 것(눅4:18) 등으로 다양하게 사용되었다.[63]
신약시대에 의사를 '이아트로스(iatros)'라고 하였으며 의사 누가는 뛰어난 의학적 지식과 역사적인 안목을 가지고 누가복음과 사도행전을 저술하였다.
원시시대에 육체적 고통이란 전투에서 입은 상처를 의미했다. 따라서 그들이 이해할 수 없었던 질병은 초월적 세력에 의한 공격으로 인식되었고, 이 세력은 주술(呪術)[64] 또는 제사(祭祀)[65]에 의하여 극복될 수 있는 것으로 인식되었다. 이집트인들은 의학을 발전시킨 최초의 민족이었다(B.C 2600~1600). 그들은 상처를 절개하고 뼈를 맞추고 다친 것을 꿰매고 충치 먹은 이를 봉하거나 알약을 사용하였다. 그러나 해결할 수 없는 질병에 대해서는 치료의 주술을 사용하였다. 그리스인들은 실험적인 근거를 기초로 치료 기술을 개발하였다. 의사들은 히포크라테스(Hippocrates, B.C. 460~377)의 선서를 통한 학교에서 훈련받았다. 그러므로 주술보다는 의술(醫術)[66]에 더 많이 의존하였다. 로마 시대에는 많은 의사가 부와 명예를 얻었으며 진보적인 의술이 발달 되었다.
그런데도 신약은 질병을 귀신과 결부시키고 있다(마12:22). 또한 질병을 하나님의 심판으로 인식하고 있다(계6:8). 모든 질병은 하나님의 창조 계획에 모순되는 것으로 인식되었다. 이러한 상황 속에서 예수님의 통전적 치유 사역은 그 당시 엄청난 파문을 일으켰다.[67]

(2) 치유의 정의

국어사전에 보면 '치료(治療)'란 '병이나 상처를 다스려서 낫게 함'이라고 정의하였으며 '치유(治癒)'는 '치료하여 병을 낫게 함'이라고 정의하고 있다.[68] 보통 '치료'의 개념이 직접적으로 질병을 낫게 하는 '의료적 행

60_로고스편찬위원회 편, 스트롱코드 헬라어사전 (서울 : 도서출판 로고스), 844.
'테라페이아'는 신약에서 3회 사용되었지만 '데라퓨오'는 43회 사용되었다.

61_Morton T. Kelsey, 치료와 기독교(Healing and Christianity), 배상길 역(서울 : 대한기독교출판사, 2000), 121-122.
구약의 치유가 대부분 육체적 병나음과 하나님과 관계 회복의 개념이라면 신약의 치유는 영적, 특히 마귀 혹은 귀신들과의 싸움에서 승리하여 이 땅에 하나님 나라를 건설하고 구원을 완성하는 데 초점이 맞추어져 있다.

62_Archibald T. Robertson, "마태복음" 신약원어대해설(Word pictures in the New Testament). A.T. 로버트슨번역위원회 역(서울 : 요단출판사, 2005), 154.
70인역 성경은 부정과거 가정법을 사용하지 않고 직설법 미래로 바꾸어 번역하였다.

63_로고스편찬위원회 편, 스트롱코드 헬라어사전, 849.

64_두산동아편, 동아새국어사전 제5판(서울 : 두산동아), 2173.
주술이란 초자연적 존재나 신비적인 힘을 빌려 길흉을 점치고 화복을 비는 일을 말한다.

65_Ibid., 2115.
제사란 신령이나 죽은 사람의 넋에게 음식을 차려 놓고 정성을 나타내는 의식을 말한다.

66_Ibid., 1879.
의술이란 병을 고치는 기술로 의학에 관한 모든 기술을 총칭한다.

67_Gerhard Kittel, Gerhard Friedrich, "고치다", 신약성서 신학사전(Theological Dictionary of the New a Testament). 번역위원회 역(서울 : 요단출판사), 396-399.
강병훈 편저, 쉐마주제별종합자료사전 제14권(서울 : 성서연구사), 528.

68_두산동아편, 동아새국어사전 제5판, 2377, 2380.

위'에 있다면 '치유'의 개념은 질병의 '원인'을 파악하여 통전적(統全的, holistic)인 '회복'에 중점을 둔다. 보통 우리가 전인적(全人的) 치유라는 말을 많이 사용한다. '전인(whole person, man, being)'이란 '지(知) 정(情) 의(意)가 조화를 이룬 원만한 인격자[69]'를 뜻하며 기독교적으로 하나님께서 창조하신 인간의 실존(實存) 전체를 포함한다.

그러나 필자는 전인적이라는 단어보다 통합(統合, 모든 것을 합쳐 하나로 만듦)[70]이라는 의미를 담고 있는 통전적이라는 말을 사용한다. 전인적은 주로 인간존재의 여러 부분과 관계성에 초점을 맞추고 있다. 그러나 통전적은 더 광범위하게 인간, 자연, 우주 그리고 영적인 것과 육체적인 것, 보이는 것과 보이지 않는 것, 구원과 영생까지를 모두 합일(合一)시킨 개념이다. 그러나 영어로는 전인적이나 통전적이나 모두 'holistic'으로 사용할 수 있다. 통전적 치유(holistic healing)라는 단어는 치유의 대상인 인간을 총체적 혹은 통합적인 관점에서 보는 데서 비롯된 단어이다. 'holistic'이라는 단어는 그리스어로 'holo'(whole, entire의 뜻)라는 단어에서 파생된 말로서, 철학의 'holism'에서 비롯되었다. 'holism'이란 '전체론'으로 '현실의 기본적 유기체인 전체가 그것을 구성하는 부분의 종합보다도 가치가 있다.'라고 하는 이론이다. 통전적이란 개념은 인간은 분리할 수 없는 영·혼·육으로 이루어진 유기체이며, 그 소속된 생명계, 사회환경과 갖는 관계성 모두를 포괄하고 있는 존재로 보는 관점에서 시작된다.

일부에서는 'wholistic'이라는 영어 단어를 사용한다. 이 wholistic은 모든 영역의 전체(the sum of total of the parts) 의미로서 whole에서 나왔으나 사전에서 찾을 수 없는 단어이다. 그러나 holistic은 생물학에 있는 공생적(symbiotic) 용어이다. 그리스어 'sym'은 상호 의존(interdependence)을 의미하고, 'bios'는 생명(life)을 의미한다. 이 단어들은 서로 함께 두 개의 다른 방식의 생명체들이 서로에게 유익을 얻는 방식 안에서 함께 조화로운 삶을 사는 것을 의미하고 있다. 이는 한 파트너가 다른 파트너 없이 살 수 없는 존재이고, 서로에게 절대적으로 의존된다는 점에서 필수적인 관계라는 뜻을 가장 잘 설명해주고 있다.

1) 신유(神癒)

신유(神癒) 란 신앙요법의 하나로 신앙요법의 하나로 '신의 힘으로 병이 낫는 것'을 의미한다. 하나님께서 인간을 긍휼히 여기시고 질병을 고쳐 주시기 위해 특별은총인 신유를 주셨다. 이 신유는 인간의 질병을 고쳐 주시기 위한 하나님의 사랑과 은혜의 선물이다. 그러므로 신유를 신적 치유(divine healing), 영적 치유(spiritual healing), 신앙치유(faith healing)라고

69_Ibid., 2066.

70_Jürgen Moltmann, The Spirit of Life: A Universal Affirmation(Mineapolis : Fortress, 2001), 189-190.

한다. 사람들은 '치료'와 '치유'를 혼동하여 사용하는 경우가 종종 있다. '치료'는 의학적인 방법을 사용하는 인본적 의술로 영어로는 '트리트먼트(treatment)'라고 하고 인간의 지식과 힘에 해당하는 단어이고, 약이나 의학적인 기술에 의해 질병을 치료함을 뜻한다.

치유란 영어로 '힐링(healing)'이라고 하고, 하나님의 힘에 해당하는 단어로 전능하신 하나님의 도움으로 회복되는 초자연적이고 신적인 능력을 말한다. 대부분 영어 번역본에는 '치료'라고 번역되어 있지 않고 '치유'라고 번역되어 있다.
그러나 우리나라 성경에는 '치유'라고 번역된 것이 하나도 없고 '고치다', '낫다', '치료한다.', '회복된다'라고 번역되어 있다. 그러므로 보다 신본주의적이고 통전적인 관점에서 제대로 번역한다면 '나는 너희를 치유하는 하나님이다'(출15:26)라고 번역해야 한다. 몰트만(Jürgen Moltmann, 1926~2024)은 치유를 다음과 같이 설명하였다.

기적적인 치유들은 고대 시대에는 일반적이었다. 우리는 역시 그것을 오늘날 발견한다. 그리고 예수님의 경우에는 그 기적적인 치유들은 하나님 나라 선포의 상황 내에 속한다. 하나님이 당신의 창조물에 대한 권세를 떠맡았을 때 마귀들은 물러난다. 살아계신 하나님이 오시고 그의 창조물에 거하시니 모든 창조물은 그의 영원한 생명력(활력)으로 가득 채워진다. 예수님은 하나님의 나라만 단지 가져온 것이 아니다(믿음을 일깨우는 단어들 속에) 그는 역시 건강을 되찾게 하는 치유의 형태로 그 나라를 오게 하신 것이다. 하나님의 영은 남자들과 여자들의 몸에 침투하시고 죽음의 병균들을 물리치시는 살아 있는 에너지이다. 예수님의 기적적인 치유들은 블룸하르트가 말하였듯이 '왕국의 기적들'이다. 모든 만물의 새 창조의 여명에 그것들은 사실 전혀 '기적들'이 아니다. 그것들은 완전히 자연스러운 것이요, 우리가 바로 기대하여야 할 것이다.[71]

버나드 마틴(Bernard Martin)은 '치유란 영원한 삶으로 이어지는 인격의 완전한 성숙을 저해하는 영적, 정신적, 육체적인 속박으로부터 자유롭게 되는 것을 의미한다'라고 정의하였다.
폴 틸리히(Paul Tillich, 1886~1965)는 '구원은 근본적으로 그리고 원칙적으로 치유이다. 다시 말하면 꺾어지고 와해 된 것을 온전하게 만들어 주는 것이다.'라고 말하고 있다.[72] 질병 자체 보다는 질병으로 인하여 발생하는 환자 내부의 책임과 환자와 관련된 다른 사람과의 관계에서 일어나는 사회적인 문제 그리고 질병으로 인하여 발생하는 환자의 영적인 필요에 초점을 맞추고 있다. 그래서 그는 육체적, 정신적 질병에서의 치

71_Seward Hiltner, 목회신학원론 (Preface to Pastoral Theology), 민경배 역(서울 : 대한기독교서회, 1995), 317에서 재인용.

72_Ibid., 117-123.

유와 영적인 죄악에서의 구원을 구별하지 않는다. 진정한 치유는 왜곡으로부터 온전히 만드는 회복의 기능을 의미하며 영적, 정신적, 육체적, 통전적 구원을 의미한다는 것이다.

힐트너(Seward Hiltner, 1909~1984)는 '치유란 단지 육체적인 질병에서 회복되는 것만으로는 온전한 치유라 할 수 없다. 치유는 온전하게 만드는 일, 다시 회복되는 일을 말한다. 여러 가지 면에서 손상 입었던 기능적 불완전성을 다시 회복하여 회복 이전 단계보다 한 단계 더 발전된 상태로 회복시키는 것을 의미한다.'라고 정의하였다.[73]

우리나라 치유선교학(Healing Missiology)의 개척자 이명수(1920~2009) 박사는 치유를 다음과 같이 정의하였다.

> 치유는 타락된 상태(fallen state)를 창조의 상태(creation state)로, 비정상적 상태(abnormal state)를 정상적 상태(normal state)로, 병리적 상태(pathological state)를 생리적 상태(physiological state)로, 파괴된 상태(broken state)를 온전한 상태(wholistic state)로, 무질서의 상태(disordered state)를 질서의 상태(ordered state)로, 소외된 상태(alienated state)를 화해의 상태(reconciled state)로, 부조화의 상태(disharmonized state)를 조화된 상태(harmonized state)로 회복시키는 과정이다.[74]

그는 총체적 치유 사역을 논했는데 그가 제안한 치유 사역을 보면 먼저, 치유 사역의 의미를 세우는데 필요한 기독교적 세계관을 규정하였고 이를 창조와 타락, 회복과 완성의 맥락으로 보았으며 또한 치유 사역을 건강과 질병, 치유와 온전함의 과정으로 보아 기독교 세계관과 이를 대비시켰다. 결국 치유를 '회복시키는 과정'으로 이해하였다. 질병의 원인에 대해서는 인간이 '하나님과의 법'과 '자연의 법'을 범함에 기인한 것으로 보았으며 '자연의 법'도 '하나님의 법'의 범주에 속한다고 보았다. 그리고 이들의 법을 어기는 요인은 바로 인간의 지나친 탐심 때문이다.

또한 치유 사역 대상은 인간과 인간이 몸담고 살아가는 사회라 하였으며 이 사회라는 개념 속에는 인간 공동체와 환경, 그리고 자연이 포함된다고 보았다. 또한 기독교의 인간 이해 측면에서 볼 때, 인간은 하나님의 형상(Imago Dei)대로 창조된 몸·마음·영으로 구성되어 있으며 이를 분리할 수 없는 전인(whole being)으로 인식하였다. 인간의 건강 혹은 질병은 인간의 사회와 상호 영향을 주고받으며 몸의 병, 정신의 병, 영의 병, 사회의 병 사이에는 상관관계가 있을 뿐만 아니라 이들의 병의 원인은 상호작용한다고 생각하였다. 따라서 효과적인 치유 사역의 접근은 포괄적이고 동시적이어야 한다고 주장했다. 반면 치유 사역에 동원할 수 있

73_이명수, "Holistic Healing", 한국치유선교연구원 강의안, 2002에서 재인용. see 치유와 선교 제2호, 2010년 11월

74_박행렬, "총체적 치유사역에 있어서 가족과 치유", 치유와 선교 제2호, 2010년 11월, 25-26에서 재인용.

는 인적 및 물적 자원은 무한하지 않고 제한되어 있어 일차적인 대상은 사회 소외계층으로 하고 그것을 점진적으로 확장 시킴을 그 전략으로 한다고 말했다. 마지막으로 치유 사역의 궁극적인 목표는 타락하고 병든 인간과 사회를 회복하여 '새 하늘과 새 땅'을 건설하는 것인데, 하나님 나라의 건설이 치유 사역의 궁극인 목표가 된다고 보았다.[75]

이명수 박사가 제안한 치유 사역의 전제는 인간의 창조와 타락 그리고 회복과 온전함에 대한 전체적인 틀을 조망하고 총체적 치유를 이끄는 통찰력을 제공하였다.

박행렬[76]은 이명수의 사상과 개념을 바탕으로 자신의 전공인 의학적인 지식과 경험을 바탕으로 미래 의학 즉 심신 사회의학, 노인의학, 예방의학, 정신의학, 호스피스, 사회개혁 등에 기대를 걸며 이러한 의학적 치료와 기독교적 신앙이 총체적으로 통합된 치유 시스템을 구상하였고 강경미[77] 역시 모든 것을 통합하는 총체적 치유 선교 전략을 통해 진보적인 치유 사역을 구상하였다.

존 윔버(John Wimber, 1931~1997)와 케빈 스프링어(Kevin Springer)는 치유의 영역을 다섯 가지로 구분하였다.[78]

첫째, 영의 치유(healing of the spirit)이다. 죄로 인해 병든 영혼을 치유하는 것을 말한다.

둘째, 마음 상처의 치유(healing of the effects of past hurts)이다. 흔히 내적 치유(inner healing)라고도 하는 것으로서, 과거에 손상된 감정이나 마음의 상처를 치유하는 것을 말한다. 물론 기억 그 자체가 치유되기는 어렵다. 그러나 과거에 입은 마음의 상처나 감정의 억압으로부터 오는 후유증들인 분노, 죄책감, 수치감, 좌절감 등은 치유될 수 있으며, 사람들을 자유롭게 할 수 있다. 내적 치유는 풍성한 삶을 살지 못하게 저해하고 있는 정신생활의 영역들에 하나님의 은혜와 용서를 적용하는 것이다.

셋째, 귀신 들림과 정신질환의 치유(healing of the demonized and mental illness)이다. 어떤 사람의 존재와 삶 속에서 귀신이 활동하거나 악한 영에 의한 외부적인 영향이든, 혹은 내적인 감정상의 혼란이든 간에, 이들은 모두 질병을 유발할 수 있으며 치유가 필요하다.

넷째, 질병의 치유(healing of the body)이다. 사고 등으로 인해 손상된 육체 부위, 또는 병균의 감염으로 인한 질병 따위를 치유하는 것을 말한다.

다섯째, 죽어가는 사람, 또는 이미 죽은 사람에 대한 치유(healing of the dying and the dead)이다. 죽어가고 있는 사람을 위로하고 굳센 마음을 갖도록 하는 것, 그리고 드문 경우이기는 하나 죽은 사람을 다시 살리는 것을 말한다(요11:44, 행9:40). 죽어가는 사람들은 자신의 한계를 인정하지 않으려 하기도 하고, 또한 너무 인정한 나머지 좌절하기도 한다. 인

75_박행렬, "총체적 치유사역에 있어서 가족과 치유", 치유와 선교 제2호, 2010년 11월, 25-26에서 재인용.

76_see 박행렬, 기독인을 위한 전인치유 사역(서울 : 도서출판 나인, 1999), 성령사역(서울 : 은혜출판사, 2000)

77_강경미, 예수님의 치유사역과 21c 총체적 치유선교전략(서울 : 동문사, 2011), 136.

78_John Wimber and K. Springer, 능력 치유(Power Healing), 이재범 역(서울 : 도서출판 나단, 2003), 77-78.

〈표 3〉 총체적 치유 사역의 개념[79]

주 제	설 명
기독교적 인간 이해	· 인간은 하나님의 형상대로 창조되었으며 몸과 마음의 영으로 구성되는 분리할 수 없는 전인적으로 이해한다.
건강한 상태	· 건강한 상태란 영·혼·육이 온전하고, 환경(사회)과의 관계가 온전한 상태를 말한다.
병 리	· 질병의 개념은 사람들, 환경, 하나님으로부터의 소외되는 것을 말한다. · 몸의 질병(somatopathy), 마음의 질병(psychopathy), 영의 질병(spiritopathy), 마음·몸 질병(psychosomatic disorder), 영·마음 질병(spirito-psychic disorder), 영·마음·몸의 질병(humanopathy), 사회적 질병(sociopathy) 등이 포함된다. · 병들게 되는 근원은 하나님께 불순종 또는 하나님께 대항하는 사탄의 행위이다.
치 유	· 회복시키는 과정을 말한다. · 기독교 세계관은 창조-타락-회복-완성의 맥락에서 본다. · 치유 사역은 건강-질병-치유-온전함의 과정으로 보고, 기독교 세계관과 대비 시켜 치유는 회복시키는 과정으로 이해한다. · 치유의 대상은 인간과 인간 주위의 사회(환경)이다.
총체적 치유	· 몸의 치유(의학적 돌봄), 마음의 치유(상담 심리적 돌봄), 영적인 치유(목회적 돌봄), 사회 환경 치유(사회적 돌봄)를 포함한다. · 총체적 치유 사역 방법은 전문가들의 팀 사역으로 이루어진다. · 육체적, 정신적, 영적, 사회적 차원까지 치유하기 위하여 목회자, 정신의학자, 상담사, 사회사업가 등의 협력을 통한 팀 사역이 필요하다. · 총체적 치유 사역의 궁극적인 목표는 하나님 나라의 건설에 있다.

79_Ibid.,27에서 재인용

간은 주님의 은혜로, 믿음으로 구원받는다(엡2:8~9). 그러나 그들은 구원에 대한 자신이 없는 것이다. 그래서 죽음을 두려워하고 죽음에 대하여 자유롭지 못하며 받아들이려 하지 않는다. 그때 사역자는 그리스도에 대한 믿음을 심어줌으로 죽음에 대한 염려로부터 자유로워지고 죽음을 준비할 수 있도록 도와야 한다. 죽음은 종말이 아니라 희망이고, 부활이다(고전15:2). 사역자는 그들의 말을 잘 들어주고 위로와 용기라는 선물을 주며 그리스도께서 그의 죄를 용서해 주신다는 사실과 천국에 대해 확신을 하게 해야 한다. 또 죽은 후 남아있는 친구나 친척들에 대한 사역으로 이어져야 한다. 죽은 사람의 친지들은 그 사람 생전에 자기들이

잘못한 일이나 소홀히 했던 일들로 인한 가책으로부터 해방 시켜 주는 것이 치유 사역이다.[80]

요즈음 죽음을 미리 준비하는 웰 다잉(well-dying)이 활발하다. 우리는 누구나 죽는다는 것, 죽을 때 아무것도 가지고 가지 않는다는 것, 누구와 함께 죽을 수 없다는 것을 알면서도 죽음의 준비 없이 살고 있다. 우리의 삶도 준비하고 죽음도 준비하는 것, 즉 잘 죽는 방법을 아는 것도 치유의 내용 중에 포함된다.[81]

80_Ibid., 114-115.

81_최영숙, "웰다잉 이론과 실제", 웰다잉지도사 교육교제 아름다운 황혼만들기(서울 : 한국고령사회교육원, 2011), 92.

82_ Ibid., 26에서 재인용하면서 이명수박사는 총체적 치유를 영어로 'Holistic care system'으로 사용하였다. 이명수, 치유선교론(서울 : 나임출판사, 1995), 63. 의사인 이명수 박사는 아세아연합신학대학교에서 한철하 박사와 함께 치유선교학을 개설하였으며 그 후 2004년 건양대학교대학원에서 치유선교학과를, 2007년 치유선교학 박사과정을 개설하였다. 그는 총체적 치유선교학의 개척자이다.

〈그림 2〉 총체적 치유(holistic care system)[82]

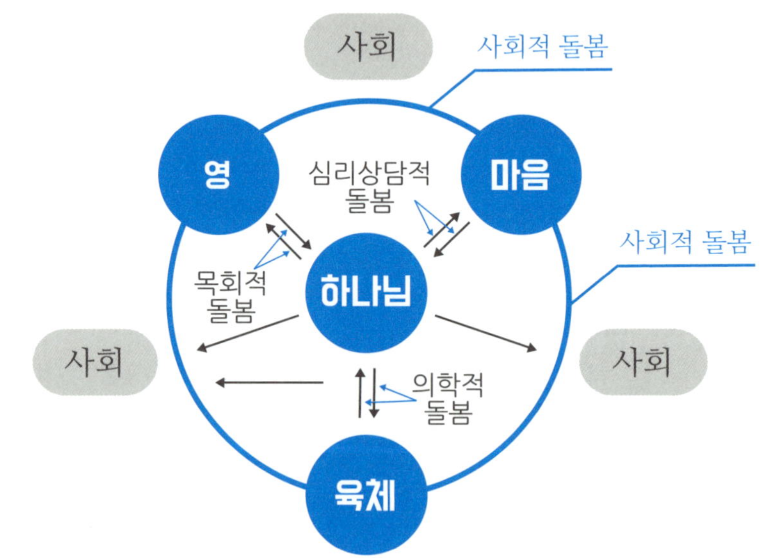

위에서 살펴보았듯이 질병의 개념과 원인을 일반적 요인과 성경적 측면을 통해서 볼 때 인간의 육체적, 정신적, 영적, 사회적 요인 등으로 구분되어 나타난다. 그러므로 치유도 역시 질병의 원인에 맞게 다양하게 이루어져야 하고, 각 부분에 대한 전문적인 지식과 이해가 전제된 상태에서 치유가 진행되어야 한다. 치유 사역하는데 전제조건은 인간이 하나님의 형상대로 창조된 존재(창1:26)라는 사실을 바로 인식하는 것이다. 이 말은 곧 치유란 하나님의 형상대로 회복되어야 한다는 의미이다. 그러므로 치유는 인간이 최상의 정상적인 상태에서 살아갈 수 있도록 해 주는 것을 목표로 한다.

2) 케어(care)

케어(care)란(care)는 우리말로 '돌봄'이라고 하는데 의학적 돌봄(medical care), 간호적 돌봄(nursing care), 목회적 돌봄(pastoral care), 영적 돌봄(spiritual care), 호스피스 돌봄(hospice care), 사회적 돌봄(social care)등 여러 방면에서 사용되고 있다. 돌봄은 단순히 육체적인 것만 돌보는 것이 아니라 정신적, 사회적, 영적 분야까지 영향을 주는 광범위한 돌봄을 의미한다. 그러므로 의학적인 제공뿐만 아니라 친절, 상담, 신뢰, 봉사 등 환자를 위한 모든 행위를 포함한다.

3) 내적 치유(inner healing)

내적 치유(inner healing)란 '기도와 훈련을 통해 증오심, 거부감, 자기연민, 우울증, 죄의식, 두려움, 슬픔 등의 감정으로부터 해방되는 과정'을 말한다. 그래서 우리 마음속에 있는 쓰레기 청소에 초점을 맞춘다. 사탄은 상처와 고통스러운 기억을 간직하게 하며, 그 기억 속에서 벗어나지 못하게 함으로 그리스도의 영광에 거하지 못하게 한다. 그러므로 우리는 주님의 빛을 가지고 우리 안에 있는 불쾌한 감정들을 모두 제거해야 하는 것이다.[83]

찰스 크래프트(Charles H. Kraft, 1932~)는 내적 치유를 다음과 같이 설명하고 있다.

내적치유사역은 전인적인 치유를 목적으로 하는 성령의 능력을 통한 사역이다. 인간의 질병은 대체로 감정적, 영적인 부분에 입은 상처와 연관되어 있으므로 내적 치유는 그곳에 초점을 맞춘다. 이 사역은 그러한 상처의 근원이 되는 부분에 그리스도의 능력을 적용하려 한다. 흔히 내담자의 기억에는 이러한 근원적인 것들이 무의식적으로 담겨있기 때문에 내적 치유는 '기억의 치유'라고 불리는 것에 초점을 맞춘다.[84]

존 윔버(John Wimber, 1931~1997)는 내적 치유를 다음과 같이 설명하였다.

쓰라린 기억을 포함한 정서적 또는 심리적 상처들은 우리 자신의 저지른 죄악 또는 다른 사람들이 저지른 죄악으로 인한 피해 때문에 생기게 된다. 이러한 과거의 상처들이 치유되면 속사람이 회복된다. 따라서 과거의 받은 상처가 치유되는 것은 육체적이고도 가시적인 치

83_김경수, 성경적 내적치유 이론과 실제(서울 : 도서출판 목양, 2010), 16.

84_Charles H. Kraft, 깊은 상처를 치유하시는 하나님(Deep Wounds Deep Healing), 이윤호 역(서울 : 은성출판사, 2005), 42-43.

유 측 외적인 치유와는 분명히 구별되는 개념으로서의 일반적인 내적 치유라고 불리고 있다. 내적 치유란 손상된 감정 등으로 고통을 받는 사람들에게 성령께서 죄와 용서와 정서적인 회복을 이루어 주시는 과정으로서 곤경에 빠진 우리의 존재와 삶이 일정 영역에 복음의 능력이 역사할 수 있게끔 하는 것이다.[85]

85_John Wimber and K. Springer, 능력치유, 42.

샌드포드(Mark Sandford 1945~2021)는 내적 치유를 다음과 같이 정의하였다.

성령님의 인도하심 아래 땅을 깊게 파고 들어가 다시금 싹트려고 통통하게 물오른 쓴 뿌리들을 찾는 것, 그리고 찾아낸 쓴 뿌리들을 십자가로 보내 효과적으로 죽이는 과정이다.[86]

86_John and Mark Sandford, 축사사역과 내적치유(Deliverance and Inner Healing),심현석 역,(서울: 순전한나드, 2006), 62.

그는 내적 치유는 "상담과 기도를 통한 변화와 성화의 과정이라고 불려야 한다"라고 말하면서 성화와 변화를 위해 사용되는 가장 중요한 수단으로 내적 치유를 강조하였다.[87] 탐 마살(Tom Marshall)은 내적 상처의 원인을 다음과 같이 말하고 있다.

87_Ibid., 67.

첫째, 우리가 감당할 수 없을 만큼 큰 감정상의 충격(사별, 결혼 실패, 사업 실패, 사고, 지위 상실, 건강)은 상처로 남는다.
둘째, 가장 보편적인 것은 오랜 기간 스트레스를 받는 부정적인 환경 속(잦은 불화, 심한 잔소리, 엄한 권위 양육, 심리적 스트레스)에서 지냈을 때이다.
셋째, 우리가 보기에 꼭 채워져야 하는 필요가 어느 수준에도 미치지 못하고 그만 좌절되었을 때 부정적인 감정이 생긴다.
넷째, 자신이 세운 목표를 충분히 이루어 낼 수 있다고 믿었는데, 외부 환경이나 다른 사람에 의해 좌절될 때 기본적으로 원망과 분노와 적대감이라는 쓴 감정이 생긴다.
다섯째, 계속해서 두려움이 되는 일을 접해야 하는 상황 또는 장기적으로 자신의 기본적인 자화상이 건드려지는 일이 생길 때(남들과 경쟁하는 직장이나 학교)는 불안과 긴장이란 내적 상처를 경험하게 된다.
여섯째, 자신 안에 있는 기준을 넘어서는 행동을 저질렀을 때의 죄책감은 고질적인 병처럼 될 가능성이 있다. 유아기에 거절당한 감정은 자아 학대의 삐뚤어진 자화상이 생기고 아동기에 질병을 앓았다거나, 어머니가 안 계셨거나, 부모의 이혼을 겪은 아이는 감정에 치명적인 해를 끼치게 되고, 가정상의 상처를 받게 되어 생활하는 삶의 단계에서 자신과 타인을 사랑하지 못하는 비정상적인 사람이 되어 버린다. 감정적으로 상처받은 영향은 일반적으로 사람의 행동이나, 태도에서 관찰할 수 있으며, 내적 상처로 인하여 밖으로 드러나는 증상을 이해해야 한다.[88]

88_Tom Marshall, 내면으로부터의 치유(Healing from the inside out), 이상신 역, (서울 : 예수전도단, 2004), 108.

그는 내적 상처가 있다는 증거로써 다음 증상을 열거하였다.
첫째, 특별히 그럴 만한 상황도 아닌데 감정적인 반응을 격하게 나타낸다.
둘째, 감정의 변화가 있을 때 심한 통증이 따른다.
셋째, 어떤 경우에는 감정이 모두 억압되어 부자연스러워 보일 정도로 과묵함을 가지고 있다든지, 아니면 의존적인 태도를 보인다.
넷째, 자화상의 문제나, 열등감의 문제가 있다.
다섯째, 일반적으로 삶에 대해 비관적이며 부정적인 말과 태도를 비롯하여, 우울한 성격과 강박한 태도를 나타낸다.
여섯째, 분명치 못하고 결단성이 없으며, 극히 우유부단하다.
일곱째, 생활환경이 무질서하고, 산만할 뿐만 아니라 제대로 정리할 줄 모른다.
여덟째, 두려움이 앞선다. 자신에게 닥친 일이 많아질 때는 더욱 그렇다.
아홉째, 도덕관념이 없다.
열째, 결혼해도 자녀 낳기를 원하지 않으며, 아이들이 자랄 때도 놀아주지 않으려 한다.
열한째, 상처를 안고 있는 그리스도인은 영적인 것에 의심이 많다든가, 구원의 확신이 부족한 경우가 많다.[89]

89_Ibid., 109.

결국 내적 치유란 '회개와 용서를 통해 정서(마음) 속에 쌓여 있는 영적 쓰레기들을 제거하여 통전적인 삶으로 변화되는 과정이다'라고 정의할 수 있다.

4) 치유 사역(healing ministry)이란

'인간의 영과 마음과 몸이 병들고 부조화의 관계에 있는 사람들의 건강을 위하여 돌보아주고 치료해주는 사역'을 말한다. 하나님은 인간의 병을 고쳐주시는 치유자이시다. 그러므로 치유사역자는 하나님의 주권 아래 있는 것이다. 치유 사역을 인간에게 적용할 때 그 의미는 하나님께서 인간의 영·혼·육을 을 치유하시는 데 그 치유의 은혜를 전달해주는 배달자 역할이란 뜻이다. 사람은 하나님께서 하시는 일을 옆에서 수종 들고 섬기며 동역하는 것뿐이다(고전3:9).
치유 사역 훈련이란 주님의 3대 사역인 가르침(teaching), 복음전파(preaching), 모든 병과 약한 것을 고치심(healing)을 보다 전문적이고 체계적으로 잘 할 수 있도록 '전문화 훈련 과정'을 말한다.
결론적으로 통전적 치유(integrated healing)란 '예수 그리스도의 보혈로 하나님과의 관계가 회복되고 하나님의 은혜로 전인인 영·혼·육이 회복될 뿐 아니라 사회와 자연(우주)과의 관계도 회복되고 조화를 이루어 구원과 성화, 그리고 영생하는 모든 과정을 의미한다.'라고 정의할 수 있다. 진정한 치유란 회복된 이후에도 계속 적인 삶의 변화와 하나님 앞에서 헌신자의 삶을 사는 것을 의미한다.[90] 그래서 치유는 하나님의 형상대로 회복시킴을 목표로 한다(창1:26). 건강과 구원은 양 날개와 같다.[91] 참된 치유는 구원과 영생을 모두 포함한다.[92]

3. 건강이란 무엇인가

'병 고치다', '병을 낫게 하다'의 영어 단어가 '힐(heal)'이다. 이 단어의 명사형이 '힐링(healing)'이며 바로 '치유'를 말한다. 힐링이 동명사의 형태를 가졌다는 의미는 치유가 하나의 지속적 과정으로 인식되었기 때문이다. 그러므로 고쳐지는 과정도 치유이며 고침. 받은 결과도 치유이다. 건강이란 치유의 결과를 말하는 것으로 건강과 치유는 동의어로 쓰인다. 또한 치유는 구원이라는 개념과도 함께 사용된다.[93]

건강이란 단어는 '헬스(health)'인데 고대어 '할(hal)'에서 유래되었다. hal은 기력이 왕성하거나 튼튼한 건강 상태를 의미하는 '헤일(hale)'이며, 전체적인 건강의 조화를 의미하는 '홀(wohle)'에서 유래되었다.[94] 예전에는 단순히 질병이 없는 상태만을 건강이라고 생각했었다. 그러나 19세기 중반 이후에 건강을 육체와 정신, 영적인 면에 의해 정의하게 되었고 이 개념마저도 1940대 이후에는 포괄적이고, 관계적이고, 사회 생활적인 개념으로 발전하게 되었다. 건강한 상태가 무엇이냐에 대해서 세계보건기구(WHO)는 다음과 같이 정의하였다.

> 건강이란 단순히 질병이 없거나 허약하지 않을 뿐만 아니라 육체적, 정신적, 사회적 그리고 영적인 안녕이 복합적으로 완전히 보장된 상태를 말한다.[95]

세계보건기구는 인간을 단지 육체, 혹은 정신의 관점에서만 바라보지 않고 생활하는 존재로 건강의 개념을 사회적, 영적으로까지 확대했다. 그럼 안녕 상태(well~being)란 무엇인가? 인간이 사회적 존재로서의 기능과 역할을 다한다는 뜻이다. 인간의 사회적 기능이란 늘 변화하는 것이 보통이다. 따라서 변화하는 복합적인 기능 분담에 그때마다 유효적

90_Paul Tournier, 인간치유(The Healing of Persons), 권달천 역(서울 : 생명의 말씀사, 2011), 140. 폴트루니에의 치유(A Doctor's Casebook in the Light of the Bible), 정동섭 역(서울 : CUP, 2007)

91_한영제 편, "치료", 단권성경백과사전(서울 : 기독교문사), 835. 새성경신학대사전 편찬위원회 편, "치료", 새성경신학대사전 하(서울 : 아카데미아리서치), 2124. 정인찬 편, "치유(건강)", 성서대백과사전 제7권(서울 : 기독지혜사), 878-883. 강병훈 편, "치유", 쉐마주제별종합자료사전 제14권(서울 : 성서연구사), 526-530. 이재은 편, "치유", 기독교문화대백과사전 제21권(서울 : 성서연구사), 449-469.

92_염기석, 치유란 무엇인가(서울 : 쿰란출판사, 2002), 16-20.

93_위르겐 몰트만(Jürgen Moltmann)은 '구원이란 말은 사실상 치유라는 뜻이며 상처를 낫게 해주는 것이야말로 구원의 구체적인 결과다. 그러므로 하나의 사건으로서의 구원(saving)과 그 결과로서의 구원(salvation) 그리고 그 구체적인 행위로서의 치유와 그 결과로서의 건강은 따로 떼어 놓을 수 없이 함께 존재한다. 구세주는 구원을 정확하게 말해서 치유행위, 곧 혼돈과 불멸에 싸인 삶을 붙잡아 그것을 다시 완전하게 만드는 그 행위를 통해서 성취한다.'라고 말하였다.

94_John A. Sanford, Heal_ing and Wholeness(N.Y. : Paulist press, 1977), 6.

95_constitution of the World Health organization, 1946.
1974년에는 성적인 개방에 따른 성적 타락으로 건강 정의에 '성적 건강'이 추가되었고 1984년에는 영적 건강 없이 통전적 건강이 있을 수 없다는 생각으로 '영적 건강'을 인정하였다.

절하게 적응해나가는 것이 곧 안녕 상태라고 보아야 할 것이다.[96] 건강의 척도를 간단히 나타낼 수는 없으나 일반적으로 건강한 사람을 다음과 같이 말할 수 있다. ①질병이 없고 육체의 기능장애가 없는 상태 ②일상생활에서의 삶의 보람을 느끼고 적당한 정력과 쾌활 감이 있는 상태 ③좋은 식욕과 안정된 몸무게를 유지하는 상태 ④충분한 수면과 심신이 안락 하는 상태 ⑤정서적 안정과 사회생활이 조화 있게 이루어진 상태를 건강한 사람이라고 말할 수 있다.[97]

구약성경에는 우리가 상식적으로 말하는 건강이란 단어가 나오지 않는다. 개역개정성경에는 건강으로 번역된 구절이 두 군데 나온다.

첫째는 시편에 "주는 나를 용서하사 내가 떠나 없어지기 전에 나의 건강을 회복시키소서"(시39:13)라는 말씀이다. 여기서 건강은 히브리어로 '발라그(balag)'라고 하는데 '비추게 하다', '즐겁게 하다', '평안하게 하다'라는 뜻으로 건강하게 됨을 은유적으로 표현한 것이다.[98] 그러므로 시편의 말씀은 나를 용서하셔서 죄 사함 받고 영적인 힘을 회복하게 해달라는 의미이고, 그 구원의 회복으로 말미암아 다시 웃을 수 있고 즐겁게 해달라는 간구이다.

둘째는 잠언의 말씀으로 '그것은 얻는 자에게 생명이 되며 그의 온 육체의 건강이 됨이니라'(잠4:22). 여기서 건강은 히브리어 '마르페(marpe)'를 번역한 것으로 앞에서 언급했듯이 '치유', '건강'등의 뜻으로 사용되었다.[99] 이 구절에서 말하는 '그것'은 어떠한 약도 아닌 바로 '지혜'를 의미한다. 따라서 육체의 건강이 된다는 말도 은유적으로 사용된 말임을 알 수 있다. 즉 지혜는 그것을 얻는 자의 생명이 되며 통전적 건강함이 된다는 뜻이다. 이렇게 구약성경에서 건강을 나타내는 단어들은 은유적으로 많이 사용되었다(렘30:17, 33:6).

구약성경에서 건강과 관련된 단어는 '샬롬(shalom)'인데 '평화', '건강', '완전'의 의미가 있으며, 250회 사용되었다. 이 단어가 60회 정도는 '분쟁이 없는 안녕한 상태'(왕상4:25)를 의미하고 있으며 25회 정도는 '작별 인사나 문안 인사'로 사용하였다(삿19:20, 삼상25:6). 구약에서 샬롬은 하나님께서 계약에 따라 행동하신 결과이자 공의의 결과이다(사32:17). 이 용어의 대부분은 하나님이 임재하신 결과로 나타난 충만한 상태를 묘사하고 있다. 특히 평화의 계약에서 그 언급이 나타난다(민25:12, 사54:10). 이 평화와 건강은 하나님께로 오는 선물이며 하나님의 은혜로 완성되는 것이다.[100]

평화는 궁극적으로 하나님의 창조 속에 있으며 하나님의 은사다. 예언자들이 선포하고 소망 가운데 기다리던 메시아는 평화의 왕이요, 평화로 통치하시는 분이다. 평화는 인간이 하나님의 공의를 행하고 하나님과의 계약관계를 올바르게 지킬 때 실현되는 것이다. 즉, 하나님의 공의가 평화의 본질적 요소가 되며 건강과 공의는 분리될 수 없는 관계이다.

96_양재모, 공중보건학 강의(서울 : 수문사, 2005), 36.

97_see 구성회. 공중보건학(서울 : KMS,2023)

98_로고스편찬위원회 편, 스트롱코드 헬라어사전, 81-82. 히브리 성경에는 14절로 되어 있고, KJV에서는 '힘을 회복하다(recover, strength)'로 번역하였으며, NIV는 '기쁨을 다시 회복하다(rejoice again)'로 NASB에서는 '다시 웃을 수 있게 하다(smile again)'로 번역하였다.

99_대부분의 영어번역서는 health 또는 healing로 번역하였다.

100_R Laird Harris, Gleason L Archer, Bruce K Waltke, 구약원어신학사전 vol. I (Theological Wordbook of the Old Testament), 번역위원회 역(서울 : 요단출판사, 2008), 1163-1164.

건강은 하나님의 말씀에 순종하는 것으로 시작된다. 하나님의 말씀에 순종하여 의의를 이루면 하나님의 축복을 받고 영적, 정신적, 육체적 건강뿐 아니라 경제적, 사회적 건강과 민족과 국가 전체에 평화가 임하는 것이다. 이 평화가 임한 상태가 바로 건강이다. 그러므로 구약에서의 건강은 신적, 종교적, 윤리적인 측면을 가진다고 볼 수 있다. 히브리적 사고에서 건강을 위한 삶이란 하나님의 뜻대로 살아가는 삶이다. 구약에서 인본적 의사가 나오지 않는 이유가 바로 이 때문이다. 그러므로 구약에서의 건강은 하나님의 '평화', '하나님의 공의가 적용된 상태'라고 정의할 수 있다.

신약은 건강에 대하여 평화의 개념에 구원의 개념을 추가시켰다. 신약성경은 주님께서 행한 다양한 질병의 치유를 묘사하고 있는데 이때 '소조(sozo, 구원한다)'라는 동사를 사용하였다.
'소조'는 ① 자연적인 위험이나 피해에서 구출하거나 그것을 당하지 않게 하는 것 ② 영원한 죽음에서 구원하거나 영원한 죽임을 당하지 않게 하는 것을 의미한다. 인간의 '육'을 가리키는 '소마(soma)'가 이 단어에서 유래되었다.[101] 이 말은 치유와 구원이 같은 의미라는 뜻이다.
따라서 신약에 있어서 건강이란 '주님의 은혜(능력)로 치유 받아 구원받음'이라고 말할 수 있다. 왜냐하면 구원과 치유가 동의어로 쓰이기 때문이다. 그리스어로 '건강한', '건강해지다'라는 단어로 '휘기에스(hügies)', '휘기아이노(hügiaino)'가 있는데 이 단어는 육체적으로 건강한 것뿐만 아니라 정신이나 영적으로 또는 삶의 행실이 건전하고 바른 것, 진실함 등을 표현할 때 쓰는 말이다.[102]
신약에서 모든 논의를 함축할 수 있는 건강의 개념을 찾으라면 단연 하나님 나라의 회복이다. 치유의 정의가 하나님 나라의 회복이듯이 건강도 하나님 나라가 온전히 회복된 상태, 하나님 나라가 임재한 상태를 의미한다. 인간의 영·혼·육과 사회, 환경, 자연 모두를 포함하여 하나님 나라가 건설되는 것이야말로 진정한 의미에서의 건강이다. 구약의 평화의 개념과 신약의 구원이 함께 있는 하나님 나라가 건강 그 자체이다.
신·구약 성경이 의미하고 있는 건강의 개념을 영역별로 정리하면 다음과 같다.

영적 건강이란, 중생하여 성령 충만을 받고 성령의 열매를 맺는 생활을 하며, 하나님의 뜻을 실현하기 위해 악한 영과의 싸움에서 승리하는 상태를 말한다.

혼적 건강이란, 다른 사람과 만족스러운 인간관계를 이루고 유지해 가

101_로고스편찬위원회 편, 스트롱코드 헬라어사전, 1026-1027.

102_Ibid., 1042.
요삼1:2, 눅5:31, 딤전1:10 등에서 휘기아이노는 동사형으로 나온다. '건강한 자', '바른 교훈', '온전케 하고'라고 번역되었다.

는 것을 말하며, 변화하는 상황 속에서도 마음의 평화를 유지하고 자신의 마음을 조절할 수 있는 능력과 바른 대인관계를 유지해 나가는 상태를 말한다.

육적 건강이란, 세균 혹은 사건, 사고에 대한 저항력과 파괴력이 균형을 유지하는 상태를 말한다. 예를 들면 병균이 침투해도 저항력이 파괴력을 이겨내고 균형을 이루는 것을 말한다.

사회적 건강이란, 정치적 자유와 경제적 평등이 실현되며, 모든 사람이 진리 안에서 자유와 평화를 누리고 질서와 신뢰와 조화를 이루는 상태를 말한다.

자연·환경적 건강이란, 인간이 자신의 이익을 위해 자연을 파괴하지 않고 인간과 자연이 서로 공존하고 인간과 우주가 일체가 되는 상태를 말한다.[103]

폴 투루니에(Paul Tournier, 1898~1986)는 건강하고 신실한 기독교 신앙은 비현실 세계로 도피가 아니라 오히려 구체적인 삶의 체험에 있다고 강조하면서 다음과 같이 말했다.

> 모든 사람 앞에는 세 가지 길이 있다. 첫째, 하나님이 없는 현실이다. 이것은 물질주의자들의 분리이다. 둘째, 현실이 없는 하나님이다. 이것은 허위 신비주의자들의 분리이다. 셋째, 하나님도 있고 현실도 있는 길이다. 이것은 기독교의 신앙이다. 이 마지막 길이 가장 어려운 길이다. 왜냐하면 하나님의 부르심에 귀를 기울이지 않고 우리 자신이 보는 대로 사는 것이나, 현실에 대하여는 눈을 감고 하나님의 부르심을 감상적으로 받아들이는 삶이 훨씬 더 쉽기 때문이다. 물질주의자나 이상주의자가 되기는 쉽다. 그러나 그리스도인이 되기는 어렵다.[104]

그는 하나님도 있고 현실도 있는 삶 가운데서 진정한 치유가 일어난다고 주장하였다. 조무성은 전인 건강(holistic health)이란 '마음과 몸, 그리고 사회 및 자연환경의 건강을 타나 내는 일반적인 의미이며, 특히 성경적인 관점에서의 전인 건강을 말해야 한다'라고 말했다. 전인 건강 개념을 표현하는 영어로는 holistic health, wholistic health, whole person health, total health 등 여러 가지가 있다. 그중 holistic health가 가장 많이 쓰이고 있다. 전인 건강은 마음과 몸의 건강 외에 포괄적으로 사회나

103_권양순, "기독교적 관점에서 본 전인치유의 효과적 방법연구"(석사학위논문, 아세아연합신학대학원, 1986), 24 에 있는 내용과 필자의 내용이 합쳐진 것이다.

104_Paul Tournier, 인간치유, 140-141.
그는 스위스 출신으로 내과 의사이자 정신의학자였다. 기술적인 의학만 존재하던 시기에 의사와 환자가 인격적으로 만나야 하고 의술과 인간이해, 종교가 결합해야만 치유가 가능하다는 '인격 의학'을 주창하여 주목받았으며 현대 심리학과 기독교를 통합시키는 데 지대한 공헌을 하였다. 그는 진정한 치유란 "단지 질병의 회복단계로 끝나는 것이 아니라 질병이 회복된 후에도 계속 삶의 자세까지 연관을 지어 하나님 앞에서 헌신자의 삶을 살아가는 것"이라고 보았다. 또한 회복된 건강을 어떻게 할 것이냐 하는 것이 건강 그 자체보다 훨씬 중요하다고 생각했다.

환경의 건강을 포함하는 의미인 총체적 건강(total health)을 말한다. 전인 건강(holistic health)는 마음과 몸의 통일체인 인격체의 건강에 초점을 두는 개념이며, 전 인격체의 건강(whole person health)을 말한다.[105]

105_조무성, 암과 싸우는 10가지 방법(전인치료, 전인건강, 삶의 의미를 위한 암투병 팡세)(서울 : 예영커뮤니케이션, 2000), 405.
cf. 전우택 편저, 의료선교학(tjdnf : 연세대학교출판부, 2004), 126-127.

4. 질병이란 무엇인가

(1) 질병의 어원

구약에서 질병을 의미하는 동사 '할라(chalah)'는 '힘이 빠진다.', '피곤해지다', '약해지다', '고통당한다.', '슬퍼하다'라는 뜻이다. 이 단어는 오랜 여행 후에 오게 되는 피곤함(사57:10), 육체적 손상으로 오는 질병(잠23:35), 전쟁에서 겪는 상처(왕하8:29), 낙상으로 다치게 되는 상처(왕하1:2), 다양한 원인의 질병(창48:1, 왕하20:1), 아사의 발에 들은 병(왕상15:23), 희생을 드리기에 합당하지 못한 짐승의 상태(말1:8, 1:3) 등에 사용되었다. 이 단어에서 파생된 '타할루임(tahaluim)'은 복수형으로 '질병들'을 가리킨다. 또한 이 단어는 '마음의 병'도 포함되며(아2:5, 5:8 , 삼상22:8), 명사인 '홀리(choliy)'는 육체의 질병(대하16:12, 21:15)이나 여러 가지 물리적 요인(왕하1:2)으로 인하여 병들게 되는 것을 말하면서 상징적으로 국가와 민족에 대하여(호5:13), 주어진 재앙에 대하여(전6:2) 사용되기도 하였다.

다른 단어로 '마크오브(makob)'가 있는데 질병으로 인한 고통을 가리키는 것으로 이사야 53장 3~4절에 '간고(艱苦)'라고 번역되어 있다. 마크오브는 영적 혹은 육체적 질병을 가리키기도 하며 슬픔으로 번역되기도 한다. 같은 단어를 선지자 예레미야는 예루살렘의 영적 타락에 대하여 사용하고 있다(렘6~7장).
그 외 파생어인 '마하레(mahaleh)'는 질병, 허약함을 뜻하고(대하21:15 ; 잠18:14), '마하루이(mahaluy)'는 병 혹은 상처라는 의미로 사용되었다(대하24:25).[106]

106_Laird Harris, Gleason L Archer, Bruce K Waltke, 구약원어신학사전 vol. Ⅰ, 356-357.
로고스편찬위원회 편, 스트롱코드 히브리어사전, 180-181.

신약성경에서 '질병'을 의미하는 '아스데네이아(astheneia)' 는 '약함', '질병'등을 의미하는데 '병들어 힘이 없는 상태'를 의미하며(막6:56, 눅4:40) 육체적인 질병(마10:8), 내적인 가난이나 무능함(롬8:3), 경제적인 가난(행20:35)등에 사용되었다.[107]
그 외 '말라키아(malakia)'는 '약한 것'을 의미하며 형용사 '카코스(kakos)'는 '나쁜 병', '악령을 가지고 있는 상태'(마4:24, 막1:32)를 묘사하고 '캄노(kamno)'는 '병들다'(약5:15)로, '노소스(nosos)'는 '마음의 근심, 걱정' 등을 의미한다(딤전6:4).[108]

질병이란 다음과 같이 요약할 수 있다.
첫째, 영적 질병이란 중생하지 못한 영이 죄의 지배를 받는 상태이거나 중생한 그리스도인이라 할지라도 성령의 지배를 받지 못하고 인간의 타락한 육체의 본성을 쫓거나(갈5:19~21), 마귀의 지배를 받는 상태를 말한다.
둘째, 혼적 질병이란 마음의 평온이 깨진 상태로 불안, 공포, 초조, 질투, 시기, 분노 등에 휘말려 적절한 감정을 초월하거나 표현하거나, 조절하지 못하는 상태를 말한다.
셋째, 육적 질병이란 저항력과 파괴력의 균형이 깨져 병균이 침투할 때 저항력이 파괴력을 이기지 못한 상태를 말한다.
넷째, 사회적 질병이란 정치적 억압과 독재, 경제적 불평등으로 인해 민족 전체가 고통을 당하고 있는 상태를 말한다.
다섯째, 자연·환경적 질병이란 인간이 자연을 파괴함으로 지구와 자연이 오염되어 각종 재난과 질병이 발생하는 상태를 말한다.[109]
결론적으로 '질병'이란 '하나님께서 창조하신 온전한 상태에서 벗어나 손상되어 하나님과 개인과 이웃과 자연과의 부조화'를 의미한다. 결국 하나님과 모든 피조물 사이에 조화를 이루지 못하고 무질서와 불균형의 상태에 있는 것을 말한다.

(2) 질병의 원인

성경은 하나님의 형상을 따라 온전하게 지음. 받은 인간에게 어떻게 질병과 같은 불행이 찾아오게 되었는가에 관하여 자세히 기록하고 있다.

1) 인간의 원죄와 관련이 있다.

하나님께서 처음 아담과 하와를 창조하셨을 때 질병과 죽음이 없는 온전한 상태로 창조하셨다. 그러나 하나님의 말씀에 불순종하여 선악과

107_R Gerhard Kittel, Gerhard Friedrich, "병", 신학성서 신학사전, 92.

108_Ibid., 733-735.

109_권양순, 27에 있는 내용과 필자의 내용이 합해진 것이다.

를 따 먹고 범죄를 저지른 결과 그 죗값으로 질병과 죽음이 찾아왔다. 인간이 죄를 지음으로 하나님과의 교제가 단절되고 영적으로 죽음이 왔으며(창3:22~24), 정서적으로는 불안과 공포가 인간 내면을 지배하게 되었다(창3:8~10). 그리고 영적인 죽음이 육신의 죽음으로 이어지게 되었다(창3:19). 죗값으로 영·혼·육 전인이 이렇게 병들고 죽게 된 것이다(롬6:23). 또한 주위 환경마저도 인간의 죄로 저주받았다(창3:18). 성경은 이렇게 질병의 원인이 일차적으로 원죄와 관련이 있다고 말하고 있다. 원죄뿐만 아니라 개인이 범한 죄와도 관련이 있다. 주님께서 38년 된 병자를 고쳐주시고 '다시는 죄를 범치 말라'(요5:14)고 말씀하신 이유는 그 사람의 질병 원인이 그가 범한 죄와 관련이 있다는 것을 암시하고 있다.

웨스트민스터 신앙고백(The Westminster confession of Faith) 제6장 1~6절 '인간의 타락, 범죄, 그리고 그에 대한 형벌'에 대해 다음과 같이 고백하고 있다.

첫째, 인간들의 시조(始祖) 아담과 하와는 사탄의 간계와 유혹을 받아 금지된 열매를 따 먹음으로써 범죄를 저지르게 되었다. 그들의 죄에 대하여 하나님께서는 자신의 지혜롭고 거룩한 뜻에 따라 기꺼이 허용하셨다. 이는 그것을 다스려 자신의 영광을 드러내시기로 작정하고 계셨기 때문이다.
둘째, 이 죄로 말미암아 그들은 본래의 의(義)를 상실하게 되었으며, 하나님과의 교제가 단절되었다. 그리하여 인간들은 죄의 결과로 사망에 이르게 되었고, 그들의 영과 육의 모든 부분과 모든 기능이 전적으로 더럽혀졌다.
셋째, 그들은 모든 인류의 시조이기 때문에 그들이 범한 죄의 책임은 모든 후손에게 전가되었다. 죄로 인한 같은 죽음과 부패한 성품이 대대로 유전되어 내려온 것이다. 이는 그 후손들이 통상적인 방법으로 출생함으로써 조상들의 모든 것을 유전 받았기 때문이다.
넷째, 이 최초의 부패로 말미암아 인간에게는 선한 마음이 전혀 없을뿐더러 그것을 행할 능력도 없게 되었다. 그 대신 전적으로 악을 행하는 성향만 남아있다. 이는 근본적인 죄로 말미암는 것이며 거기서부터 인간들의 모든 실제적인 죄들이 발생하게 되었다.
다섯째, 이러한 본성의 부패는 이 세상을 살아가는 거듭난 성도들 가운데도 여전히 남아있다. 비록 그 부패성이 그리스도를 통하여 용서받고 억제되고 있다고 할지라도 부패한 본성 자체와 그에게서 나오는 모든 행동은 완전히 죄악 된 것이다.
여섯째, 원죄와 자범죄 등 모든 죄 들은 하나님의 의로운 율법에 대한 범행이며 위반이다. 또한 죄인인 인간들은 자체의 성질로 인해 죄책을 가지게 된다. 그리하여 인간은 하나님의 진노와 율법의 저주 아래 결박되어 죽을 수밖에 없으며 영적으로 육적으로 그리고 영원토록 비참한 상태에서 벗어날 수 없다.[110]

2) 귀신과 관련이 있다.

발생한 질병에 대해 여러 군데에서 증거하고 있다. 예수님은 병자들에게서 귀신을 쫓아냄으로 그 병을 고쳐주셨다. 시각장애자, 언어장애자, 청각장애자, 뇌전증 아이(막9:20~29), 귀신 들려 18년 동안 꼬부라져 펴지 못한 여자(눅13:11~13) 등 그 귀신들을 쫓아냄으로 질병에서 해방 시키셨다. 악한 영들은 인간 내면에 들어와 인간을 파괴하고 있다. 우리도 악한 영을 쫓아냄으로 인해 하나님 나라가 이 땅에 건설될 수 있게 만들어야 한다.

3) 스트레스와 상한 감정과 관련이 있다.

인간은 영·혼·육이 유기적으로 결합해 있어서 어느 한 부분에 고통이나 아픔이 오면 모든 부위에 영향을 받게 된다. 스트레스나 정신적인 충격은 고혈압, 갑상샘, 천식, 위장장애, 관절염, 피부병들을 일으켜서 인간에게 고통을 주고 있다.

4) 잘못된 삶과 습관과 관련되어 있다.

대부분의 육체적 질병은 갑자기 발생하는 것이 아니라 점진적으로 잘못된 삶의 방법으로 인해 나타난다. 하나님의 부르심에 따라 신실하게 살아야 함에도 하나님께 복종하기는커녕 불순종하기 때문에 질병이 걸리게 된다. 우리는 건강한 삶을 살기 위해서 창조하신 건강의 원리를 이해하고 자연법칙에 순응해야 한다. 잘못된 식습관, 일 중독, 비윤리적 생활 등이 쌓여서 결국 자기 자신에 해를 가져다주는 경우가 많이 있다.

5) 유전과 사회 환경적 요인과 관련이 있다.

유전적 질환, 공해, 오염, 핵, 천재지변, 불의의 사고 등이 질병을 일으킨다.

6) 하나님과 관련이 있다.

110_이광호, 웨스트민스터 신앙고백(서울 : 도서출판 깔뱅, 2010), 26-27.
웨스트민스터 신앙고백서는 종교개혁시대 이후 영국을 포함한 서구의 교회들이 빛을 잃어 세속화되고 국가와 사회가 혼란스러운 시기인 17세기 중엽 영국에서 작성되었다. 그것은 올바른 교회를 확립하고자 하는 역사적 몸부림이었으며 하나님의 놀라운 은혜가 있었다. 혼탁한 시대에 처한 교회의 요청에 따라 성경의 가르침을 절대 표준으로 삼는 121명의 목사 및 신학자들과 18명의 귀족, 그리고 20명의 하원의원 등 총 159명의 성도가 영국의 런던에 있는 웨스트민스터사원에 모여 약 5년 8개월(1643.7.1-1649.2.22)에 걸쳐 신앙고백서를 작성하였다.

하나님은 치료하시는 분이시면서 동시에 질병을 내리시는 분이시다(출15:26). 하나님은 우리를 찢으시기도 하고 싸매시기도 하시며 상처를 내시기도 하시고 다시 아물게도 하신다(호6:1). 하나님이 우리의 고통과 질병의 원인이 되신다는 말씀은 모세오경과 예언서에 굉장히 많이 나온다. 그렇다면 왜 하나님은 우리에게 질병을 내리시는가? 그것은 질병 자체가 목적이 아니라 질병을 통해 무엇인가를 이루시려는 의도 때문이다.

우리는 하나님의 의도를 대략 세 가지로 나누어 볼 수 있다.

첫째, 우리를 구원시키려는 의도이다. 하나님은 우리에게 고통을 주시기 위해 창조하시지 않았다. 즉 심판이 아니라 구원이 목적이다. 그러므로 성경은 질병이나 고통도 하나님의 구원 사역으로 증언하고 있다(요3:17). 우리가 죄를 짓고도 회개하지 않아 우리에게 질병도 내리시고 고통과 실패를 경험하게 하신다. 하나님은 질병의 고통 속에서 회개하고 하나님께로 돌아오기를 원하신다. 우리가 돌아오면 하나님은 구원하시고 다시 우리를 고치신다.

둘째, 교훈과 교육을 위한 의도이다. 하나님은 의에 대한 교육을 위해 심판의 고통이나 질병을 내리신다. 하지만 악인은 하나님께서 은혜를 베푸셔도 옳은 일 하는 것을 배우려 하지 않는다. 그러므로 우리는 질병의 고통 속에 숨겨진 하나님의 의도를 잘 살펴 그것을 통해 하나님과 그리스도를 배우고 알아야 한다(엡3:16~19).

셋째, 우리의 신앙을 높은 차원으로 이끄시려는 의도이다. 이는 질병으로 인한 고통이 연단의 의미가 있다 말과 같다. 성화 된 삶과 성령 충만을 위해 성령님께서 거하시는 우리의 몸을 정결하게 하시는 과정이 연단이다. 사도 바울은 연단을 통하여 소망을 이룬다고 간증하였다(롬5:3~4). 그 소망은 그리스도로 말미암아 하나님과 화목을 이루고 결국 영생에 이르게 하는 것이다(롬5:11).[111]

111_악을 반드시 극복해야만 하는 대상으로 볼 것인가 아니면 악을 하나의 섭리로 볼 것인가 하는 문제에 대해서는 전통적으로 두 가지 견해가 있다. 아우구스티누스(Aurelius Augustin us, 354-430)는 악을 극복해야 할 대상으로 본다. 그래서 종국에는 영생과 영벌이라는 두 가지 심판론으로 결론짓는다. 그러나 오리게네스(Origenes, 185-254)나 이레니우스(Irenaeus, 140-203) 등과 같은 초기 교부들은 악을 하나의 섭리로 보며 종국에는 모두가 하나님의 구원하심 속에 이르게 된다고 본다. 즉 '만유 화해론'으로 결론을 짓는 것이다. 섭리론에 대해 부정적인 사역자들은 아우구스티누스 신학에 기초하고 있기 때문이다.

<표 4> 질병의 10가지 원인[112]

번호	원 인	말 씀	치 료
1	사단으로 인한 질병	욥2:7, 눅13;16, 행10:38, 고후12:7	하나님께 의지하고, 예수의 이름으로 사단을 대적하라
2	귀신으로 인한 질병	마9:32, 12:22, 막9:17, 눅11:14, 13:11	금식과 기도(막9:29)와 말씀(마4:4, 6, 10, 8:16)에 의지하여, 성령을 힘입어(마12:28) 병들게 하는 귀신을 예수의 이름으로 저주(행16:18)하라
3	죄로 인한 질병	신28:20-22, 마9:2, 요5:14, 약5:15-16, 요9:1-2	죄를 회개하고(요일1:9,사1:18), 병 낫기를 위해 기도(약5;16)하라
4	주님의 징계로 인한 질병	계2:22	경히 여기지 말며, 낙심치 말고(히12;5), 영의 아버지께 더욱 복종(히12:9)하라
5	은혜의 질병 (교만치 않게 하려고)	고후12:7-10	겸손한 마음으로(잠16:18) 순종(삼상15;22)하라
6	성만찬 때 경건치 못함으로	고전11:29-30	경건한 마음으로 성만찬에 참여하라
7	하나님의 영광을 위한 병	요9:3, 11;4	하나님의 때(전3;2)가 이를 때까지 소망을 갖고 참아 기다리라
8	천사로 인하여 생길 수 있는 병(사고)	창32:25	하나님 말씀에 순종하라
9	자연적인 현상, 육체적인 조건, 인간의 부주의로 인한 질병	딤전5:23	가능하면 약을 써도 무방하다(딤전5;23, 왕하20:1-7, 막8:23-26)
10	죽을병	왕하13:14, 사31:1-8	하나님께 부름을 받거나 히스기야 왕처럼 간절히 기도함으로 생명 연장을 축복으로 받을 수 있다 (사31:1-8).

112_전요셉, 정신장애와 귀신 쫓음(서울 : 문성, 2019), 340.

5. 치유 사역의 필요성

예수님의 사역 가운데 대부분이 치유 사역이었다. 예수님과 제자들 그리고 초대 교회는 치유 사역을 아주 중요하게 여겼다. 치유 사역의 필요성은 다음과 같다.

(1) 치유 사역은 예수님의 명령이다.

1) 예수님의 명령이다.

예수님은 직접 치유 사역을 하셨을 뿐만 아니라 제자들에게 가르치고 훈련시키신 후 병든 자들을 치유하라고 명령하셨다(마10:7~8, 막16:17~18, 약5:14~16). 이것은 치유 사역이 자신으로 끝나지 않고 앞으로 교회 시대에도 계속 이어지게 하기 위함이었다. 주님은 제자들에게 모든 질병과 귀신을 제어하는 권세를 주셨다. 주님의 명령이기 때문에 주님을 따르는 백성들은 누구나 치유 사역해야 한다. 치유 사역을 안 하는 것 자체가 불순종이다. 교회는 그리스도인들이 치유 사역을 할 수 있도록 가르치고 훈련 시켜야 하며 훈련을 통한 적용으로 교회를 부흥시켜야 한다.

2) 하나님께 영광 돌리는 일이다.

인간의 제일 되는 목적은 하나님께 영광을 돌리는 것이다.[113] 예수님께서 치유 사역하셨을 때 비난하고 핍박하는 사람들도 있었지만 대부분 놀라워하고 두려워하며 하나님께 영광을 돌렸다(막2:11~12, 눅7:13~16). 병든 자가 고침을 받는 것은 하나님께서 사랑과 권능을 나타내서 고치신 것이며 선하고 영광스러운 일이다(행10:38).

3) 주님을 기쁘시게 하는 일이다.

• • •

113_대한예수교장로회 헌법개정위원회, 대한예수교장로회총회 헌법(서울 : 장로교출판사, 2011), 40.
제3부 요리문답에 보면, '사람의 제일 되는 목적은 하나님을 영화롭게 대하고 영원토록 그를 즐거워하는 것이다'(요17:22 ; 고전10:31 ; 롬11:36 ; 시73:24-26)라고 기록되어 있다.

누가복음 10장에 70인의 제자들이 주님의 보냄을 받고 나가서 사역한 후 돌아와 "주여, 주의 이름으로 귀신들도 우리에게 항복하더이다"라고 보고를 드렸다. 주님께서 보고를 들으시고 성령으로 기뻐하셨다(눅10:21). 주님은 제자들이 귀신을 쫓아내고 병든 자들을 고친 치유 사역으로 인하여 기뻐하시고 하나님께 감사기도를 드렸다(눅10:21~22). 이렇게 치유 사역은 주님을 기쁘시게 해 드리는 일이다. 그러므로 믿는 자들에게 치유 사역을 할 수 있도록 해야 한다.

4) 사랑의 표현이다.

하나님은 사랑이시며(요일4:8), 그 사랑은 치유로 표현된다. 성부 하나님께서 병든 자들을 불쌍히 여기시고 치유해주시기 원하셨기 때문에 성자 하나님을 보내어 십자가게 달려 죽게 하심으로 우리 모든 질병을 고쳐 놓으시고 구원시키셨다(사53:4~5). 주님께서는 육신을 입고(incarnation) 오셔서 하나님의 사랑을 이 땅에 표현하셨다. 가는 곳마다 병자들을 보고 민망히 여겨 손을 내밀어 만지시며 치유하여 주신 것이다(막1:40~42). 이 치유는 십자가의 고난과 부활을 통하여 완성되었다. 오늘날 교회가 병자들을 불쌍히 여기고 치유해야 할 이유가 여기에 있는 것이다. 하나님의 사랑을 받은 믿는 신자들은 그 사랑을 치유를 통해 표현해야 한다.

5) 해방의 축복이다.

> 주 여호와의 영이 내게 내리셨으니 이는 여호와께서 내게 기름을 부으사 가난한 자에게 아름다운 소식을 전하게 하려 하심이라 나를 보내사 마음이 상한 자를 고치며 포로된 자에게 자유를, 갇힌 자에게 놓임을 선포하며 여호와의 은혜의 해와 우리 하나님의 보복 날을 선포하여 모든 슬픈 자를 위로하되 무릇 시온에서 슬퍼하는 자에게 화관을 주어 그 재를 대신하며 기쁨의 기름으로 그 슬픔을 대신하며 찬송의 옷으로 그 근심을 대신하시고 그들이 의의 나무 곧 여호와께서 심으신 그 영광을 나타낼 자라 일컬음을 받게 하려 하심이라 (사61:1~3)

치유는 환자 본인이나 가족이나 주위 사람들에게 큰 기쁨을 주며 참 자유와 축복을 가져다주는 선한 사역이다. 치유는 하나님께서 우리를 축복해 주시기 위해 은혜와 권능을 나타내시는 특별한 순간이다.

6) 하나님의 말씀을 확실하게 증거 하는 표적이다.

말씀이 말씀되게, 복음이 복음되게, 진리가 진리되게 위해 그 증거로 치유는 필수적이다. 주님께서 중풍 병자를 고쳐주심으로 자신의 말씀이 진리이며 죄를 사하는 권세가 있는 메시아임을 증거 하셨다(눅5:18~26). 치유는 전해진 말씀이 진리이며 사실이라는 것을 증거 해 주는 하나의 표식이다. 그냥 언어로 전하는 것보다 표적과 기사로 치유로 복음을 전할 때 확실하게 믿음이 생겨나는 것이다.

7) 이 땅에 하나님의 나라를 세우는 것이다.

하나님의 나라는 말에 있지 않고 그 능력과 권세에 있으며 하나님의 능력과 권세에 기초한 하나님의 나라가 세워지는 것이다. 우리는 하나님의 나라를 세우고 대적자인 귀신들을 내어 쫓고 병든 자들을 치유하는 사역 속에서 온전한 하늘나라를 체험할 수 있다.

8) 부흥의 원동력이다.

하나님 나라 임재를 체험케 하는 치유가 동반된 선교는 복음을 믿도록 하는 능력이 되고 부흥의 기초가 된다.

<그림 3> 인간의 3가지 요소와 치유[114]

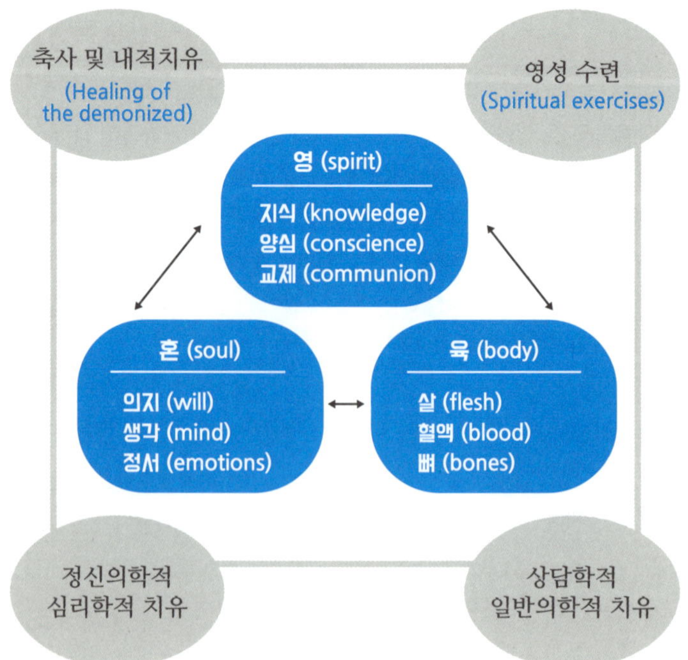

114_Tom Marshall, 자유케 된 자아(Free Indeed), 예수전도단 역, (서울 : 예수전도단, 2004), 63-90에서 재편집하였다.
see, 김영춘, 전인치유 (현대과학이 증명하는 전인치유의 복음), (서울 : 예영커뮤니케이션, 2003).

사도 베드로가 군중에게 복음을 전하자 말씀을 듣는 사람 중에서 믿는 자가 오천 명이나 된 것은(행3:2~4:4) 사도 베드로가 성전 미문에 앉아 구걸하는 나면서부터 앉은뱅이 된 자를 일으키는 치유를 했기 때문이었다.

치유 사역은 성령의 은사 없이는 불가능하다. 그러므로 우리는 이 은사가 어떤 것인지를 다시 인식해야 한다. 왜냐하면 성령의 은사에 대한 잘못된 이해와 그릇된 선입관 때문에 치유 사역이 제약받고 있고, 제대로 은사를 활용하지 못하고 있고, 그래서 실제 적으로 우리에게 나타나는 성령님의 역사를 제한하고 소멸시키며 나아가 은사를 제대로 개발하지 못할 뿐 아니라 활용 못하게 되기 때문이다. 이것은 분명히 하나님의 뜻이 아니다(고전15:1,39, 딤후1:6). 또한 성령님의 능력을 제한하는 불의를 범하는 것이 될 수 있다. 이 은사는 누구든지 개발할 수 있다(고전12:31). 성령님께서 병을 치료하시고 건강을 회복시켜 사는 날 동안 새 생명의 기쁨으로 주님께서 주신 사명을 감당하며 하나님의 중재자 역할을 하게 하시는 것이 바로 은사이다.

은사란 그리스어로 '카리스마(charisma)'라고 하는데 '카리스(charis, 은혜)'의 결과로 주어지는 선물을 의미한다. 보통 은사는 복수형인 '카리스마타(charismata)'로 사용되고 있다.[115] 한자로 은사(恩賜)란 '임금이 신하나 백성에게 물건을 내려 주는 것'을 의미하며 이것은 전적으로 왕의 선물을 의미한다.[116]

믿는 자는 누구든지 치유를 행할 수 있으며(막16:17~18), 치유는 복음 전파의 강력한 수단이요, 주님의 명령이다. 환자를 위해 기도하고 싶은 마음이 간절히 일어나거나, 손이 뜨겁든지 전기가 온 것 같은 감각이 오거나, 환자의 아픈 부위의 통증을 느끼거나, 치유의 기적이 일어나는 환상을 보거나 영적 느낌이나 어떤 징표를 통해 은사가 임한 것을 본인이 알 수 있을 때 우리는 바로 치유 사역을 할 수 있다.

치유 사역에서 나타나는 병 고치는 은사만으로도 복음에 대한 거부감을 제거하거나 믿음의 성장을 가져오거나 교회 부흥을 가져오게 된다. 그러나 치유가 더 강력한 역사를 일으키는 데는 다른 은사의 도움 없이는 결코 많은 성과를 거둘 수가 없다. 그러므로 우리는 서로의 은사를 하나님의 영광을 위해 잘 활용해야 한다. 치유 사역의 극대화를 위해 다음 몇 가지 방법을 제시한다.

115_Gerhard Kittel, Gerhard Friedrich, "은사", 신약성서 신학사전, 1453-1454.

116_두산동아편, 동아새국어사전 제5판, 1862.

(2) 치유 사역의 극대화 방법

1) 지식의 말씀과 지혜의 은사가 서로 협력해야 한다.

성령의 역사가 강하게 강하게 작용 되는 것은 지식의 말씀이나 지혜의 은사를 통한 이론적 토대가 확고하게 정립되는 순간이다. 지식과 지혜는 전도할 때 복음에 대한 거부감이 제거되며 신앙생활에서는 믿음의 성장을 가져오고 치유 사역에서는 믿음의 확신을 주게 되고 영적인 놀라운 힘을 발휘하게 되어 이것은 곧 강력한 치유와 연결된다. 한국인의 최고 지성인 중의 한 사람인 이어령 박사가 해박한 지식과 체험된 영성을 가지고 사람들에게 주님을 증거 할 때 기독교에 대해 거부감을 가지고 있는 사람들도 공감하는 모습을 볼 수 있다.[117] 우리가 치유 사역 극대화를 위해 영성과 지성이 겸비된 사역자들이 필요하다.

117_See 이어령, 지성에서 영성으로(서울 : 열림원, 2010)

2) 영 분별의 은사와 서로 협력해야 한다.

정신장애냐 귀신 들림이냐를 정확히 분별해 내어 정확하고 상황에 맞는 사역을 해야 한다. 또한 질병의 원인을 파악하여 내면에 숨어 있는 악한 영을 분별해 내고 그 원인을 제거해야 한다. 마음의 깊은 상처나 용서하지 못한 죄들은 본인들이 모를 때도 있고 일부러 감추려 하기도 해서 이러한 사실들을 털어놓지 아니하거나 파악하지 못하면 치유가 잘 일어나지 않는다. 필자에게 가장 큰 은사, 가장 중요한 은사를 꼽으라면 영 분별의 은사라고 말할 것이다. 악한 영을 구별해 낼 수 있고 영적 싸움에서 모사꾼의 역할을 감당할 수 있는 것이 바로 영 분별의 은사이다.

3) 강력한 축사(逐邪)가 있어야 한다.

질병의 원인이 사탄과 악한 영들의 강한 세력에 사로잡힌 상태에서 일어난 것이라면 능력으로 이러한 속박에서 벗어나게 할 필요가 있기 때문이다. 그러기 위해 귀신 쫓음의 능력이 나타나야 한다. 귀신 들림이 외부로 드러나는 경우 외는 귀신에 눌려 있는 상태를 분별하지 못 할수도 있으므로 분별력이 있어야 한다.

치유 사역에서 은사의 활용은 치유를 극대화하는 결정적인 요인을 제공해주기 때문에 은사에 대한 갈망과 성령의 나타남에 대한 민감한 반응은 중대한 의미를 갖고 있다.

치유가 필요한 경우에는 어떤 곳에든지 치유 사역이 행하여질 수 있지만 치유 사역이 행하여질 수 있는 바람직한 장(場)으로서 교회공동체의 모임을 들 수 있다. 치유가 일어날 수 있는 가장 이상적인 상황은 사람들이 모여서 예배를 드릴 때이다. 그러한 상황에서는 환자들이나 그들을 치유하려는 사람들이 모두 하나님의 영에 대하여 마음의 문을 열 수 있는 조건이 형성되기 때문이다. 치유 사역이 될 수 있는 대로 예배 시간에 행함으로, 교인들 모두가 그것이 어떻게 진행되는 것인가를 보고 배울 수 있게 해야 한다.[118] 성령님은 주체적으로, 자발적으로 사람들에게 임하시지만(행2:2,10:44) 우리들의 갈망 적 기도에 대한 응답으로 임하시기도 하신다. 따라서 우리는 확신 갖고 성령님이 임하시기를 갈망할 수 있어야 하는데 그 이유는 다음과 같다.

첫째, 성경은 우리에게 하나님께서 성령을 주시기를 간구하여야 한다고 가르치고 있다(눅11:13).
둘째, 교회는 능력이 있어야 한다. 그런데 제자들에게 성령께서 임하심으로써 교회는 처음으로 능력을 받게 되었다(행1:8, 2:4).
셋째, 사도행전에는 표적과 기사를 통해 하나님의 능력이 드러남으로써 교회의 성장이 촉발된 사례들이 기록되어 있다(행5:12~14).
넷째, 바울은 지성과 이성을 소유한 사람이었음에도 복음 전파에 있어 성령의 능력이 드러나는 일을 더 높이 평가했다(고전2:3).
다섯째, 성령을 통하여 능력을 받으므로 우리는 각종 은사를 받게 된다. 그리고 하나님께 서는 영적인 사역을 시작하게 하신다(고전12:11).
여섯째, 그러한 능력을 통하여 사역을 받는 사람들이 치유의 혜택을 입게 된다. 또한 선포된 복음이 확증되고, 그럼으로써 하나님의 나라가 확장되어 나아가면, 예수님의 이름이 영광을 받게 된다.
우리의 삶과 교회 안에서 성령의 은사들을 성장시키기 위하여 우리가 할 수 있는 몇 가지 중요한 것들이 있다.

첫째, 성령의 은사들은 오늘날에도 나타나며 사역을 위해 필요하다고 가르쳐야 한다. 성령님은 각자에게 성령의 은사들을 나누어 주신다(고전12:11).
둘째, 은사를 끊임없이 갈망해야 한다. '너희가 얻지 못함은 구하지 않음이라'라는 말을 기억해야 한다(약4:2). 그러므로 매일 매일의 삶 속에서 역사하기를 바라는 성령의 은사들을 구하며 기도해야 한다.
셋째, 성경은 수많은 초자연적인 사역과 성령의 은사들에 대해서 말하고 있다. 성경은 우리에게 기적적인 사역에 관한 많은 도움이 되는 원칙들을 제시해 준다. 성령의 은사 사역을 다룬 책들을 읽을 필요가 있다.
넷째, 은사들에서 더 앞선 사람들과 교제하는 것이 필요하다. 교제는 사

118_See 오아론, 성령의 능력과 치유사역(서울 : 도서출판 좋은땅, 2011).
염기석, 은사와 치유사역의 원리(서울 :삼원서원, 2010).

람들이 깨닫는 것보다 훨씬 더 중요한 문제이다.
다섯째, 은사들에 관한 세미나 참석하는 것이 도움이 된다. 같은 갈망을 가지고 있는 사람들이 함께 모여 은혜와 은사를 사모하고 서로의 장단점을 나누고 보완시킨다면 더욱 은사는 활성화될 것이다.

6. 통전적 치유 사역(wholistic healing ministry)

(1) 영 치유

1) 영의 이해

성경에서 생명과 죽음은 언제나 관계성이 있다고 증거하고 있다. 생명의 근원이신 하나님과 올바른 관계를 유지하는 것이 살아 있는 것이다. 그러므로 영이 죽었다고 말할 때, 이 말은 영의 기능이 정지되었다는 말이 아니라 생명의 근원 되시는 하나님과의 교통이 단절된 것을 의미한다. 영의 죽음은 개인들 자신의 죄로 인하여 발생 된다(엡2:1). 이런 의미에서 '영의 죽음'과 '영의 질병'은 같은 의미로 사용한다. 사람이 물과 성령으로 거듭나지 않으면 이런 자의 영은 마귀의 세력으로부터 직접, 간접으로 영향을 받게 된다. 사람이 타락하게 되면 제일 먼저 그의 영이 영향을 받는다. 그래서 영적으로 죽게 된다. 그러므로 치유를 적용하는 첫 번째 영역도 영의 부분이 되어야 한다. 모든 치유는 영적 치유 즉, 예수님의 이름으로 구원받도록 하는 것이 항상 우선 되어야 한다. 그리하여 죽은 영을 다시 살리는 결과를 가져와야 한다(롬8:10).

• • •
119_Rick Yohn, 은사를 사모하는 그리스도인, 윤병하역(서울 : 두란노, 2001), 74-76.

'영'이란 히브리어로 '루아흐(ruawch)'인데, 루아흐는 만질 수 없는 바람을 뜻하는 말로 사용되는데 이때 하나님은 이 바람을 일으키는 직접적인 원인으로 나온다(창8:1, 암4:13, 사40:7, 시104:4). 바람이 하나님한테서 오고 사람의 영이 하나님의 선물인 것처럼 영도 본질적으로 하나님께 속해 있다. 약 100개의 구절에서 영은 분명히 하나님의 영(창1:2)이나 여호와의 영(사11:2)이라 불리고 이사야 31장 3절에서 '영'은 육체 즉, 단순한 피조물들의 무력함과 대조되는 하나님의 권능이라고 기록하고 있다.

그리고 그리스철학의 영향을 받은 유대 사상에서 영은 거룩하게 사람에게 불어 넣어진 생명력(vital force)으로서 그의 존재의 독특한 부분을 이루는 것이었다. 그러나 영은 용어에 관한 한 '혼'과 구별되지 않고 오히려 '몸'과 대조적으로 사용되었다. 몸은 땅에 속한 것이며 영은 하늘로부터 말미암은 것이라고 하였다.

또한 성경을 기록한 선지자들은 영에 관한 교리를 분명하게 묘사하고 있다. 영은 생명력을 주기도 하고(사42:5), 생명과 은혜로 보살피시며(욥10:12), 빼앗아 가기도 하신다(시10:29). 또한 열정을 주시기도 하며(슥12:10), 예술적인 능력을 주시고(출28:3), 인간의 계획 배후에서 계획을 좌절시키기도 하신다(사19:3).[120]

즉, 하나님의 영은 창조적이고 무한한 생명력을 가진 것이며 그 생명력을 우리 인간에게 주셨는데 그것이 '영'이라는 것이다. 이 '영'이 참된 생명이 된다. 하나님께서는 그 영으로 세상을 통제 통치하시고 인격적으로 함께 하신다. 가장 중요한 핵심은 하나님은 우리에게 영적인 부분을 주셨다는 것이다.

'영'의 그리스어 '프뉴마(pneuma)'는 '공기의 힘 있는 움직임'이란 뜻이다. '프뉴마'가 밀의 종교[121]나 일반 종교에서 생명을 창조한다는 사상을 내포하고 있는데 즉, 바람이나 호흡이 생산 및 생명과 관련을 맺고 있다는 것을 근거로 하여 널리 퍼졌다. 이러한 개념은 시와 자연과학에서 발견할 수 있으며 프뉴마에 대한 스토아(stoa)학파[122]의 이론으로 옮겨갔다. 그 후 이 단어는 만물을 통합하는 포괄적인 생명의 원리로 동일시되었다. 프뉴마는 의학에서 중요하며, 건강에 활력을 주는 결정적인 요소이다.[123]

사람들이 호흡하는 공기는 생명을 지탱하는 것으로 간주하였다. 따라서 호흡을 중단하는 것은 죽는 것을 의미한다. 5세기 이후로 그리스의 의사들은 이에 바탕을 둔 생리학(physiology)을 발전시켰다. 그리고 사람의 본유적(本有的) 프뉴마와 그가 호흡하는 공기를 대조시켰다. 아리스토텔레스의 작품에서 프뉴마는 점차 적으로 성숙한 개체를 만들어내는 형성적 힘이었으며 또한 사람의 경우에 있어 영혼이 몸을 다스릴 때 사용하는 도구가 되었다. 그러므로 이때부터 이미 이 단어는 프쉬케(영혼)의 의미와 유사하였으며 프쉬케가 순전히 기능적 용어인데 반하여, 프뉴마는 본질로 간주 되었다는 점에 차이가 있다.

마가복음에는 프뉴마가 23회 언급되어 있으며 그중에서 14회가 부정한 영이나 그와 유사한 것을 가리킨다. 마태는 이 용어를 잘 사용하지 않았지만 8장 16절에서 귀신들을 나타낼 때 '영들'이란 용어를 사용하였다. 마가복음 2장 8절과 8장 12절 프뉴마는 지각과 감정의 주체가 되며 마태복음 27장 50절은 생명력이 된다. 마가복음 14장 38절에서 약한 육

120_Gerhard Kittel, Gerhard Friedrich, "영", 신학성서 신학사전, 982.

121_밀의 종교란 기존의 전통적인 종교를 통해서는 얻을 수 없는 신비한 종교적 신비들을 체험할 수 있게 만드는 그리스 로마 시대의 비밀 제전(祭典)을 의미한다.

122_기원전 4세기 말에 그리스의 철학자 제논(Zenon)이 창시한 철학의 한 파로서, 금욕과 극기를 통하여 자연에 순종하는 현자(賢者)의 생활을 이상으로 내세웠다. 후에 로마의 철학자 세네카 등이 이를 완성했다.

123_Gerhard Kittel, Gerhard Friedrich, "영", 신학성서 신학사전, 979-981.

신과 영이 대조를 이루는데 이는 영이 인간에게 있어서 몸보다 더 훌륭하다는 뜻은 아니다. 그리고 마가복음과 마태복음은 대체로 특별한 행위를 할 수 있는 하나님 능력에 사용되었다. 또한 주님의 성령 잉태와 주님께서 성령 받으심은 성령님의 창조적인 능력이 잉태의 과정으로 전이된 것이다. 즉 이것은 사변이나 논리적 추론의 결과가 아니고 주님과 만남이 있는 성령 안에서만 하나님을 만날 수 있다는 것이다. 사실 마태복음과 마가복음에서 성령님에 관한 언급이 적게 나오는 것은 놀라운 일이라고 할 수 있다. 그러나 복음서의 진정한 핵심은 하나님께서 예수 안에서 그의 백성들을 만난다는 것을 강조하고 있기에 이상 할 것은 없다.[124]

124_Ibid., 989-990.

바울에게 있어서 영에 대한 이해는 확실히 기독론적이다. 바울 자신이 육의 사람이었음을 고백하고 예수 그리스도를 만나고 난 후의 자신을 새롭게 난 사람, 성령으로 거듭난 사람이라고 하였다. 그래서 바울에게 있어서 '성령 안에'있다는 것은 '육신 안에'있는 것과는 반대되는 개념이다. 그에 따르면 모든 믿는 자들은 '성령 안에' 있는 것이다. 그는 그리스~로마인들에게 다음과 같이 말했다.

> 만일 너희 속에 하나님의 영이 거하시면 너희가 육신에 있지 아니하고 영에 있나니 누구든지 그리스도의 영이 없으면 그리스도의 사람이 아니라 (롬8:9)

사도 바울은 혼과 몸을 경멸하는 한편 영을 절대시하는 헬레니즘적인 경향에 반대하여, 재림 때까지 몸이 흠 없이 보존되어야 한다고 강조하였다.[125]

125_F. F. Bruce, 바울신학(paul), 정원태 역(서울 : 기독교문서선교회, 2012), 216-219

결론적으로 신약에서 '영'에 대한 이해는 '성령님' 이해와 함께해야 한다. 그리고 그것은 체험적이며 새로운 존재로서의 하나님 앞에서의 삶이다.

2) 영의 손상

영적인 건강은 하나님과 이웃과 다른 피조물과의 바른 관계를 유지하는 것이다. 이것은 통합, 질서, 조화, 평화, 안녕의 상태로 정의할 수 있고 궁극적인 구원의 상태이며, 또 타락 이전의 상태이다. 영적 건강은 모든 건강을 유지 시켜 주는 힘이다. 그래서 모든 치유 가운데 영적 치유가 우선시 되어야 하며 이는 여러 치유 가운데 가장 근본적이고 중추적인 위치에 있는 것이다.[126]

126_한명수. 이재옥, 예수의 치유사역의 의미와 치유선교 전략, 의료와 선교, 1991년 겨울호, 82.

영적인 질병은 하나님과의 관계가 단절, 이탈, 분리되어 적대적 관계 속에 놓인 상태를 말한다. 이는 사탄의 지배로 자기 의지와 정욕대로 살아가는 상태를 의미하는 것이다(롬1:21~32). 영적 질병은 우리의 정서와 인간관계까지 심각한 분열과 갈등을 일으키고 심지어 육체적인 질병과 죽음까지 초래하는 무섭고 무거운 병이다. 또한 삶의 질서가 깨지고 모든 관계가 단절되고 인격적 교제 관계가 끊어져서 깊은 고독과 소외 속에 살아가게 되고, 자연적이고 초자연적인 차원의 악령이 지배하는 가운데 살아가게 되는 것을 말한다.

영적으로 치유가 필요하다는 것은 하나님으로부터 소외되어 하나님이 없는 상태로 어둠의 삶을 살고 있다는 것을 의미하며, 그것은 곧 성령님이 말하는 '죽음'의 상태이다. 이 영의 죽음이 곧 영적 질병이며, 이를 고치는 것이 영적 치유 곧 주님의 이름으로 구원받아 죽은 영이 다시 살림을 받는 것이다. 결국 영적 치유는 하나님과의 관계 회복이며 화해와 용서이며, 구원과 같은 은혜이다. 이것은 한 인간이 자기의 죄를 회개하고 하나님께 반역했던 길에서 돌이켜 예수 그리스도의 대 속의 사건을 믿고 구세주로 영접할 때 비로소 치유의 과정이 시작되는 것이다.

이러한 영적 치유는 단순히 행동이나 태도의 긍정적인 변화를 말하는 것이 아니라 매우 변화된 삶을 의미한다. 자신의 의지로 살아오던 삶을 포기하고 생활의 전 영역에 있어서 하나님의 주권을 인정하고, 성령의 의지에 따라 전적으로 순종하는 삶으로 전환하는 과정이 영적 치유다.

영적 치유를 위해서는 주를 영접하여 물과 성령으로 거듭나는 것이 선행되어야 하며, 죄 된 생활을 버리고 성품과 마음을 가지고 영혼을 치유하는 힘이 있는 하나님의 말씀을[127] 따라 사는 것이 필요하다. 그다음에 죄의 문제에 있어서 하나님의 말씀대로 처리하는 것이 필요하다. 거듭나서 살아간다고 해도 우리의 육체는 여전히 죄의 종노릇 하고 있어 계속 성화 되어야 한다.[128]

영의 치유는 어떤 사람의 영적인 삶, 즉, 하나님과의 관계가 갱신 내지는 회복되어야 한다. 영이 병드는 현상은 자신의 죄로 인해 일어난다. 영의 치유는 인간이 자신의 죄를 진정으로 회개할 때 가능하고 하나님 구원의 역사를 받아들일 때 인간의 영은 진정으로 치유함을 받을 수 있으며 이 구원의 과정에서 성령의 역할은 절대적임을 인식할 필요가 있다.

우리들의 관계는 하나님과 회복됨과 동시에 더욱 새롭게 되는 것을 의미하는 영의 치유는 여러 종류의 치유 가운데서 가장 근본적인 것이라고 할 수 있으며 우리의 영을 치유하는 일은 모든 다른 치유들에 대하여 중추적인 위치를 차지하고 있다는 사실에 의심의 여지가 없다. 영적 질병을 치유케 하시기 위해 예수 그리스도께서 이 땅에 오심과 치유의 완성을 위하여 십자가 사건을 이해할 필요가 있다.

127_Kay Arthur, 영적치유(Lord Heal My Hurts), 김경섭 역(서울 : 프리셉트, 2004), 52.

128_박행렬, 통전적 치유 목회학(서울 : 도서출판 치유, 1994), 305-310.

3) 영 치유의 실제

영의 치유라는 것은 예수 그리스도를 주와 구세주로 영접하여 거듭나 나와 하나님과의 관계인 영적 생활을 새롭게 하고 회복하는 것을 말한다. 이에 대한 첫째이면서도 가장 깊은 치유는 죄를 용서받는 것으로, 진심으로 회개하는 자들에게 그리스도께서 용서하신다. 사람이 예수님을 주와 구세주로 영접하면 그 사람의 영은 치유를 받게 되고 예수님의 용서를 계속 적으로 체험함으로써 계속해서 영적으로 건강할 수 있다.
영의 치유는 이하 귀신 들림의 치유, 과거 상처의 치유, 관계성의 치유, 육신의 치유 등의 모든 치유가 이루어짐에 있어서 첫 번째 단계가 된다.[129]

첫째, (사역준비) 영 치유사역을 하기 위한 실제적인 준비사항을 살펴보자. 손기철은 '치유(신유)의 실제적인 제안'에서 다음과 같이 말했다.[130]

① 우선순위를 점검하라

하나님이 정말 우리의 치유자이심을 믿는가? 하나님은 주권적인 역사로 우리를 치유하시지만, 또한 의사나 약으로도 치유하신다. 물론 의사나 약은 주로 질병의 징후를 치유하지만, 하나님은 질병의 원인을 치유하신다. 의사에게 가거나 약을 먹는 것은 상관없지만 우선순위에 있어 기도를 '보험'드는 정도나 '밑져 봐야 본전'이라는 정도로 생각한다면 치유는 일어나지 않을 것이다.

② 잘못된 믿음을 버리고 말씀으로 마음을 변화시키라

"나는 하나님이 기뻐하시고 사랑하는 자녀다.", "하나님은 나를 기꺼이 치유하고자 하신다.", "나의 질병을 치유하는 것은 하나님 뜻이다.", "하나님은 나를 온전케 하셔서 찬양과 경배받기를 원하신다."라고 외쳐야 한다. 두 가지 믿음을 기억하고(자기 경험적 믿음과 계시적 믿음) 생각과 이성을 뛰어넘는 믿음을 가져야 한다.

③ 치유에 관한 성경 구절을 읽고, 광경을 믿음의 눈으로 그려보라

예수님이 주시는 레마의 말씀(지금 나에게 주시는 하나님의 말씀)을 들어보라.

④ 신유에 대한 간증을 들어라.

치유 받은 사람이 어떻게 하나님의 말씀을 듣고 믿음으로 임했는지 들으라.

⑤ 신유 집회에 참석하라

보고 소망을 품어라. 성령 안에서 상상하라. 내 문제와 처지를 기도하지 말고, 하나님이 주실 새로운 소망을 선포하라. 참석할 수 없으면, 사역자를 초청해 기도 받아라.

⑥ 하나님을 높이라

하나님을 높일 때 하나님의 영광이 임하며, 영광이 임할 때 하늘 문이

129_박행렬, 기독교인을 위한 전인치유사역, 103-105.

130_손기철, 기름 부으심이 넘치는 치유와 권능(서울 : 두란노, 2008), 269-272.

열리고 기사와 이적이 일어난다. 또한 집회에서 다른 사람에게 기사와 이적이 일어났을 때 나에게 일어난 것보다 더 기뻐하고 하나님을 높이라. 하나님을 하나님 되게 할 때 그분이 가장 기뻐하신다.

⑦ 기도하라

나의 믿음이 아니라, 하나님 안에 있는 믿음을 가질 수 있도록 기도하라. 치유의 기적이 일어나도록 간절히 기도하라. 히스기야는 통곡하면서 간절히 기도하였다. 하나님은 그의 생명을 15년 연장해 주셨다.

⑧ 증언하라

다른 사람에게 예수님이 하신 일을 증명하는 것은 하나님의 기념 책에 내 이름을 올리는 것과 같으며, 또 다른 기적을 예언하는 것과 같다. 실제로 어떤 집회에서 한 사람의 간증으로 그 사람의 질병과 같은 질병을 앓고 있던 20명 이상이 그 자리에서 치유된 적이 있다.

⑨ 투약하라

약이나 의술은 하나님이 사용하시는 도구다. 먼저 하나님께 기도하라. 그리고 기도하면서 의술을 사용하라. 하나님이 병든 자를 치유하실 때 의학적인 방법을 사용하실지라도 결국 치유는 하나님의 역사라는 사실을 기억하라.

치유사역자로서의 준비과정을 다음과 같다.

① 치유사역자는 성령의 기름 부으심을 감지하고, 성령에 의하여 인도함을 받으며, 특별한 사람이나 환경에 관하여 말씀하시는 성령의 음성을 들을 수 있도록 성령 충만을 구하여야 한다.

② 치유사역자는 효과적으로 자신이 사역에 사용되기 위하여 기도와 금식이 필요하다. 특별히 여러 사람을 대상으로 하는 사역이나, 가족 구성원 중의 일부의 구원을 위하여 사역하거나 혹은 어느 특정 가정의 특별한 필요성에 대하여 사역할 때는 더욱 그러하다.

③ 치유사역자는 성령님께서 사용하실 수 있는 깨끗한 그릇으로 준비되어야 한다(고전3:16~17). 치유사역자는 자신에게 깨달아지는 죄를 고백하여 용서함을 받아야 한다. 그렇지 않으면 사역할 때 사탄은 그 죄들을 고소하고 정죄하게 된다.

④ 치유사역자는 모든 신비술(사주, 관상, 토정비결, 점성술, 무속 행위, 부적) 등에 관여한 것을 깨뜨리고 회개하여야 한다. 이 신비술에 관여한 것이 사역자 자신에 의한 것일 수 있고, 혹은 사역자의 가족이나 조상일 수 있다(출20:5). 이 문제를 제대로 다루지 않으면 사역자나 사역을 받는 자에게 성령님이 역사하는 것에 주요 장애가 될 수 있다.

⑤ 치유사역자는 삶이 다른 사람들에게 간증 거리와 본이 되어야 한다. 사역자는 성령의 열매(갈5:22~23)를 맺어야 한다. 그리고 하나님께서 사역자 자신에게 행하신 능력으로 인해 어떻게 변화되었다는 것을 사람들에게 설명할 수 있도록 준비되어야

한다.

⑥ 치유사역자는 인간에 대한 하나님의 엄청난 사랑과 긍휼을 깨달아야 한다. 사역받는다는 이 하나님의 사랑과 긍휼에 대하여, 그리고 사역자가 하나님 앞에 바른 자세를 가지고 있는가에 대하여 매우 빠르게 감지하게 된다. 그래서 다음과 같은 긍휼사역이 있어야 한다.

치유사역자는 정죄하기보다는 사랑으로 상담하여야 한다. 그렇지 않으면 사역을 받는 자는 죄를 고백하고 자유롭게 되기보다는 죄를 숨기려 하게 된다.

치유사역자는 신뢰할만하여야 하고 사역 받는 자의 고백한 내용을 남에게 누설하여서는 안 된다.

치유사역자는 성경에서 말하는 사랑의 의미를 정확히 이해하는 것이 중요하다. 고린도전서 13장과 마태복음 18장 21~35(용서에 관해)를 참고하는 것이 좋다.

치유사역자는 내담자에게 말씀하시는 하나님의 음성이나, 생각나게 하시는 성경 구절이나, 개인적 간증이나 지혜의 말씀이나 영들 분별의 은사 등, 성령의 은사들의 나타남에 대하여 민감하여야 한다.

⑦ 치유사역자는 하나님의 말씀이 전적으로 진리라는 것과 하나님께서 성경에 기록된 하나님의 약속들은 반드시 이루신다는 믿음이 있어야 한다. 따라서 사역자는 자신을 이러한 믿음으로 이끌어주는 영적 양식인 하나님의 말씀을 규칙적으로 읽어야 한다. 그리고 서로의 신앙을 격려하여 주는 다른 신자들과의 교제도 중요하다.

⑧ 치유사역자는 사람에 대한 두려움이 없어야 한다. 이것은 성경에 기록된 말씀이 진리이고 이 말씀이 사역자 자신과 사역을 받는 자들에게 분명한 역사를 일으킨다는 확신에 찬 지식을 가질 때 가능하다. 이렇게 하나님을 의지하고 사역하게 될 때 사람에 대한 두려움이 사라지게 된다(딤후1:7). 때로는 주님이 사역자를 성숙하게 하시려고 사역자가 감당할 수 있는 범위의 극한 상황에 두시기도 하신다.

⑨ 치유사역자는 하나님에 대하여(마22:37), 가족들에 대하여(엡5,6장), 교회에 대하여(고전12:12), 대인관계에 대하여(요13:34) 올바른 관계성을 유지하여야 한다. 그렇지 않으면 자신을 속이거나 사역을 받는 자들에게 혼돈을 가져오게 된다.

둘째, (사역의 실제) 영 치유 사역을 실제로 행할 때, 단계별 접근이 필요하다.

1단계 : 하나님을 우리가 인정해야 하는 것과 하나님이 얼마큼 인간을 사랑하셨는가를 말해준다.

> 하나님이 세상을 이처럼 사랑하사 독생자를 주셨으니 이는 그를 믿는 자마다 멸망하지 않고 영생을 얻게 하려 하심이라 (요3:16)

위 성경 구절에 나타난 뜻을 사람들에게 설명하고 격려해 주어야 한다. 사람들의 잘못된 태도 즉, 열등감, 우울증, 낮은 자존감, 공포감, 하나님에 대한 원망 등을 다루어주어야 한다.

2단계 : 인간의 타락, 범죄가 어떤 결과를 가져오게 되었는가를 가르쳐 주고 고백하며 회개하도록 한다.

> 오직 너희 죄악이 너희와 너희 하나님 사이를 갈라놓았고 너희 죄가 그의 얼굴을 가리어서 너희에게서 듣지 않으시게 함이니라 (사59:2)

중요한 것은 성령님이 죄를 깨닫게 하도록 하여 그 죄가 고백 되고 회개하도록 하는 것이다. 이렇게 함으로써 하나님께서 그 사람을 위하여 예비하신 복을 온전히 받게 할 수 있다. 특히 구체적으로 죄의 내용을 깨닫게 해주어야 한다.
'용서하지 못하는 죄'(마18:23~35)를 고백하고 회개시켜야 한다. 용서는 필수적으로 요구되는 것이다. 때에 따라서는 삭개오처럼 보상을 하기도 해야 한다. 즉 잘못을 교정하는 것을 포함하기도 하며, 자기에게 상처를 준 사람을 용서하는 것을 포함하기도 한다.

> 너희가 사람의 잘못을 용서하면 너희 하늘 아버지께서도 너희 잘못을 용서하시려니와 너희가 사람의 잘못을 용서하지 아니하면 너희 아버지께서도 너희 잘못을 용서하지 아니하시리라 (마6:14~15)

교만했던 죄를 고백하고 회개시켜야 한다. 우리 자신을 겸손히 하여 어린아이와 같이 되지 않으면 하나님의 은사 받는 데 방해가 되고 영적인 영역으로 나아가는데 거침이 된다. 하나님을 구하는 것을 반대하는 인간의 지혜가 중요 걸림돌이 된다(고전1:19~21).
우상숭배하는 죄를 고백하고 회개시켜야 한다. 그렇지 못할 때는 성령님이 사역자에게 말씀하시는 것을 막는 중요한 장애 요인이 될 수 있다. 그리고 마귀의 속임을 받게 되는 주요 요인이 된다. 사역을 받는 자로 '나는 아버지를 사랑합니다.' '나는 어머니를 사랑합니다.' '나는 아버지를 용서합니다' '나는 어머니를 용서합니다.'라고 입으로 고백하게 하는 것이 중요하다. 우리 몸이 성령님이 거하시는 전(殿)임을 기억해야 한다. 이와 관련된 모든 죄는 고백하고 버려야 되지만, 이것을 공공연하게 여러 사람 앞에서 고백하여 문제가 더 커지는 것보다는 주님 앞에 개인적으로 조용하게 고백함으로써 처리하는 지혜가 있어야 한다.

3단계 : 주님을 자기 삶 속에 구주로 받아들이도록 한다(롬10:9~10).

4단계 : 성령님 임재를 끝없이 갈망하게 한다.
'성령님 오소서' '나에게 임하소서' '내가 성령님을 갈망합니다' 예수 그리스도를 마음 중심으로 영접하게 하고 감사한 삶을 살게 한다. 영의 병이 우리 삶의 다른 모든 영역에도 영향을 미친다는 것은 확실하다.

영의 병은 다음과 같이 다루어져야 한다.
① 하나님 앞에서 직접 죄를 대면하고 대항하도록 한다.
② 죄를 고백하는 기도를 드리도록 인도한다.
③ 회개에 합당한 행위를 하도록 한다(이것이 속박을 주는 것이면 안 되고 자유를 주는 것이어야 한다).
④ 자신을 용서하도록 한다.
⑤ 우리에게 주어진 권위에 근거하여 용서받았음을 선포하고, 믿음으로 받아들이게 한다(요20:23).
⑥ 다시는 죄를 짓거나 죄로 틈타는 기회를 만들지 못하도록 한다.

이렇게 함으로 영의 치유가 나타나고 이어 이와 관련된 몸의 각 영역에 대한 치유가 나타나게 된다. 하나님과의 관계성이 회복되고 개인 생활 영역에서 성장이 있게 된다.[131]
영적 치유는 하나님의 역사이다. 그래서 다른 모든 사역에서와 같이 하나님께서는 그러한 사역에 사용하기 위해 특별히 준비된 사람을 통해서 역사하신다. 데살로니가전서 5장 24절에서 간략하고도 분명하게 이것을 말씀하고 있다. "너희를 부르시는 이는 미쁘시니, 저가 또한 이루시리라."
하나님의 역사는 사역을 시작하게 만드시는 데서 끝나는 것이 아니다. 사역자에게는 "항상 예수를 위하여 죽음에 넘기 움은 예수의 생명이 또한 우리 죽을 육체에 나타나게 함이니라"(고후5:1)라는 말씀이 나타나야 한다. 참다운 하나님의 모든 역사에서 그러하듯이 치유도 성령님의 능력 가운데서 행해져야 한다. 하나님께서 치료자가 되시지 않으면 안 된다. 인간의 마음이 변화될 수 있다면, 그것은 하나님의 영 때문이다. 영적 치유에 있어서 사역자는 치유자가 아니라 영적인 안내자로서 섬긴다. 치유자는 영혼을 예수 그리스도와 깊은 관계로 인도하는 특별한 사역에 부르심을 받아야만 한다.

치유 사역은 배우는 기술이라기보다는 사역자와 함께 나누는 관계이다. 어떤 심리학자나 정신과 의사가 헌신 된 그리스도인이라 할지라도, 그

131_Ibid., 16-17.

는 아직도 주님에 의해 이런 방법으로 쓰이는 사람은 아니다. 그는 아마도 지식과 치료상의 기술을 이용하듯이 자신이 경험해 보지도 못한 영적 실체에 관해서 가르칠지도 모른다. 그러나 그는 스스로 체험한 만큼의 영적 깊이 정도만 다른 사람들을 인도할 수 있다.

치유 사역하면 자신이 치유자의 역할을 포기하고 성령님이 내담자의 생활 가운데 필요한 변화를 가져오시도록 기꺼이 위탁하는 일이 요구된다. 이것은 어쩌면 가장 배우기 어려운 혹은 배우지 못하는 일의 하나이다. 일단 이것을 깨달아 사용할 수 있게 되면, 우리는 참 기쁨과 해방을 체험할 수 있게 된다. 특별히 책상을 마주 보고 앉은 사람이 극도로 흥분하며 초조해 있는 경우에, 치유사역자는 '내가 그를 도와주어야 한다.'라고 생각하기 쉽다. 그래서 오히려 느긋하게 기다리면서 주님께서 역사하시도록 신탁한다는 것이 훨씬 더 어려운 일이다.

치유사역자는 성령님께서 자신 안에서 그리고 치유를 통해서 방해받지 않고 자유로이 역사하실 수 있도록 하기 위해서 자신의 자아가 항상 십자가에 못 박혀 있도록 기도해야 한다. 사도 바울은 갈라디아 교회에 보내는 편지에서 이렇게 말했다.

> 내가 그리스도와 함께 십자가에 못 박혔나니 그런즉 이제는 내가 산 것이 아니요, 내 안에 그리스도께서 사신 것이라 이제 내가 육체 가운데 사는 것은 나를 사랑하사 나를 위하여 자기 몸을 버리신 하나님의 아들을 믿는 믿음 안에서 사는 것이라 (갈2:20)

성령님께서 역사하실 때와 치유사역자 자신이 행할 때를 분별하려고 애쓸 필요는 없다. 사역자는 자신을 순복하면서 상대방을 대할 때 하나님께서 그들을 인도하시고 기름 부어 주실 것을 믿어야 한다. 죄 된 자아로부터 퍼져 나오는 불행에서 우리를 건져내신 하나님의 뜻은 우리의 기쁨에 넘치고 안락하게 만들기 위한 것뿐만 아니라 또한 스스로 영광을 받으시기 위한 것이다. 우리가 그리스도의 비밀을 알고자 한다면 우리는 또한 하나님의 말씀을 깊이 탐구하며 주님이 주시는 지혜 하늘로부터 오는 지식을 체험해야 한다.[132]

132_Charles R. Solomon, 영적치유의 핵심(Handbook to Happiness), 김우생 역(서울 : 나침반, 2011), 153-160.

(2) 혼 치유

1) 혼의 이해

'혼'은 히브리어로 '네페쉬(nephesh)', 그리스어로 '프쉬케(psuche)'라고 하는데 구약에서는 '정신(누스, nous)', '마음(레브, leb, 레바브, lebab)로, 신약에서는 '마음(카르디아, kardia)', '감정(두모스, thumos)' 등으로 심리학에서는 '정서(emotion)', '자아(ego)', '정신(mind)', '인격 혹은 성격(personality)', '성품(nature)', '생각(thoughts)' 등으로 사용되고 있다.

우리말 성경에는 '네페쉬'와 '프쉬케'를 일반적으로 혼, 영혼이라고 번역하면서도 또한 마음이라고 번역하고 있다. 네페쉬가 '혼', '영혼'으로 번역된 회수는 173회이고 '마음'으로 번역된 회수가 100회이다. 그리고 프쉬케가 '혼', '영혼'으로 번역된 횟수는 28회이고 '마음'으로 번역된 횟수가 8회이다.[133]

같은 단어를 가지고 그 상황에 따라 다르게 번역했기 때문에 문맥을 통하여 그 단어가 주는 의미를 해석해야 한다. 보통 '혼'이라고 하면 영어에서 '소울(soul)'이라는 단어를 쓰는데 이것을 우리말로는 '정신'이라고 번역할 수 있다. 이 soul이라는 단어는 어느 정도 그 히브리어 단어를 자연스럽게 표현해 주기는 하지만 히브리어의 네페쉬 개념을 포함하지 않는 그리스철학의 플라톤주의[134], 영지주의[135] 등으로부터 파생되어 나온 관념들 때문에 흔히 히브리어의 '네페쉬'개념을 지나치게 과장하여 표현하게 된다.

구약성서에서의 혼은 불멸의 영혼을 의미하지 않는다. 오히려 그것은 본질적으로 생의 원리 또는 살아있는 존재, 즉 욕망과 감정을 지닌, 그리고 때로는 의지까지도 지닌 주체로서의 자아를 의미한다.

신약성서에서의 푸쉬케는 구약성서에서의 네페쉬에 상응한다. 그러나 푸쉬케는 비교적 적게 나온다. 푸쉬케라는 단어는 '생명'을 의미하는 옛 그리스어 용법을 계속 계승하고 있어야 한다. 사도 바울은 새로운 심리학적 특성들을 표현하기 위하여 때때로 소마(soma)와 프뉴마(pneuma)라는 단어들을 사용하기를 더 좋아하였다.

카르디아는 일반 그리스어에서 문자적인 의미와 비유적인 의미로 사용되었다. 또한 이 단어는 신체 기관과 육체적인 생명 중심인 마음을 의미하였다(특히 아리스토텔레스의 작품에서). 다른 한편으로 이것은 정서의 자리이자 일반적인 영적 생활의 원칙으로 간주하였다. 자연에 관한 특별한 의미로 사용될 때 이 단어의 의미는 나무의 심(the pith of wood)과 식물의 종자였다. 또한 카르디아는 핵심 즉 인간, 동물, 식물의 가장 깊숙한 부분이라는 일반적인 의미도 지녔다.

특히 호머(Homeros, BC 800~750)[136]와 비극작가들의 작품에서 카르디아는 매우 광범한 의미로 사용되었다. 이 단어는 단순히 신체의 중심부를 지칭하는 말로만 사용된 것이 아니라 인간 전체의 지적, 영적 중심부를 지칭하는 말로도 사용되었다. 특히 호머는 생각과 감정을 분명하게 구

• • •

133_Gerhard Kittel, Gerhard Friedrich, "혼", 신학성서 신학사전, 1496-1508.

• • •

134_플라톤(Platon, B.C 427-347)은 인간이 영혼의 상태에 따라 심판받게 될 것이라는 소크라테스(Socrates, BC 469-399)의 입장에 동조한다. 그는 보통 영혼은 이성적, 비이성적, 식물적 영역으로 구분되며 지식의 힘은 최고의 가치를 가지고 있으며 영혼은 정신에서 유래된 것으로 물질을 가지는 힘이 있다고 말하면서 참된 지식에 도달하기 위해서는 사고능력이 영혼의 다른 부분에 대하여 적절한 통제를 해야 한다고 주장했다.

• • •

135_영지주의(그노시스, Gnosticism)는 헬레니즘 시대에 유행했던 종파의 하나로 기독교와 다양한 지역의 이교 교리(그리스, 이집트 등)가 혼합된 모습을 보였다. 이원론, 구원 등의 문제에 있어 정통 기독교와 극복할 수 없는 차이를 보이며 이단이라 비난받아 3세기경 쇠퇴했으나 그 후에도 다양한 종파의 교리와 사상에 영향을 미쳤다. 대표적 그노시스주의자인 발렌티누스에 의하면, 이 세상에는 세 가지 요소, 즉 물질과 정신, 영적인 것이 존재한다. 여기서 영적인 요소는 하나님도 모르게 몇몇 사람에게만 주어진 특권으로, 이 영적 요소가 바로 하나님에 대한 열망을 불러일으키는 내적인 힘이며 원동력이다. 구원이란 바로 이것을 통하여 물질로부터의 해방과 탈출을 의미하는 것이다. 이에 따라 사람에게도 세 가지 부류가 있는데, 육체적 인간, 정신적 인간, 영적 인간이 그것이다.

• • •

136_호머(호메로스)의 작품으로 전해지는 서사시 <일리아스>와 <오디세이아>는 서양 문학의 최초이자 최고의 걸작으로 손꼽힌다. <일리아스>는 트로이와 그리스 간의 전쟁을 다룬 서사시다. 황금 사과에서 비롯된 세 여신의 불화와 '파리스의 선택', 지상 최고의 미녀 헬레네의 납치와 도주로 시작돼 '트로이의 목마'로 끝난다.

별 짓지 않고 감정과 이성을 함께 제시하고 있다.

구약성서는 몸과 마음, 즉 정신과 영으로 구분해서 사용하지 않았다. 몸을 지칭해도 그것은 곧 그 사람 전체를 가리키는 말이며 마음이라고 해도 그의 모든 것을 가리키는 것이다. 따라서 네페쉬라고 했을 때 그 의미는 바로 '삶'이 되는 것이다. 그것도 몸과 엉키어진 삶이다. 다음은 레브의 경우인데 이것은 마음(heart) 또는 정신(mind)으로 사용되고 있으나 역시 인간의 영혼과 육체를 함께 의미한다. 그것은 히브리인들은 영혼을 머릿속에 있는 것으로 생각하였기 때문이다. 그래서 구약성경은 인간을 영혼과 구분 없이 하나의 실존으로 본 것이다. 그러나 그것이 사용되는 데는 두 가지의 의미 즉, 문자적인 의미와 비유적인 의미로 사용되었다. 70인 역본에서는 레브가 주로 카르디아로 번역되었다. 카르디아는 주로 '인간 전체'를 뜻하는 일반적인 의미로 사용되었다. 이러한 개념이 성서에서는 인간의 의지적인 것과 함께 감정적인 것, 또한 영적인 상태의 모든 것이 머무를 수 있는 것으로 묘사되고 있다.
육체 기관으로 간주하는 마음은 용기와 육체 생활의 자리이다(시38:10, 사1:5). 마음이 양식을 얻어 강하게 되면 인간 전체가 소생하게 된다(창18:5, 삿19:5, 왕상21:7). 마음은 정서, 즉 기쁨(신28:47), 고통(렘4:19), 화평(잠14:30), 염원(신19:6) 등의 자리이다. 또한 마음은 이해와 지식의 자리요, 이성적인 힘과 능력의 자리(렘14:14)이다. 그러나 어리석고(잠10:20 이하) 악한 생각도 마음속에서 작용한다. 그리고 의지와 신중하게 고려된 의도(왕상8:17), 금방이라도 영향을 미칠 것 같은 결정(출36:2)이 마음에서 생겨난다.
레브(leb)는 고립된 기능보다는 오히려 모든 면에서 자극받는 인간, 즉 전체적인 면에서의 인간을 의미한다(시22:26, 73:26~27, 84:2~3). 이 단어는 인간성 전체, 그것의 내적 생활과 품성을 뜻하는 포괄적인 용어이다. 이것은 독립적인 인간 자아의 의식적이고 신중한 영적 활동이다.
이 마음은 인간이 경건한 태도로나 불순종한 태도로 하나님의 말씀과 활동을 만나는 기관이기도 하다. 마음은 경배와 예배의 자리이며(삼상12:24, 렘32:40), 신령한 사람의 마음은 하나님의 율법에 신실한 경향이 있으며(사51:7), 불경한 사람의 마음은 완악하며 하나님과 멀리 떨어져 있다(사29:13). 하나님께로의 전향이 일어나는 것은 바로 마음속에서이다.

신약성서에서 카르디아는 157회 나타난다. 바울서신에 57회, 공관복음에서 47회, 사도행전에 21회, 공동서신들에 13회, 히브리서에 10회, 요한복음에 6회 그리고 요한계시록에 3회 나온다. 육체적인 생명(생활)과 인간 심리구조의 중심으로서의 카르디아가 신체 기관 곧 자연적인 삶의 자리라는 의미로 나오는 경우는 드물다(눅21:34, 행14:17, 약5:5). 이와는 달리, 이 말은 지적·영적 생활의 자리, 곧 외적인 모습과는 반대되는 내면생활의 자리라는 의미로 더욱 자주 사용된다(고후5:12, 살전2:17, 참조: 삼상16:7). 즉, 영과 이성 그리고 영혼 감정, 정욕과 본능의 운동들과 똑같은 방식으로 마음속에 그들의 자리를 차지할 것이다. 마음은 인간의 자아를 뜻하며 마음은 곧 인간이다(벧전3:4).[137]

137_하용조 편찬, "마음", 비전성경사전, 370-371.

따라서 어떤 사람이 마음을 가졌다는 것은 곧 그의 인격 전체를 뜻하는 것이다. 그래서 그의 삶은 사람과 사람 사이에 있어서와 하나님 앞에서도 온전한 모습으로 서는 것이다. 그래서 마음을 지키려 하였고 마음의 병을 주의하였다.

하나의 두드러진 특성은 '카르디아'와 '누스'의 개념을 근본적으로 결부시킨다는 데 있다. '누스'도 '인간(person)', '인간의 자아(man's ego)'라는 의미를 지니기도 한다. 마음과 혹은 생각과 정신은 병행적으로(고후3:14 이하) 사용되거나 동의어로(빌4:7) 사용하기도 한다.

결론적으로 신약성경에서도 '마음'을 다 한다는 것은 육은 제외되고 마음만 열심히 내거나 하는 분리주의를 말하는 것이 아니다. 특히 육과의 관계에 있어서는 밀접한 관계가 있음을 독립적인 견지에서 보아도 알 수 있는 것이다. 분명한 것은 정신이라고 했을 때 기독교의 입장은 '영'과는 분명한 차이가 있음을 말할 수 있다. 인간은 저절로 생긴 것이 아니라 하나님의 창조물이라고 인정할 때 인간은 거룩한 존재로서의 부름을 받는 것이다. 전통적인 생활방식에서 오는 '혼'에 대한 막연한 이해를 '영'과 혼동하는 일은 없어야 할 것이다.

인간은 영·혼·육으로 되어 있지만 그중 가장 '중심의 축'역할을 감당하는 것이 바로 '혼'이다. 이 혼이 영과 육 가운데 어느 것에 붙어있느냐에 따라 그 사람이 '영의 사람' 혹은 '육의 사람'이 되는 것이다. 그러므로 혼을 잘 다스리거나, 치유하거나, 성숙시킬 때만 온전한 사역자가 될 수 있다.

2) 혼의 손상

사람은 과거의 모든 것을 기억하고 있다. 비록 나는 잊은 것 같지만 그것은 나의 의식 수준에서 잊어버린 것이고 내가 의식하지 않는 잠재의식 속에 과거의 모든 그것이 차곡차곡 저장되어 있다. 사람의 기억은 사건의 내용을 사실적으로 기억하고 있을 뿐만 아니라 감정까지 기억하고 있다. 문제는 과거의 나쁜 기억이나 상한 감정이 제대로 처리되지 않으면 시간이 지날수록 잠재의식 속에 쓴 뿌리가 되어 독을 내뿜는다는 사실이다. 이 독이 제대로 처리되지 않으면 그 사람의 생각이나 행동을 통제하고 더 나아가서 인간관계나 자신의 운명에까지 심각하게 부정적인 영향을 끼친다. 사람이 일상생활에서 생각하고 느끼는 감정의 30%는 의식 수준의 영향을 받지만, 나머지 70%는 잠재의식의 영향을 받는다고 한다. 즉 '나'는 '지금의 나'가 아니라 '과거에서부터 계속되어온 지금의 나'이기 때문이다. 많은 사람은 주님을 믿으면 그리스도 안에서 새로운 피조물이 되었기 때문에 과거사는 잊어버리고 오직 푯대를 향하여 앞으로 전진만 하면 문제가 없다고 가르친다. 그러나 내가 예수를 믿고 그리스도 안에서 자유를 누리는 신분과 실제로 내가 그 신분에 합당한 삶을 살아가는 성화의 과정은 다르게 나타난다.

누구나 예수를 믿으면 하나님의 자녀가 되어 죄와 마귀의 권세에서 벗어나는 신분이지만 그렇다고 모든 문제가 해결되고 나쁜 성격이나 습관에서 벗어날 수 있는 것은 아니다. 우리는 잠재의식 속에 묻혀있는 나쁜 기억과 상한 감정을 처리해야 한다. 이것은 옥토에 섞여 있는 여러 가지 이물질을 제거하는 작업과 같다. 좋은 말씀의 씨앗이 내 마음 밭에 아무리 많이 뿌려져도 내 마음의 밭에 온갖 이물질이 섞여 있으면 씨앗이 제대로 자라서 풍성한 열매를 맺지 못한다. 이 장애물들은 나도 모르게 나의 잠재의식 속에 쌓여 있는 상한 감정과 나쁜 기억들이다.

> 너희는 하나님의 은혜에 이르지 못하는 자가 없도록 하고 또 쓴 뿌리가 나서 괴롭게 하여 많은 사람이 이로 말미암아 더럽게 되지 않게 하며 (히12:15)

쓴 뿌리를 치유하지 않으면 내 속에서 독을 품어서 자신도 괴로울 뿐만 아니라 상대방을 더럽힌다. 그러기 때문에 내적 치유 즉 혼의 치유는 다음과 같은 이유로 필요하다.

첫째, 우리가 죄악으로 가득한 이 세상에 태어났다는 사실 그 자체로서 입게 되는 상처들 때문이다.

둘째, 우리가 다른 사람의 행위로 입게 되는 상처 때문이다.

셋째, 우리 자신이 범한 개인적인 죄악의 결과로 오는 마음의 상처 때문이다. 탐욕, 경쟁심, 그릇된 생각 등이 원인이 되어 올바른 선택이나 판단을 내리지 못함으로써 초래되는 상처들 그리고 죄의식으로부터 오는 여러 가지 행동과 분노를 의미한다. 쓰라린 과거의 경험들은 우리의 기억 가운데 달라붙어 있으면서 우리로 자유롭게 하나님의 은총을 체험할 수 없게 만든다. 우리는 성령님의 인도하심 가운데 베풀어지는 용서와 화해의 치유가 필요하다. 이처럼 혼의 치유는 우리로 마음의 상처로 인한 고통과 억압으로부터 해방해 주어 정서적인 회복을 가져오고 하나님과 친밀한 관계를 막고 있던 상한 마음을 치유함으로써 하나님과의 관계를 회복시켜 주며 우리의 속사람을 건강하게 만들어줌으로써 하나님 나라 확장을 위해 이바지하게 한다. 영적으로 성숙한 사람은 하나님과 올바른 관계 속에서 하나님 나라 확장을 위해 열심히 일하는 사람이다. 상처받은 감정들은 육체의 손상처럼 관찰될 수는 없으나 몇 가지 공통되는 행동과 태도를 보이게 된다. 정서적으로 상처받았을 때 나타나는 증상들은 다음과 같다.

타당한 이유 없이 강한 정서적 반응을 보인다.
마음에 심한 고통을 느낀다.
때에 따라서는 모든 감정이 억제되어 완벽히 무표정하다.
극단적으로 지배적이거나 반대로 극단적으로 의존적인 태도를 보인다.
극단적인 자아 중심적이거나 반대로 무엇이나 거절 못하는 태도를 보인다.
진정한 대인관계를 유지하는 능력을 상실하였다.
열등의식과 낮은 자존감을 하고 있다.
비관적인 인생관을 가지며 분노 조절을 할 수 없다.
공포감을 가졌다.
비도덕적이다.

이런 혼의 상처가 오게 되는 이유는 다음과 같다.

우리가 감당할 수 있는 정도를 넘어선 감정상의 상태가 되었을 때
예) 사별, 결혼의 파탄, 직장을 잃음, 건강을 잃음, 사고, 명예 실추 등.
부정적인 조건의 스트레스를 계속 받게 되었을 때
예) 분쟁, 심한 권위적 훈련, 여러 가지 심리적 잔인성 등.
스트레스의 결과는 스트레스의 양뿐만 아니라 그것을 처리하는 사람의 안정성 여부, 융통성 여부, 성격과 자라온 환경과 교육 등에 달렸다.
자기가 설정한 요구의 수준에 도달하지 못함으로써, 무가치함, 거부감, 걱정, 갈등, 분노, 죄의식 등을 가져온다.
어릴 때의 감정은 더욱 여리므로 쉽게 상처받게 된다.
어린아이들에 대한 거부반응은 무조건 나쁜 감정을 유발한다.[138]

138_Ibid., 153.

사탄이 가장 중점적으로 성취하려고 애쓰는 목표는 사람의 생각을 사로잡아 그들의 혼에까지 자신의 세를 확장하는 일이다. 사람의 생각은 사람의 혼이 거하는 장소다. 사람의 생각이 성령의 기름 부음 아래 있는 경우, 그들의 생각은 성령을 따라 마음을 다스릴 것이고 삶의 방향도 결정할 것이다. 하지만 만일 사탄이 우리의 생각을 다스리게 되면, 사탄은

우리 삶의 모든 영역에 자신의 통치권을 확장하게 된다. 사탄은 이러한 사실을 잘 알기에 우리의 생각을 얻으려고 그렇게 열심히 노력하는 것이다. 사탄은 우리의 생각뿐만 아니라 우리의 마음까지도 통제하기 위해 의식 속, 생각의 깊은 영역을 지배하려는 것이다. 그는 사람들의 마음을 얻기 위해 자신의 극악한 화력을 집중시켜 이 '전투'에 쏟아붓는다. 마음을 얻기 위한 전쟁에서의 사탄의 노력은 다른 어떤 전쟁에서의 노력보다 치열하다. 바울은 이러한 영적 전투에 대해 다음의 글을 남겼다. 실제로 이 성경 구절은 사람의 마음속 생각에 관한 것이지 일반적인 마귀의 역사에 관한 것은 아니다.

> **우리가 육체에 있어 행하나 육체대로 싸우지 아니하노니 우리의 싸우는 병기는 육체에 속한 것이 아니요 오직 하나님 앞에서 견고한 진을 파하는 강력이라 모든 이론을 파하며 하나님 아는 것을 대적하여 높아진 것을 다 파하고 모든 생각을 사로잡아 그리스도에게 복종케 하니** (고후10:3~5)

여기서 바울은 '견고한 진', '모든 이론', 그리고 '하나님 아는 것을 대적하여 높아진 것'과의 싸움을 이야기한다. 성경의 다른 곳에서도 바울은 마귀와의 전쟁에 관해 상세하게 설명하는데(엡6:10), 여기서는 우리의 생각, 우리의 마음을 타이틀로 걸고 마귀와 한판 벌이는 싸움이 주제이다.
고대 사람들은 자신의 도시에 성벽을 둘러 요새를 구축하고 그 안에 물과 식량을 조달하기 위한 통로 및 관계시설, 식량 저장고 등을 마련해 두었다. 적의 침략이 있을 때, 모든 시민은 요새를 보호하기 위해 전쟁에 참여했다. 적들은 성을 포위하기 위해 성벽 주변 곳곳에 도랑을 팠을 것이고, 또한 성을 공격하기 위한 무기를 성벽 둘레에 배치해 놓았을 것이다. 그들은 성안으로 진격하기 위해 성벽의 취약한 부분을 탐색했을 것이고, 그 부분을 무너뜨리기 위해 투석기로 공격을 가했을 것이다. 그리고 성벽을 향해 불화살을 던져, 화염 가운데 방어 권력을 흩어지게 하여 제대로 성벽을 수비하지 못하도록 유도했을 것이다.
편지 수신자의 마음속에 자리한 거짓된 방어 성벽을 무너뜨리기 위해 바울은 하나님의 말씀과 능력을 투석하였고 또한 그들의 성벽에 꺼지지 않는 불을 놓기 위해 불화살을 던졌다. 이를 설명하기 위해 바울은 사람들이 가진 전쟁지식을 이용하였다. 바울은 지리의 돌덩이를 던져 독자들의 마음 가운데 믿지 못하는 성벽이 무너지고 그 틈으로 하나님의 말씀이 들어갈 수 있도록 안간힘을 다했다. 비록 하나님의 말씀을 전하는 바울 자신도 약함을 가지고 있었지만 말이다. 바울이 말하기를 하나님의 말씀은, 그것을 전하는 사람의 약함에 제한받지 않는다고 하였다. 하나님의 말씀은 사람의 이론을 파하고 생각의 견고한 진을 무너뜨리기에 충분할 만큼 강력하다. 하나님의 거룩하고 능력 있는 말씀을 통해 우리는 사람의 생각을 사로잡아 그리스도께 순종하도록 인도할 수 있다.

개인 차원의 '생각의 견고한 진'이라 함은 우리 각자가 자기 삶을 살아가면서 자신 안에 형성해 놓은 '생각하는 방법'과 '느끼는 방법'을 말한다. 우리는 하나님의 형상으로 창조되었다. 그리고 자유의지를 갖고 있다. 하나님의 형상에 따라 우리도 창조력을 갖고 우리 내면에 무언가를 창조해 놓았다. 하나님에 의해 창조된 우리가 생명과 자유의지를 가진 것처럼, 우리가 창조한 것이 무엇이든지 그 안에는 역시, 생명이 있고 자유의지가 있다. 예를 들어 만일 우리가 화내는 습관이나 질투하는 습관 혹은 알코올중독의 습관을 창조해 냈다면 그 습관은 우리 속에 하나의 '생명'이 되어 자유의지를 선포하며 죽기를 거부할 것이다.

우리는 다시는 화를 내지 않겠다고 결심하곤 한다. 그러나 안타깝게도 우리의 '확고한' 결단만으로는 그 습관을 완전히 없애지 못한다. 얼마 지나지 않아 '그 순간'이 오면 분노, 질투, 술 취함의 습관이 다시금 발동한다. 그리고 여전히 우리를 지배하는 분노의 습관을 깨닫고 좌절하게 된다. 그러나 개인의 견고한 진은 습관, 그 이상이다. 견고한 진은 육적인 통제를 가하는 통제 사령관이라 할 수 있다. 또한 생각의 견고한 진은 '우리의 생각과 감정'의 요새이다. 그리고 '우리의 생각과 감정' 속 중심을 이루고 있는 '이기심 왕국'의 방어벽이기도 하다.

견고한 진은 우리가 말씀을 들을 때, 혹은 기도나 상담받을 때, 우리의 생각에 연막(smokescreen)을 쳐서 진리가 우리 속에 들어오지 못하도록 가로막는다. 진리를 받아들이지 못하면 우리는 회개할 기회, 자유롭게 될 기회를 놓치게 된다. 또한 생각의 견고한 진은 '거짓'을 수호하며 우리를 '육체'와 '이기심' 속에 가둬 놓는다. 견고한 진의 임무에는 이렇듯 '외부 요인'(진리의 말씀)을 차단하는 그것뿐 아니라, 그리스도를 믿는 믿음으로 인해 새로워진 우리의 영과 마음에 진리가 적용되지 못하도록 방해하는 일도 있는 것이다. 그리고 견고한 진은 우리가 편협한 시각을 갖게 하여 일반상식으로 봐도 잘못된 것을 옳다고 판단하게 만든다. 견고한 진은 거짓과 참혹의 줄로 우리의 속사람을 묶어 놓는다.

하나님의 축복이나 진리는 거짓의 성벽을 위협한다. 이에 견고한 진의 통제센터엔 비상이 걸리고 더 많은 거짓말과 속임으로 성벽의 취약점을 보완하느라 바빠진다.

견고한 진은 뇌(생각하는 기관) 속에 포진된 종양과 같다. 종양과 마찬가지로 견고한 진에는 고통의 '핵'이 있고 뒤틀린 감정과 생각의 '고름'이 그 핵 주위를 둘러싸고 있다. 견고한 진은 우리의 인격과 성품에 고통을 안겨주는 핵이다. 그래서 주님의 끈질긴 사랑은 찜질 제가 되어 그 사람의 머리에 붙여져야 한다. 진리와 용서의 흡입력이 종양의 핵을 빨아들여 제거해야 할 필요가 있다. 일단 견고한 진의 통제센터가 무너지거나 축출되면, 견고한 진을 둘러싸고 있는 거짓말은 그리스도의 십자가 위에 하나씩 죽음을 맞이하게 된다. 그래서 결국 '고름'이 몸 밖으로 빠져나가고 '치유'가 몸 안으로 들어가게 된다.

히브리서 2장 15절은 주 예수님이 "죽기를 무서워하므로 일생에 매여 종노릇 하는 모든 자들을 놓아주려고" 인간의 모습을 하고 이 땅에 오셨음을 증명한다. 여기서 우리가 무서워하는 죽음은 육신의 죽음이 아니다. 육신의 죽음은 오히려 본향으로 돌아갈 수 있기 때문이다. 따라서 여기에서 죽음은 바로 우리가 통제 불능의 상태가 되는 것을 말한다. 성령님께서 우리의 생각과 마음을 다스릴 수 없는, 그런 상황이 되는 것을 말하는 것이다. 두려움은 견고한 진의 주된 무기이다. 우리는 두려운 나머지 하나님이 선하시다는 사실을 신뢰하지 못한다. 그러나 온전한 사랑은 두려움을 내쫓는다(요일4:18). 견고한 진에 대해 선전포고를 하는 것은 다름 아닌 사랑이다. 사랑은 우리가 진리를 보게 만든다. 사랑이야말로 자기기만, 자기 속임의 견고한 성벽에 진리의 돌을 투석하는 무기이다. 사랑은 우리를 회개케 한다. 사랑은 위를 오래 참게 하고, 거짓과 속임의 폭풍을 뚫고 자유를 향해 악착같이 투쟁하도록 만든다.

마귀가 어떻게 견고한 진을 사용하는지 깨닫는 것은 쉽다. 일단 마귀는 사람의 속에 둥지를 틀어 그곳에 깃들인 후 자신의 통제권을 유지하기 위해 다른 귀신들을 불러 모아 자신의 수하에 둔다. 그렇게 되면 그 사람의 견고한 진은 이제, 진리를 가로막는 임무를 수행할 수 있다. 왜냐하면 가로막는 영들이 견고한 진 안에서 '완벽한 은신'을 하며 활개 칠 수 있기 때문이다. 또한 견고한 진은 마귀가 인간의 감정과 생각을 통제, 조종할 수 있도록 자리를 마련한다. 견고한 진은 멍석 깔린 마귀의 작전 상황실이 되었다. 통제하는 영들의 '완벽한 가정'이 된 것이다.

견고한 진은 육체적인 동기와 감정을 불러 모은다. 그렇게 소집된 육체적인 '동기'와 '감정'은 증오, 두려움, 시기, 정욕, 중상, 모략의 영역에 특화한 마귀들이 안전하게 착륙할 수 있는 활주로 역할을 한다. 정신적인 견고한 진을 육체적인 의미로 견주어 볼 때, '힘세고 사악한 사람'과 같고 영적인 의미로 본다면 마귀의 집과 같다. 물로 마귀가 사람 안에 들어와 둥지를 틀기 전에 견고한 진이 매우 구축되는 일은 거의 없다.

마귀의 저주를 입은 사람을 자유롭게 하는 데에, '힘세고 사악한 사람'을 묶고 내쫓는 것으론 충분하지 않다. 견고한 진의 세력이 무너져야 한다. 그전까지 우리는 그 힘세고 사악한 사람의 집에 들어가 세간을 약탈할 수 없다. 다시 말하지만, 끈질긴 사랑과 진리만이 정신적인 견고한 진을 무너뜨리고, 사악한 사람을 무장해제 시킨다.

우리는 견고한 진이 언제 무너져 내렸는지를 분별할 수 있다. 갑자기 내담자의 표정이 밝아지거나 우리가 이야기한 진리에 그가 처음으로 동조한다면, 이것이 바로 그 사람의 견고한 진이 무너졌다는 표식일 것이다. 그는 이제 자신의 힘으로 귀신의 능력을 정확하게 판단할 것이다. 그는 또한 연막을 쳐서 우리가 말한 진리를 가로막는 대신, 우리의 사역을 도울 것이며, 자신 안에 진리가 들어올 수 있도록 노력할 것이다. 견고한 진이 무너졌으니 이제 사악한 자의 곡간을 약탈할 준비가 되었다. 희망의 빛이 그의 얼굴에 내리쬐고 있다. 그의 신앙은 다시 견고해졌다. 물론 우리가 그 사람 속에 있는 또 다른 견고한 진을 발견하여 그것을 다루려고 할 때, 그 사람은 다시금 우리의 사역을 막아설지도 모른다. 하지만 그는 이미 자유의 느낌을 맛보았기 때문에 승리는 보장된 것이나 다름없다. 영적 전쟁 가운데 진리의 작전은 한 쪽 끝에서부터 다른 쪽 끝에 포진된 적들을 하나, 하나 섬멸케 한다. 도미노처럼 말이다. 전쟁이 진행되면서 남아있는 견고한 진들을 무너뜨리는 것은 점차 쉬워진다.

개개인의 견고한 진들은 집단적 견고한 진으로 통합될 것이다. 그러면, 견고한 진을 무너뜨리는 것은 훨씬 어려워진다. 집단의 견고한 진은 집단 내 구성원 전체가 공유하는 정신 구조로서 구성원들 모두가 생각하는 방법, 느끼는 방법, 행동하는 방법을 지칭한다. 개인의 견고한 진이 어린 시절의 거짓말에 기초하여 세워지는 것처럼 집단의 견고하여진 진 역시 특정한 문화 아래 오랫동안 전해 내려온 생각과 방법이 거짓 속임수에 기초하여 세워진다. 견고한 진의 성벽은 철학, 전통, 집단에의 충성심, 종교적 의식과 금기사항, 문화적 기준과 가치 등으로 구성된다. 바울은 골로새서에 다음과 같이 말하였다.

> 누가 철학과 헛된 속임수로 너희를 노략할까 주의하라 이것이 사람의 유전과 세상의 초등 학문을 좇음이요 그리스도를 좇음이 아니니라 (골2:8).

만일 철학이 헛된 속임수라면 우리는 생각하기를 어떻게 철학이 사람을 노력할 수 있는가? 하고 의심할 것이다. 이에 대한 대답은, 철학과 전통은 종이에 적혀 아무 능력 없는 글씨나, 해가 없는 삶의 양식이 아니라는 것이다. 철학과 전통은 집단의 견고한 진이 된다. 그럴 경우, 철학과 전통은 실제가 되고 강력한 세력이 되어 사람들의 마음을 휘어잡고 실제로 사람들을 통제하게 된다.

민족, 나라, 도시, 교단, 지역교회, 정치 집단 혹은 심지어 박애주의 집단 등, 이러한 집단의 생각을 가두고 그들의 마음을 통제하기 위해 정사와 권세, 사탄은 집단적 견고한 진을 사용한다.

샌드포드는 견고한 진을 무너뜨리고 갇힌 자를 자유롭게 하려고 여섯 가지를 말하였다.[139]

첫째, 우리는 견고한 진이 어떻게 우리 안에 들어오게 됐는지 반드시 살펴보아야 한다. 그래야만 회개를 통해 사탄의 가시를 제거할 수 있게 된다.

둘째, 우리는 회개해야 한다. 우리의 눈에서 들보를 제거하기 전에 우리는 밝히 볼 수 없고 효과적으로 사역할 수도 없다(마7:3~5).

셋째, 확실한 지도를 받아야 한다. 하나님께서 명령하시지 않으면, 견고한 진이나 속이는 자를 제거할 수 없다. 같은 원리가 마귀를 쫓을 때도 적용된다. 하나님의 명령을 따르지 않는다면, 무너졌던 견고한 진이 이후에 더 험악한 정사와 권세들을 데리고 돌아올 것이기 때문에 나중 상태가 처음 상태보다 더 악화한다고 하겠다.

넷째, 우리는 군인으로서 전투하는 법을 배워야 한다. 우리가 명확하고 확실한 지도를 따른다면 혼자서도 집단의 견고하여진 진, 정사와 권세들을 공격할 수 있다.

다섯째, 우리는 사탄의 대응 사격에 대해 방어할 태세를 갖춰야 한다. 그러나 우리는 이미 주 예수 그리스도 안에서 승리를 얻었음을 기억해야 한다.

여섯째, 참고 견디라. 집단의 견고한진, 정사와 권세를 대면하는 것은 짧은 시간 동안 치르는 전투가 아님을 기억하라. 이것은 오랫동안 지속될 투쟁이다.

3) 혼 치유

혼의 치유를 '내적 치유(inner healing)', '기억의 치유', '과거 상처의 치유'라고도 한다. 혼의 치유는 일회적으로 하는 것이 아니라 지속적인 과정을 밟는다.

오늘날 육체적 질병이 아닌, 혼이 병든 사람이 많다. 또한, 육체적 질병으로 시달리지만, 그 근본 원인이 혼적 혹은 영적 질병 때문에 기능적 또는 기질적인 육체의 병을 앓는 사람들이 있다. 이러한 혼의 장애로 인한 고통은 종종 육체의 고통보다 더욱 심하기도 하지만 다른 사람이 쉽게 알아차리기 어렵다. 예를 들어, 다리가 부러지면 즉시 타인의 관심과 동정을 받게 되지만 마음의 상처는 겉으로 드러나지 않아 상대방이 잘 알 수 없다.

일반적으로 혼에 병이 생기는 것은 다른 사람이 나에게 행한 일이나 과거에 노출된 어떤 경험들에 의한 상처에서부터 나타난다. 이러한 상처는 나쁜 기억으로 남거나, 약하고 상처받은 정서의 형태로 현재의 우리에게 영향을 미친다. 그 결과, 우리는 다양한 형태의 죄, 우울, 무가치함,

139_John and Mark Sandford, 축사사역과 내적치유, 420-422.

열등감, 근거 없는 두려움과 걱정, 심인성 질환 등으로 고통을 받게 된다. 여기에는 부모의 죄가 현재에 미치는 영향도 포함하고 있다. 따라서 혼의 치유는 정서와 기억뿐만 아니라 혈통까지 포함하여 다룬다.[140]

정서란 인간이 느끼는 희·노·애·락 을 통칭한다. 정서는 우리의 내적 혹은 외적 세계의 경험에 대한 심리적 반응으로, 갑작스러운 소리에 놀라거나, 모욕을 당한 것에 분노를 느낀다거나, 도움이 필요한 사람을 보고 동정을 느끼게 되는 것 등을 예로 들 수 있다. 이런 정서적 변화가 있을 때 육체적 변화가 동반되는 것이 보통인데, 예를 들면 화를 내는 것은 정서적 변화이지만 이때 얼굴이 붉어지고, 근육에 힘을 주고, 손바닥에 땀이 나고 하는 등의 현상은 육체적 변화이다.

140_see Betty Tapscott, Ministering Inner Healing (Houston : Tapscott Minisries, 1988).

사람의 마음(mind)은 정서 반응에 있어서 매우 중요한 역할을 한다. 즉 그 사람의 가진 지식 여하에 따라 내부나 외부 세계에 대한 인식이 결정되고, 이에 따라 정서적 반응이 나타나고, 의지적 행동이 뒤따르게 된다.

일단 정서적 반응이 일어나면 다음부터는 그 상황을 회상하는 것만으로도 같은 정서적 경험이 반복될 수 있는데, 예를 들면 우리에게 수치나 고통스러운 기억을 가져다준 경험은 그런 경험을 다시 겪지 않더라도 단순히 생각하는 것만으로도 같은 수치나 고통스러움을 느낄 수 있다. 이런 상황이 반복되면 결과적으로 육체의 기능 질환이나 기질적 질환을 유발할 수도 있고 영적인 문제를 일으킬 수도 있다.

모든 정서적으로 즐겁지 않은 경험들이 파괴적인 것은 아니다. 슬픔, 실망, 실패, 거부감, 공포 등과 같은 외부나 내부의 자극에 대한 균형을 잃지 않은 반응은 성장하여가는 과정에 있어서 필수적이나 그 자극이 감당할 수 있는 정도를 넘어서게 될 때 정서의 병을 가져와 장기가 그 영향을 미칠 수 있다.[141]

141_박행렬, 기독인을 위한 전인치유사역, 152.

사역의 단계

첫째, 사역 1단계

① 예수님의 구원에 관해 이야기한다.

② 타인에 대하여, 자신에 대하여, 하나님에 대하여 용서하는 것을 이야기한다. 용서는 느낌이 아니라 고백이며 의지적인 행동이다.

③ 혼의 치유의 두 단계를 이야기한다.

속박을 깨뜨림 : 집안이나 사회에 내려오는 잘못된 관습, 제도, 문화, 전통 등을 포함하며 내 마음에서 구속되어있는 상처들을 자신의 의지로 깨야 한다.

기억을 깨뜨림 : 부정적인 기억을 긍정적 기억으로 대치시켜야 한다. 나빴던 기억보다 좋았던 기억을 더 떠올리면서 자신을 긍정적으로 의식화

시켜야 한다.

④ 개인 치유 방법을 사용한다.

자신을 보호하는 기도를 한다. 사탄은 근본적으로 우리의 감정을 상하도록 간계를 꾸며왔다. 우리의 과거를 치유하기 위해 하나님께 나아갈 때는 먼저 사탄의 영향력을 축소 시켜야 한다.

성령님이 인도하시도록 간구한다. 성령님이 우리의 필요에 대한 모든 것을 아심으로 우리를 인도하실 수 있다.

상처받은 사건을 기억한다. 이것은 마치 우리의 머릿속의 원인과 결과를 치유하는 중요한 내용이 된다.

감정을 느낀다. 일어났던 일에 대한 감정의 충격을 느끼도록 허용하는 것이 중요하다.

상처에 대해 말하며 의지적인 결단으로 그 가해자에 대해 용서한다고 말한다.

예수님이 그 사건에 들어오시도록 한다(마28:20).

예수님이 행하시는 바를 관찰한다. 이것은 주님의 임재가 수동적인 데서 능동적인 순간으로 바뀌는 순간이다. 그분이 무엇을 하시든지 무슨 말씀을 들려주시든지 주목해서 보아야 한다.

예수님이 하시는 일에 적극적으로 동참한다.

치유를 봉하도록 믿음을 행사한다. 이렇게 기도한다. “예수님, 저는 주님이 이 기억을 다루시도록 결정했으며 그것은 더 이상 옛날처럼 나의 자아상이나 감정이나 태도, 행동에 부정적인 영향을 미치지 못할 것입니다. 감사합니다.”

⑤ 성경 묵상을 통한 치유를 사용한다.

하나님의 말씀은 살았고 운동력이 있으므로 헛되이 되돌아오지 않는다. 우리는 이 말씀을 통하여 내면의 상처를 치유하고 우리 깊은 자아가 하나님이 우리에게 주기를 간절히 원하시는 새 이름을 향해 뻗어가도록 하는 치유를 받을 수 있다.

기도 : 주님이 우리의 눈을 열어 주시고 그의 말씀을 우리 안에 받을 수 있도록 기도한다.

읽기 : 그 말씀에 기록된 사건의 순서가 우리의 마음속이 분명해지도록 반복해서 그 구절을 읽는다. 특히 묵상을 통한 치유의 과정에서는 복음서 같은 내용들이 좋은데 그 이유는 사건들이 개념보다는 더 쉽게 이해되고 소화될 수 있기 때문이다.

그려봄 : 모든 장면을 영화를 보는 것 같이 상상해 보는 것이다.

투사 : 이야기 속의 사람들의 역할에 자신을 투사하는 것이다. 투사는 이 치유과정에서 가장 핵심적인 부분이다. 이것은 성령님이 특별히 우리의 마음과 생각에 말씀하시는 단계이다.

해결 : 앞의 네 단계는 거의 변함없이 무엇인가 해결되어야 할 것을 가르쳐준다. 태도나 우선순위, 행동이나 믿음, 절차나 관계 등이 변화되어야 하는 것이다.

이 다섯 단계는 15분 정도 안에 끝날 수 있다. 만일 좀 더 깊이 있게 적용하고 싶으면 상황에 따라 연장할 수 있다.

⑥ 타인을 위한 치유 방법을 사용한다. 다른 사람을 위한 내적 치유 기도의 효과적인 기본단계는 다음과 같다.

문제의 배경을 확인한다. 모든 관련 자료를 검토하고 기도 받을 사람이 기도의 필요나 문제점 등을 요약한다. 간단한 대화를 통해 과거의 분노, 상처, 수치 혹은 특별히 고통스러운 경험이 있었는지를 알아본 후 기도를 시작할 수 있다. 기도 중에 하나님의 목적을 훼방하는 모든 악령이 떠나기를 명령하고 대적의 궤계를 거부하며 예수 그리스도 이름으로 보호해 주시도록 요청한다.

하나님께 귀를 기울인다. 문제가 되는 사건이나 기억을 생각나게 해 주시며 기도 받는 이에게 용기와 정직함과 힘을 주시도록 성령님께 기도한다. 그리고 나서 주님이 무엇을 하시거나 무슨 말씀을 하시거나 기다린다.

질문한다. 기도하면서 하나님의 음성에 귀를 기울일 때 기도 받는 자는 물론 기도 회원에게도 서로서로 질문을 한다. "무슨 일이 일어나고 있는가?", "어떤 느낌이 드는가?", "주님이 무슨 말씀을 하시는가?", "어떤 말씀이 떠오르는가?"

예수님이 임재하시도록 초청한다. 기억을 치유 받기 위해서는 예수님의 임재 속에 다시 그 기억이나 경험을 재현함으로 고통을 제거하는 것이 필요하다. 예수님은 그 사건을 바꾸시지는 않지만, 부정적인 영향력을 깨뜨리고 고통과 두려움을 없애주는 중보자의 역할을 하신다. 주님은 우리의 경험을 드러내 주시고 그것을 재조명하시며 새로운 시각으로 바라볼 수 있도록 도우신다. 예수님이 그곳에 계셨다. 주님이 임하셔서 말씀하신 것을 볼 수 있을 때 우리는 진정한 회복을 체험할 수 있다. 치유는 고통스러웠던 사건에 주님이 임재하심을 받아들이게 될 때 일어난다. 하나님에 대한 새로운 관점이 분명해지며 하나님을 향한 사랑과 신뢰의 관계가 더욱 깊어지기 때문이다. 주님은 사랑과 격려의 말씀을 해주시고 안전한 곳을 제공하신다. 사탄은 우리를 불구로 만들려고 고통을 과장하나 주님은 그것을 제거하시고 상처 입은 상황에 대한 기억을 치유하신다.

하나님의 사랑으로 사역한다. 치유 사역의 최고의 방법은 오직 사랑뿐이다. 기도 받는 사람을 사랑하면서 주님이 치유를 위해 인도하시는 대로 신실하게 따라 가야 한다. 사랑은 절대로 실패하지 않는다.

그 사람을 축복한다. 기도를 마칠 때는 그 사람을 축복함으로써 마무리

한다. 성령님이 기도 시간에 보여주신 것과 하신 일들을 다시 생각해 보며 인도를 구한다.

둘째, 사역의 2단계

① 여러 가지 더러운 영혼을 예수님의 이름의 권위를 가지고 묶어서 쫓아낸다.

② 상처받은 기억의 치유를 위해 '토설'[142]한다.

조상과 관련된 것(출20:5), 태아 때와 관련된 것(시139:13~16), 출생 시와 관련된 것, 영아 때와 관련된 것, 유아 때와 관련된 것, 학동기와 관련된 것, 사춘기와 관련된 것, 청년기와 관련된 것, 결혼 생활과 관련된 것, 장년기와 관련된 것, 노년기와 관련된 것 등 부정적인 모든 것들을 말과 행동으로 표현하면서 자신의 감정을 드러낸다.

용서는 치유 받는 핵심이 된다. 내담자가 자기에게 상처를 준 사람을 용서하게 해 달라고 입으로 고백하도록 하는 것이 중요하다. 과거의 상처 때문에 용서하지 못하는 것은 영적, 혼적, 육적, 사회적 각 분야에 고통을 가져다준다. 누가 잘못하였든지 자신에게 어떤 상처가 있다면 용서받든가, 용서하든가 하여 문제를 바로 잡는 것은 자신의 책임이다(마5:23, 18:15~22). 우리는 하나님께서 우리를 용서하신 것 같이 우리도 상대방을 용서하고 잊어야 한다(엡4:31).

셋째, 사역의 3단계

성령 세례(침례)에 관하여 이야기하여 준다. 은사를 바라보지 말고 은사를 주시는 예수님을 바라보게 한다. 기름을 바르고 기도하며(약5:14), 영적 전쟁에 대해 이야기해준다(벧전5:8~9, 고후3:17, 요8:36).

기도 받는 자에게 확신시켜줄 일들은

① 그들과 나눈 이야기는 누구에게도 비밀로 한다는 것을 강조하는 것이다.

② 과거 상처의 치유는 일회적인 사건이 아니라 점진적으로 이루어짐을 재확인하는 것이다.

③ 이들이 혼(과거 상처)의 수술을 받았음을 알려주고, 육신의 수술처럼 점차적인 회복기가 있다는 것을 설명하여 주는 것이다.

④ 하나님의 말씀을 묵상하면서 휴식하도록 권하는 것이다.

⑤ 하나님께서 우리 각 사람을 귀하게 보시고 사랑하심을 일깨워주는 것이다.

혼의 치유는 오늘날 치유 사역에서 매우 중요한 것이다(눅4:18). 주님은 우리를 무겁게 하는 악으로부터 우리를 자유롭게 하려고 오셨다. 어제나, 오늘이나, 영원토록 동일하신 예수께서는 과거의 상처와 그로부터 영향을 받은 다른 부분의 상처들과 현재의 삶에까지 영향을 미치고 있는 것까지 치유하여 주신다. 혼의 상처는 정서뿐만 아니라, 전인으로서의 인간의 각 방면에 영향을 미치고 사회적 관계에도 영향을 미친다. 반

142_두산동아편, 동아새국어사전 제5판, 2452.
'토설'이란 숨겨졌던 사실을 처음으로 밝혀 말하는 것을 의미한다.

대로, 혼의 상처 치유는 정서뿐만 아니라, 그에 의하여 영향을 미치는 인간의 각 방면을 새롭게 하여준다.

결론적으로 혼의 치유는 다음과 같이 하여 이루어진다.

① 하나님과 다른 사람들로부터 용서함을 받거나 우리가 다른 사람을 용서하여 줌으로 이루어진다. 그러므로 상처받았을 때 그 반응으로 생기는 습관적인 반응과 행동의 양식들을 부수어야 한다(골3:12~17).

② 기도와 하나님의 말씀 조명과 나의 삶에 대한 주님의 목적을 생각함으로 이루어진다. 주님께서 우리의 나쁜 기억을 재해석하고 치유하시도록 한다(롬8:28).

③ 부모의 죄로부터 나쁜 영향을 가져다주는 것이 있으면 기도로써 권위를 가지고 혈통의 세력을 깨뜨리므로 이루어진다.

④ 부정적 결과를 초래하였던 어떤 사람이나 어떤 일의 흔적인 속박 혹은 정서적 의존성을 기도로써 권위를 가지고 깨뜨리므로 이루어진다.

⑤ 우리가 새로운 피조물이 되게 하신 것을 예배와 성경 공부와 관상을 통하여(롬12:1~2) 확인하면서 정기적으로 마음을 새롭게 함으로 이루어진다.

⑥ 그리스도의 몸(교회)의 지체가 되어 신앙이 계속 성숙 되어 갈 때 혼의 치유에 관련된 모든 종류의 자유로움이 있게 되므로 이루어진다(엡4:15~16, 약5:16).

⑦ 지나친 감정을 조절함으로 이루어진다. 성령님과 계시적인 은사들에 대하여 사랑이 넘치는 예민함이 요구된다. 피상적인 것에 대하여 조심하여야 하지만, 반면에 불필요하고 상처를 주는 것은 피하여야 하고 지나친 감정을 표출하는 것도 피하여야 한다.

⑧ 성경적 모델과 반대되는 것이 아니면 심리학, 상담학 등 세속적 방법들을 치유에 사용함으로 이루어진다.

⑨ 새로운 피조물로 재탄생되었음을 인지함으로 이루어진다. 혼의 치유를 지나치게 강조함으로써 발생하는 부정적이고 내성적인 태도를 피하고 건전한 성경적 균형을 유지하기 위하여 우리는 그리스도 안에서 새로운 본성에 초점을 맞추어야 한다. 우리의 새 본성에 대한 성경의 묘사들은 분명히 우리 자신의 연약함이나 공포, 분노, 기억 등에 의해 판단되는 것보다 더 진실하고 실제적이고 더 믿을 만한 평가인 것이다(롬8:1~2, 엡4:20~24, 계12:11).

(3) 육 치유

1) 육 이해

'육' 혹은 '몸'은 '사람이나 동물의 머리에서 발 끝까지, 또 는 거기에 딸린 것들을 통틀어 이르는 말'[143]로 몸에 대한 이해는 시대와 철학적인 관점에 따라 다르게 나타나며 성경을 통해 서로 다양한 개념들을 발견할

143_두산동아편 동아새국어사전 제5판, 843.

수 있다.
'육'은 히브리어로 '바사르(basar)'인데, 구약에서 273회 나온다. 다른 단어로 '세에르(sheer)' '베사르(besar)' 등이 있다.[144] 이 단어들은 인간의 육체적, 공간적, 촉각적 면을 나타내기 위하여 신체의 여러 부위와 기관들의 명칭을 사용한다.

144_Laird Harris, Gleason L Archer, Bruce K Waltke, 구약원어신학사전, 168-169, 1119.

신약은 형이상학적인 것과 대치되는 진정한 육체적 몸을 가리키기 위해 '소마(soma)'라는 그리스어를 사용하고 있다. 이 신약성서에 나오는 소마는 구약 사상에서뿐만 아니라 그리스 사상에서도 일반적으로 나타나는 넓은 범위의 의미를 반영하고 있다. 이 단어는 마태복음 27장 52절, 누가복음 17장 37절 등에서는 시체(corpse)를 의미하며 마태복음 27장 58절, 마가복음 15장 34절, 누가복음 23장 52절, 23장 55절, 요한복음 19장 31절에서는 예수님의 몸(body)에 사용된다.
몸의 육체적인 양상이 마가복음 5장 29절 '병이 나은 줄을 몸에 깨달으니라', 야고보서 2장 16절 '몸에 쓸 것을 주지 않으면'에서 가장 두드러진다. 마태복음 6장 22절에는 눈을 몸의 등불이라고 하며, 마태복음 6장 25절에는 몸이 의복보다 더 중한 것이라고 말한다. 마태복음의 이 구절들은 몸이 단순히 육체 기관이라는 것을 초월하여 소마가 자아를 의미하는 것임을 나타내는 것이다.
또한 몸은 질병, 치유 등을 경험하며(막5:29), 음식과 의복이 있어야 한다(약2:16). 히브리서 10장 22절에는 전문적인 형태가 나오며, 마태복음 5장 29~30절에서는 몸과 지체들이 대조되고 있다. 지체들은 전체의 유익을 위해서 이 몸에서 잘려 나갈 수도 있다는 것이다. 그래서 박해자들은 영혼이 아니라 몸만을 죽일 수 있을 뿐이라고 하는데 몸과 영혼은 함께 지옥에 떨어질 수도 있다(마10:28). 바울서신에서는 이 단어가 91회 나오지만, 바울서신 이외의 신약에서는 51회밖에 나오지 않는다. 이 단어는 바울을 통해 그 참된 내용을 갖게 되는데 바울은 시체나 노예, 또는 보완적인 용어로서 프쉬케를 가리키는 말로 소마를 사용하지 않는다. 그리고 무엇보다 중요한 것은 이제까지의 몸에 대한 이해는 몸은 더러운 것, 유한한 것이기 때문에 영혼이 몸과 함께 계속 있는 것이 아니라 분리된다는 것이었다. 즉, 죽음은 영이 몸으로부터의 해방됨을 의미한다는 것이다. 그러나 바울은 우리가 부활할 때 몸과 함께 부활한다는 몸의 부활을 이야기한다. 로마서 8장 11절에 따르면 '하나님은 우리의 죽을 몸을 살리실 것이다(고전6:14)'라고 하며 로마서 6장 12절은 우리가 부활에 동참하게 될 것을 보여준다. 바울이 소마를 사용할 때는 육체만을 말하는 것이 아니라 인격성 전체를 말하였다. 그러나 그는 그리스도와의 관계에서 몸을 해석할 때는 몸은 더럽혀질 수 있는 것으로 이해를 하였으며 몸이 어떻게 살아야 할지를 말하고 있다.
바울이 활동했던 당시의 헬레니즘에서는 소마와 더불어 사르크스(육, sarx)란 단어도 사용되었다. 여기서 육은 인간의 육체성에 매여 있는 죄성을 가리킨다. 그러므로 죄에서의 해방은 육에서의 해방을 뜻한다. 결론적으로 말해서 신약성경에서 몸에 관해서 말할 때마다 그것은 곧 전인을 뜻하는 것이다.[145]

145_하용조편 "육" 비전성경사전, 1105.

2) 육 손상

사고나 질병, 감염으로 우리 몸은 손상을 입게 된다. 또한 일 중독에 의한 무리한 육의 사용은 반드시 육체적 탈진을 가져오게 된다. 무절제한 생활, 중독성 물질, 잘못된 식생활, 자연환경의 파괴 등도 우리 육체에 치명적이다. 질병이 죄로, 저주로, 유전으로 왔건 중요한 것은 주님은 이 모든 질병을 치유하셨다는 것이다. 그렇다고 의학적인 혜택을 모두 끊고 기도만 하는 것은 위험하다. 능력을 추구하는 사람들은 의학적인 혜택을 비 능력, 비신앙으로 혹은 성령님의 능력을 무시하는 행위라고 주장한다.
신유나 축사도 하나님이 주신 능력이고 의학도 하나님이 주신 지혜의 능력이다. 특히 일반 질병과는 다른 정신장애 분야에서는 더욱 그렇다. 그래서 더욱 긴밀한 상호 협력이 필요한 것이다.[146] 어느 한쪽으로 질병을 패배시키느냐가 중요한 것이 아니다. 하나님의 형상으로 창조된 인간을 신유, 축사, 상담학, 의학, 심리학 등을 동원하여 본래의 모습으로 회복시키는 것이 더 중요한 것이다.

146_전요셉, 정신장애와 귀신 쫓음, 22.

3) 육의 치유

육의 질병은 각 기관의 병이나 기능적인 병 모두를 말하는 것으로, 따라서 육의 치유라는 것은 육의 상태를 변화하고 회복하여 육이 정상적으로 작동하도록 하는 것이다. 모든 종류의 치유 가운데서 육의 치유가 가장 어렵게 느껴지고 영의 치유가 오히려 쉽다고 생각한다. 우리가 종종 기적이라고 부르는 것은 육의 치유 영역을 일컫는다(요9).
의학계에서 투약이나 수술, 면역 요법, 방사선 등의 치료 방법을 동원하여 질병 치유에 기여하고 있다. 또한 정신 요법을 동원하기도 한다. 만약 질병의 일차적인 원인이 외상, 세균 감염 등 물리적이면 현대 의학의 방법으로도 좋은 효과를 기대할 수 있다. 그러나 같은 외상이나 세균 감염이라고 할지라도 그 배후에 영적인 문제가 놓여 있을 때는 영적인 문제를 다루어주어야 한다.

통전적 치유에 있어서 육의 질병을 치료하는 원칙은 아래 기록된 성경에서의 예들의 결론 부분에 기록하였다. 강조할 점은 균형을 지키는 것이다. 지나치게 신앙만을 강조하다가는 의학이나 상식적인 문제를 놓쳐버리는 잘못을 범할 수 있고, 반면에 지나치게 의학적인 치료나 자연적인 치료만을 강조하다 보면 신앙적인 것을 무시하는 잘못을 범할 수 있다는 점이다. 의약이나 다른 세속적 방법들이 육의 치유에 믿음의 기도와 병행되어 사용될 수 있다. 지속해서 육체의 건강을 주는 자연적인 수단들~식이요법, 운동, 절도 있는 생활 등~도 또한 병행하여 적용하여야 한다.

치유사역자가 통전적 치유함에 있어서는 영 중심적(spirit-oriented) 생각이 필수적이다. 왜냐하면 사람은 근본적으로 영적 존재이기 때문이다. 전인 치유적 관점에서 보면 많은 육체적 질환이 영의 문제나 귀신에 들림에 의하여 야기되고 있다. 일반적으로 의학계에서 연구된 생리적 기전이 있으므로 이 항에 대한 언급은 생략하기로 하겠다. 다만 많은 생리기전의 이면에는 영과 혼과 육의 상호관계를 염두에 두어야 함을 강조하고 싶다. 프랜시스 헌터(Frances Hunter)는 치유사역자의 필수 기억사항을 다음과 같이 요약하였다.[147]

① 당신이 사역하는 사람에게 무엇이 문제인가 물어보라. 그의 담당 의사가 내린 진단이 무엇인지 물어보라.

② 치유 사역하기 위해 질병에 대한 세부적 의학 지식까지 다 알아야 할 필요는 없다. 그러나 무엇이 문제인지 알고서, 문제의 증상이 아닌 문제 자체를 다루는 것이 중요하다. 무엇보다 실제 적으로 사역해야 한다. 다시 말해서, 상대방의 말을 주의 깊게 듣고 그의 문제에 대해 치유 사역을 할 수 있어야 한다.

③ 상대방에게 그의 질병이 무엇이냐고 물었을 때, 그가 병명을 말한 후에는 그 증상이 아무리 심각하게 들릴지라도 "쉽네요"라고 말하라. 가장 치명적인 질병이라도 하나님께서 간섭하시면 '쉬운' 것이 됨을 기억하라. 우리는 이러한 대답이 치유를 받는 사람에게 희망을 줄 뿐만 아니라, 자신이 "쉽다"라고 말하는 소리를 들음으로써 말한 사람의 믿음도 증가한다는 것을 발견했다.

④ 일단 당신이 치유 사역을 베푼 후에는 상대방이 그의 믿음을 행동으로 옮기게 하라. 만일 그의 허리가 아팠다면, 허리를 구부리게 하라. 팔꿈치에 문제가 있었다면, 팔꿈치를 구부리게 하라. 어깨나 무릎 관절염이 문제라면, 팔을 흔들거나 다리와 무릎 부분을 움직여 보게 하라.

⑤ 치유 받은 사람이 반드시 "예수님, 감사합니다!"를 고백하게 하라. 하나님께 드리는 감사는 불완전한 치유를 완전하게 할 수 있다.

⑥ 사역 후에는 치유된 사람들이 있는지 찾아보라. 고침 받지 못한 사람들을 찾는다면 당신의 믿음은 흔들리게 될 것이다. 그러므로 오직 병 고침을 받은 사람들만 찾고, 그 비율이 증가하는 것을 주시하라.

147_Charles and Frances Hunter, 치유 핸드북(Hand_book for Healing), 전용복, 김호배 공역(서울 : 서로사랑, 2010), 179-187.

⑦ 사람들은 종종 "아직도 아파요"라고 말할 것이다. 또한 고통이 어느 정도나 사라졌느냐고 물으면 그들은 "95%요. 그러나 아직도 아픈 것이 좀 남아있어요"라고 말할 것이다. 그렇다면 치유된 95%에 대해 하나님께 감사하도록 그들을 격려하라. 왜냐하면 그들이 감사를 드릴 때 남아있던 5%도 사라지는 경우가 많다. 그러나 부정적인 측면을 강조하면 95%가 90%로 떨어지고, 치유의 강도가 계속 내려간다는 사실을 발견했다. 예수님께 감사하는 것은 치유를 완전하게 하는 가장 좋은 방법의 하나다. 같은 이유로 부정적 태도를 보이면 5%의 통증이 10%로, 그 사람 다음엔 15%로, 그 후에는 50%까지 증가하고, 마침내는 이전의 모든 고통이 100% 다시 찾아와 치유를 완전히 잃어버리게 되는 수도 있다.

⑧ 남아있는 통증에 집중하지 말고, 사라진 통증에 집중하라. 병이 아닌 치유에 집중하라.

⑨ 당신은 의사가 아니다. 그러므로 의료 행위를 시도하지 말라. 또한 특정 약에 대한 처방을 내리거나 현재 복용하고 있는 약을 끊으라는 식의 조언을 해서는 안 된다.

⑩ 당신이 진단하지 말라. 환자가 직접 당신에게 그들의 문제가 무엇이며 어떤 증상이 있는지 대답하게 하라.

⑪ 악한 영을 쫓아낼 때마다 '예수님의 이름과 하나님 성령의 권능으로' 행하라.

⑫ 치유가 이뤄지기 위해서는 두 가지가 필요하다는 것을 기억하라. 바로 예수님의 이름(**몇 번이고 거듭해서 말하라. 아무리 자주 말하다 해도 절대로 지나치지 않다**)과 하나님의 성령의 권능이다.

⑬ 한 가지 방법으로 효과가 없다면, 하나님께 어떻게 해야 할지를 물어라. 계속 적으로 다른 방법들도 시도하며, 끈기 있게 행동하라.

⑭ 환자에게 당신이 아는 최상의 방법으로 사역한 이후에도 여전히 눈에 보이는 결과가 없다면, 하나님의 치유 권능이 그의 안에 임하셨기 때문에 치유가 시작되었다는 것을 그가 믿도록 격려하라. 놀라울 정도로 많은 사람이 그 후에 치유되었다.

⑮ 주님을 위해서 절대 미온적인 태도로 사역하지 말라.

⑯ 의심이 생길 때는 그것을 쫓아내라

⑰ 다른 영역에서 한 가지 이상의 증세에 대해 치유하고 난 후에는, 팔과 다리의 치유를 위한 사역을 한 번 더 거듭하는 것이 도움이 된다.

⑱ 치유를 위해 환자에게 안수할 때, 환자가 성령의 권능 아래 넘어질 경우를 대비해서 반드시 환자 뒤에 그를 붙잡기 위한 누군가를 세워야 한다. 만일 붙잡을 만한 사람이 없다면 당신이 환자의 어깨를 붙들고 기도하라. 환자가 성령의 권능 아래 넘어지지 않아도 염려하지 말라. 넘어지는 사람도 있고 그렇지 않은 사람도 있다. 그러나 양쪽 모두 치유 받는다.

⑲ 당신은 의사도, 척주교정 지압사도, 접골사도 아니라는 것을 기억하라. 당신은 뼈의 위치를 바로잡는 것이 아니라 다만 하나님의 초자연적 권능을 적용하고 있어야 한다.

⑳ 담대하게 행하라. 두려움 때문에 멈추어선 안 된다. 권위를 가지고 말하라. 이는 크게 말하라는 것이 아니라, 진심으로 말하라는 뜻이다.

㉑ 사역할 때 당신에게서 권능의 영향력이 발산된다. 따라서 상대방에게 가까이 갈수록 그는 더욱 큰 권능을 느끼고 받게 될 것이다. 그러나 상대방에게 불쾌감을 줄 정도가 아닌 적정 거리를 유지하는 수준으로 다가가라.

㉒ 치유할 때 한 번에 한 문제씩 집중하라. 한 문장 안에 모든 신체 질환을 포함해 치유를 베풀지 말라. 한 번에 한 가지씩 하라. 다음 순서를 진행하기 전에, 첫 번째 상태가 어떻게 진행되고 있는지를 점검하라. 가능하면 환자가 치료되었음을 쉽게 알아차릴 수 있는 것부터 시작하라. 예를 들어, 환자가 쉽게 구별할 수 있는 통증이나 불쾌감 같은 것 등이 이에 해당한다. '팔이나 다리 길이를 맞추는 것', '골반'이나 '목'의 통증 치유는 언제나 좋은 출발점이 된다.

㉓ 환자를 치유하는 데에는 끈기와 실습이 요구된다. 당신이 처음 치유를 베푼 사람들이 모두 다 치유되지 않을 수도 있다. 그러나 예수님께서는 우리도 예수님과 같은 일을 행할 것이며 그보다 더 큰 일도 할 것이라고 약속하셨다. 예수님은 치유하기 위해 그분에게 나온 사람들을 고치셨다. 따라서 우리도 치유를 받기 위해 성령 충만한 그리스도의 몸으로 나오는 모든 사람이 치유 받게 될 것이라고 믿는다. 그 비결은 예수님께서 주신 것을 절대로 멈추지 않는 데에 있다.

㉔ 우리는 없는 것을 있는 것 같이 불러서 창조할 수 있다(롬4:17). 하나님에게는 예비 기관들을 저장하는 거대한 창고가 있다. 새 타이어가 재생 타이어보다 낫다. 고속도로를 달리다 펑크 난 재생 타이어가 도로 사방에 조각조각 흩어져 있는 것을 본 적이 있는가? 헌 것을 재생해서 쓰려하지 말고 새것을 구하라.

㉕ 의심과 불신 때문에 사람들이 치유를 잃어버리게 해서는 안 된다. 그들이 치유된 것을 진정으로 알게 될 때까지 그들과 함께하도록 해라. 마귀가 그들의 치료를 도적질하기 위해 다가옴으로 마귀를 막아야 한다. 그들이 계속해서 하나님을 찬양하도록 하라.

㉖ 하나님께서 당신을 부르시기를 기다리면서 뒤로 물러나 앉아있지 말라. 마가복음 16장 15~18절 말씀에 의하면, 하나님께서는 이미 당신을 부르셨으며 당신이 무엇을 해야 할지 말씀하셨다. 하나님께서는 새 일을 행하신다. 이 시간 우리에게 주시는 하나님의 메시지는 믿는 자들인 우리가 모두 나가서 병든 자들에게 안수하라는 것이다. 하나님께서는 당신께서 하실 일을 하실 것이고, 사람들은 회복될 것이다.

㉗ 예수님께서 이 땅에서 치유를 베푸실 때, 그분은 사람들의 감정을 고조시킨다거나 길고 복잡한 기도를 하지 않으셨다. 그분은 단순히 환자에게 치유를 명하셨다. 만일 당신이 성령 세례를 받았다면 예수님을 죽은 자 가운데서 다시 살리신 그 같은 권능이 당신에게서도 흘러나올 것이다. 당신이 안수할 때, 상대방의 몸에 닿는 것은 하나님의 권능이며, 바로 그 권능이 치유를 할 것이다. 당신이 예수님의 이름으로 누군가에게 안수할 때, 치유의 권능이 당신 안에 있는 하나님의 성령으로부터 당신이 사역하는 사람에게로 흘러가는 것이다.

㉘ 당신은 성령 충만하고, 성령님은 기름 부음 받으신 분이기 때문에, 성령님의 기름 부으시는 권능이 언제나 당신 안에 있다. 그러므로 기름 부음은 주기적으로 왔다가 사라지는 것이 아니라는 점을 명심하라. 그분은 항상 당신 안에 머물러 계신다.

㉙ 때때로 '만일 환자가 의심과 불신하고 있다면 과연 그 사람을 고칠 수 있는가?'라는 의문이 제기된다. 성령을 믿는 자에게 표적이 따른다고 했다. 또한 우리는 사람들을 믿게 하려고 예수님께서 병자를 고치셨다는 사실을 안다. 불신이 치유를 중단시킬 수 있다는 것은 맞는 말이다. 그러나 종종 누군가가 병 고침을 받을 때, 그것을 목격한 사람들이 가장 먼저 회개하고 예수님을 구주로 영접하는 예도 많다.
㉚ 지혜와 상식, 올바른 분별력과 판단력을 사용하라. 다시 말해서 '지각없는' 사람이 되지 말라.
㉛ 부인이나 남편이 아닌 이성과 함께 장기간 사역하지 않도록 주의하라. 특별히 당신이 지역 사회에 치유 사역하기 위해 나갈 때, 가능한 당신과 동성이 동역자를 찾도록 하라.
㉜ 만일 어떤 사람이 신체의 은밀한 부분을 치유해야 한다면, 그 부분이나 가까운 부위에 본인의 손을 얹게 하라. 그리고 그 위에 당신의 손을 얹어라. 당신이 하는 모든 일에 신중하라.
㉝ 당신 자신이 낙담해서는 안 된다. 마귀는 그것을 틈타고 들어와 당신의 믿음을 떨어뜨리려 한다. 어쩌면 당신이 처음으로 발걸음을 내디뎠을 때, 어려운 질병을 대하게 될지도 모른다. 그러나 그것 때문에 낙심하지 않도록 하라. 오직 이 한 가지만 기억하라. 당신이 자신에 대해 죽는다면, 사람들이 당신에 대해 뭐라고 얘기하든 당신은 신경 쓰지 않을 것이다. 성령께서 당신을 인도하시고 당신에게 말씀하시도록 구하면서, 최선을 다해라.
㉞ 종기나 노출된 상처 혹은 피나 고름 등의 유출이 있는 사람을 치유할 때는, 당신의 손을 환부에 직접 대지 않도록 하라. 대신 환자가 자기 손을 그 부위나 근처에 올려놓게 하라. 그리고 치유를 베풀기 위해 당신의 손을 환자의 손 위에 올려놓아라. 물론 하나님의 권능은 질병의 전염을 막을 수 있다. 그러나 우리는 세상 안에 살고 있으며 하나님의 자연법칙 지배받는다. 사역 후에는 손을 깨끗이 씻도록 한다. 이것은 상식적인 위생관리이다.
㉟ 누구에게 치유를 베풀든지, 그가 구원받았는지 알아보도록 하라. 구원받지 않았다면, 구원받도록 사역하라.
㊱ 치유를 베푸는 사람이 성령 세례를 받았는지 그리고 방언을 말하는지 확인하라. 그렇지 않다면 그들이 성령 세례를 받도록 사역하라.
㊲ 담대하라.

치유 사역은 성경적이고도 온전한 주님의 사역임에도 불구하고 주님 당시나 과거 교회사 시대나 오늘날에도 항상 이를 거부하거나 부인하는 세력들이 막강한 힘을 가지고 대항해 오고 있다. 치유 사역은 신비한 하나님의 사역이기 때문에 누구든지 성령님을 의지하며 그 일에 임할 수가 있다.
치유가 일어나지 않는 경우는 다음과 같다.

① 성령의 기름 부으심, 충만함이 없기 때문이다(행10:38).

② 자신의 죄를 구체적으로 회개하지 않았기 때문이다(시66:18).

③ 질병에서 낫는다는 믿음의 확신이 없기 때문이다(마17:20).

④ 영적인 진리를 충분히 배우지 못한 것 즉 치유하는 능력에 대한 무지 때문이다.

⑤ 잘못된 가르침 때문이다. 일부 정통주의자들은 치유사 역은 초대 교회에서만 이루어졌고 지금은 일어나지 않는다고 잘못 가르쳤다.

⑥ 모든 치유는 즉각적으로 일어나야 한다는 편견 때문이다.

⑦ 질병은 우리의 믿음을 성숙시키고 거룩하게 만든다는 잘못된 인식 때문이다.

⑧ 치유가 하나님의 뜻이 아닐 수 있다는 생각을 하기 때문이다(막1:41).

⑨ 다른 사람을 용서하지 않았기 때문이다(마6:14~15).

⑩ 하나님께 불순종한 영역이 있기 때문이다.

⑪ 불순한 동기로 치유를 구했기 때문이다(약4:3).

⑫ 질병의 증상에만 관심을 집중시키고 주님을 바라보지 않았기 때문이다.

⑬ 낮은 자존감, 열등감, 우울감 등으로 하나님은 자신을 치유하시지 않을 그것으로 생각하기 때문이다.

⑭ 인내심이 부족하기 때문이다(눅18:1~8). 우리는 하나님의 때가 이루어질 때까지 기다려야 한다.

⑮ 육체를 무리하게 사용(일 중독)했기 때문이다.

⑯ 잘못된 습관(삶의 무계획성, 과식, 짜고 매운 음식, 지방 섭취 등) 때문이다.

⑰ 중독(담배, 알코올, 마약, 도박 등)되어 있기 때문이다.

⑱ 무속인이나 무속적 물건(부적, 무속 도구 등)과 접했기 때문이다.

⑲ 조상으로부터 혹은 외부로부터 들어온 귀신(양신)의 역사 때문이다.

⑳ 의학적 치료를 하나님의 치유 방편으로 인정하지 않기 때문이다. 의술이나 약도 하나님의 지혜로 만든 것이고 하나님이 도구로 사용하신다.

㉑ 하나님과 인간과의 관계가 회복되어 있지 않기 때문이다.

㉒ 하나님의 뜻으로 택한 사람에게 질병을 허용하기 때문이다(사도 바울, 욥).[148]

(4) 치유 사역 중에 나타나는 현상

성령의 임재가 임할 때 일어나는 특이한 현상들이 있다. 하나님의 능력과 진리에 대한 반응으로 사람들 가운데 나타나는 현상들은 그 형태가 매우 다양하다. 이들 현상 가운데 어떤 것들은 자신이 행한 또한 자신에게 가해진 어떤 죄악에 대한 혐오감이나 두려움을 드러내 보여준다. 그리고 어떤 현상들은 귀신 들림과 관련이 있다.
그러한 현상들은 그 사람 안에서 성령과 악령들 사이에 능력 대결이 벌어지고 있음을 극적으로 드러내 보여준다. 그러한 현상들을 통해 사람

148_148_F. F. Bosworth, 치유자 그리스도(Christ the Healer), 오태용 역(서울 : 베다니 출판사, 2011), 251-291.
한덕수, 치유가 일어나는 26가지 이유(서울 : 쿰란출판사, 2003), 32-52.
See Paul Tournier, 폴 트루니에의 치유(A Doctor's case_book in the Light of the Bible), 정동섭, 정지훈 역(서울 : CUP, 2007)
김남수, 하나님의 사랑과 치유사역(서울 : 서로사랑, 2006)
John G. Lake, 쟌 G. 레이크의 치유(Healing), 이자영 역(서울 : 순전한 나드, 2011)

들이 전혀 새로운 방식으로 하나님의 은총과 기쁨을 체험하게 되며 그들의 감정 분출을 하나님과 새로운 관계 속에서 느끼는 놀라운 기쁨과 평화를 반영하는 경우가 많다.[149]

1) 몸의 떨림과 진동의 현상

치유의 은사가 임할 때 보통 양손이 떨린다거나 몸 전체가 떨리는 경우가 많이 있다. 그러나 공포나 불쾌감과는 다른 현상이다. 몸의 진동이나 떨림에 관한 성경에서 말하는 사례들은 무수히 많다. 몸의 떨림에는 하나님에 대한 두려움이 수반되는 경우가 많다(창42:28, 출19:19, 시2:11, 119:120). 예언자들은 하나님의 임재를 체험할 때 몸이 떨리는 현상을 체험하는 경우가 많았다(사66:5, 렘5:22, 단10:10~11). 신약에서도 몸의 떨림은 거의 일반적인 현상으로 기록되어 있다(마28:4, 막5:33, 눅8:37, 행7:32, 16:29, 고전2:3, 고후7:15, 빌2:12, 히12:21).[150] 악한 영이나 정신적인 질환 그리고 파킨슨병[151]이 아니라면 우리는 성령님의 임재로 보아야 한다.

2) 쓰러 넘어짐 현상

맥너트는 예배를 드릴 때나 기도를 드릴 때 또 찬양을 드릴 때 쓰러 넘어지는 현상을 '성령 안에서 의식'이나 '성령 안에서 죽음'(slain in the Spirit)이라는 말로 표현하였다.[152] 한국에서는 '입신'이라고 종종 불린다. 그들은 쓰러질 때 깊은 평화를 맛보고 하나님의 임재를 경험했다고 말한다. 존 웨슬리가 설교할 때 사람들이 기절하는 것 같은 현상을 보이는 예가 종종 있었다. 또한 죠지 휫트필드(Geogre Whitefild, 1714~1770)가 복음을 전할 때도 이런 현상이 일어났다. 이런 현상은 성령의 능력에 의한 그것으로 받아들일 수 있는 것은 결과적으로 나타나는 열매가 선하다는 것과 마음의 깊은 평안을 동반한다는 것이다.[153] 찰스 피니(Charles Finney, 1792~1875)의 집회에서도 약 400명이 의자에서 마루로 쓰러지는 현상이 있었다.[154] 케더린 쿨만, 케네스 해긴, 찰스 헌터부부 등 많은 복음 전도자 및 치유 사역의 집회에서 이 현상들을 목격하게 된다. 성경에는 성령의 능력 아래서 넘어지는 예들이 있다. 요한복음 15장 6절에서 유다가 예수님을 배반하고 군인들을 데리고 왔을 때 예수께서 '너희가 누구를 찾느냐?'라고 하신 질문에 저들이 뒤로 물러가 땅에 엎드러졌다고 기록되었고, 마태복음 28장 4절에 무덤을 지키고 있던 군인들이 큰 지진이 나며 천사들이 하늘로부터 내려오는 것을 보고 죽은 자 같이 되었다고 기록되어 있다. 마태복음 17장 6절에 변화 산상에서 제자들이 하나님 음성을 들었을 때 엎드리어 심히 두려워하였다. 또 사도행전 9장

149_John Wimber, Kevin Springer, 351.

150_Ibid., 356-357.

151_파킨슨병은 뇌의 흑질(substantia nigra)에 분포하는 도파민의 신경세포가 점차 소실되어 발생하며 안정떨림, 경직, 운동 완만(운동느림) 및 자세 불안정성이 특징적으로 나타나는 신경계의 만성 진행성 퇴행성 질환이다. 파킨슨병 환자는 60세 이상에서 인구의 약 1% 정도로 추정된다.

152_Francis MacNutt, 치유의 능력(The Healing Power), 조원길 역(서울 : 전망사, 1979), 221.

153_Ibid., 234.

154_Kenneth E. Hagin, Why People Fall under the Power (Tulsa : kenneth Hagin Ministries, 1991), 23-31.

4절, 2장 14절에는 다메섹 도상에서 사울과 함께하던 자들이 엎드러진 광경을 나타내고 있다.[155]

그러나 이러한 현상은 사람들이 예수를 추구하는 대신 눈에 띄는 결과를 더 추구할 위험이 있고 성령의 역사가 아닐 수도 있다. 치유자 관점에서 기도 받은 자가 쓰러지지 않을 때 자존심 때문에 힘을 사용하고자 하는 유혹을 받을 수도 있다. 또한 성령의 능력으로 쓰러진다 해도 모두 치유되는 것은 아니다.[156]

155_Ibid., 237.

156_Ibid., 243-246.

3) 웃거나 흐느껴 우는 현상

어떤 사람들의 경우에는 갑자기 낄낄대거나 웃음을 터트리기 시작하여 몇 시간 동안, 때로는 며칠 동안이나 계속하기도 한다. 이런 현상은 정서적인 치유가 필요하다는 것을 나타낸다. 그러나 한편으로 이런 현상들을 새롭게 하나님의 거룩함을 체험한 데서 오는 반응(창17:17)일 수 있다. 사라(창21:6) 그리고 에스라가 하나님의 율법 책을 읽고 해석해 주었을 때 이스라엘 백성들이 울던 일(느8:9) 등이 있다.[157]

157_John Wimber, Kevin Springer. 362.

4) 장시간에 걸쳐 열렬하게 찬양드리는 현상

어떤 경우에는 몇 시간 동안이나 쉬지 않고 계속하는 현상이 나타나기도 한다. 이런 경우 성령의 능력의 징표로 나타나는 것이 보통이다. 신약에서 이와 같은 예는 마리아의 찬가(눅1:46~55), 사가랴의 찬가(눅1:64, 68~79), 치유받은 중풍 병자(눅5:25), 한센씨병을 치유 받은 사마리아인(눅17:15), 그리고 치유 받은 지체장애인(행3:8~10) 등이 있다.[158]

158_Ibid., 362-363.

7. 치유 사역을 위한 제언

우리는 하나님의 형상을 온전히 회복시키는 치유사역자들이다. 올바른 사역을 위해 끊임없이 기도하고 연구하고, 노력해야 한다. 필자는 바른 치유 사역을 위해 몇 가지를 제언한다.[159]

159_See Randy Clark, 치유사역훈련지침서(Ministry Team Training Manual), 인터내셔널 갈보리교회 번역팀(서울 : 순전한 나드, 2012)

(1) 치유 사역 준비

첫째, 찬양과 기도를 통해 성령의 기름 부으심 가운데 들어가 있어야 한다. 그러기 위해서는 평소 매일 2시간 이상의 기도 생활이 뒤따라야 하며 최소한 1시간 이상 능력 기도해야 한다.

둘째, 자신의 영적 장애 요소를 예수의 보혈과 성령의 능력으로 제거하여 강한 은사가 온몸에 임하도록 하며(행1:8), 또한 속에서 흘러나오는(요7:38, 39) 상태가 되도록 한다. 또한 치유에 대한 절대적 믿음 가운데 들어가야 한다(막16:17, 18). 아무 감각이나 느낌이 없어도 병든 사람에게 손을 얹은즉 낫는다는 단순하고 절대적 믿음만 있어도 병은 낫는다. 조용하고도 확신 찬 기도로 치유역사는 얼마든지 나타날 수 있다.

셋째, 하나님께 귀를 기울이며, 지혜와 지식의 은사를 통하여 사역하고자 하는 영적 겸손이 있어야 한다(행3:4, 5).

넷째, 질병의 증상, 질병의 원인을 알아내며, 믿음의 상태와 치유 기도의 형태를 결정짓는 준비단계가 필요하다.

이 단계를 통해 성공적인 치유 기도를 할 수 있다. 무작정 치유 기도부터 먼저 할 때 실패할 확률이 높다. 먼저, 몇 가지 질문의 대화와 면담을 통해 영적 상태, 질병 상태와 원인 등을 파악한다. 예수님을 영접했는지 질문, 치유에 대한 믿음의 정도, 성령의 은사와 능력에 대한 믿음, 병의 시작과 진행 과정과 현재 증상, 의사나 본인의 의견, 가족관계, 기억나는 죄, 미워하는 자, 충격적 사건, 말 못할 비밀, 마음의 상처 등을 알아내고 기도 가운데 영적 통찰력과 분별력으로 질병의 치유 방법이나 단계를 찾아내도록 한다.

다섯째, 질병의 원인을 말해주고 회개와 순종, 결단을 할 수 있도록 권면한다. 그 시간 같이 기도하는 것이 좋으며, 모든 치유 장애 요소를 보고 있는 현상이 나타나는 사람들, 믿음으로 확신을 가진 자들의 순서대로 치유하면 효과적이다.

여섯째, 치유의 믿음을 갖게 한다. 간증, 믿음에 관련된 성경 말씀, 치유 받는 기도 방법 등을 알게 하고, 병을 고칠 수 있다는 믿음을 심어주는 말을 해주며, 입으로 시인하게 한 뒤에 같이 기도하는 시간을 갖는다. 그래도 믿음이 전혀 없거나 기도 받을 자세가 안 되어 있는 분은 다시 권면하든지 다음 기회에 기도 받도록 지혜롭게 대처하는 것이 좋다.

일곱째, 성령의 기름 부으심이 임하도록 한다. 치유는 사역자나 환자가 모두 성령께 얼마나 사로잡혀 있느냐에 달려있다. 이를 위해 예수님의 보혈 찬양, 성령 충만 찬양, 성령 충만을 위한 통성기도, 성령께 사로잡히는 묵상기도를 하면 효과적이다. 머리 가운데 있는 백회혈에 안수하여 온몸에 성령이 기름 부어질 때까지 기도한다.

이때 쓰러짐의 현상이 나타날 수 있다. 이때 거부감을 느끼지 않도록 지혜롭게 해야 한다. 누운 상황에서 이마와 가슴 위쪽 부분에 손을 얹고 "성령의 불이 임하소서" "성령의 불로 막힌 곳이 뚫릴지어다" "성령이여 오시옵소서" "성령이여 깊이, 강하게 사로잡아 주옵소서"라고 진심으로 반복하여 기도한다.

아홉째, 치유역사가 강하게 일어날 수 있도록 집회 시간과 집회 장소의 환경, 찬양사역자의 준비사항, 보조사역자들의 믿음과 기름 부으심의 상태, 이번 집회에 하나님께서 역사하실 방향에 대해 점검한다.

열째, 하나님의 말씀과 설교, 간증, 기도, 찬송 등을 기도 가운데 준비한다. 사역자의 능력에 따라 영적 분위기가 창출되므로 철저히 기도하면서 준비한다.

열한째, 찬양을 통해 마음이 활짝 열리고 성령의 기름 부으심이 강하게 임하도록 한다. 30분 이상 경배와 찬양한다. 하나님의 임재와 성령께 사로잡힘과 하나님 보좌 앞에 나아감을 사모하면서 찬양하도록 한다. 찬양은 가사가 단순하고 짧으며 심령에 와 닿는 찬송을 반복하여 깊이 사로잡히도록 하는 것이 좋다.

열둘째, 적절한 시간 내 말씀을 선포하여 믿음을 유발하도록 한다.

열셋째, 회개기도, 사탄을 대적하는 기도, 성령 충만을 위한 통성기도와 묵상기도, 찬양 등을 통해 성령께서 역사할 수 있는 영적 분위기를 만든다.

열넷째, 면담 카드를 활용하여 집회 시간 전에 검토하는 것도 좋다. 또한 질병 종류별로 손을 들어보게 하여 제일 많은 병과 종류들을 파악하는 것도 좋다.

통전적 치유를 보다 구체적으로 하기 위해 다음과 같은 단계가 필요하다.

1) 제1단계 준비(warming-up)

첫째, 열린 마인드가 필요하다.

반복되는 말이지만 많은 축사 사역자들이 환자는 절대로 약을 복용 해도, 의학적 치료를 받아도 안 된다고 주장한다. 그래서 만약 이런 인간적인 방법의 도움을 받았다면 믿음이 부족한 것이고, 하나님 권위(능력)에 대한 도전으로 받아들인다. 그 결과 특히 정신장애 분야에서는 제대로 치유도 못 하면서 병만 악화시키는 결과를 초래하는 경우가 많이 있었다. 그런데 더욱 큰 문제는 치유가 안 되면 상대방의 믿음에 문제가 있다고 말한다는 점이다.

반대로 의사들은 의학적인 치유가 중요하다고 주장한다. 의학적인 치유를 받지 못해 질병 악화가 왔다고 말한다. 카리스마적인 도움을 받았다면 미신적이고, 비과학적인 사람으로 평가 절하시켜 버린다. 결국 치유에 한계를 많이 느끼면서도 계속해서 환자만 입원시켰다가 퇴원시키는 일들을 반복할 때가 많이 있다.

어떤 경우는 정말 귀신이 들렸는데 그래서 분명 축사를 통해 귀신을 내어 쫓아 한 인간을 온전하게 만들 수 있는데도 불구하고 정신과적 진단만 내려서 약물치료만 계속하여 귀신도 들리고 나중에는 약물 중독증상까지 나타나는 현상도 있음을 우리는 볼 수 있다. 이 얼마나 우매한 일인가! 우리는 서로에 대한 고정관념을 깨고 열린 사고와 마음을 가지고 서로에 대한 이해 폭을 넓혀 갈 필요가 있다.

둘째, 각 분야 고유 영역의 네트워크가 필요하다.

심리학, 정신의학, 상담학, 신학(축사) 등의 각 분야 네트워크가 먼저 이루어져야 한다. 각 분야의 전공자들이 자신들의 분야 속에서 정신장애와 귀신 들림을 어떻게 보아야 하는가에 대한 자신들로부터 정보가 공유되고 심도 있는 토론이 이루어져야 한다.

셋째, 타 분야와의 네트워크가 필요하다.

심리학, 정신의학, 상담학, 축사 분야가 서로 연결되어서 서로의 고유 정보를 공유하면서 세미나 등을 통해 질병 치유에 대한 이견을 조율해 나가면서 협력해야 할 분야는 서로 협력하는 사역이 있어야 한다.

<그림 4> 통전적 네트워크

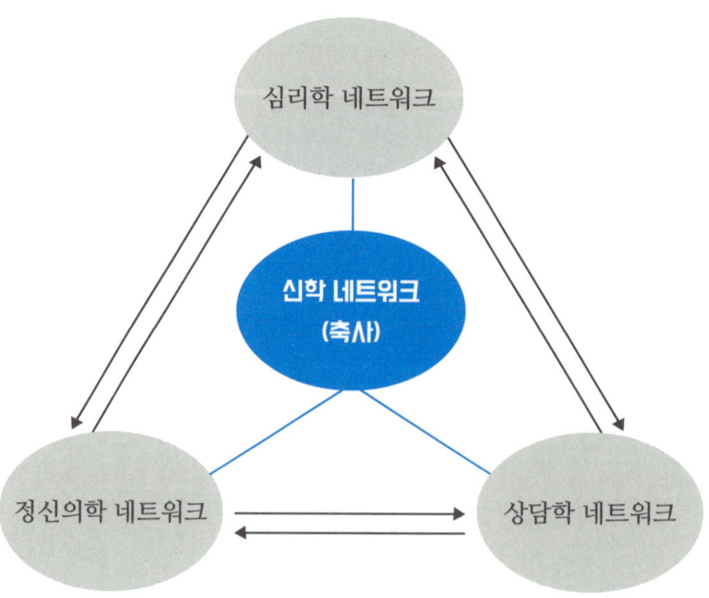

2) 제2단계 팀 사역(team-ministry)

치유사역자가 사역을 혼자 감당할 수가 없다. 교회 안과 밖의 전문 치료 팀을 잘 조직하여 치유공동체를 형성하고 통전적 치료에 힘을 써야 한다. 교회 안에는 수많은 자원이 있다. 이들을 잘 활용하여 주님이 맡겨 주신 복음 사역에서 치유하는 공동체로서 역할을 감당해야 한다. 팀의 구성원을 분야별로 나누어보면 다음과 같다.

첫째, 영적 치유(spiritual therapy) : 치유사역자, 신학자, 목회자 등
둘째, 육체적 치유(somatic therapy) : 의사, 간호사, 간병인, 호스피스 등
셋째, 혼적 치유(psycho therapy) : 심리학자, 상담사 등
넷째, 사회적 치유(social therapy) : 사회복지사, 변호사, 사업가 등

인간에게 주어진 은사는 각각 다르다. 사도 바울은 교회가 그리스도의 지체인데 지체로서 각각 다른 은사를 가지고 머리이신 그리스도와 일치되는 행동을 취해야 한다고 말하고 있다. 각 사람에게 주어진 은사 역시 다르므로 통전적 치유에 포괄적 접근으로 전문인들이 모여 팀을 조직하여 사역함이 중요하다. 팀으로 치유 사역할 때 몇 가지 원리가 있어야 한다.

① 접근방법의 목표가 같아야 한다(롬15:5).
② 각 부분 팀들이 모두 귀하고 중요함을 알아야 한다(고전12:4~5).
③ 모든 사람이 평등하며 그들의 인격은 존중되어야 한다(창1:26).
④ 치유는 하나님께서 하시는 것이며 우리는 그것을 돕는 중개자라는 것을 명심해야 한다(고전12:25~26).
⑤ 팀원들은 끊임없이 기도해야 한다. 각지기로 그리스도와 연합하기 위해 힘을 써야 한다(살전3:10).
⑥ 사랑, 겸손, 섬김으로 서로 상부상조해야 한다(엡4:15~16, 골3:14).
⑦ 서로 짐을 져 주고 순종하며 존경하며 협력하여 선을 이루어야 한다(롬8:28).
⑧ 그리스도의 본을 받아 사랑을 실천해야 한다(요13:12~15).[160]

이국현은 팀 사역에 대한 유익한 점을 다음과 같이 제시한다.

① 영 · 혼 · 육 · 사회적 치유를 동시에 함으로써 전인적 치유가 가능하게 된다.
② 치유 사역이 훨씬 능률적이며 효과적이고 몇 배의 성과와 열매를 거둘 수 있다.
③ 많은 업무량을 팀의 다양한 구성원들이 분담하여 잘해 나갈 수 있으며 어떤 일에도 잘 적응해 나갈 수 있고 동시에 많은 일을 성취할 수가 있다.

160_권양순, "기독교관점에서 본 전인치유의 효과적인 방법 연구", (미간행 석사논문, 아세아연합신학대학원, 1986), 88-89.

④ 서로 보호받을 수 있다. 사역하다 보면 어려움에 빠질 수 있는데 이럴 때 서로가 위로하고 격려함으로써 힘을 얻을 수 있다.
⑤ 팀 구성원 중 누군가가 떠나게 되어도 지속적인 결실을 볼 수 있다.
⑥ 각 사람의 은사를 따라 제한된 개인의 은사나 지식, 능력을 극대화할 수 있다.

일단 환자가 오면 제일 먼저 의사의 진단을 받게 하는 것이 중요하다. 그래서 정확한 의학적 소견이 후 어떤 것이 가장 효과적인 방법인가를 찾아야 한다. 강렬한 카리스마가 있는 목회자가 모든 것을 지도하는 시대는 지났다. 이제는 전문가 중심의 팀 사역을 통한 협력 목회의 시대다. 치유사역자 베니 힌도 여러 의사, 찬양사역자, 상담가들과 팀 사역을 통한 사역을 하고 있다.[161]
신유 핸드북(handbook for healing)의 저자이자 세계적인 축사 사역자 찰스 프랜시스 헌터(Charles and Frances Hunter) 부부는 그의 책 첫 장에 의사들이 공개토론에 참석하여 그들에게 의학지식을 제공해 준 것에 대해 감사의 글로 시작한다. 그는 의사들과 팀 사역함으로 서로에 대한 신뢰성이 높아졌다고 강조하였다. 그는 무려 84명이나 되는 전문의들의 이름을 전부 거론하면서 이들의 도움을 받았다고 솔직하게 밝히고 있다.[162]
무엇보다도 정확한 판단을 통한 사역이 있어야 한다. 정신장애자로 판명이 났으면 먼저 정신과 치료를 받아야 한다. 우리 인간의 구조와 내면의 세계는 단순하지 않다. 특히 인간의 뇌는 너무나 신비롭고, 무한성을 가지고 있다. 단 한 번의 치유나 단순한 치유로는 바른 치유를 할 수 없다. 정신장애 치유는 점진적 치유가 필요하다.
만약 귀신 들림으로 판명이 났으면 예수님의 이름으로, 성령의 능력과 권세로 악한 영을 묶고, 쫓아 보내야 한다. 이런 영적인 싸움은 극적이면서도, 순간적으로 치유가 되는 것이다. 사악한 영들이 쫓겨나 가면 금방 본래의 보습으로 돌아올 수 있다.
성경에 기록된 모든 치유의 사건들은 더러운 귀신들이 떠나므로 순간적으로 건강한 모습으로 변화되었다. 우리는 영적인 분별력을 가지고 정확한 판단을 통한 치유를 해야 한다.

3) 제3단계 사회 통합을 위한 통전적 치유센터(healing center for social integration)[163]

올바른 축사와 치유를 위해 사회 통합을 위한 통전적인 치유센터가 있어야 한다. 그래서 환자에 대한 정확한 파악과 효과적인 치유 방법을 찾아야 한다. 그래서 모든 인간이 건강하게 사회 통합되어서 행복한 삶을 살아야 한다.

161_Benny Hinn, This is your day for a Miracle(Nashville, Tennessee : NavPress Publishing Group, 1995), 1-2.
그의 저서 서문에는 팀사역자인 의학박사 도날드 콜버트의 글로 시작되는 경우가 많이 있다.

162_Charles and Frances Hunter, Handbook for Hea_ling(Kingwood, Texas : Pu_blished by Hunter Books, 1991), 1-4

163_사회 통합이란 정상적인 사회 속의 집단이나 개인과 서로를 이해하고 적응시켜 살아갈 수 있도록 하는 과정을 의미한다. 특히, 기독교인들은 인간과 인간, 인간과 자연, 하나님과 인간관계가 잘 정립이 되는 통합적인 신앙과 삶을 가지고 있어야 한다.

4) 제4단계 영적 전쟁(spiritual warfare)

우리는 정신 치유와 끝없는 영적 탐구를 통해 악한 영과의 영적 전쟁(spiritual warfare)을 수행해야 한다. 왜냐하면 질병이나 죄악은 영적으로 싸우지 않고서는 절대로 없어지지 않기 때문이다. 우리는 성령님의 기름 부으심과 우리와 함께하시는 주님의 권능으로 인해 우리는 영적 전쟁에서 승리할 수 있다.

그러므로 인해 성령의 아홉 가지 열매 사랑, 희락, 화평, 오래 참음, 자비, 양선, 충성, 온유, 절제가 맺히게 되는 것이다. 통전적인 치유는 정신 영성으로 발전되며 그러기 위한 전 단계로 결국 끝없는 영적 전쟁이 시작되는 것을 볼 수 있다. 그러나 최후 승리는 주님과 함께한 우리가 될 것이다.

그러므로 영적 전쟁 없는 치유는 결코 있을 수 없는 것이다. 우리는 악한 영을 축사와 내적 치유 등으로 내어 쫓아야 한다. 그러나 이것은 우리 힘으로 되는 것이 아니다. 성령님의 강력한 도우심과 우리 내면에 충만하게 내주하실 때만 가능한 것이다. 그런 의미에서 목사, 의사, 심리치료사, 상담사 등은 모두 훌륭한 사역자들이다. 누가 주도적인 역할을 감당하느냐는 문제는 본질을 흐려놓는 악한 영의 술책이다.

중요한 것은 모두가 주님과 함께 인간에게 참 해방, 참 자유를 주었는가 하는 것이다. 누구를 통해 자유 함을 얻든 그곳에 예수 그리스도가 살아 있으면 되지 않겠는가? 그러므로 우리는 모두가 협력하여서 선한 싸움을 승리로 이끌어 가야 한다.

모든 결론은 누가 영적 싸움에서 제대로 승리하였는가에 달려있기 때문이다. 우리는 영적 전쟁터에 살고 있음을 기억해야 한다. 우는 사자와 같이 두루 다니면서 삼킬 자를 찾고 있는 수많은 악한 영들이 있음을 잊지 말아야 한다. 우리는 지금 적들에 둘러싸여 있어서 자신을 제대로 지키지 않으면 패할 수밖에 없다.

"최상의 방어는 공격이다."라는 말이 있듯이 우리는 적들을 담대하게 공격해야 한다. 주님을 믿고, 의지한다면 반드시 승리는 우리 것이다.

5) 제5단계 정신 영성(psycho spirituality)

마지막 단계는 정신 영성(psycho spirituality)을 추구하는 단계이다. 이 분야는 데이비드 베너(david G. benner)의 저서인 정신치료와 영적 탐구(psychotherapy and the spiritual quest)가 많은 참고가 될 것이다.[164] 데이비드 베너는 영적 발달을 통한 통합을 3그룹 8단계로 표현하고 있다.[165]

164_David G. Benner, Psychotherapy and the Spiritual Quest, 이만홍, 강현숙 역, 정신치료와 영적탐구(서울 : 하나의학사, 2000), 155-197.
역자인 이만홍 교수는 기독교 신앙과 정신장애 치료의 통합을 모색하면서 기독교 정신과 연구모임을 이끌어 왔다.

165_Ibid., 193-194.

첫째, 준비단계(preparation)

① 하나님과 나 사이의 신뢰 발달(친밀감의 시작)

② 자기 초월 통해 하나님께서 부르시고 있다는 것을 깨달음(神에 대한 갈망)

③ 그 부르심이 하나님으로부터 온 것을 인지함(神과의 교통)

④ 자기 부족과 나약함을 깨달음(자기 부인)

둘째, 칭의 단계(justification)

⑤ 하나님께서 나를 용서하셨고 구원시켰음을 인지함(죄인이지만 의인화된 단계, communio peccatorum, communio sanctorum)

셋째, 성화 단계(sanctification)

⑥ 점진적으로 죄로부터 자유로움을 누림(성령의 법이 내 안에 정착됨)

⑦ 점진적으로 성령의 열매가 나타남(하나님의 형상 회복단계 : Imago Dei)

⑧ 하나님과 나 사이 친밀한 관계가 매우 깊어짐(최고의 단계로 나아감)

정신 영성이란 인격의 통합을 의미하는데 인격의 통합은 인간관계의 조화성과 하나님께 대한 신뢰를 통한 친밀감 속에서 이루어지는 것이다.
즉 우리의 전 존재(the totality of our being)가 하나님을 갈망할 뿐 아니라 하나님과 인간에게 반응을 보이는 것이다. 이렇게 함으로 하나님과 친밀한 일체감(unity)이 깊어지게 되고 또한 인간관계에도 친밀감이 깊어지게 되어 결국 성령의 열매를 맺게 되고 우리의 속사람(거듭난 사람, 영적인 사람)이 점점 자라서 하나님의 모습(Imago Dei)이 우리의 삶 가운데 나타나는 것이다.
우리의 영적 발달(spiritual development)이 진행되어갈 때 우리는 우리 자신은 물론이고, 다른 사람이나 마귀의 지배도 받아도 안 된다. 따라서 우리는 이러한 영적 발달이 어느 곳으로 인도할지 모르기 때문에 불안을 경험할 수 있다.
그러나 두려워할 필요는 없다. 왜냐하면 우리 안에서 역사하는 영을 보호하신 성령님이시기 때문에 가장 좋은 길로 인도해 주시기 때문이다(요14:16~17).[166]

166_전요셉, 정신장애와 귀신 쫓음, 366-372.

(2) 치유 사역 기도

첫째, 질병에 따라 사단과 귀신의 세력을 꾸짖고 조용하면서도 단호하고 확신 있게 명령을 내린다. 고쳐질 때까지 계속 반복하며 구체적이고도 단순한 기도를 할수록 효과적이다. 또한 여러 질병이 있을 때 하나씩 따로 기도하며, 여러 치유 방법을 사용하기도 한다. 무엇보다 사랑과 확신에 찬 마음으로 기도해야 한다. 때때로 환자에게 자신에게 일어나는 반응을 물어서 치유가 진행된 상태를 확인하는 것이 좋다.

> "등뼈는 펴질지어다" "네 발로 일어나라" "팔은 자라나라" "신장은 제 기능을 회복하라" "코와 목 안의 세포조직은 움직여 제 기능을 발휘하라" "막힌 혈관은 뚫릴지어다" 등, 특별히 "하나님 직접 만져주옵소서" "예수님 안수해 주십시오"라는 기도를 통하여 하나님께서 환부를 직접 만져 고쳐주도록 기도할 때 놀라운 역사가 일어난다.

둘째, 사역자는 눈을 뜨고 기도하며 환자에게서 조금이라도 치유의 반응이 나타나면 '더 크게' '더 강하게'라고 기도할 때 치유가 급속히 이루어진다.
셋째, 믿음을 행동으로 옮기도록 한다. 움직이게 하거나 펴게 하거나, 일으켜 걷도록 한다.
넷째, 온전히 치유가 안 되었을 때, 기도를 멈춰야 할 때 '이 손을 뗀 후에도 하나님이 계속 만져주옵소서. 계속 치료하시고 온전케 하옵소서'라고 기도한 뒤 손을 뗀다.
다섯째, 치유 보조사역자들이 같이 기도하는 경우 치유 효과가 크며(마18:18, 19, 신32:30), 보조사역자들은 주 사역자의 보조역할이 되도록 유의해서 치유 기도 해야 한다.
여섯째, 갖가지 현상이 나타날 수 있으므로 지혜롭게 진행하며 집회 시간 조절, 역반응이 안 나도록 설명, 집회 끝난 뒤의 후속 조치 등을 잘해야 한다.
일곱째, '성령이여 기름 부으소서' '성령이여 오시옵소서' '예수님! 안수하여 주시옵소서'하며 확신 있게 기도한다. 찬송 중에 자연스럽게 청중을 일으켜 세워서 기도하는 것도 좋다.
여덟째, 성령의 역사가 진행되는 것을 보며, 성령의 인도하심과 영분별과 지혜와 지식의 은사로 치유 기도해 나간다.
아홉째, 회중 전체에게 하나님이 직접 역사하시도록 하는 기도, 질병 종류별로 일으켜 치유하는 기도, 강단으로 한 명 또는 두 명씩 불러 올라오게 한 후 치유하는 기도 등을 실시한다. 자신의 질병이 치유된 모습을 보거나 그런 느낌이 오거나 한 사람들, 지식의 은사로 보게 된 치유대상자들, 성령의 임재를 체험하고 있는 현상이 나타나는 사람들, 믿음으로 확신을 가진 자들의 순서대로 치유하면 효과적이다.

(3) 치유 사역 후 조치

첫째, 반드시 감사기도를 하게 한다. '고쳤음을' '고쳐지고 있음을' '일부 고쳐졌음을' 하나님께 감사기도와 찬양을 하도록 한다(골3:15~17, 막11:24, 빌4:6, 7).
둘째, 계속해서 감사함과 믿음으로 스스로 기도하도록 하고 계속 기도받도록 하며, 마음에 의심과 불안이 들어오지 않도록 마음을 지키는 기도를 해야 한다.
셋째, 죄를 반복하지 않도록 하며(요5:14), 사단과 단절하는 기도를 하게 한다.
넷째, 치유된 사실을 감사와 겸손으로 간증하며 하나님께 영광을 돌리며, 감사헌금도 하나님께 드리도록 한다.
다섯째, 꾸준한 예배 참석 및 성경 공부 등을 권면하여 영적 성숙을 위해 노력하도록 하며, 결단이나 서원을 수행하도록 하며, 건강의 자연법칙과 건강증진 방법을 가르쳐 주며 잘하도록 권면한다. 신앙의 선배와 연결해 주는 것이 좋다.
여섯째, 병이 재발하려고 할 때 스스로 안수하여 기도하는 법을 가르쳐 준다.
일곱째 성령의 은사를 구하여 치유 사역이나 전도사역에 쓰임 받음으로 하나님의 은혜에 보답할 수 있도록 한다.
여덟째, 간증을 통해 하나님께 영광 돌리도록 한다.
아홉째, 치료받지 못한 사람에게는 기도가 쌓여 지고 있음을 언급하여 헛된 시간이 아님을 강조하고, 지금도 계속 성령이 치유하고 계신 것을 말해주어야 한다.
열째, 사탄의 시험에 대해 속지 않도록 감사, 찬송, 기도 하도록 권한다.
열한째, 개인별 치유를 해야 할 사람이 있을 때는 집회 후 별도로 치유 보조 사역자가 기도해 주도록 한다.
열두 번째, 전도와 신앙 성장의 계기가 되도록 권면한다.

(4) 중보기도

성경에는 중보기도를 통해 일어난 치유 사역 즉, 그 자리에는 없지만 공간적으로 떨어져 있는 환자를 위해 기도했을 때 고침 받는 치유 사역을 많이 언급하고 있다. 백부장의 하인(마8:5~13), 왕의 신하의 아들(요4:46~54), 수로보니게 여인의 딸(막7:24~30) 등이 그와 같이 고침 받았다.

1) 치유의 방법

첫째, 믿음

믿음은 바라는 것들의 실상이요 보이지 않는 것들의 증거니 (히11:1)

믿음의 기도는 병든 자를 구원하리니 주께서 그를 일으키시리라 혹시 죄를 범하였을지라도 사하심을 받으리라 (약5:15)

우리가 하나님의 치유 능력을 믿고, 그것에 주의하면 뚜렷한 변화가 일어날 것이다. 예수님의 치유 사역 중에는 믿음을 요구하시거나 믿음을 보시고 능력을 나타내신 경우가 많았다. 반대로 믿음이 없는 곳에서는 능력을 행치 않으셨다 (마13:58)

둘째, 기도
기도는 하늘의 우리 아버지에 대한 믿음의 자연스러운 반응이다. 치유를 포함한 기도의 응답을 받기 위해서는 다음과 같은 기도의 조건들이 있다.

① 합당한 이유를 위해 기도하라.

너희가 얻지 못함은, 구하지 아니함이요, 구하여도 받지 못함은 정욕으로 쓰려고 잘못 구함이니라 (약4:2~3)

② 올바른 관계 안에서 기도하라.

남편 된 자들아 이와 같이 지식을 따라 너희 아내와 동거하고 저는 더 연약한 그릇이요, 또 생명의 은혜를 유업으로 함께 받을 자로 알아 귀히 여기라 이는 너희 기도가 막히지 아니하게 하려 함이라 (벧전3:7)

③ 올바로 행하며 기도하라.

무엇이든지 구하는 바를 그에게 받나니 이는 우리가 그의 계명들을 지키고 그 앞에서 기뻐하시는 것을 행함이라 (요일3:22)

④ 항상 쉬지 말고 기도하라.

항상 기도하고 낙망치 말아야 한다 (눅18:1)

셋째, 말씀
예수님은 말씀만으로도 능력을 나타내셨다(마 9:6~7; 요 5:8~9; 막 10:52).

예수님의 말씀은 생명을 창조하고 치유하고 권능이 있었다. 예수님은 "내가 너희에게 이른 말이 영이요 생명이라"(요6:63)고 하셨다. 또한 바울은 "하나님의 말씀은 살았고, 운동력이 있으며, 믿는 자 속에 역사한다"(히4:12)고 말했다. 오늘날도 전도나 설교, 가르침을 통해서 하나님의 말씀이 전달되는 곳에서는 영육 간의 질병을 치료하며 조화와 관계성이 온전해지는 변화가 일어난다. 육체적인 치유가 기적적으로 일어났다 해도 말씀이 들어가지 못하면 곧 다시 넘어지고 더 큰 질병이나 죄에 빠질 수 있다. 그러므로 예수님은 38년 된 질병에서 나음을 입은 병자에게 말씀을 주셨다. "보라 네가 나았으니 더 심한 것이 생기지 않게 다시는 죄를 범치 말라"(요5:14) 이 말씀은 치료를 가져올 뿐만 아니라 치료 후의 회복과 성장 그리고 더 큰 질병의 예방 능력도 갖추고 있다.
넷째, 죄의 고백

> 너는 오직 네 죄를 자복하라 이는 네 하나님 여호와를 배반하고 네 길로 달려 이방인들에게로 나아가 모든 푸른 나무 아래로 가서 내 목소리를 듣지 아니하였음이라 여호와의 말씀이니라 (렘3:13)

그러므로 매일의 생활에서 죄를 범하지 않는 것이 건강을 누리는 길이다. 그러나 우리 인간은 모두가 약하고 죄를 범하는 존재들이므로 죄의 용서가 필요하게 된다. 죄의 파괴력은 하나님 앞에 고백과 회개를 통한 용서를 얻을 때 제거되어 진다. 우리의 죄의 고백은 실제적인 치유의 능력이 있다. 곧 예수께서 십자가에서 우리의 죄와 그에 따른 육체적 질병의 짐을 대신 져 주셨기 때문에 사죄의 고백은 용서와 해방감, 그리고 자유와 건강을 누릴 수 있게 해 준다.

치유는 사죄의 결과라고 볼 때 죄의 고백과 그에 따른 용서는 치유를 가능하게 한다. 고백을 통한용서의 감격과 기쁨은 육체에 영향을 미쳐서 육신의 병도 치유될 수 있도록 한다. 그리고 이런 사죄의 고백과 용서받는 감격은 하나님과의 관계에서만이 아니라 다른 사람과의 관계에서도 이루어져야 한다. 우리는 사람들에게도 잘못을 고백하며 용서받을 수 있고 또 다른 사람의 허물을 용서해 주어야 한다. 그때 하나님으로부터의 치료의 에너지가 우리의 영혼과 다른 사람들의 영혼을 적시고 흘러서 건강한 공동체와 개인을 만들 수 있다.
다섯째, 예배
모든 예배 의식 속에는 누군가에게 어떤 종류의 치유가 일어나게 마련이다. 즉 성도의 교제를 통해 외로움이 치유되고 하나님의 은혜를 깨달을 때 과거의 심각한 죄책감이 치유되며, 하나님의 말씀이 선포될 때 새로운 희망이 싹터 슬픔이 치유되고, 용서받았기에 용서할 수 있게 될 때 실망한 영혼이 치유되고, 하나님이 인생의 사소한 일조차도 처리해 주실 만큼 위대함을 깨달을 때 근심이 치유되고, 자기 자신이 얼마나 하나님과 다른 사람에게 중요한가를 인식할 때 자기 비하가 치유되고, 예배에 대한 진정한 가치를 발견할 때 돈에 대한 강박 관념이 치유된다. 그러므로 예배를 통해서 우리의 삶을 열어 놓고 성령의 파도를 받아들여야 한다.

여섯째, 안수

때때로 예수께서는 단지 말이나 명령만으로 치유하셨다. 그러나 다른 사람의 경우에는 말씀하시지 않고 접촉으로만 고치셨다. 마14:35~36을 보면 이 점을 분명히 알 수 있다. 그곳 사람들이 그 근방에 두루 통지하여 모든 병든 자를 예수께 데리고 와서 다만 예수의 옷자락에라도 손을 대게 하시기를 간구하니 손을 대는 자는 다 나음을 얻었다. 그러므로 치유는 손을 대는 것으로도 일어난다. 성경에서 안수는 축복할 때(창48:14, 마19:15), 사명을 위임할 때(민27:23, 민8:10, 행66, 딤전4:14, 5:22), 치유할 때(막1:41, 행9:12, 17, 행28:8), 성령의 은총을 받기 위해서(행8:17) 사용되었다.

일곱째, 기름 바름

> 너희 중에 병든 자가 있느냐 저는 교회의 장로들을 청할 것이요 그들은 주의 이름으로 기름을 바르며 위하여 기도 할지니라 (약3:14)

이 치유의 방법은 가톨릭교회에서 종부성사로 이어져 왔다. 이때 바르는 기름은 감람 유로서 병자의 이마와 손에 발라주었다. 기름은 특별히 상처 난 곳을 싸매어 주고 상처 난 곳을 치료하는 능력이 있다. 선한 사마리아인은 강도에게 매를 맞고 죽게 된 사람을 발견하고 그의 상처에 기름과 포도주를 발라 주었다(눅10:34). 마가복음 6장 13절은 사도들이 사람들에게 기름을 바르며 병을 고쳐주었다고 말한다. 그러므로 기름과 포도주가 당시의 치료약이다. 신유를 위해서 기도하고 의사가 필요 없다고 하는 것은 오히려 성경적이 아니다. 그러므로 현대목회의 치유 사역에서는 이 기름 부음의 방법은 기도와 함께 의사의 치료로 병이 낫는 것으로 이해되어 행해져야 한다.

여덟째,찬양

찬양은 치유를 가져오는 힘이 있다. 찬양은 정서적인 안정을 가오며 하나님의 영광이 임재하여 질병을 가져오는 사탄을 내어 쫓는 힘이 있다. 삼상16:23에 "하나님의 부리신 악신이 사울에게 이를 때에 다윗이 수금을 취하여 손으로 탄즉 사울이 상쾌하여 낫고 악신은 그에게서 떠나니라"라는 기록이 있다. 찬양은 하나님을 모셔 들이게 하는 준비자세가 된다. 하나님은 찬송 중에 거하시는 분이시다. 우리가 주를 찬양할 때 사탄의 세력은 점점 약화 되고 치유의 능력이 나타나기 시작한다. 우리가 찬양할 때 성령이 임재하시므로 치유의 능력이 넘치게 되는 것이다.

아홉째, 상담

예배는 아무래도 대중적이다. 그래서 개인적인 면이 소홀해질 수 있다. 그러므로 필요한 사람들을 개인적으로 만나 상담하는 것이 필요하다. 개인 상담은 상담자가 피상담자에게 교훈을 주는 것으로 끝나서는 안 된다. 심령이 상한 사람은 심령을 치유 받도록, 기도하는 마음으로 하나님의 말씀을 나눔으로써, 기도함으로써, 또한 서로 말함으로써 치유의 역사가 있어야 한다. 상담을 통한 경청과 공감은 치유를 도와준다. 그러므로 현대목회에는 상담을 통한 치유 목회가 필요하다.

열째, 돌봄

돌봄은 상처를 입고 도움을 요청하거나, 전인격적 완성을 추구하려는 사람들에게 주는 응답이라고 말할 수 있다. 기독교적 돌봄은 하나님의 사랑을 이해하고, 인간의 존엄성을 인식하며 인생의 중요성을 깨닫게 했을 때 그 의미를 찾을 수 있다. 돌봄은 아가페의 사랑 위에 세워지고 그 사랑에 의하여 움직여지는 것이다. 돌봄은 타인의 전 존재를 소중히 여겨 바로 그 사람을 위하여 기꺼이 행동하고자 하는 근본적인 능력이다. 돌봄은 개인과 그룹 혹은 삶에 영향을 주는 사회 구조에 깊은 관심과 아울러 사려 깊은 행동까지 하도록 요구한다. 돌봄을 통해 한 개인의 지속적인 정체성 유지, 자기완성의 가능성, 타인을 위한 행동의 민감성 등이 확장된다. 그리스도인들이 돌봄의 사역에 동참하는 것은 하나님을 향한 그리스도인들의 충성 때문이다. 즉 모든 하나님의 사람들은 인간을 돌보도록 부름을 받는 것이다.

치유는 하나님 사랑의 표시이다. 치유에는 우리가 이해할 수 없는 신비가 있다. 치유는 하나님의 뜻이다. 그러므로 우리가 병들었을 때 약을 먹고 의사를 찾아가는 것이 자연스럽고 정상적인 것 같이, 치유를 위해 하나님께 기도하는 것은 자연스럽고 정상적이다. 예수님은 인간 영혼만 구원하시기 위해 오신 것이 아니라, 육체를 포함한 전인을 구원하기 위해 오셨다.

예수님의 지상 사역은 말씀 선포(preaching), 가르침(teaching) 그리고 치유(healing)였다(마4:23). 그런데 현대교회는 말씀 선포와 가르치는 것은 잘하지만 치유 사역은 소홀히 하는 경향이 있다. 한 인간의 아픔은 단순한 육체적 질병뿐만이 아닌, 정신적, 영적인 문제를 일으키며 가정과 사회까지 그 영향이 파급되어 간다. 그러므로 병든 상태에 있는 인간을 회복시키기 위한 치유 사역은 말씀 선포와 가르침 못지않게 중요하다. 왜냐하면 인간을 돌보는 가장 직접적인 방법이 치유 사역이기 때문이다. 인간의 고통이 감소하고 상처가 아물어져 가는 것으로 기뻐하면서 보살피는 것이 치유 사역이다.

현대교회가 성장 과정에서 조직화, 제도화 그리고 대형화되는 동안 하나님의 백성들은 깊이 병들어 고통을 당하게 되는 경우가 있다. 교회는 예수의 사역을 계속하는 사명을 맡은 그리스도의 교회이기 때문에 치유하는 교회가 되어야 한다. 또한 목회는 예수와 그의 제자들의 사역을 이어받는 일이기에 치유하는 목회가 되어야 한다.

말씀 선포와 가르침은 치유와 관계를 맺어야 한다. 결국 목회는 사람들을 하나님과 올바른 관계가 되도록 회복시키며, 하나님과 역동적인 관계를 갖도록 돌보는 것이다.

그러므로 치유 사역은 가장 깊은 관심을 가져야 할 사역이다.

치유 사역을 혼자 감당할 수 없다. 교회 안과 밖의 전문 치료 팀과 잘 연결하여 치유공동체를 만들어야 한다.

① 영적 치유(spiritual therapy) : 목회자, 신학자, 영적 상담사 등

② 육체적 치유(somatic therapy) : 의료인, 간호사 등

③ 정신적 치유(psycho therapy) : 정신과 의사, 정신분석학자, 임상 심리학자 등

③ 사회적 치유(socio therapy) : 사회사업가, 법률가, 경제 부분에 종사자 등

또한, 교회 구체적이고 다양한 프로그램을 개발 운용해야 한다. 한 사람이 병들면 주위의 다른 사람도 함께 병든다. 사실 모든 사람은 질병의 경험과 가능성을 다 소유하고 있다. 이렇게 볼 때 목회에서의 치유 사역은 예수님 당시뿐만 아니고 오늘날 현대목회에서도 매우 큰 비중을 차지하며 중요하다.

8. 치유 사역 팀 매뉴얼

사역팀을 2팀(A, B)으로 재편했다. 각 팀은 5명을 기본으로 해서 움직인다. 사역 시 두 팀이 각각 운영되며 동시에 사역하게 된다.
사역 시 이 메뉴얼에 의해서 사역해야만 한다.
팀 구성원은 각자 위치에서 독특한 사역을 맡게 된다. 자신의 사역을 정확하게 이해하고 사역에 임해야만 한다. 그럴 때 전체 사역이 함께 어우러져서 시너지효과를 나타내게 된다.
각 위치가 중요하고 아니고는 없다. 우리 치유팀은 팀이기 때문이다. 즉 한 지체로 사역함을 유념해야 한다.
치유 사역은 우리가 하는 것이 아닌 하나님께서 일하시도록 하는 장이다.

(1) 팀 구성

영접 사역자, 보조사역자, 사역자, 환송 사역자로 구성된다.

1) 영접 사역자

첫째, 영접 사역자는 치유 사역을 받으러 오신 내담자를 맞이하는 사역을 하게 된다. 먼저 내담자의 마음의 문을 열도록 부드러운 대화로 맞이한다.
둘째, 내담자는 지휘부에서 작성한 방문설문지를 가지고 있다. 이것을 확인하고 내담자의 상태를 확인한다.
셋째, 확인되었으면 내담자가 사역에 믿음으로 임할 수 있도록 격려와 기도를 해 준다.
넷째, 앞의 진행 상황을 자세히 표시하면서 대기하다가 순서가 되면 앞으로 안내하며 앞 사역자를 간단히 소개한다.

2) 보조사역자

첫째, 내담자가 오면 먼저 의자에 앉히고 방문설문지를 사역자에게 준다.
둘째, 보조사역자는 사역자의 보조역할을 담당하며 사역 시 발생할 수 있는 모든 상황에 대처한다(예: 뒤로 쓰러졌을 경우 받아주기, 내담자가 구토 및 이물질이 흘러나오는 경우 휴지나 물티슈 주기, 내담자를 눕게 해야 할 때 매트리스로 안내 및 눕히고 담요 덮어주기 등).
셋째, 사역 시 내담자의 뒤쪽 양편에 위치하여 사역자를 도와서 기도해준다. 단 겉으로 소리를 내서 기도하거나 안수 시 두드리거나 흔들지 않고 가볍게 손만 올려놓는다.
넷째, 사역 시 성령님의 인도하심 가운데 한 분은 대적 기도하고, 한 분은 방어 기도한다. 단 소리는 내지 않는다.
다섯째, 사역 시 보조사역자는 눈을 감고 기도하지 않는다. 이유는 내담자를 계속해서 주시해야 하기 때문이다.

3) 사역자

첫째, 내담자가 도착하면 가볍게 인사를 하고 부드럽게 대화를 유도해 간다.
둘째, 방문설문지를 확인하고 내방자를 성령님의 인도하심 가운데 확인한다.
셋째, 사역 시 내방자에게 머리에 안수하여 사역합니다. 안수할 때 먼저 내담자의 의견을 묻고 안수한다.
넷째, 동성과 이성을 구별하여 주의하여 사역에 임하여야 하며 신체 접촉을 가급 적 피하도록 한다. 부득이하게 손을 얹어야 할 경우는 먼저 동의를 얻고 안수하며 이성일 경우는 보조사역자의 손을 먼저 얹은 후에 그 위에 가볍게 손을 얹어 사역한다.
다섯째, 사역 중에 끊임없이 내담자에 대한 성령님의 인도를 받아야만 하며, 영적인 교감이 안 느껴지거나, 내담자가 마음의 문을 열지 않고 있다고 느끼면 사역은 중지하고 내담자의 믿음이 고취되도록 격려한 후에 성령님의 인도하심 가운데 계속 사역한다.
여섯째, 때로는 사역을 중지해야 할 경우가 생기는데 이럴 때는 내담자에게 "하나님의 치유는 그 즉시 일어나기도 하지만 시간이 경과 한 후에도 계속 적으로 일어납니다. 그러니 내일 또 방문하셔서 기도 받으시기를 바랍니다."라고 격려하고 돌려보낸다.

4) 환송사역자

첫째, 환송 사역자는 사역을 마무리하는 사역자다. 무엇이든지 끝이 좋아야 한다.

둘째, 모든 사역이 끝나면 그중에는 치유가 일어난 사람도 있지만 그렇지 않은 사람도 있다. 치유가 일어난 사람에게는 하나님께 영광 돌리게 함으로 마무리할 수가 있으며, 치유가 일어나지 않은 사람에게는 위로와 격려가 필요하다. 가볍게 안아 주는 따뜻함과 사랑으로 환송해 준다. 그러므로 다른 어떤 사역보다 중요하다고 여겨진다.

환송 사역자는 찬양, 위로와 격려뿐만 아니라 계속해서 집회에 관심 두도록 안내해야 한다. 가장 먼저 치유 팀으로 왔다면 다음 장소로 안내도 해야 하며, 이후에 있을 사역 및 집회 안내도 해야 한다. 그뿐만 아니라 컨퍼런스의 목적이 전인 치유사역자 발굴임을 상기하시어 학기 등록도 적극 권유해야 한다.

(2) 주의 및 참고 사항

사역 장이 시끄러울 수 있음으로 고성은 삼간다.
자신의 위치를 지키며 팀 사역하고 있음에 유념한다.
주 사역자와 보조사역자는 돌아가면서 사역한다.
사역에 필요한 기자재 ~ 매트리스, 큰 수건과 담요, 휴지, 물티슈, 비닐봉지, 휴지통, 마스크 등은 협의해서 준비한다.

9. 치유사역을 위한 신경과학과 질병의 탐구

신경과학이란 신경계를 이해하기 위하여 탐구하는 학문을 말한다. 신경과학은 신경계의 발달, 화학적 성질, 구조, 기능, 병리 등을 다루는 비교적 새로운 과학이다. 신경의 기능에 대한 정밀한 과학적 연구는 1800년대 후반부터 시작되어 짧은 역사를 하고 있다. 당시 생리학자인 프리슈(Karl von Frisch, 1886~1982)와 히찌히(Eduard Hitzig, 1839~1907)는 동물의 대뇌 껍질의 특정 영역에 전기 자극을 하여 움직임을 유도해 내었고, 의사인 브로카(Pierre Paul Broca, 1824~1880)와 베르니케(Carl Wernicke, 1848~1905)는 뇌졸중 후 언어장애를 보이는 환자들에게서 특정 뇌의 영역이 손상되었음을 확인하였다. 이후로 신경과학은 급속도로 발전하여 다양한 접근방법을 사용한 연구가 시작되었다.

(1) 신경과학의 종류

1) 분자 신경과학 (molecular neuroscience)

신경계의 한 영역에서 다른 영역으로 정보를 전달하기 위해 신경세포에서 필요한 이온의 교환과 신경세포 간의 정보를 어떻게 화학적으로 하는가를 연구하는 것이다. 예를 들면 가장 기본적인 내용인 감각, 움직임, 이해, 계획, 관계, 말하기 등은 화학적이며 전기적인 변화로 이루어지는데 이러한 변화를 과학적으로 연구하는 학문이다.

2) 세포 신경과학(cellular neuroscience)

신경계에서 여러 형태의 세포들을 구분하고 각각의 세포들이 어떤 기능을 하는지를 연구하는 것이다. 예를 들면 개개의 신경세포들이 정보를 어떻게 처리하고 전달하는지, 정보가 신경세포 간에 어떻게 이동되는지, 신경계에서 비신경세포의 역할은 어떤 것인지를 연구하는 학문이다.

3) 계통 신경과학(systems neuroscience)

공통의 기능을 수행하는 신경세포들과 계통 수준에서 이루어지는 신경계의 연결 또는 회로들을 연구한다. 예를 들면 고유감각 계통은 근육뼈대계통에서 중추신경계통으로 위치와 운동 정보를 전달하며, 운동계통은 움직임을 조절하는데 이런 과정들을 연구하는 학문이다.

4) 행동 신경과학(behavioral neuroscience)

행동에 영향을 미치는 계통 간의 상호작용을 연구하는 것이다. 예를 들면 자세 조절은 다양한 조건으로 균형 유지에 필요한 시각, 평형감각, 고유감각 등이 필요한데 이런 상대적인 영역을 연구하는 학문이다.

5) 인지 신경과학(cognitive neuroscience)

사고, 학습, 기억 등의 분야를 연구하는 것이다. 예를 들면 계획하기, 언어 사용하기, 특정 사건에 대한 기억과 운동 기술을 수행하는 기억 간의 차이 등을 분석하여 인지능력이 어느 정도 인지 등을 연구하는 학문이다.

(2) 신경계의 기본단위 뉴런

뉴런(neuron 또는 신경세포, nerve cell)은 신경의 기능적, 형태적 최소 기본단위이며, 신경원이라고도 한다. 뉴런은 세포체(cell body)와 축삭(axon)과 가지돌기(dendrite)로 구성되어 있다. 가지돌기는 정보를 받아들이는 역할을 하며, 세포체는 받아들인 정보를 통합하고 해석하는 일을 한다. 축삭은 세포체에서 발생 된 신호를 전도하는 통로의 역할을 하며 축삭의 끝에서 다른 신경이나 기관으로 신호를 전달(transport)한다. 가지돌기에는 외부로부터의 정보를 받아들이는 수용체(receptor)가 있어 정보의 종류에 따라 여러 가지 수용기를 가진다. 세포체에는 일반 세포가 가진 기본적인 세포 소기관들을 볼 수 있다. 축삭은 말이집으로 덮여 있는 것도 있는데 말이집은 절연 효과를 주어 신호를 빠르게 전도한다.

뉴런과 뉴런이 만나는 곳을 연접(시냅스, synapse)이라고 한다. 일반적으로 연접 이 전 뉴런의 축삭과 연접 이후 뉴런의 가지돌기가 만나서 연접을 형성하고 정보를 전달한다. 이런 연접을 축삭 가지돌기 연결(axodendritic synapse)이라고 한다. 이 외에도 축삭과 세포체가 만나는 축삭세포체연접(axosomatic synapse)과 축삭과 축삭이 만나는 축삭사이연접(axoaxonic synapse)이 있다.

〈그림 5〉 신경 세포 표시

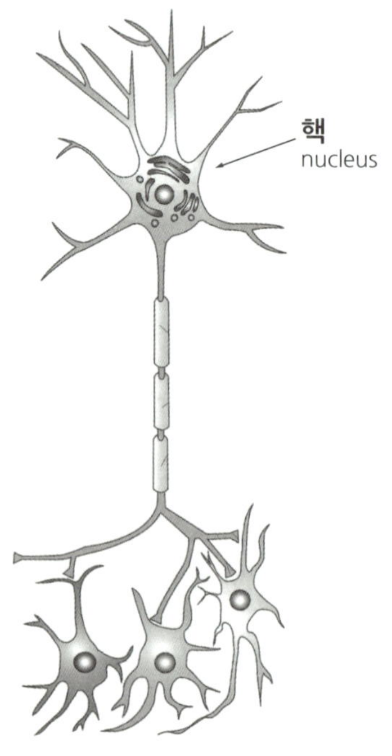

(3) 신경계통의 기본구조

사람이 환경으로부터 오는 각종 신호들을 자각하고 움직이며 사고를 할 수 있게 하는 것이 신경계통(nervous system)의 역할이다.

신경계통은 중추신경계(central nervous system)와 말초신경계(peripheral nervous system)로 나뉜다. 중추신경계는 중앙에 위치하고 말초신경계는 먼 쪽 부위 까지, 이른다. 중추신경계는 손상 후 회복이 불가능하며 말초신경계는 손상 부위와 정도에 따라 회복할 수 있다. 기능적인 측면에서 보면 중추신경계는 문자 그대로 신호전달과 명령체계의 중추의 역할을 담당하며, 말초신경계는 수행하는 역할을 한다. 따라서 중추신경계에는 중요한 핵들이 자리를 잡고 있다. 여기서 핵이란 신경원(neuron)의 세포체(soma)의 집합을 말한다. 중추신경계는 뇌와 척수로 구성되어 있으며, 말초신경계는 몸 전체에 분포되어 중추신경계의 명령을 전달하는 몸 신경계(somatic nervous system)와 불수의적인 장기들의 움직임을 담당하는 자율신경계(autonomic nervous system)로 나눈다.

몸 신경계는 뇌 신경과 척수신경으로 구성되며, 자율신경계는 교감신경계(sympathetic nervous system)와 부교감신경계(parasympathetic nervous system)로 구성된다.

외부로부터의 자극받아 중추신경계로 전달시키는 경로에 해당하는 신경을 감각신경(sensory nerve)이라 하고, 중심을 향하기 때문에 들 신경(afferent nerve)이라고도 한다. 감각신경을 타고 척수로 들어온 신호는 다른 신경으로 전달되어 하나는 뇌(brain)로 보내진다. 운동신경으로 전달된 신호는 결국 근육으로 전달되어 근육을 수축시키고 근육의 수축은 무릎을 구부려 발을 떼는 동작으로 나타난다. 운동신경은 몸의 먼 쪽으로 향하기 때문에 날 신경(efferent nerve)이라고도 한다.

(4) 자율신경계

자율신경계는 교감신경(sympathetic nerve)과 부교감신경(parasympathetic nerve)으로 나뉜다. 교감신경은 긴급 상황에 대처하기 위한 즉각적인 반응을 담당하고 부교감신경은 에너지의 보존과 축적에 관련된 느린 반응을 담당한다. 교감신경의 신경절이전신경(preganglionic nerve)에서 나오는 신경전달물질은 아세틸콜린(acetylcholine)이며, 신경절 이후 신경(postganglionic nerve)에서 나오는 신경전달물질은 노르아드레날린(noradrenaline)이다.

교감신경의 신경절은 척수의 옆에 위치하는 척수 옆 신경절(paravertebral

ganglion)과 척수의 앞에 위치하는 척수 앞 신경절(prevertebral ganglion)로 나뉜다. 척수 옆 신경절에서 나오는 신경섬유는 동공확대, 침분비억제, 심장 박동 증가, 기관지 확장의 기능이 있으며 척수 앞 신경절에서 나오는 신경섬유는 소화 억제, 소화효소 분비 억제, 오르가슴 촉진, 방광 이완의 기능이 있다.
부교감신경은 동공 축소, 침분비 증가, 심장 박동 감소, 기관지 축소, 소화 기능 촉진, 방광 수축, 오르가즘 저하 등을 담당한다.

〈그림 6〉 신경계의 기본 구조

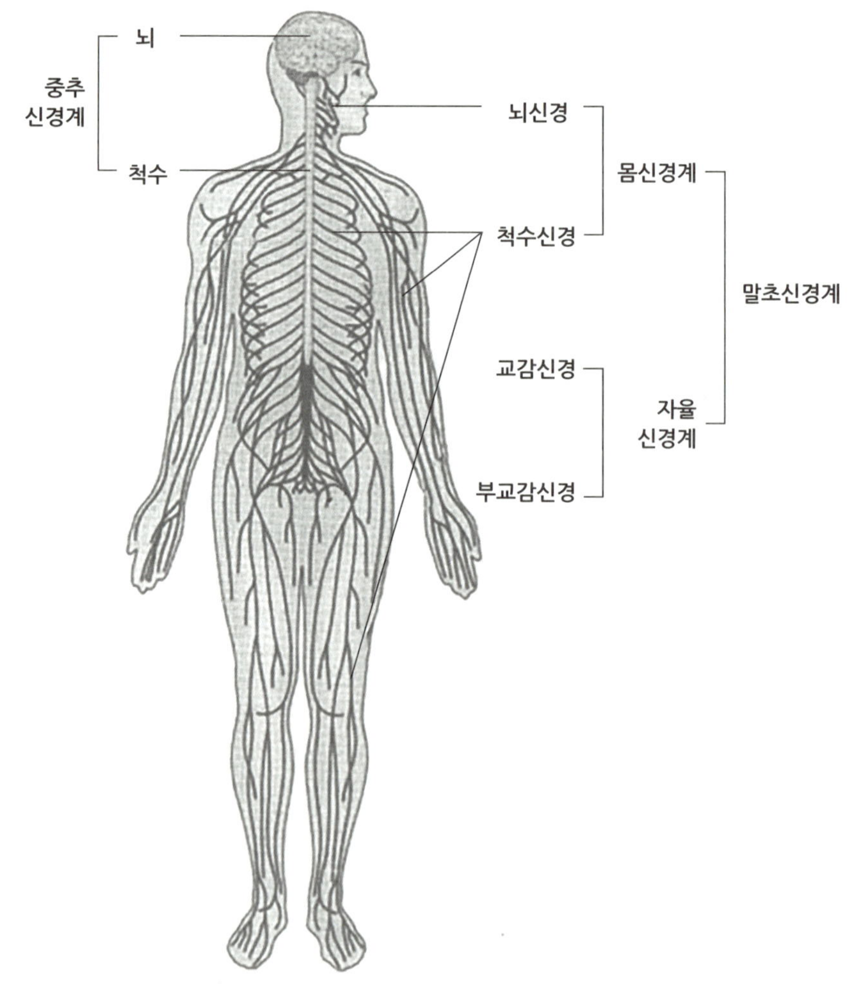

<그림 7> 대뇌 구조 1

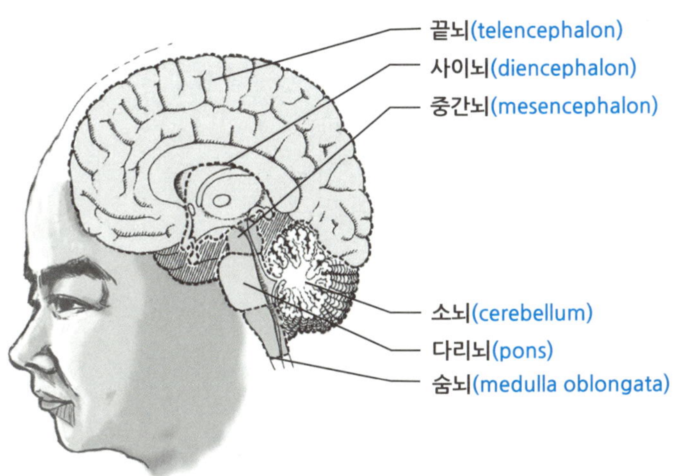

(5) 대뇌

브로드만 영역

독일의 신경학자인 브로드만(Korbinian Brodmann, 1868~1918)은 세포의 구성과 조직학적 특성에 따라 대뇌겉질은 52개의 영역으로 나누고 각 영역을 명명하였다.

이마엽(frontal lobe) : 중심고랑 앞쪽 부분으로, 움직임 조절과 계획 및 사고에 관여하고, 지적 능력에 관여한다.

관자엽(temporal lobe) : 위로는 가 쪽 고랑과 마루엽 아래 경계를 이루는 선까지, 뒤로는 마루뒤통수고랑까지의 부분이며 청각과 학습에 관여한다.

마루엽(parietal lobe) : 중심고랑으로부터 마루뒤통수고랑과 위끝까지의 부분으로, 감각과 지각에 관여한다.

뒤통수엽(occipital lobe): 마루엽과 관자엽의 뒤쪽 부분, 시각영역을 포함한다.

둘레엽(limbic lobe): 띠이랑, 해마 등을 포함하고 있으며, 감정에 관여한다.

뇌섬엽(insular lobe): 가 쪽 틈새 깊숙이 묻혀있으며 이마엽, 관자엽, 마루

소뇌(cerebellum) 는 평형유지와 운동조절 그리고 학습된 운동을 저장한다. 그래서 소뇌가 발달한 사람이 운동을 잘 한다.

다리뇌(pons)는 눈과 얼굴에 전달되는 뇌신경을 연결한다. **숨뇌**(medulla

oblongata)는 혼수상태(coma)에 관여하고, 내장기능 조절, 호흡, 심장, 혈관운동, 삼킴, 구토, 땀, 침, 위액, 맥박, 기침, 재채기 등 생체기능에 관여합니다.
중간뇌, 다리뇌와 숨뇌를 합쳐서 뇌줄기(brain stem)라고 한다.
중간뇌(mesencephalon)는 시각반사(눈, 손의 협응),청각반사(눈운동, 동공관리)에 관여하며 파킨슨 병이 발병하는 부위이다.
끝뇌(telencephalon)는 감각기능, 학습 능력, 본능 등에 관여한다. 사이뇌는 5감 즉, 시각, 촉각, 청각, 미각, 후각에 관여하며, 시상하부의 뇌하수체에서는 호르몬을 생산 및 조절한다.

대부분의 질병은 뇌와 연결 되어 있는 중추신경계 그리고 각 장기들과 연결 되어 있는 말초신경계에 의해 발생한다. 그래서 뇌를 건강하게 만들어야 한다. 뇌가 건강하지 않다는 증거로 1) 통증(엔케팔린과 엔돌핀의 부족으로 인한 온몸의 통증과 염증) 2) 저림(손, 발 등의 저림 현상) 3) 떨림(손과 안면 근육의 떨림 현상) 4) 끌림(뇌졸증 등으로 인해 보폭이 적어지고 발바닥을 끌면서 걷는 현상) 등 이다.
뇌를 건강하게 만드는 방법으로 1) 좋은 생수 마시기 2) 좋은 공기 마시기 3) 유산소 운동 4) 호르몬 보충 5) 지속적인 탐구생활 6) 오감 체험 7) 장운동 및 장내 유익균 증대 8) 건강한 부부관계 등이 있다.

(6) 대뇌 각 부위 병변

중심뒤이랑 병변은 우성과 비 우성 관계없이 손상당한 반대쪽의 감각 기능장애가 초래된다. 그 증상으로는 위치감각, 움직임, 가벼운 촉각 등을 감지하지 못하며 입체 인지 불능 현상이 나타나고 감각 무관심 현상이 초래된다.
일차운동영역 병변은 단일마비, 반신마비, 특정 운동계획의 이행 능력이 상실된다.
이마 앞 연합영역 병변은 반사회적 행동, 억제력 상실 등의 성격 변화가 나타난다.
청각겉질 병변은 청각 소실이 나타난다.
관자 연합영역 병변은 언어손실, 리듬과 음악을 이해 못하고 환청이 나타난다.
뒤통수 옆 겉질 병변은 불빛을 인지하지 못한다.
Balint 증후군은 시각 실인증이 나타나고, 앞을 주시하지 못한다.
Anton 증후군은 본인이 실명임에도 시력상실을 인식하지 못한다.

환시 현상은 편두통이나 간질에서 발병 부위가 뒤통수 옆과 연관될 때 나타난다.

안면 실인증은 친근한 사람조차도 쳐다보면서 그 사람의 이름을 얘기하지 못한다.

〈그림 8〉 대뇌(cerebral) 주요 부위 명칭

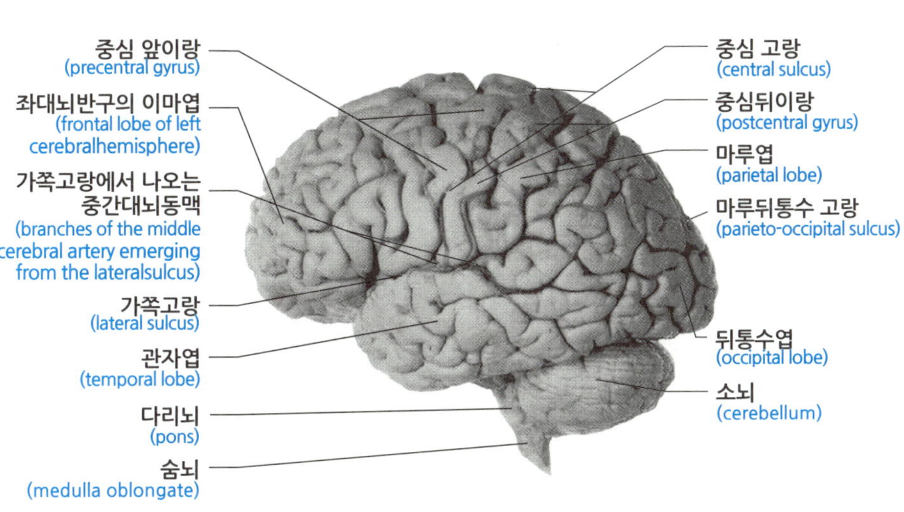

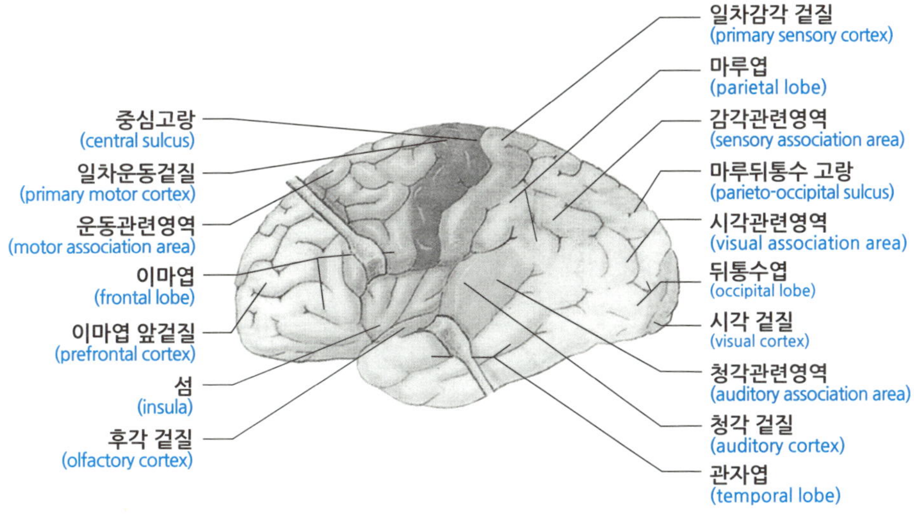

(7) 둘레계통(limbic system)

해마는 장기기억센터로 태어나면서 지금까지 모든 기억을 저장하는 장소입니다. 이곳이 망가지면, 기억상실과 알츠하이머 치매에 걸리게 된다. **편도체**는 기억 중에 나쁜 기억을 저장하는 장소이다. 이곳에 문제가 생기면, 상처로 인한 트라우마, 공격성과 분노, 공포, 두려움, 불안장애, 우울장애, 성중독, 회유(불안이 극대 되어 오히려 친하게 지내려는 위선적 행동) , 악몽, 감정 장애, 우르바흐-비데 증후군, 클뤼버-부시 증후군 등이 발생한다. **유두체**는 해마의 정보를 시상 앞과 뇌줄기로 보내고, 추억과 지식 정보에 대한 기억을 저장한다. **사이막 핵**은 뇌활의 종말로 후각 신경과 관련되어 있다. **시상**은 체온 조절, 음식 조절, 갈증 조절, 정서 조절, 성욕 조절, 남성, 여성 호르몬 조절, 발기, 오르가슴 조절, 도파민, 옥시토신 등 신경전달 물질 분비, 감각 정보를 대뇌 겉질에 전달 등에 관여한다

(8) 신경전달물질(neurotransmitter)

신경전달 물질은 그것을 분비하는 세포의 종류에 따라 결정된다. 뇌 속의 화학물질은 부분별로 다른 능력을 발휘하고 그 부분에 따라 효과도 달라진다. 현재 파악된 신경전달 물질은 50종류 정도이며, 그중 중요한 몇 가지를 보면 다음과 같다.

도파민(dopamine)

뇌의 여러 곳에서 뇌 기능을 조절하고 신체적인 동기를 부여한다. 파킨슨병처럼, 도파민이 극단적으로 감소 되면 자신의 의지에 따라 앞으로 나아갈 수 없게 된다. 도파민은 정신적인 정체 상태에서도 작용한다. 도파민이 과잉되면 조현병에 따른 환각을 일으키기도 한다. 그래서 환각을 유발하는 약물은 도파민의 분비를 촉진한다.

세로토닌(serotonin)

프로 잭(prozac)이라는 약물로 강화되는 신경전달 물질이며 '행복 물질'이라고도 불린다. 실제로 기분과 불안감에 커다란 영향을 미치며, 세로토닌의 분비가 왕성하거나 과잉 반응할 때는 기분이 좋아지고 낙천적으로 된다. 그 외에도 수면과 식욕, 성욕, 혈압에도 관계한다.

아세틸콜린(acetylcholine)

뇌 속에서 주의력, 학습, 기억과 관련된 영역을 조절한다. 알츠하이머병

환자는 대뇌겉질의 아세틸콜린 수치가 낮다. 그래서 아세틸콜린의 활동을 활발히 하는 약물을 투여하면 기억력이 개선되기도 한다.

놀아드레날린(noradrenaline)
흥분성 화학물질로 신체적, 정신적 흥분 상태를 만들어내며 기분을 고양 시킨다.
뇌의 '쾌락 중추'라고도 불리는 청색 반점핵에서 만들어진다.

글루타민산염(glutamate)
대표적인 흥분성 신경전달 물질로 학습이나 장기적인 기억을 담당하는 뉴런의 결속을 강하게 해준다.

엔케팔린(enkephalins) & 엔도르핀(endolphins)
뇌 속에서 만들어지는 일종의 마취제로, 통증을 줄이고 스트레스를 감소시켜 물 위에 떠 있는 듯한 기분을 들게 한다. 호흡 등의 신체기능을 저하해 의존 증상을 만들어낼 수 있다.

(9) 뇌의 손상

뇌의 손상을 보면 **1번 부위 뇌**가 손상되면, 시각장애, 언어장애가 발생한다. **2번 부위 뇌**가 손상되면, 감정조절 센터에 문제가 생겨 분노조절 장애가 생기며, 선천적 손상일 때는 사이코패스[167]가 된다. **3번 부위**가 손상되면, 눈으로 들어오는 대상을 이해할 수 없는 자극 실인증이 발생한다. **4번 부위**가 손상되면, 뇌전증, 중독(알코올, 마약. 약물), 플래시백[168]등 생기고, 종교적으로 엑시터시, 신비체험 등을 경험한다. **5번 부위**가 손상되면, 세로토닌, 도파민, 옥시토신 분비가 줄어들어 믿음이 약화 되고, 환상이나 신 존재에 대한 부정적 의식을 갖게 된다. **6번 부위**가 손상되면, 환청이 들려 온다. 이때 이 음성이 하나님의 음성인지, 귀신의 음성인지, 조현병적 음성인지, 자기 독백인지를 잘 구별할 수 있어야 한다. **7번 부위**가 손상되면, 청각 기능이 떨어지고 이명 현상이 나타난다. **8번 부위**가 손상되면, 해리성 황홀경과 무당의 굿을 통한 귀신들림 등이 발생한다. **9번 부위**는 시각 상모 인식영역으로 얼굴 인식과 관련된 영역, 즉 얼굴의 특징들을 종합하여 전체적인 얼굴을 인식하는 뇌의 기능을 말한다. 이 부위가 손상되면, 안면인식장애가 발생한다. **10번 부위**가 손상되면 도플갱어[169]가 발생하며, 이곳은 또한 영과 육의 분리 장소이다.

167_사이코패스(psychopa_th)는 반복적인 반사회적 행동과 공감 및 죄책감의 결여, 충동성, 자기 중심성 등을 특징으로 하는 성격 장애이다.

168_플래시백은 현실에서 어떠한 단서를 접했을 때 그것과 관련된 강렬한 기억에 몰입하는 현상이다. 이 현상은 단순히 과거를 떠올리는 회상과는 다른 의미이며 현실과 아주 격리된다. 이 경험은 공포, 행복, 슬픔, 자극 등 수많은 정서에 해당할 수 있다. 특히 비자발적으로 기억이 회상될 때 사용된다. 외상 후 스트레스 장애(PTSD) 환자의 경우 플래시백은 일상생활을 상당 부분 망칠 수 있다.

169_도플갱어는 Doppel(독일어로 '둘'이라는 뜻)과 Gnger(독일어로 '다니는 사람'이라는 뜻)의 합성어로, 본인과 똑같이 생긴 사람이 어딘가에 돌아다니는 것을 의미하는데, 뇌의 이상으로 자신과 매우 닮은 사람이 보이는 현상을 말한다.

〈그림 9〉 뇌의 손상

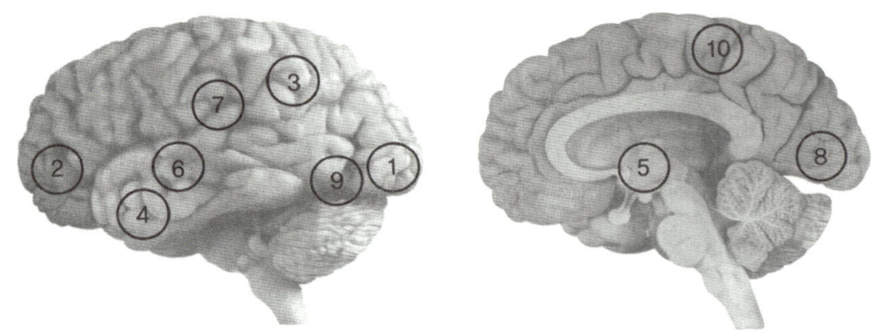

1
2
3
4
5
6
7
8
9
10

〈그림 10〉 뇌와 기억

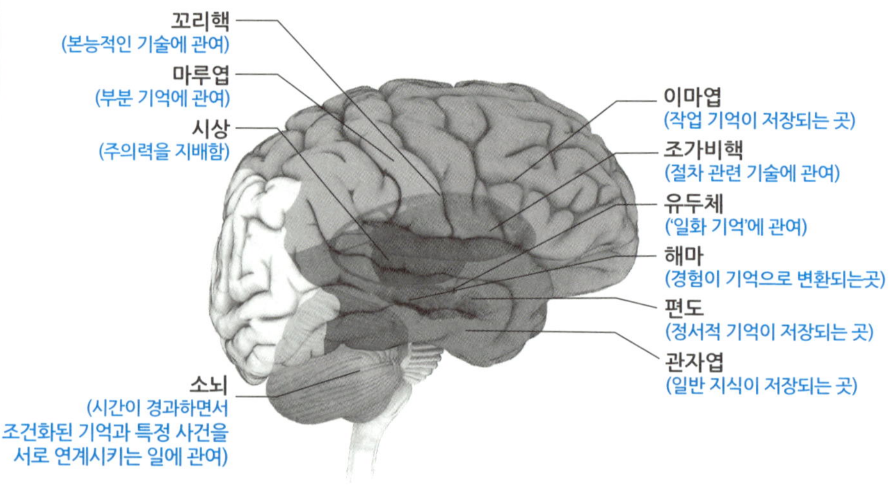

꼬리핵
(본능적인 기술에 관여)
마루엽
(부분 기억에 관여)
시상
(주의력을 지배함)
소뇌
(시간이 경과하면서
조건화된 기억과 특정 사건을
서로 연계시키는 일에 관여)
이마엽
(작업 기억이 저장되는 곳)
조가비핵
(절차 관련 기술에 관여)
유두체
('일화 기억'에 관여)
해마
(경험이 기억으로 변환되는곳)
편도
(정서적 기억이 저장되는 곳)
관자엽
(일반 지식이 저장되는 곳)

〈그림 11〉 뇌신경

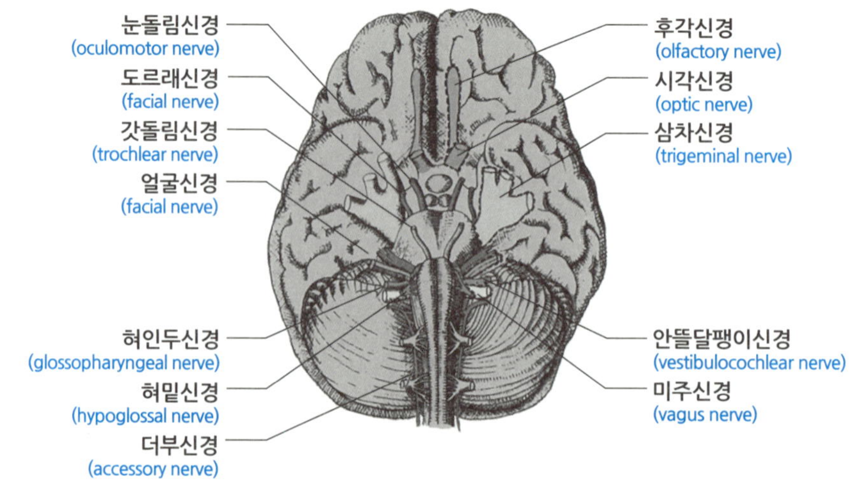

눈돌림신경
(oculomotor nerve)
도르래신경
(facial nerve)
갓돌림신경
(trochlear nerve)
얼굴신경
(facial nerve)
혀인두신경
(glossopharyngeal nerve)
혀밑신경
(hypoglossal nerve)
더부신경
(accessory nerve)
후각신경
(olfactory nerve)
시각신경
(optic nerve)
삼차신경
(trigeminal nerve)
안뜰달팽이신경
(vestibulocochlear nerve)
미주신경
(vagus nerve)

(10) 뇌 신경

뇌 신경은 후각 신경(냄새맡는 신경), 시각 신경(망막 자극을 뇌로 전달하는 신경), 삼차신경(눈 신경 가지: 앞이마, 안구, 윗 눈거풀, 눈물샘 관장 신경, 위턱 신경 가지: 아애 눈꺼풀, 윗입술, 윗니, 잇몸 관장 신경, 아래턱 신경 가지: 아랫입술, 아랫니, 혀 관장 신경), 안뜰 신경(평형감각 관련 신경), 달팽이 신경(청각 기능 관련 신경), 미주신경(소화 기능 즉, 후두-식도-기관지-허파-심장-간-위징-지라-이자-콩팥-큰창자-작은창자 관련 신경), 더부 신경(운동신경, 목, 어깨 올리기, 머리돌리기 관련 신경), 혀밑신경(혀 움직임, 침 분비물 조절 신경), 혀인두신경(미각신경 즉, 단맛, 짠맛, 신맛, 쓴맛을 느끼는 신경), 얼굴 신경(얼굴표정, 얼굴 근육, 혀밑샘, 눈물샘 관련 신경), 갓 돌림 신경(눈알 왼쪽, 오른쪽 돌리는 신경), 도르래 신경(눈알 위로 아래로 움직이는 신경), 눈돌림 신경(눈꺼풀 올림, 동공축소, 수정체 조절, 눈알 돌림 신경) 등이 있다.

(11) 대뇌겉질과 신의 자리

신을 만난다고 하는 사람의 뇌 혹은 몸의 상태는 어떨까? 이 의문을 풀기 위해 과학자들은 처음에는 인간의 체온을 재거나 피부의 땀을 측정하기도 했지만, 최근에는 기능적자기공명영상술(functional magnetic resonance imaging, fMRI), 단일광자방출컴퓨터단층촬영술(single photon emission computed tomography, SPECT), 양성자방출단층촬영술(positron emission tomography. PET) 등의 발달로 뇌 영상을 찍는 연구가 더욱 활발하게 되었다. 이 가운데 SPECT가 신을 접했다고 하는 순간의 뇌를 촬영하는 데 가장 효과적임이 입증되었다. 미국 펜실베이니아주 필라델피아에 있는 토머스 제퍼슨 의과대학 부속병원의 신경학자 앤드류 뉴버그(Andrew Newberg)교수는 뇌와 영성 간의 관계를 연구하는 독보적인 인물이다. 지난 20년간 주목할 만한 연구 성과들을 잇달아 발표했는데, 첨단 장비를 활용해 신의 장소(God's Spot)를 밝혀냈다.

그의 연구에 의하면 기도할 때, 뇌 속에서 맨 처음 일어나는 일은 이마엽의 활동이 크게 증가하는데, 이마엽은 정보의 중계소 역할을 하는 시상과 연결되면서, 어떤 대상에 집중하게 만든다. 이어서 뒤쪽에 있는 뒤통수엽의 활동도 증가하기 시작한다. 우리가 십자가 같은 시각적 이미지를 보고 있다면, 관자엽 아래쪽에 있는 시각계도 함께 활성화된다. 또 이마엽은 뇌의 감정을 담당하는 둘레계통과 연결되어 더없는 행복함과 고요함 등을 느끼게 해준다.

기도가 극에 도달하면, 이번에는 시상과 마루엽의 활동이 점차 줄어든다. 이때 우리는 시공간의 감각을 잃고 무아지경에 빠질 수 있다. 기도를 통해 행복감과 고요함이 점점 증가하다가 어느 순간, 신비한 영적 체험이 일어날 수도 있다. 이때 자극과 진정을 담당하는 자율신경계가 활성화되면서 엄청난 에너지와 극도의 행복감을 느끼게 된다. 이 모든 과정은 뇌의 한쪽이 아니라 양쪽에서 동시다발적으로 일어나는, 매우 복잡하고 역동적인 과정이다. 이런 여러 가지 현대 의학 장비를 통하여 마침내 우리 뇌 전체에 하나님이 역사하신다는 것과 어떤 영적 활동이 일어나는가를 분석할 수 있게 되었으며, 이런 내용을 가지고 보다 효과적으로 영적 생활을 위한 선포 기도와 사역을 할 수 있게 되었다.

〈그림 12〉 대뇌와 신의 자리

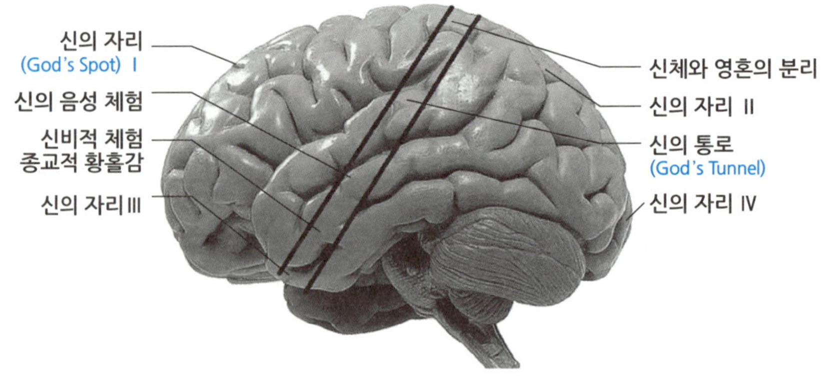

〈그림 13〉 둘레계통과 영적 체험

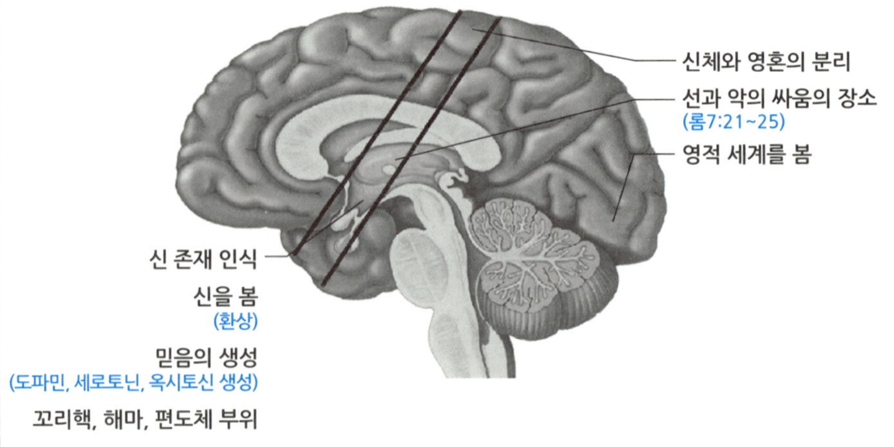

(12) 알츠하이머치매

치매(dementia)는 인지와 정서를 무능하게 만드는 장애로 학습, 사고, 의사결정, 기억, 언어 등의 고등정신 과정을 손상하며 성격과 대인관계에 변화를 나타내는 것을 말한다. 치매 환자 중 90%가 알츠하이머치매이다. 일반적 증상은 60세 이후에 뚜렷해지고 발병 후 5~10년 뒤에 사망한다. 초기에는 건망증의 징후가 나타나며 단어를 회상하는 능력이 부족하고 말기에는 언어를 이해하고 만드는 능력이 사라지게 된다. 환자들은 길을 쉽게 잃어버리고 옷 입기, 단장하기, 먹는 것조차도 잊어버리게 된다. 또한 자신의 시야 내에 있는 사물의 방향을 판단할 수 없고, 사물이 가까운지 먼지 움직이는지를 설명할 수 없다. 그래서 방황하거나 길을 잃어버리는 원인이 된다. 또한 실제 감정 상태와는 상관없이 감정이 통제되지 않고 폭발적이다.

주관적 인지장애 : 스스로 알아차릴 정도로 인지기능이 악화하였지만, 일반적인 신경병리학 검진에서 여전히 정상 범위에 들어있는 경우다. 검진받으면 기억력이 일반 범주 안에 들어 있는 것으로 확인되지만 발병 이전의 수준보다는 후퇴한 상황이다. 주관적 인지장애는 초기 단계지만 PET 스캔이나 뇌척수액 분석으로 알츠하이머의 특징을 확인할 수 있다. 또 자기공명영상법을 찍어 보면 뇌 일부분이 수축하여 있다. 주관적 인지장애가 경도 인지장애로 진행될 때까지는 10년 이상 걸린다.

경도 인지장애 : 일반적으로 주관적 인지장애 이후에 따라온다. 신경 병리학적 검사를 해보면 기억력, 조직력, 대화 능력, 계산계획, 여타 인지기능이 일반적인 수준을 벗어나 있다. 하지만 옷을 입고 먹고, 목욕하는 것과 같은 일상적인 활동은 가능하다. 경도 인지장애가 반드시 알츠하이머로 발전되는 것은 아니다. 하지만 기억력 손실이 동반되는 환자의 경우 몇 년 내에 알츠하이머로 발전하게 된다.

알츠하이머 : 아밀로이드 플라크가 쌓이거나 신경섬유가 엉키는 특성을 보이는 치매다. 살아 있는 환자의 두뇌에서 직접 아밀로이드 플라크나 신경섬유매듭을 확인할 수 있는 것은 아니지만 양전자방출단층촬영 스캔처럼 뇌의 사진을 찍거나 뇌척수액을 분석해서 간접적인 확인이 가능하다. 알츠하이머는 환자가 심각한 기억력 손상이나 인지기능의 장애를 앓고 있고 혼자 목욕하고, 먹고, 옷을 입을 수 없을 정도로 악화하면 알츠하이머로 판단한다. 알츠하이머 원인이 되는 가장 중요한 유전인자는 APOE4 유전자이다. APOE4를 한 쌍 가진 사람은 주로 40~50대에 알

츠하이머가 시작된다. APOE4 형질을 하나 가진 사람은 50~60대에 시작된다. APOE4가 없는 사람은 60~70대에 알츠하이머병에 걸린다. 결국 누구에게나 치매는 걸릴 수 있다.
현재까지 발견된 알츠하이머 유발인자는 36가지이며 예방과 치료하는 요소도 36가지이다. 그러므로 치매를 치료하기 위해서는 36종류에 해당하는 약을 한꺼번에 먹어야 한다는 계산이 나온다. 그래서 치매치료제를 개발하기가 어렵다. 현재까지 개발된 알츠하이머 치료제는 없다. 예방이 최고인데, 45세가 넘은 사람들은 '인지능력 평가'를 받아 사전에 인지능력 퇴행을 막아야 한다.

⒀ 혈관성 치매(vascular-dementia)

혈관성치매란 뇌혈관질환에 의한 뇌 손상이 누적되어 나타나는 치매로 고혈압, 당뇨병, 고지혈증, 심장병, 흡연, 비만 등을 가진 사람에게서 많이 나타난다. 그중에서 고혈압이 가장 무서운 위험 요소이다. 정상적인 혈관벽은 말랑말랑하고 투명한데 고혈압이 오래 지속되면 혈관벽의 근육이 두꺼워지고 좁아지게 되어 혈관이 막히거나 터져 반신불수, 언어장애 등이 나타나고 이런 뇌경색이 반복되면 다발경색 치매가 발생하게 된다. 이에 반해 작은 혈관이 손상되면 누적 되어 소혈관성 치매가 발생한다.

1) 인지장애가 갑자기 발생한다.
2) 인지장애가 때에 따라 변동한다.
3) 언어장애가 나타난다.
4) 물을 마시거나 음식을 먹을 때 사래가 자주 들린다.
5) 얼굴이 비뚤어진 적이 있다.
6) 한쪽 팔, 다리에 마비가 있다.
7) 자세가 앞으로 구부정하다.
8) 얼굴표정이 감소 되었다.
9) 말수가 줄었다.
10) 종일 누워서 잠만 자려고 한다.

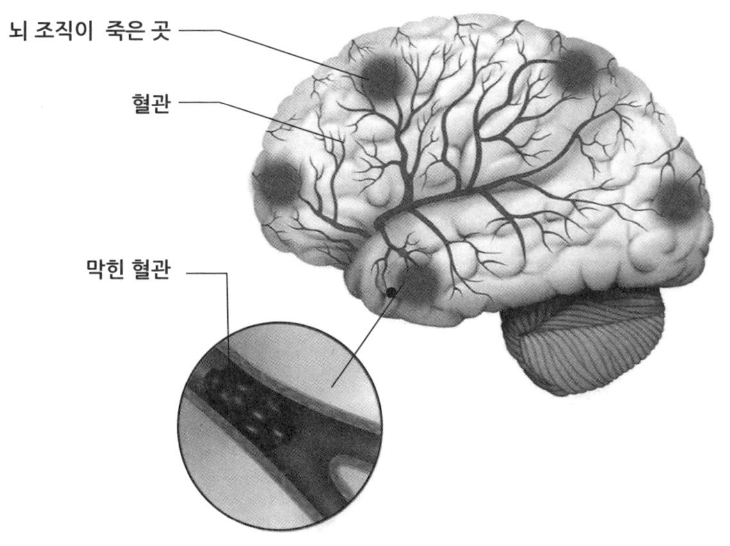
뇌 조직이 죽은 곳
혈관
막힌 혈관

10. 치유를 위한 선포기도문

(1) 영적 발전을 위한 선포기도문

1) 말씀(설교, 방언)의 능력을 위해

예수 그리스도의 이름으로 명령한다. 대뇌에서 언어를 만드는 뒤통수엽과 언어를 발전시키고 형성하는 베르니케영역, 브로카영역, 만든 언어를 내보내는 마루엽(두정엽)의 운동겉질과 소리를 내게 하는 혀와 성대는 영적으로, 영의 언어로 활성화될지어다!!

2) 영적 체험을 위해

첫째, 영적 환상을 더 잘 보기 위해
예수 그리스도 이름으로 명령한다. 대뇌 뒤통수엽의 시각연합영역과 관자엽(측두엽) 안쪽에 있는 둘레계통은 활발하게 움직이면서 영적으로 더욱 예민 해질지어다!
둘째, 영적 희열, 신비적 경험, 하나님의 존재를 느끼기 위해(예수 그리스도 이름으로 명령한다. 대뇌 마루엽(두정엽)에 있는 몸감각 연합영역과 관자엽 4번 지점과 그 안에 존재하는 둘레계통의 모든 기관과 신경전달물질인 쾌감의 도파민, 행복의 세로토닌, 사랑의 옥시토신은 영적으로 더욱 활성화될지어다!
셋째, 하나님의 음성을 잘 듣기 위해
예수 그리스도 이름으로 명령한다. 대뇌 관자엽 6번 지점의 청각영역은 더욱 열려서 영적으로 활성화될지어다!
넷째, 하나님께 집중(예배, 찬양)하기 위해
예수 그리스도 이름으로 명령한다. 대뇌 이마엽 앞 겉질 안에 있는 감정조절센터는 세상 적인 과잉 입력정보(잡념)를 제거하고 오직 주님(기도, 예배, 찬양)께 집중하게 될지어다!

다섯째, 기도에 집중하기 위해
예수 그리스도 이름으로 명령한다. 대뇌 사이뇌의 시상하부(식욕, 갈증, 체온, 심장, 주의력)는 자율신경계의 능력을 제어하고 둘레계통에 영향을 행사하여 더욱 깊은 기도에 침몰하게 될지어다!

(2) 정신 건강을 위한 선포기도문

1) 우울증 : 예수 그리스도 이름으로 명령한다. 감소 된 신경전달물질인 도파민과 세로토닌은 증가하고, 나쁜 기억을 방출하는 둘레계통 안에 있는 편도체는 정상으로 될지어다!

2) 조증 : 예수 그리스도 이름으로 명령한다. 증가한 도파민과 둘레계통의 해마와 편도체는 정상으로 될지어다!

3) 악몽 : 예수 그리스도 이름으로 명령한다. 둘레계통의 장기 기억저장센터인 해마와 나쁜 기억저장센터인 편도체 그리고 꿈을 형상화하는 이마엽은 정상으로 될지어다. 이제부터는 예수님 꿈, 영적인 꿈, 계시적인 꿈만 꾸게 될지어다!

4) 불면증 : 예수 그리스도 이름으로 명령한다. 감소 된 신경전달물질인 세로토닌과 뇌 신경세포가 몰려있는 다리뇌 속의 그물체는 정상적으로 되어 깊은 잠에 빠지게 될지어다!

5) 주의력결핍 및 과잉 행동 장애(ADHD) : 예수 그리스도 이름으로 명령한다. 감소한 신경전달물질인 도파민과 대뇌의 띠이랑의 모든 기능은 정상으로 될지어다!

6) 알츠하이머 치매 : 예수 그리스도 이름으로 명령한다. 학습과 기억영역을 조절하는 신경전달물질인 아세틸콜린과 축적된 아밀로이드 단백질 그리고 둘레계통의 장기기억센터인 해마는 정상으로 될지어다!

7) 혈관성 치매 : 예수 그리스도 이름으로 명령한다. 막힌 뇌혈관, 순식간에 사라진 20억 개의 뇌세포, 손상된 인지기능, 언어기능은 정상으로 될지어다!

8) 파킨슨 : 예수 그리스도 이름으로 명령한다. 유전자에 의해 기호화된

본능이 저장된 꼬리핵과 모든 순서를 기억하는 조가비핵 그리고 결합한 도파민과 흑색질은 정상으로 되어 모든 떨림과 근육 강직, 발 끌림에서 벗어나게 될지어다!

9) 틱장애(뚜렛증후군) : 예수 그리스도 이름으로 명령한다. 선천적으로 문제가 생긴 조가비핵과 증가한 도파민은 정상으로 되어 눈 깜박, 머리 흔듬, 언어장애에서 벗어나게 될지어다!

10) 조현병 : 예수 그리스도 이름으로 명령한다. 과다하게 증가한 도파민과 이마엽과 관자엽의 청각영역과 시각영역은 이제 영적인 것과 혼적인 것들을 분별하여 양성증상(환청, 환각, 망상)과 음성증상(무표정, 무감각, 무감동, 능력 저하)이 정상으로 될지어다!

11) 강박장애 : 예수 그리스도 이름으로 명령한다. 반복적으로 과잉활동을 하는 꼬리핵과 증가한 도파민은 정상으로 되어 반복적 행동(닦고, 씻고, 정돈하고, 확인하고)에서 벗어나게 될지어다!

12) 식사장애(과다 섭식, 과소 섭식) : 예수 그리스도 이름으로 명령한다. 대뇌 관자엽의 둘레계통 아래쪽에 있는 시상하부의 기능과 감소한 세로토닌은 정상으로 되어 음식이 조절될지어다!

13) 통증, 스트레스 : 예수 그리스도 이름으로 명령한다. 신경전달물질인 엔케팔린(enkephalins)과 엔도르핀(endolphin)은 더욱 많이 분비되어 통증과 스트레스를 감소시킬 지어다!

14) 경련, 발작 : 예수 그리스도 이름으로 명령한다. 과다하게 혼란이 온 조가비핵은 정상으로 될지어다!

15) 자폐스팩트럼 : 예수 그리스도 이름으로 명령한다. 대뇌 이마엽은 활성화되어 낮은 지적기능이 높아지고 한쪽으로만 쏠린 대뇌 기능이 골고루 발전하게 될지어다!

16) 불안장애(두려움, 공포, 분노) : 예수 그리스도 이름으로 명령한다. 대뇌 관자엽 둘레계통 안에서 과다하게 작용하는 편도체와 도파민은 정상으로 되어 모든 두려움, 불안, 공포, 분노는 떠나갈지어다!

(3) 질병을 위한 선포기도문

1) 대상포진 : 예수 그리스도 이름으로 명령한다. 수두를 일으킨 잠복된 바이러스는 떠나가고, 약화 된 면역계통은 강화되어 신경계통과 뇌 기능, 피부 기능은 활성화되고 정상으로 될지어다!

2) 뇌종양 : 예수 그리스도 이름으로 명령한다. 대뇌와 소뇌 속에 자라고 있는 이상증식 세포인 종양은 축소되고 사라질지어다!

3) 뇌경색 : 예수 그리스도 이름으로 명령한다. 대뇌에서 좁아지고 막힌 뇌혈관은 다시 넓어지고, 심장은 강화되어 혈액을 통해 산소와 영양소가 공급될지어다!! 혈관이 막히는 혈전, 혈전이 떨어져 나가 막히는 색전, 동맥을 막히게 하는 폐색을 통해 나타나는 허혈(동맥 혈액 감소)과 출혈(적혈구가 혈관 밖으로 유출)은 치유될지어다! 동맥 혈액의 공급이 차단되어 허혈성 괴사(조직 일부가 죽은 것)가 생긴 뇌는 다시 회복되어 정상이 될지어다!

4) 뇌출혈 : 예수 그리스도 이름으로 명령한다. 터진 뇌혈관은 다시 복구되어 정상이 되고, 나타난 모든 증상은 치유될지어다!

5) 알코올중독 : 예수 그리스도 이름으로 명령한다. 중독을 유발하는 유전인자는 우리 집안에서 다 떠날지어다! 흑색질에서 생성된 도파민과 대뇌의 앞쪽 뒤판 영역, 이마엽과 둘레계통은 정상이 되어 중독에서 해방될지어다!

6) 신경계통 : 예수 그리스도 이름으로 명령한다. 뇌와 척주를 타고 내려가는 중추신경계와 옆으로 뻗어서 각종 장기와 연결된 말초신경계는 모두 정상이 될지어다!

7) 심장, 혈액순환 : 예수 그리스도 이름으로 명령한다. 심장은 강해지고, 박동은 정상이 되며, 심장에서 나오는 동맥과 정맥, 모세혈관은 맑은 피로 변화되고, 막힌 혈관은 뚫어져서 혈액순환이 잘되게 될지어다!

8) 언어폭력, 거짓말 : 예수 그리스도 이름으로 명령한다. 언어를 만드는 뒤통수엽과 말을 완성하는 베르니케영역, 브로카영역은 이제부터 폭력적인 말, 거짓말에서 해방되어 선한 말, 진실한 말, 긍정적인 말, 부드러운 말로 바뀌게 될 지어다!

9) 분노 조절, 감정조절 : 예수 그리스도 이름으로 명령한다. 감정을 만

드는 둘레계통과 감정을 조절하는 이마엽과 나쁜 감정을 내 뿜는 편도체는 이제부터 분노를 조절하고 감정을 조절하게 될지어다!

10) 교만, 미움, 음란 : 예수 그리스도 이름으로 명령한다. 관자엽 속에 있고 감정을 만드는 둘레계통과 나쁜 감정을 만드는 편도체와 신경전달물질들은 교만, 미움, 음란에서 해방되어 신실한 신앙으로 변화되게 될지어다!

11) 중독(알코올, 도박, 게임) : 예수 그리스도 이름으로 명령한다. 중독을 유발하는 유전인자와 흑색질에서 생성된 도파민과 대뇌 앞쪽 이마엽과 관자엽은 정상이 되어 중독에서 해방될지어다!

12) 시각장애 : 예수 그리스도 이름으로 명령한다. 둘째 뇌 신경인 시각신경과 시각신경을 관장하는 뒤통수엽은 정상이 될지어다! 백내장, 황반변성, 녹내장은 모두 정상이 될지어다!

13) 청각장애 : 예수 그리스도 이름으로 명령한다. 여덟째 뇌 신경인 속귀신경 중 평형감각을 전달하는 안뜰신경과 소리를 전달하는 달팽이 신경은 정상이 될지어다!

14) 어지러움(메니에르병, 이석증) : 예수 그리스도 이름으로 명령한다. 뇌신경과 평형기관인 안뜰신경의 체액 배출에 장애가 생긴 메니에르병(귀울림, 난청, 어지러움, 귀가 꽉 찬 느낌)과 이석증은 정상이 될지어다!

15) 코 질환 : 예수 그리스도 이름으로 명령한다. 콧물, 재채기, 코 울혈(코에 피가 모임)을 일으키는 알레르기비염, 두통, 얼굴 통증, 얼굴 압박감, 코 고름 분비, 고열 등을 일으키는 코 곁굴염(부비동염)은 정상이 될지어다!

16) 불임증 : 예수 그리스도 이름으로 명령한다. 난소는 에스트로겐과 프로게스테론이 풍부해지고, 난자를 정상적으로 배출하여 수정과 착상이 잘 이루어지게 될지어다! 자궁은 난소호르몬이 풍부해지며, 수정란을 받아들여 태아의 발달을 돕게 될지어다! 남자의 정액과 정자는 정상적인 모습으로 건강하고, 풍부하게 생성되고 배출되게 될지어다!

17) 기면증(졸음) : 예수 그리스도 이름으로 명령한다. 신경전달물질인 세로토닌, 노르에피네프린, 아세틸콜린과 뇌 신경세포가 몰려있는 다리

뇌 속의 그물체는 정상으로 되어 피곤과 기면증에서 해방될지어다!

18) 뼈(관절, 치아) : 예수 그리스도 이름으로 명령한다. 호르몬은 뼈를 생성시키고, 칼슘과 비타민 D, 인 등은 뼈와 관절, 치아를 튼튼하게 만들지어다!

19) 암 : 예수 그리스도 이름으로 명령한다. 이상 증식된 모든 암세포는 작아지고, 작아져서 흔적도 없이 사라질지어다!

20) 기력 없을 때 : 예수 그리스도 이름으로 명령한다. 모든 뇌 신경, 모든 호르몬, 모든 신경전달물질, 모든 혈관, 간과 이자는 활기차게 생성되고, 순환되어 정상이 될지어다!
술에 참여한 것, 악령에 의한 마법, 사주팔자, 관상, 제사, 간음, 호색, 타인을 학대한 것, 살인, 기만, 거짓말 등의 죄를 회개하며 주 예수 그리스도를 통한 하나님의 용서와 죄 씻음을 구합니다.
하나님 외에 다른 신으로부터 힘과 유익과 권리를 구하였고 얻은 것을 회개합니다. 배우자와의 혼인 관계 외에 일어난 모든 성적 관계를 회개합니다. 나와 나의 자녀들을 조상의 모든 죄와 저주로부터 분리해 주옵소서. 예수 그리스도의 피를 아버지와 어머니 가계에서 일어난 모든 죄 위에 뿌려주옵소서.

전인 치유 처방전

일시	20 . . .	성명		성명		직분	남 / 여

일반의학적 소견	
영적 처방	말의 권세 치유(선포), 믿음 치유, 말씀치유, 찬양치유, 묵상치유, 영혼 치유
혼적 처방	**심리평가(MMPI)** **그림검사(KHTP)** 내적 치유, 마음 치유, 웃음 치유, 생각 치유, 햇빛 치유, 독서 치유, 감수성훈련, 인지행동(CBT)치유, Food Art Therapy
육적 처방	**양자공명자기분석 측정** 뇌건강법 : 좋은 산소, 좋은 물, 유산소운동, 크게 웃자, 호르몬 조절, 탐구생활, 건강한 부부생활, 견과류, 스트레스치유, 어싱(흙)치유, 산소치유, 물치유, 수면치유, 유전자치유, 융합치유, 치매치유, 암예방과 치유
먹거리 처방	**체질검사** **체질별 음식처방** **질병별 음식처방**
종합평가	

생각&묵상

제3장 치유(신유)사역

1. 치유의 정의는 무엇인가요?

2. 치유의 다섯가지 영역은 무엇인가요?

3. 질병의 10가지 원인은 무엇인가요?

4. 영치유, 혼치유, 육치유란 무엇인가요?

5. 전인적 치유를 구체적으로 하기 위한 5단계는 무엇인가요?

6. 대뇌의 구조에 대해 기록하세요.

7. 뇌신경에 대해 기록하세요.

8. 영적발전을 위한 선포기도문을 기록하세요.

9. 정신건강을 위한 뇌 사역과 관련된 선포기도문을 기록하세요.

제4장 예언 사역

Wholistic Anointing Ministry

제4장 예언 사역

1. 성경 말씀

그러나 예언하는 자는 사람에게 말하여 덕을 세우며 권면하며 위로하는 것이요 방언을 말하는 자는 자기의 덕을 세우고 예언하는 자는 교회의 덕을 세우나니 (고전 14: 3~4)

만일 곁에 앉아 있는 다른 이에게 계시가 있으면 먼저 하던 자는 잠잠할지니라… 하나님은 무질서의 하나님이 아니시요 오직 화평의 하나님이시니라 모든 성도가 교회에서 함과 같이 … 모든 것을 품위 있게 하고 질서 있게 하라 (고전14: 30,33,40)

너 인자야 너의 백성 중 **자기 마음대로** 예언하는 여자들에게 경고하며 예언하여 이르기를 주 여호와의 말씀에 사람의 영혼을 사냥하려고 손목마다 부적을 꿰어 매고 키가 큰 자나 작은 자의 머리를 위하여 수건을 만드는 여자들에게 화 있을진저 너희가 어찌하여 내 백성의 **영혼은 사냥**하면서 자기를 위하여는 영혼을 살리려 하느냐 너희가 두어 움큼 **보리와 두어 조각 떡을 위하여** 나를 내 백성 가운데에서 욕되게 하여 거짓말을 곧이 듣는 내 백성에게 너희가 거짓말을 지어내어 죽지 아니할 영혼을 죽이고 살지 못할 영혼을 살리는도다 그러므로 나 주 여호와가 이같이 말하노라 너희가 새를 사냥하듯 영혼들을 사냥하는 그 부적을 내가 너희 팔에서 떼어 버리고 너희가 새처럼 사냥한 그 **영혼들을** 놓아주며 또 너희 수건을 찢고 내 백성을 너희 손에서 건지고 다시는 너희 손에 사냥물이 되지 아니하게 하리니 내가 여호와인 줄을 너희가 알리라 내가 슬프게 하지 아니한 의인의 마음을 너희가 거짓말로 근심하게 하며 너희가 또 악인의 손을 굳게 하여 그 악한 길에서 돌이켜 떠나 삶을 얻지 못하게 하였은즉 너희가 다시는 허탄한 묵시를 보지 못하고 점복도 못할지라 내가 내 백성을 너희 손에서 건져내리니 내가 여호와인 줄을 너희가 알리라 하라 (겔13:17~23)

인자야 너는 이스라엘의 예언하는 선지자들에게 경고하여 예언하되 자기 마음대로 예언하는 자에게 말하기를 너희는 여호와의 말씀을 들으라 주 여호와의 말씀에 본 것이 없이 **자기 심령을 따라** 예언하는 어리석은 선지자에게 화가 있을진저 (겔13: 2~3)

여호와께서 내게 이르시되 선지자들이 내 이름으로 **거짓 예언**을 하도다 나는 그들을 보내지 아니하였고 그들에게 명령하거나 이르지 아니하였거늘 그들이 **거짓 계시**와 점술과 헛된 것과 **자기 마음의 거짓으로** 너희에게 예언하는도다...만군의 여호와께서 이와 같이 말씀하시되 너희에게 예언하는 선지자들의 말을 듣지 말라 그들은 너희에게 헛된 것을 가르치나니 그들이 말한 묵시는 **자기 마음**으로 말미암은 것이요 여호와의 입에서 나온 것이 아니니라 (렘14:14,23:16)

내 이름으로 거짓을 예언하는 선지자들의 말에 내가 꿈을 꾸었다 꿈을 꾸었다고 말하는 것을 내가 들었노라 거짓을 예언하는 선지자들이 언제까지 이 마음을 품겠느냐 그들은 그 마음의 간교한 것을 예언하느니라 그들이 **서로 꿈꾼** 것을 말하니 그 **생각**인즉 그들의 조상들이 바알로 말미암아 내 이름을 잊어버린 것 같이 내 백성으로 내 이름을 잊게 하려 함이로다 여호와의 말씀이니라 꿈을 꾼 선지자는 꿈을 말할 것이요 내 말을 받은 자는 성실함으로 내 말을 말할 것이라 겨가 어찌 알곡과 같겠느냐 (렘23: 25~28)

2. 예언이란 무엇인가

예언은 인간의 생각과 뜻을 전하는 것이 아니라, 하나님의 뜻을 전달하는 것이다.

예언은 예언의 영이 내 안에 내주하셔서 내가 생각할 틈을 주지 않은 상태에서 순수하게 나와야 한다.

예언은 어느 상황, 어느 장소에서도 할 수 있어야 한다.

예언은 지혜의 은사와 함께 나와서 책망할 것도 지혜롭게 해야 한다.

예언은 내담자의 사생활 보호를 위해 맨투맨으로 하는 것을 원칙으로 한다.

예언은 말씀으로, 멘토로부터 정기적으로 점검 받아야 한다.

예언은 성경 말씀이 함께 나와야 한다.

예언은 교회의 덕을 세우는 것이다.

예언은 둘 이상 팀별로 하는 것이 효과적이다.

예언은 다른이에게 계시가 있으면 먼저 하던 자는 잠잠해야 한다.

예언은 질서 있게, 순서대로 해야 한다(무질서 의 하나님이 아니요 오직 화평의 하나님이시다).

예언은 분별해야 한다. 예언하는 자는 잘못된 예언에 대해 예언하는 자에게 제재받을 수 있다.

예언 사역자는 자신의 문제를 먼저 치유한 후 사역해야 한다.

> 예언하는 자는 둘이나 셋이나 말하고 다른 이들은 분별할 것이요 만일 곁에 앉아 있는 다른 이에게 계시가 있으면 먼저 하던 자는 잠잠할지니라 너희는 다 모든 사람으로 배우게 하고 모든 사람으로 권면을 받게하기 위하여 하나씩 하나씩 예언할 수 있느니라 예언하는 자들의 영은 예언하는 자들에게 제재를 받나니 하나님은 무질서의 하나님이 아니시요 오직 화평의 하나님이시니라 (고전 14:29~33)

3. 원어적 정의

구약에서 예언은 히브리어로(나바 naba, 네부아 nebuah, 나비 nabi) 인데 선지자 대변자를 가리키며, 하나님의 영감에 의해 말씀을 쏟아 놓는 사람, 하나님의 말씀을 발표(대변인) 역할을 하는 사람, 하나님의 부르심을 받은 사람이라는 뜻이다.

신약에서는 예언을 그리스어로 프로페테스(προφήτης,선지자), 프로페티스(προφῆτις, 여선지자), 프로페튜오(προφητεύω, 예언하다), 프로페테이아(προφητεία, 예언), 프로페티코스(προφῆτιχός, 선지자의), 프슈도프로페테스(ψεῦδοπροφήτης, 거짓 선지자)라고 하며 신적 의지를 선포하는 사람, 하나님의 영감으로 미리 말하는 사람이라는 뜻이다.

예언(豫言)의 사전 정의는 '추측하여 하는 말'이고, 기독교적 정의는 '하나님의 계시에 의하여 장래에 나타날 일을 미리 말함'이라는 뜻이다. 프로페테이아는 하나님의 생각과 명철에 관해서 선포함을 뜻하는 명사다. 인간적인 방법으로는 알아낼 수 없는 것을 전달받아 선포하는 것이다. 예언은 과거에 관한 것, 현재에 관한 것 혹은 미래에 관한 것에 대한 언급으로 하나님의 뜻을 선포하는 것이다. 영어로 prediction, prophesy, prophecy라고 한다.
하나님의 백성으로 우리는 예언이라는 유형의 짊어져야 할 짐을 지기 위해 부르심을 받았다. 예언은 교회를 견고히 세우고 격려, 안위하기 위해 알아들을 수 있는 언어로 사람을 통하여 계시하시는 하나님의 초자연적인 메시지다. 성경은 하나님께서 장소, 시간, 대상을 불문하고 모든 인류에게 주는 메시지이며, 예언은 특정한 사람, 또는 개인, 교회, 기관, 단체 등에 성령의 기름 부음을 받은 사람을 통하여 주시는 하나님의 뜻을 전달하는 방법이다. 예언은 하나님의 말씀을 선포하고 전달할 수 있는 능력이다. 즉 하나님의 마음과 생각을 받아서 전달 대상에게 하나님께서 그 사람에게 가지고 계신 뜻을 언어로 전달하는 행위다.

4. 예언의 목적

(1) 숨어 있는 죄악을 들어나게 한다.

그러므로 방언은 믿는 자들을 위하지 아니하고 믿지 아니하는 자들을 위하는 표적이나 예언은 믿지 아니하는 자들을 위하지 않고 믿는 자들을 위함이니라 그러므로 온 교회가 함께 모여 다 방언으로 말하면 알지 못하는 자들이나 믿지 아니하는 자들이 들어와서 너희를 미쳤다 하지 아니하겠느냐 그러나 다 예언을 하면 믿지 아니하는 자들이나 알지 못하는 자들이 들어와서 모든 사람에게 책망을 들으며 모든 사람에게 판단을 받고 그 마음의 숨은 일들이 드러나게 되므로 엎드리어 하나님께 경배하며 하나님이 참으로 너희 가운데 계신다 전파하리라 (고전14:22~25)

방언은 믿지 않는 자들을 위함이다. 그 당시는 외국어 방언이 전도하는 목적으로 씌어 졌고(지금은 대부분 천국 방언이다) , 성령의 역사를 외부적으로 보여주는 일종의 표식이 되었다. 그러나 예언은 믿는 자들을 위한 것이다. 예언은 그 사람의 문제점들이 자연스럽게 드러나 하나님께 경배하게 하는 것이다. 그러나 공집회에서 모두 방언을 하면 역효과가 나서 믿지 않는자들이 미쳤다고 할 수 있으니, 모두를 위해 예언하는 것이 좋다는 것이다.

예언에는 세단계 기능이 있는데, 첫번째는 책망(엘렝케타이, 공개적으로 회개를 촉구)받도록 하는 것이다. 두번째는 판단(아나크리네타이, 자신의 죄가 무엇인지 분명히 분별)받도록 하는 것이며, 세번째는 마음의 숨은 일 즉, 마음 속에 숨은 죄악들을 찾아내어 깨달음과 자기성찰(self-examination)을 유도해서 하나님께 경배하게 만드는 것이다.

(2) 교회나 성도들에게 유익을 준다.

> 사랑을 추구하며 신령한 것들을 사모하되 특별히 예언을 하려고 하라 방언을 말하는 자는 사람에게 하지 아니하고 하나님께 하나니 이는 알아듣는 자가 없고 영으로 비밀을 말함이라 그러나 예언하는 자는 사람에게 말하여 덕을 세우며 권면하며 위로하는 것이요 방언을 말하는 자는 자기의 덕을 세우고 예언하는 자는 교회의 덕을 세우나니 나는 너희가 다 방언 말하기를 원하나 특별히 예언하기를 원하노라 만일 방언을 말하는 자가 통역하여 교회의 덕을 세우지 아니하면 예언하는 자만 못하니라 그런즉 형제들아 내가 너희에게 나아가서 방언으로 말하고 계시나 지식이나 예언이나 가르치는 것으로 말하지 아니하면 너희에게 무엇이 유익하리요 (고전 14:1~6)

(3) 권면하여 복된 삶으로 인도한다.

권면은 "외치며 호소하고 가까이서 부르다."라고 정의할 수 있다. 그래서 권면은 '예언과 관련되어 교회를 자극하고 재촉하여 하나님께 가까이 가게 하다'라는 의미를 지니고 있다. 성경은 권면에 대해 분명한 경계를 두고 있다. 우리는 하나님께 나아가기에 지쳐 있는 사람들을 권면하도록 지시받았다. 마음에 진리의 띠를 매고 있지 않은 사람들은 온전한 마음이 되도록 권면을 받는다. 기도하지 않는 교회는 기도와 간구를 하라고 권면하고 낙심한 사람들은 믿음에 거하라고 권면한다. 예언 사역은 잘못된 방향으로 가고 있는 자들을 권면하여 하나님께 가까이 가게 하는 데 목적이 있다

(4) 위로한다.

예언 사역의 목적은 안위(위로)하는 것이다. 이것은 육체적, 정신적 그리고 영적 회복을 말한다. 하나님은 항상 우리를 위로하시기를 원하시며 늘 위로하고 계신다. 마음이 조각 난 사람들을 위로(안위)하는 것은 하나님의 왕국에서 높게 여겨지는 것이다.

5. 예언 사역자의 자세

(1) 사랑을 가지고 사역해야 한다.

> 내가 예언하는 능력이 있어 모든 비밀과 모든 지식을 알고 또 산을 옮길 만한 모든 믿음이 있을지라도 사랑이 없으면 내가 아무것도 아니요 (고전13:2)

1) 상대방의 인격을 존중해 주고, 존귀하게 여기며, 사랑하는 마음을 가져야 한다.

2) 섬기는 자세로 사역해야 한다.

3) 기쁜 마음으로, 웃음을 잃지 않아야 한다.

(2) 믿음의 분수대로 협력과 질서를 가지고 사역해야 한다.

> 우리에게 주신 은혜대로 받은 은사가 각각 다르니 혹 예언이면 믿음의 분수대로 (롬12:6)

> 모든 것을 품위 있게 하고 질서 있게 하라 (고전14:40)

사역할 때 서로 받은 예언의 말씀을 존중해 주고, 상호보완적으로 질서 있게 사역하며 아름답고, 성숙한 인격(total personality)을 보여주어 하나님께 더욱 영광을 돌려야 한다.

(3) 말씀을 먼저 나누어야 한다.

> 하나님의 말씀은 살아 있고 활력이 있어 좌우에 날선 어떤 검보다도 예리하여 혼과 영과 및 관절과 골수를 찔러 쪼개기까지 하며 또 마음의 생각과 뜻을 판단하나니 (히4:12)

예언사역자가 말씀에 뿌리를 두고, 예언할 때 그 예언이 정확하며, 오래가고, 발전 있고, 은혜로운 것이다. 특히 말씀을 강조하는 한국적 신앙 형태에서는 더욱 말씀과 예언이 같이 조화되는 것이 더욱 은혜롭고 또한 거부감이 없다. 그래서 다음같이 사역하는 것이 좋다.

1) 예언사역자는 말씀을 깊이 있게 읽고, 준비하면서 예언 기도를 받는 성도님들께 꼭 필요한 말씀을 달라고 기도해야 한다.

2) 적어도 50~100개의 은혜로운 말씀을 준비해야 한다(축복, 위로, 권징, 계시, 축사에 관련된 성구).

3) 기도 받는 성도님들에게 반드시 성경을 준비하여 지참케 하고, 주어진 말씀을 그 자리에서 본인이 직접 읽게 한 후에 예언 사역해야 한다.

(4) 언어사용을 잘해야 한다.

> 죽고 사는 것이 혀의 힘에 달렸나니 혀를 쓰기 좋아하는 자는 혀의 열매를 먹으리라 (잠18:21)

교만한 말, 상대방 위에 군림하는 말, 반말, 독설적인 말 등은 삼가야 한다.

1) 기도 받는 내담자들에게 존댓말을 사용해야 한다.

2) 긍정적인 말을 사용해야 한다.

3) 선한 말(사랑, 감사, 축복, 겸손)을 사용해야 한다.

(5) 휴식을 취해야 한다.

너무 과중한 사역으로 인해 심신이 지쳐 있으면 사역을 중단하고 휴식을 취해야 한다. 너무 피곤하거나 개인적인 준비가 안 되어 있다면 개인적으로 양해를 구하고 잠시 휴식을 취하면서 새로운 기름 부으심 속으로 침몰해 들어가야 한다. 인간은 유한한 존재다. 유한한 인간이 무한하신 하나님의 영을 계속 퍼 줄 수가 없다.

(6) 예언 사역이 계속 발전될 수 있어야 한다.

> 너희는 더욱 큰 은사를 사모하라 내가 또한 가장 좋은 길을 너희에게 보이리라 (고전 12:31)

예언 사역이 이제는 개개인을 뛰어넘어 정치, 경제, 사회, 문화, 민족 등에 영향력을 행사할 수 있어야 하고, 각 전문 분야에 있는 사람들을 움직이는 역동적인 영권으로 발전되어야 한다. 그래서 예언사역자들을 구약의 선지자들처럼 한민족의 흥망성쇠를 선포하고 한 국가를 이끌어갈 수 있는 지도력 있는 능력자들이 되어야 한다.

6. 예언 사역에 대한 새로운 대안

(1) 예언 사역이 공동체적인 사역으로 업그레이드되어야 한다.

성령의 강력한 기름 부으심의 현상인 예언, 치유, 축사, 방언 등등 모든 카리스마를 가진 사람들에게 더불어 살 수 있는 공동체 훈련이 필요하다. 공동체적 삶에 대한 인식이 없다면 우리의 사역은 열매 맺지 못할 것이다. 하나님은 우리의 삶에 응답하신다. 삶이 기도되어야 하고, 삶이 우리의 이웃과 함께 어우러져 있을 때 우리의 영적 능력은 계속 발전할 수 있다.

(2) 예언 사역이 멘토링(mentoring) 되어야 한다.

멘토링(mentoring)이란 한 사람의 mento(가르치고, 상담하고, 보호해주는 지도력 있는 사람), menger(멘토로부터 지도를 받는 사람)에게 영향을 끼치는 활동 즉 멘토링 리더십을 의미한다.
지도력 있는 예언사역자들이 많이 나와서 한국교회를 지도하고, 이끌고 나아가야 한다.

(3) 예언 사역이 개개인을 뛰어넘어야 하며 전문화되어야 한다.

정치, 경제, 사회, 문화 전반에 걸쳐서 새로운 영적 각성 세력으로 자리를 잡아야 한다. 그러기 위해서는 다양한 사회구성원들을 대상으로 예언해야 하고, 훈련할 수 있는 센터가 있어야 한다. 이제는 예언 사역이 전문가집단, 사회의 영향력을 발휘할 수 있는 집단(정치인, 경제인, 예술인)으로 파고 들어가야 하며 그러기 위해 예언사역자들을 훈련, 교육할 수 있는 전문적인 커리큘럼이 나와야 한다.

(4) 예언 사역이 성숙한 인격체를 가진 영성인을 만들어내야 한다.

성숙된 인격이란 외부의 환경이나 충격에 흔들림 없는 신앙을 유지하며, 상대방을 인정하고 포용하면서 또한 상대방을 이끌어 가는 조절 능력 있는 사람을 의미한다. 사막의 성자 안토니(Antonius, 250~356)'은 성자이면서 기적을 행한 능력자로 유명했다. 그는 많은 예언, 기적과 축사, 병 고침을 행했지만, 그의 삶은 수도자적인 삶이었다. 그는 끝없이 자신을 제어하기 위해 침묵, 청빈, 금식, 고독, 순종, 나눔과 섬김, 극기와 절제 훈련하였으며 이런 영성 수련을 통해 자신이 받은 은사를 성숙시켜 나아갔다. 성숙된 인격체를 만들기 위한 수련 프로그램이 영성 사역에 도입되어야 한다. 그럴 때 우리의 속사람이 변화되어 사람들이 인정하고 동참하게 될 것이다.

(5) 예언 사역이 통전적(전인적)이어야 한다.

가장 위험한 신앙은 한쪽으로만 쏠리는 신앙이다. 그런 신앙에는 자유함이 없다. 우리가 받은 은사를 충분히 살리고 적용하면서, 성도들에게 다양한 훈련을 시킬 필요가 있다. 예언 사역이 영적 은사적인 면, 영적 수련적인 면, 영적 사회 참여적인 면이 모두 포함되고 수용되고 적용된 통전적인 사역이 되어야 한다.

(6) 예언 사역이 힘의 증강(empowerment)으로 나타나야 한다.

우리가 할 수 있는 사역이란, 상대방에게 여러 가지 영의 양식을 제공하여 그 자신이 힘의 증강이 생겨 스스로 일어서서 행동할 수 있게 도와주는 도우미(helper)의 역할을 하는 것이다. 소아기적 신앙이 아닌 성숙된 신앙인으로 만들어가는 것이 예언 사역이다. 그러기 위해서 예언사역자는 영, 혼, 육을 균형 있게 발전시키기 위한 양식을 모두 제공해야 합니다.

(7) 예언 사역이 나눔의 사역이 되어야 한다.

은사도, 물질도 나누는 것이지 독점하는 것이 아니다. 진정한 영성 사역(제자의 도)에 대해 예수님은 마태복음 10장을 통해 잘 가르쳐 주고 있다. 먼저 능력을 행하고(치유, 축사 등), 복음을 증거하고, 거저 받았으니 거저 주고, 무소유(돈주머니, 부동산, 동산 소유하지 말고)하며, 평화의 사도가 되어야 하고, 뱀같이 지혜롭고 비둘기같이 순결하며 인내하고, 하나님을 사랑하고, 십자가를 지는 것이다.

세례 요한과 같이 광야에서 하나님이 주신 능력 이외에는 아무것도 소유하지 않고 민족, 사회, 문화, 경제, 종교 전체에 영향력을 행사할 수 있는 예언사역자, 시대를 꿰뚫어 보면서 시대를 이끌어갈 수 있는 선지자, 마귀를 내어 쫓고, 각종 질병을 치유하고, 천국 복음을 권세 있게 전하는 영적인 제사장 등이 많이 나올 때 이 세계는 비로소 하나님의 영으로 충만해질 수 있는 것이다.

7. 꿈 · 환상 · 예언

‘꿈’(dream)은 무의식(unconsciousness)[170] 된 상태에서 나타나는 계시 사건(revelation event)이며, ‘환상’(fantasy, vision, ecstacy)은 의식(consciousness)[171] 된 상태에서 나타나는 무의식화된 계시 사건이며 ‘예언’(prophecy)은 의식된 상태에서 나타나는 계시 사건이다.

(1) 꿈이란 무엇인가

1) 심리학적 관점

심리학에서 꿈이란 ‘①잠을 자는 동안에 마치 깨어 있을 때처럼 사물이나 사건 또는 현상을 보고 듣는 심리적(또는 정신적) 경험하는 현상. ②앞으로 이루고 싶거나 일어나기를 바라는 희망이나 기대. ③터무니없는 또는 실현 가능성이 극히 작거나 없는 상상이나 기대’라고 정의 한다.[172] 꿈을 설명하는 이론들이 몇 가지가 있다.

첫째, 꿈의 연속성 이론(continuity theory of dreaming)
꿈의 내용은 각성상태인 깨어있을 때의 생각, 관심, 가치관, 개념, 정서 등과 연속성을 갖는다고 보는 이론. 즉 꿈은 깨어있을 때의 심리적 및 행동적 상태 또는 경험과 이어져 있다고 보는 것이다. 이 이론에 따르면 꿈을 꾸는 사람이 꿈을 통해 나타내고자 하는 내용과 꿈의 목적은 그 개인이 깨어있는 일상생활에서 관심이 있는 욕망, 소망, 생각, 감정, 행동 등이 반영되어 있다고 주장한다.[173]
둘째, 꿈 인지 이론(cognitive theory of dreaming)
꿈을 수면 중의 인지 활동이라고 보는 이론을 말한다. 이 이론에서는 꿈이란 꿈 꾸는 사람이 수면 중에 인지 활동을 하는 것이라고 주장하며, 정신분석에서 중요하게 생각하는 꿈의 잠재적 내용보다는 명시적 내용

• • •

170_양돈규, “무의식”, 『심리학사전』 (서울 : 박영사, 2017), 192-193.무의식이란 자기 자신이나 세상에서 일어나는 일들에 대한 인식이나 의식의 결여라는 의미로 비의식(nonconsciousness)라는 단어를 사용하기도 한다. 기억, 사고, 충동, 욕망, 동기 등을 모두 포함하는 마음의 세계 중에서 의식적인 자각 밖에 존재하면서 의식적인 인식은 할 수 없지만, 의식적인 사고, 판단, 가정, 행동 등에 지속해서 영향을 미친다.

• • •

171_169) Ibid., “의식”, 444. 지그문트 프로이트의 정신분석 이론에서는 마음의 영역을 세 부분(의식, 전의식, 무의식)으로 구분하고 있는데, 그중에서 외부의 세계나 자신에 대해 인식하고, 또 그와 관련된 사고나 판단이 이루어지고 있는 마음의 영역을 지칭하여 말한다. 이 용어는 쓰이는 맥락에 따라 몇 가지 의미로 사용되고 있다. 1) 정신이 깨어 있는 상태 즉, 자신이 현재 접하고 있거나 경험하고 있는 일이나 현상에 대해 인식하는 상태 2) 자기 자신이나 세상에 대해 인식하는 마음의 과정이나 작용, 이 경우에는 인식과 비슷한 의미가 있다.

• • •

172_Ibid. “꿈”. 102.

• • •

173_Ibid., 103.

174_Ibid., 102.

175_Ibid., 103.

176_Ibid., 103.

177_Ibid., 102-103.

을 더 중요하게 고려하기 때문에 이에 초점을 맞추어 꿈을 이해하고 설명하려 한다.[174]

셋째, 꿈의 진화이론(evolutionary theory of dreaming)

꿈을 진화적 관점에서 설명하는 이론을 말한다. 이 이론에서는 꿈은 꿈을 꾼 사람이 현실의 삶에서 꿈꾼 내용과 관련된 상황들을 적절하게 다루고 대비할 수 있는 기술이나 방법을 연습하는 기회를 제공하는 보호적이고 적응적 기능을 한다고 주장한다. 이처럼 긍정적이고 적응적인 기능을 하는 꿈을 진화의 산물로 본다.[175]

넷째, 꿈의 활성 - 통합 가설(activation-synthesis hypothesis of dreaming)

수면하는 동안에 뇌의 신경세포들이 우선 적으로 발화함으로써 발생하는 감각과 기억을 이해하고 그 의미를 찾으려고 하는 활동이 꿈이라고 보는 이론이다. 이 이론을 주장하는 학자들은 꿈을 꾸는 과정에서 꿈에 부여되는 의미는 개인의 소망이나 욕망, 과거의 경험이나 기억, 두려움 등이 반영된 것이기 때문에, 꿈은 꿈을 꾼 개인을 이해하는 데 있어 중요한 의미가 있다고 주장한다.[176]

어떤 이론이든 꿈은 우리의 마음을 표현하고 있어서 모든 심리학에서는 이런 꿈을 분석하여 상담에 치유에 활용하려고 한다.

꿈의 분석(dream analysis)이란 정신분석적 치료에서 사용하는 치료기법의 하나로 내담자의 심리적 고민이나 문제와 관련이 있거나 원인으로 작용하고 있는 무의식적인 세계에 자리 잡는 근원적 요인에 대해 이해하고 그에 관한 정보를 얻기 위해 내담자의 꿈의 내용(즉, 꿈속에 담겨 있는 내담자의 성적 또는 공격적 욕망이나 기타의 동기 등)을 분석하는 치료적 활동을 말한다. 분석가(또는 치료자)는 꿈의 분석을 위해 내담자에게 자신의 꿈과 꿈의 내용에 대해 자유롭게 이야기하도록 하며, 그 과정에서 꿈에 담긴 상징과 상징의 의미를 해석한다. 나아가 이러한 해석을 바탕으로 내담자가 꿈의 의미에, 대한 이해를 높이고 통찰할 수 있도록 도와주는 역할을 한다. '꿈 분석'이라고도 한다.

특히 꿈의 해석은 꿈의 분석과정에서 이루어지는 꿈의 내용에 포함된 상징과 상징의 의미를 해석하는 치료적 활동으로 내담자의 심리적 문제의 근원에 대한 정보를 얻기 위해 사용하는 방법으로 내담자의 꿈속에 내재한 무의식적 욕망이나 동기를 밝히기 위해 내담자에게 자신의 꿈의 내용에 대한 자유 연상을 하도록 하는 절차가 포함되며, 이를 통해 꿈의 상징적인 의미를 해석하는 절차를 말한다.[177]

꿈과 그 의미에 관한 현대적 연구는 오스트리아의 정신분석학자인 지그문트 프로이트(Sigmund Freud, 1856~1939)와 그의 동료인 스위스의 카를 구스타프 융(Carl Gustav Jung, 1875~1961)으로부터 시작되었다. 이들의 이론은 현대의 모든 꿈 분석의 토대를 이루며, 이 책의 각 부분에도 전반적으로 연관되어 있다. 하지만 그 이론들의 섬세하고 복잡한 모든 측면을 다루기는 어려우므로 여기서는 간략한 설명에 그치기도 한다.

프로이트와 꿈

프로이트가 개발한 것은 꿈을 분석하는 기법, 그 가운데서도 특히 개인의 의식과 무의식을 연관시키는 기법이었다. 여러 세기 동안 꿈에 관한 연구를 요약한 그의 고전적 저작인 〈꿈의 해석(die traumdeutung,1989)〉은 지대한 영향력을 발휘했다. 이 저작은 꿈 자체가 학문적 연구의 대상이라는 점을 처음으로 확인하는 한편, 꿈의 분석과 관련하여 제기해야 할 여러 가지 문제들을 다루었다. 프로이트는 환자의 꿈이 환자의 심리적 문제를 치료하는 데 커다란 효과를 지닐 수 있다고 보았으며, 꿈이 인간 정신의 활동에 강력한 영향을 미친다고 믿었다.

나아가 프로이트는 정신이 일차적 과정의 행위에 관여한다고 주장했다. 다시 말해 꿈을 꾸는 사람의 무의식적인 공포나 욕망이 꿈에 나타나는 상징으로 변형된다는 것이다. 또한 이차적 과정은 이러한 충동과 상징이 깨어 있는 의식 속에 각인되는 것을 가리킨다. 프로이트에 의하면 꿈에 나타나는 무의식적 욕망은 꿈꾸는 사람이 어린 시절에 겪었던 경험에 뿌리를 두고 있다. 꿈은 자주 관능적이거나 성적인 욕망을 표현하며, 꿈속의 상징은 대부분 성적인 관념과 연관된다는 게 그의 생각이다.[178]

융과 꿈

융과 프로이트는 짧은 기간 동안 공동으로 꿈을 분석한 적이 있었으나 이내 학문적 차이로 인해 결별했다. 융은 꿈이 주로 꿈꾸는 사람의 무의식을 반영한다는 프로이트의 생각에는 대체로 동의했다. 하지만 꿈이 단지 개인적 경험의 결과라는 주장에 대해서는 의문을 품었다. 그는 인류학, 세계의 신화, 종교, 신비 사상에 관심이 많았다. 그는 꿈에 나타나는 상징들이 공통의 역사적, 비교문화적 지식에서 비롯되는 신화나 전설과 연관을 가진다고 보았다. 그러한 지식과 신화의 닮은꼴을 토대로 융은 '집단무의식'이라는 것이 틀림없이 존재한다고 생각했다. 그에 따르면 모든 사람은 집단무의식이라는 정보의 창고를 내재하고 있으므로 문화, 종교, 나라와 무관하게 특정한 방식으로 생각을 구성하는 경향을 보인다. 융은 또한 '원형(archetype)'이라는 개념을 발전시켰다. 원형이란 쉽게 말해 단일한 이미지나 상징이 꿈속에서 구현하는 내재적인 생각이나 유형을 가리킨다. 이를테면 마녀, 현명한 노파, 영웅, 마술사 등이 원형의 예다.

융은 모든 꿈을 개인적인 꿈, 문화적인 꿈, 원형적인 꿈의 세 가지 층으

178_Fiona Starr, Jonny Zuoker, 『꿈』, 남경태 역(서울 : 휴머니스트, 2003), 18.

로 분석했다. 우리도 이 책을 최대한 활용해서 자신에게 가장 잘 맞는 맥락에서 자신의 꿈을 해석해볼 수 있을 것이다. 융은 꿈이 사람들의 일상생활을 안내하는 데 이용될 수 있다고 믿었다. 이런 의미에서 그는 꿈이 종교적이거나 영적인 기능을 가진다고 보았다. 프로이트와 달리 융은 꿈이 단순히 억압된 욕망이나 소망의 실현만 반영하지는 않는다고 생각했다. 그에 따르면 꿈은 꿈꾸는 사람이 더 높은 자아 또는 영적인 자아를 경험할 수 있도록 해주는 매개의 역할을 한다.

그러나 프로이트와 마찬가지로 융도, 꿈은 매우 상징적이므로 보이는 내용 그대로 받아들여서는 안 된다고 보았다. 꿈에 나오는 암호화된 메시지는 꿈꾸는 사람이 이해할 준비하고 있어야만 이해할 수 있다. 우리가 복잡한 의미의 층에 다가갈 준비를 하고 있으면 우리의 꿈은 우리의 개인적인 심리 생활을 개발하는 데 도움을 줄 수 있는 것이다.

프리츠 페를스와 꿈

프리츠 페를스(Fritz Perls, 1893~1970)는 게슈탈트 심리치료법을 만든 사람이다. 그는 꿈의 상징들이 꿈꾸는 사람의 세계를 반영한다고 생각했다. 꿈은 꿈꾸는 사람이 현실의 삶에서는 알지 못하고 넘어갔던 여러 가지 심리적 측면을 나타낸다는 것이다.

페를스가 보기에 꿈은 현실의 삶에서는 아직 대면하지 않은 개인적 문제나 갈등을 말해준다. 꿈을 이해하기 위한 가치 기준은 꿈꾸는 사람만이 알 수 있는 고유한 의미에 있다. 따라서 꿈의 상징에 내포된 개인적 의미를 통해 꿈꾸는 사람은 자신만의 정서적 탐색을 할 수 있다. 만약 이 이론을 문자 그대로 따른다면, 모든 꿈은 개별적이므로 앞으로 하려는 이야기는 아무 필요도 없을 것이다. 하지만 우리는 꿈의 이론가들로부터 배운 내용 가운데 자신에게 가장 잘 맞는 것을 선택하면 되는 것이다.

페를스의 이론은 프로이트나 융과 크게 다르다. 그는 꿈꾸는 사람만이 자신의 꿈을 해석할 수 있으므로 꿈 분석가에게 의존할 필요가 없다고 보기 때문이다. 페를스는 꿈의 이미지를 해석하기 위해 유용한 역할 행동 방식을 개발했다. 여기서 꿈꾸는 사람은 꿈에 나오는 인물이나 사물의 역할을 맡는다.[179]

2) 신경과학적 관점

첫째, 수면과 꿈

수면은 우리 삶의 극히 필수적인 부분이므로 우리에게는 잠을 멈추고 수면이 어떻게 진행되는지 알 수가 없다. 잠을 자는 동안에 우리는 의식

179_Ibid., 18-22.

을 잃고, 신체의 움직임과 생각에 대한 통제도 잃으며, 주변에 관해서도 의식하지 못한다. 만약 깨어 있는 동안에 이런 일이 일어난다면 가히 무서운 일이겠지만, 그래도 우리는 밤마다 그런 과정을 겪는다. 잠을 자지 못하면 무력감, 스트레스, 고통을 느끼며, 집중력이 현저하게 떨어진다.

현대의 수면 분석은 20세기 벽두에 과학자들이 뇌파를 연구하고 피실험자들이 잠자는 동안에 이루어지는 전반적인 심리적 활동을 조사하면서 시작되었다. 현재 널리 합의된 바에 의하면, 밤새 끊이지 않고 이어진 잠은 보통 네 가지 단계 혹은 주기로 구성된다. 1단계에서 4단계까지 이동하는 데는 대략 90분이 걸리므로 잠자는 사람은 하룻밤에 약 7주기를 거치게 된다.

1단계는 깨어 있는 상태에서 잠으로 빠져드는 단계다. 2단계에서는 잠이 본격적으로 시작되어 잠든 사람은 자신의 주변 환경을 의식하지 못하게 된다. 3단계에서는 잠의 상태가 점점 깊어지며, 4단계는 가장 깊은 수면 상태를 가리킨다. 이 마지막 단계에서는 호흡이 규칙적이고 깊어진다. 심장 박동과 신진대사 속도는 저하되고 두뇌의 전기적 활동이 변화한다. 4단계까지가 끝나고 나면 잠든 사람은 다시 새로운 주기를 시작한다. 그에 따라 심장 박동과 신진대사가 다시 빨라지고, 호흡이 점점 얕아진다. 새 주기의 처음으로 되돌아갈 때는 대개 혈압이 늘어나며, 음경이나 음핵이 발기하는 예도 있다.

둘째, 렘수면과 꿈

렘(REM, rapid eye movement)수면, 즉 빠른 눈 운동 수면이라 부르기도 한다. 이 단계에서는 눈꺼풀 아래 안구의 움직임이 빨라지는데, 과학자들이 그런 현상을 관찰했다. 꿈은 다른 단계에서도 꾸지만, 렘수면에서는 특히 깊고 생생한 꿈을 많이 꾸게 된다. 안구의 운동이 일어나는 이유는 꿈꾸는 사람이 꿈속에서 일어나는 사건들을 관찰하고 있기 때문으로 추측된다.

미국의 심리학자인 너새니얼 클라이트먼(Nathaniel Kleitman)과 그의 동료들은 1953년에 잠든 사람을 관찰하는 실험을 진행했다. 실험의 목적은 렘수면과 꿈의 상호관계를 밝히려는데 있었다. 학자들은 피실험자의 두뇌에서 일어나는 여러 가지 전기적 활동을 조사하다가 그 활동이 최고조에 달했을 때 피실험자를 잠에서 깨웠다. 피실험자는 항상 그때 생생한 꿈을 꾸고 있었다고 대답했다. 꿈과 두뇌의 전기적 활동의 주기도 역시 렘과 관련이 있다. 이러한 발견에 힘입어 잠가 꿈을 둘러싼 심층적인 연구가 시작되었다.[180]

우리는 렘수면 단계에서 대부분 꿈을 꾸고 이따금 숙면처럼 논렘수면 단계에서 꾸기도 한다. 꿈을 꾼다고 해서 무의식 상태가 되지는 않는다는 사실을 잊지 마라. 꿈을 꾸는 동안 뇌는 깨어 있을 때 현실이라고 알

180_Ibid., 24-26.

던 것에서 일탈하기는 하지만 기능이 정지되는 것은 아니다. 그저 다른 방향으로 기능하는 것이다.

'잠을 잘 때의 무의식'이란 우리가 다른 각성상태, 다른 성실, 다른 의미와 언어, 구조로 경험하는 의식과 같다. 렘수면에서 꿈을 꿀 때의 의식은 논렘수면에서 꿈을 꿀 때와 성질이 다르지만 둘 다 깨어 있을 때의 의식으로부터 온 꿈이라는 점은 똑같다. 렘수면은 뇌 활동, 분비되는 아드레날린양, 맥박과 산소 소비가 때어 있을 때와 아주 비슷하기에 역설수면이라고도 한다. 이때 몸은 거의 마비되어 움직이지 않는다. 이런 억제 장치를 가동하지 않으면 실제로 일어나서 꿈을 꾸는 대로 움직일 위험이 있기 때문이다.

렘수면은 여러 가지로 중요하다. 예를 들어, 렘수면이 새로 학습한 정보를 저장하고 기억력을 강화한다는 증거가 있다. 갓난아기가 큰 아이들보다 렘수면을 더 오래 취한다는 것도 이를 뒷받침한다. 아기가 조숙할수록 렘수면을 더 많이 취하는 것으로 나타났다. 렘수면 시간은 나이가 들면서 줄어든다. 한 수면 연구 실험은 렘수면을 통상적인 양보다 더 많이 취한 학생들은 그렇지 않은 학생들보다 학습 속도가 빠르다는 사실을 밝혀냈다. 다른 연구 결과는 렘수면에 들어가려고 할 때 계속 잠이 깨는 사람들은 신체적으로나 심리적으로 건강하지 못하다고 한다. 렘수면을 제대로 취하지 못하면 피곤해지고 신경질적으로 되며 집중력과 기억력이 떨어지기도 한다. 이 상태가 오래 지속되면 환영이 보일 수도 있다. 논렘수면이 신체 건강에 중요하다면 렘수면은 정신 건강에 중요하다.

렘수면은 심리적 목적뿐 아니라 뇌 가변성을 위해서도 중요하다. 뇌 가변성은 특히 해마에서 많이 나타나는데 신경회로와 줄기세포가 새로 생기는 과정에서 뇌가 스스로 변형하는 성질이다. 마르코스 프랑크(Marcos Frank)는 '학습하면서 생긴 신경 활동의 패턴이 렘수면 중에 반복되고 신경회로의 변화를 촉진한다.'라는 이론을 내놓았다.

과학자들은 줄기세포 교체에 관한 근래의 연구에서 뇌가 스스로 재생한다는 것을 밝혔다. 이제 뇌를 새롭게 보게 되었고, 뇌와 그 기능을 빗대어 표현하던 은유도 변했다. 뇌는 더 이상 '스스로 제약하는 복잡한 기계'나 우리가 평생 채우는 대로 받기만 하는 '움직이지 않는 그릇'이 아니다. 이제 신경과학자들은 뇌는 유연하여 스스로 변화하고 치유할 수 있다고 말한다. 이는 의학적으로 보나, 심리학적 그리고 영적으로도 큰 의미가 있다. 그리고 이에 따라 생각, 상상, 뇌의 성장과 가변성, 건강에 이바지한다고 알려진 꿈과 같은 인간 내면의 활동을 다시 보게 되었다. 사람들은 꿈이 뇌에 변화를 일으킨다는 사실을 새롭게 알았다.

'되돌이 효과'라는 기전 또한 렘수면이 중요하다는 사실을 보여준다. 렘수면 단계에서 방해받으면 되돌이 효과 덕분에 다음에 정상수면을 취할 때 렘수면을 벌충한다는 것이다. 마치 뇌가 렘수면이 모자라면 기회가 오는 대로 벌충해야 한다는 것을 아는 듯하다. 알코올, 바르비투르산염, 아페타민과 같은 약물이 렘수면을 억제한다는 사실도 재미있다. 이 약물에 의지하던 사람이 약물을 끊으면 렘수면의 되돌이 효과가 나타나 악몽을 꾸거나 불안에 시달리게 되는 것이다.[181] 꿈이란 대뇌의 해마와 편도체에 기억되거나 경험된 것이 앞 이마엽으로 튀어나온 것을 말하며 계시란 외부에서 이마엽으로 초자연적인 것이 뛰어 들어온 것을 말한다.

181_Therese E. Duckett, 『꿈을 말한다』, 이사무엘 역(서울 : 2014), 34-36.

3) 꿈의 종류

첫째, 예지몽 / 예언 몽

꿈은 의식의 여러 단계를 통과할 뿐 아니라 시간도 초월한다. 과거로도 미래로도 갈 수 있다. 또 과거에서 어떤 사건들을 골라 현재와 미래의 가능성으로 편집하기도 한다. 미래의 기억이라고 할 수 있는 것이 예지몽이다.

역사적으로 칭기즈칸, 히틀러, 나폴레옹과 같은 사람들이 예지몽을 꾸었고, 꿈을 잘 활용했다. 예언 몽이나 예지몽은 다가올 재난을 경고한다. 그래서 우리는 재난을 막거나 막지 못할 재난이라면 미리 알고 마음의 준비를 한다.

칼 융을 비롯한 많은 사람이 꿈을 꾸고 나서 제2차 세계대전이 일어날 줄 알았다고 한다. 홀베슈는 꿈에서 에고의 경계가 허물어질 때 예지몽이 나타난다고 했다. 아이디어와 사건이 '실행되고 일어나도록 예정'되기 때문이라는 것이다. 예언몽이나 예지몽은 꿈에서 경고가 나오기 때문에 환상적인 꿈과는 구별할 수 있다.

둘째, 입면몽(入眠夢)과 반수반성몽(半睡半醒夢)

프로이트와 융이 상정한 구조로 설명할 수 없는 또 다른 꿈 중에 입면몽, 반수반성몽, 자각몽이 있다. 입면몽은 막 잠이 들 때보는 환상, 반수반성몽은 잠에서 깨기 직전에 꾸는 꿈이다. 둘 다 다른 꿈과 달리 어떤 메시지를 전해 주지 않으며, 꿈을 꾸면서 아무런 감정을 느끼지도 않아 환상으로 생각할 때도 많다.

셋째, 자각몽(自覺夢)

자각몽이란 꿈을 꾸는 사람 스스로가 꿈을 꾼다는 것을 아는 꿈이다. 이런 자각몽을 꾸려면 훈련을 통해 자신을 통제하는 기술을 닦아야 한다. 많은 신비주의자와 무당이 이 꿈을 꾸려고 한다.[182]

182_Ibid., 142.

넷째, 백일몽(白日夢)

헛된 꿈을 말한다. 처음에는 의식적인 생각, 예를 들면 백만 달러를 번다는 생각이 집착되어 생각이 꿈으로 이어지고 그것이 꼬리를 물로 발전해 나가는 꿈을 말한다.

4) 꿈과 계시

> 내 이름으로 거짓을 예언하는 선지자들의 말에 내가 꿈을 꾸었다 꿈을 꾸었다고 말하는 것을 내가 들었노라 거짓을 예언하는 선지자들이 언제까지 이 마음을 품겠느냐 그들은 그 마음의 간교한 것을 예언하느니라 그들이 서로 꿈꾼 것을 말하니 그 생각인즉 그들의 조상들이 바알로 말미암아 내 이름을 잊어버린 것 같이 내 백성으로 내 이름을 잊게 하려 함이로다 여호와의 말씀이니라 꿈을 꾼 선지자는 꿈을 말할 것이요 내 말을 받은 자는 성실함으로 내 말을 말할 것이라 겨가 어찌 알곡과 같겠느냐 여호와의 말씀이니라 내 말이 불같지 아니하냐 바위를 쳐서 부스러뜨리는 방망이 같지 아니하냐 여호와의 말씀이라 그러므로 보라 서로 내 말을 도둑질하는 선지자들을 내가 치리라 여호와의 말씀이니라 보라 그들이 혀를 놀려 여호와가 말씀하셨다 하는 선지자들을 내가 치리라 여호와의 말씀이니라 보라 거짓 꿈을 예언하여 이르며 거짓과 헛된 자만으로 내 백성을 미혹하게 하는 자를 내가 치리라 내가 그들을 보내지 아니하였으며 명령하지 아니하였나니 그들은 이 백성에게 아무 유익이 없느니라 여호와의 말씀이니라 (렘23:25~32)

성경은 꿈 이야기가 많이 나온다. 야곱의 사닥다리 꿈(창28:10~19), 요셉의 곡식 단 꿈(창37:5~6), 요셉의 해, 달, 열한 별 꿈(창37:9~10), 술 맡은 관원장, 떡 굽는 관원장 꿈(창40장), 바로 왕의 일곱 암소 꿈(창41장), 느부갓네살왕 큰 신상의 꿈(단2장), 예수님 어머니 마리아에 대한 요셉의 꿈(마2:13), 동방박사의 꿈(마2:12), 빌라도 아내의 예수님의 무죄함에 대한 꿈(마27:19)…. 꿈은 하나님께서 자신을 직접 계시하기 위한 수단이다.

계시란 인간 스스로는 도저히 알 수 없는 하나님 자신을 직접 드러내시거나 알리시는 것을 말한다(마16:17, 롬16:25~26). 그리스어 '아포칼립시스'(apokalypsis)의 뜻은 '감추어져 있고 덮여 있던 것을 직접 열어 보이거나 알려주는 것'을 의미한다. 하나님 자신을 알리시는 방법으로는 일반계시와 특별계시가 있다.
일반 계시 : 모든 시대, 모든 장소의 사람들에게 일반적인 방법으로 하나님 자신을 나타내시는 것을 말한다. 하나님은 자신이 만드신 자연(롬1:20), 역사(행17:22~31), 인간의 양심(롬1:22,32)을 통해 자신을 계시하신다.
특별계시 : 죄로 타락한 사람은 자연, 역사, 양심을 통해 계시하신 하나님을 올바르게 알기가 어렵다. 그래서 하나님은 자신을 직접 알려 주시는 특별계시의 방법을 쓰셨다.
하나님 자신과 구원의 진리를 보여주시는 특별계시의 방법은 계시를

통해(단8:13, 슥1:9, 6:5, 행7:53, 갈3:19), 꿈과 환상을 통해(창40:5, 민12:6, 삿7:13, 삼상28:6, 단1:17, 욜2:28, 암7:1~9:10), 직접적인 음성으로(창2:16, 출19:9, 삼상3:4), 무생물들을 통해 임재하심으로(출3:2, 욥38:1, 시78:14, 시99:1), 하나님의 사람들을 통해서이다(히1:1). 이러한 하나님의 계시는 성자 예수님의 성육신과 그분의 사역과 생애, 십자가와 부활을 통해 결정적으로 나타났다(요1:18, 14:7, 9~11, 히1:2). 그리고 이러한 특별계시는 보존하고 전달하기 위해 성경을 기록하게 하셨다(요20:31, 딤후3:15~17).

특별계시의 목적은 하나님 자신을 드러내셔서 죄에 빠진 인간을 구원하시고 교제하시기 위해서이다.[183] 꿈이 계시의 방법이긴 하지만 사람이 꾼 꿈이 하나님으로부터 온 말씀을 포함하고 있는지는 확인이 필요했다. 신명기 13:1~5에 따르면 꿈꾸는 자가 꾼 꿈은 반드시 분별 되어야 했다. 어떤 꿈이 성경에서 제시하고 있는 삶의 양식으로부터 하나님의 백성을 멀어지도록 한다면 그것은 하나님으로부터 주어진 것이 아니다. 예레미야는 거짓된 꿈에 근거하여 메시지를 선포했던 거짓 선지자들에 대한 하나님의 관점을 기록하고 있다.[184]

183_하용조 편찬, "계시",『비전 성경 사전』, 47.

184_Ibid., 142.

(2) 꿈의 해석

숫자

1) 하나(1) : 유일하신 하나님(신6:4, 엡4:5~6, 고전6:4~6), 경고, 질서, 때

2) 둘(2) : 교제/ 협력(전4:9), 증인(계11:14, 13:11), 충만, 분리, 혼란, 갈등

3) 셋(3) : 삼위일체(마28:9), 기회의 끝(눅24:21)

4) 넷(4) : 계절(창9:22), 방향(창13:14), 강(창3:11~14)

5) 다섯(5) : 구별/ 절반의 승리(마25:2), 은총, 중앙

6) 여섯(6) : 인간(창1:31), 인간의 지혜(계13:18)

7) 일곱(7) : 하나님의 은혜/언약(창9:13), 은사(고전12:7~10)

8) 여덟(8) : 부활(마28:1), 구혼, 안식, 수감

9) 아홉(9) : 분배(민34:13), 성읍(수15:44), 자녀(대상3:8), 무정(눅17:17)

10) 열(10) : 속임(창31:7), 반역(민14:22), 반대/저항(느4:12), 학대(욥19:3)

11) 열하나(11) : 보충(행1:25), 실패, 결핍

12) 열둘(12) : 영원한 온전함(계22:12~21), 길이 열림, 견고해짐, 은사, 사역의 확대

13) 이십사(24) : 성직(계5:8), 찬양, 겸손

14) 삼십(30) : 결실(마13:8), 승리, 봉사, 찬양

15) 사십(40) : 광야(신8:4), 질병(행4:22), 심판, 고난, 슬픔

16) 육십(60) : 결실(마13:8)

17) 칠십(70) : 성직(민11:25), 안식(대하36:21), 수명(시90:12), 고난(렘25:11), 용서

(마18:22), 황무(단9:2)

18) 백(100) : 결실(마13:18, 막4:8)

19) 육백육십육(666) : 인간의 지혜(계13:18), 적그리스도, 미혹

20) 일천(1,000) : 귀인(단5:1), 통치/ 영광(계20:6)

21) 사천(4,000) : 굶주림/ 가난(마16:10, 막8:9), 손실, 결핍

22) 오천(5,000) : 배신/ 이기주의(요6:66)

23) 육십만(600,000) : 군대/ 능력(출12:37)

금속과 보석

1) 금 : 하나님(욥22:25~26), 메시아(사60:6), 왕권(마2:11), 축복(창2:11), 순결/ 투명(욥23:10), 믿음(벧전1:7)

2) 은 : 속전(출32:12~13), 신뢰(사60:17), 연단(사66:10), 정화(말3:3), 귀한 사역(딤후2:2), 순결

3) 구리 : 축복(신8:9), 우상(단5:4, 계9:20), 저주(신28:13), 고집불통/완고함(사48:4),불굴의 의지(렘15:20)

4) 납(lead) : 심판(출15:10), 죄(사1:25)

5) 에메랄드 : 지상의 생활, 정결/순결

6) 금강석 : 견고/ 불굴/ 비타협(겔3:9), 무거운 죄(렘17:1), 완고하고 강팍한 마음(슥7:12)

7) 돌 : 우상숭배(레26:1, 사57:6, 겔20:23), 능력(창28:11~19), 굳센 마음(욥41:21, 겔11:19), 예수님(시118:22, 벧전2:4~5, 8), 승리(계2:17)

8) 쇠 : 정도에서 벗어남(출20:25), 땅(신28:23), 멸망(신28:48), 심판(시2:9), 거역(107:10), 죄(렘17:1), 승리자의 손(계2:26~27), 인간의 권위

9) 진주 : 거룩(마7:6), 가치 있는/ 보물(마13:45~46), 영적인 것(계21:21)

10) 청옥 : 임재(출24:10), 천사(단10:6), 아름다움(아5:14), 기초(사54:11~12)

11) 석류석 : 시온(사54:11~12)

12) 자수정 : 공손(계21:20)

13) 벽옥 : 영적 힘(계21:19)

14) 남보석(사파이어) : 신성(계21:19) : 신성

15) 수정 : 거룩(계22:11)

16) 황옥 : 군사, 전투

17) 큰 보석 : 예수님

18) 작은 보석 : 사도

19) 보석 : 목회적 소명(출28:17~21, 39:10~14), 교회의 성장과 부흥(계21:14, 19~20)

색상(히브리어에는 색을 표현하는 언어 방식이 없으므로 색의 특징과 연관된 물건을 빌려오므로 해석한다.)

1) 흰색 : 순수(단12:10, 계3:18), 세마포(계19:8), 구원(단12:3), 빛(마7:12), 승리(요

20:12), 성결(에6:10), 정의(계19:11), 의로움(사61:10), 권위(마17:2, 눅9:29), 서쪽

2) 검은색 : 죽음/ 형벌/ 기근/ 고통(애4:8), 사망/ 공포(계6:5), 재난/ 비탄(렘8:21), 회개(계3:19), 흑암(유1:13), 속박(시107:14), 겸손(전5:5), 북쪽

3) 청동색 : 심판(단2:39), 볼 시험(벧전4:12~13), 힘(욥40:18), 죗값/ 용서(신21:9)

4) 청황색 : 사망/ 흉년(계6:8), 재난, 어려움, 질병, 손실

5) 홍색 : 권위/ 지위(요19:2), 왕권(삿8:26), 위엄/ 힘(애1:6), 부유/ 아름다움(잠31:22), 중재자(딤전2:5), 하나님의 약속(고후1:20), 상속/ 순종(창49:15)

6) 파란색 : 계시(출24:10), 보좌(겔1:26, 엡2:6), 소망(골1:27), 은혜(살후2:16), 말씀(벧전1:23), 권세(계12:1)

7) 녹색 : 생명(요15:2), 건강/ 치유/ 영생(계22:2), 번영/ 신선함/ 활력이 넘침/새로운 출발/ 새 생명(시92:4), 회복(시23:2), 보호(시52:8), 보좌(시22:3), 부부관계(아1:16)

8) 푸른색 : 식물(창1:30), 질병(레13:49), 결박(삿16:7), 우상숭배(왕상14:23), 죽음/ 슬픔(에8:15), 안식(시23:2), 쇠잔(시37:2)

9) 노란색 : 축제(시46:4~5), 영광(롬8:18), 기쁨(살전2:20), 환상/기름 부음(고후1:12)

10) 금색 : 아름다움(아5:11), 귀중한(벧전1:7), 하나님(시21:3), 명예(마2:11), 추수(계14:16), 권위(창41:42)

11) 황색 : 단장/ 구별(출28:17, 겔28:13)

12) 자색 : 위엄(애8:15), 장막/ 보호(겔27:7), 권위(겔23:6), 보호(겔27:16), 부유/ 명예(잠31:22, 눅16:19), 높은 신분(요19:2)

13) 주황색 : 추수(마9:38), 축복/ 풍성한 열매(골1:9~10), 성령(마3:11~12), 능력(행2:3), 연단(말3:2)

14) 분홍색 : 충성(살전5:24), 겸손(벧전5:5~6), 하나님의 자녀(막10:15)

15) 황갈색 : 영광(겔8:2), 성별(출29:7)

16) 옥색(청옥) : 성화(고전6:11), 안전지대(시107:30), 인도(시11:2)

17) 진주색 : 보물/ 열심(마13:44~46), 천국의 문(계21:1)

18) 투명색 : 물세례/ 정결(마3:11), 소생(계22:1)

19) 무지개색 : 언약(창3:16), 극복/정복(계21:7, 27)

20) 갈색 : 하나님의 자녀/ 성도(사11:1), 겸손/ 회개/ 복종(마11:21, 벧전5:5)

21) 흑갈색 : 거짓 교훈(마16:6), 외식/ 영적 허세(눅12:1), 빵/ 친교/ 예수님의 몸(눅22:19)

22) 적(붉은)색: 보혈(히9:12~14), 속죄(레17:11), 언약(히9:15), 힘/ 군대(계19:14), 소멸(히12:29), 죄(사1:18), 용서(히9:22), 보호(출12:23), 동쪽

23) 은색 : 구속(신8:15~16), 말씀(히4:12), 지혜(골2:2~3), 믿음(빌4:13)

24) 청백색 : 남쪽

25) 연한 검정 : 재앙의 징조(렘4:28)

짐승

1) 토끼 : 부정(레11:6, 신11:7), 태몽, 번식, 염려, 근심, 공포, 신경질, 소화불량, 변비

2) 소 : 인내/ 충성(잠14:4, 사1:3), 주의 종(고전9:9~10), 늙은 소(악한 영), 고집, 태몽

3) 개 : 이방인(마15:26), 미련한 행위/ 가치관의 질병(잠26:11), 군병(시22:16), 음란/탐욕/ 호색(계22:15), 비천한 상황(삼하9:8), 배교/ 방황(시59:14), 거짓 선지자(사56:10), 위선자(벧후2:22), 부정, 축제, 폭력, 비겁, 험담

4) 곰 : 압제(잠28:15), 미련(잠17:2), 인간 지혜의 한계(암5:19), 심판(시18:25~27), 분노(삼하17:8), 적그리스도(계13:2), 정복(단7:5), 교만(호13:7~9), 아부, 아첨

5) 노새(나귀) : 봉사(창49:14~15), 겸손(슥9:9), 미련(잠26:3), 충성(사1:3), 소외(호8:9), 정욕, 무절제

6) 사슴 : 신속(창49:21, 시18:33), 영적 기갈(시42:1), 민감(아2:7), 사랑하는 자(아2:8~9), 경건한 신앙/ 영적 원기의 충만한 상태(합3:19), 의심, 긴장, 두려움, 민첩

7) 양~예수님(요1:29, 벧전1:19), 순종/ 신뢰(요10:3~5), 성도(요21:15~17), 고집(사53:6), 영적 무지, 태몽

8) 여우~영적/ 육적 파산/ 폐허(애5:8), 방해/ 걸림돌(아2:15), 사악한 자(눅13:32), 술수, 허영, 시기, 질투, 시기

9) 이리 : 사나움(창49:27), 도시/ 민족적인 죄(습3:3), 거짓 선지자(마7:15~18), 악인(합1:8), 세상(마10:16), 악인, 도둑

10) 타조 : 신속(욥39:18), 애통/ 애곡(미1:8), 미련한 인생/ 부정(욥39:13~17), 망각/ 무정(애4:3), 비웃음, 교만, 심판, 변장, 태몽, 무지

11) 말 : 용맹/재난(욥39:19~25), 힘/ 능력(왕하2:12, 13:14), 부(잠21:13), 재난(계6:2,4,5,8), 위험(계18:11), 심판(계19:21), 음란, 태몽

12) 돼지 : 부정한 상태(레11:7), 패역(사65:2~4), 음란/ 부정(잠11:2), 치욕(눅15:15), 반복적인 죄/ 배교자(벧후2:22), 세속적/ 육신적인 상태(마7:6), 탐욕, 수치, 음란, 게으름, 잔인, 태몽

13) 사자 : 예수님(계5:5), 의인(잠29:1), 마귀(벧전5:1), 음부(시22:21), 권위(창49:9~10), 세속에 사로잡힘(사35:17), 왕의 분노(잠19:12)

14) 염소 : 불신자(마25:32~33), 고집, 시기, 교만, 비웃음, 태몽

15) 표범 : 정복/ 사나움(아4:8, 사11:6, 호13:7, 합1:8), 허세, 독재, 폭력

16) 원숭이 : 악한 영(왕상10:25, 대하9:21), 시기, 모방, 이간질, 탐욕, 태몽

17) 다람쥐 : 혼란, 악한 영의 활동, 분란

18) 닭 : 새로운 시작(막13:35), 되인(막14:66~72), 험담, 이간질, 자랑, 인색, 태몽

19) 기린 : 교만, 두려움, 공포, 자랑

20) 고양이 : 부정(레11:27, 신14:8), 육신(골3:2), 음란, 탐욕, 혼란, 거짓말, 자랑, 혼선

21) 들소 : 힘(민23:2), 악한 영(사22:21), 존귀(시92:10), 축복(신33:17), 용기, 희생

22) 코끼리 : 축복/ 물질(왕상10:18, 22, 대하9:17, 21, 아5:14, 7:4, 겔27:6), 사치(암6:4)

23) 악어 : 악한 권세(시74:12), 교만(겔29:3), 손실, 훼방, 어려움, 함정, 올무

새, 곤충, 어류

1) 까마귀 : 부정(신14:14), 황무지(사34:11), 사역자(왕상17:5~6), 불효(잠30:17), 탐욕, 죽음, 심판, 염려, 태몽

2) 벌 : 원수(신1:44), 대적(신7:18), 악인/ 모함(시118:2), 심판(출23:28, 수24:12), 지혜, 근면, 대적, 축복, 태몽

3) 거미 : 올무/ 함정/ 사기(사59:5), 사악한 자(욥8:13~15)

4) 독수리 : 배려(출19:4), 보호(신32:11), 힘/ 능력/ 인내(잠30:19), 죽음의 예고(렘48:40), 강대국(사46:11, 겔17:3~7), 심판/ 죽음(잠30:17, 마24:28), 굳센 믿음(시103:5)

5) 비둘기 : 성령(마3:16, 막1:10), 순결(마10:16), 사랑(아1:15, 4:1), 성도(아2:14), 어리석음(호7:11), 두려움(호11:11), 소망/ 복된 소식(창7:24), 친밀, 온순, 화평, 희망, 포용력

6) 뱀 : 간교/ 교활(창3:1), 사탄(창3:15), 저주(창3:14), 거짓 사도(고후11:14~15), 속임/ 사기(계12:9), 양신역사, 저주, 미움, 원망, 분노, 유혹

7) 지렁이 : 저주(창3:14), 육신/ 육신에 속한 자(사41:14)

8) 개구리 : 우상숭배/ 심판(출8:6), 부정(레11:30), 거짓말/ 더러움(계16:13), 재앙

9) 매미 : 근면(잠6:6), 지혜(잠30:24~25)

10) 메뚜기 : 심판(출10:12~15, 신28:38), 결핍(시78:46, 욜1:4), 군대(욜2:4,10), 화합/단결(잠30:27), 두려움/ 권세/ 전쟁(계9:3~9)

11) 왕벌 : 심판(출23:28, 수24:12), 재난/ 심판(신7:20), 태몽

12) 참새 : 무가치(마10:29), 외로움(시102:7), 저주, 구설수, 무가치, 태몽

13) 쥐 : 부정(레11:29), 저주(가난), 우상숭배, 사기, 강도, 물질의 손실

14) 낙지 : 가증한 상태(레11:10, 연체동물), 질병, 고난, 염려, 근심

15) 용 : 사탄(계12:13, 17:8), 죽음, 저주, 독재, 태몽

16) 까치 : 사고,도적, 구설수

17) 잉어 : 시험, 고난, 축복, 은사, 태몽

18) 매 : 가증(레11:13), 교제 어려움(신14:13), 영적 어둠(욥28:7), 능력(욥39:26), 사나움

19) 파리 : 재앙/ 저주(출8:31), 징계(사7:18), 악취(전10:1), 질병, 어둠, 물질, 손실, 슬픔

20) 거북이 : 부정(레11:30, 수궁), 도피, 태만, 완고, 무정, 끈기

21) 개 : 죄의 반복성(잠26:11), 불신자(마15:26), 불의한 힘(시22:6), 이단(빌3:2), 음란

22) 새 : 구설수, 교만, 자랑

23) 박쥐 : 부정(레11:19, 신14:18), 우상숭배/ 심판(사2:20), 이중인격, 기회주의, 불만

24) 벌레 : 인생(욥25:6), 성도(시22:6, 사41:14), 심판, 재앙, 질병, 염려

25) 제비 : 소식, 자녀의 가출, 이혼, 별거, 외로움

26) 미꾸라지 : 가증(레11:10), 부정(신14:10), 이간질, 시험, 재물손실

27) 금붕어 : 시기, 모함, 구설수, 비판, 비난, 출산

28) 두더지 : 부정(레11:30), 도피, 훼방, 세속

29) 전갈 : 악한 영/ 권세(눅10:19), 지옥/ 죽음(눅11:12, 계9:3)

30) 새우 : 교만, 훈련 부족, 조급, 자기만족(이기심)

31) 앵무새 : 비웃음, 모방, 자화자찬

32) 다슬기 : 부정(레11:9), 두려움, 이해심의 부족

33. 나비 : 유혹, 음란, 도박, 사기

34. 애벌레 : 저주(레11:23, 11:29), 태만

35. 두꺼비 ; 순교, 저주, 자살

36. 갈매기 : 고독, 환난, 시험, 인내

식물, 꽃, 과일

1) 쑥 : 거짓 교훈/비 복음/비진리(잠5:4, 렘9:15), 고난/ 재난(애3:15), 심판(계8:1), 난(유)산, 질병

2) 가시나무 : 저주(창3:17~19), 폐허/ 황무지(사32:13, 34:13), 효력의 상실(창4:12), 고난과 질병(갈4:14), 가시/ 어려움에 봉착(고후12:7), 징계(호2:6), 고난(막15:7), 거짓 선지자(겔2:6, 마7:15~17), 유혹/ 염려(마13:22)

3) 엉겅퀴 : 저주(창3:17~19), 형벌(사32:13), 거짓 교훈

4) 백합 : 거룩/영적 순결(호14:5), 사랑(아2:1~2), 예수님과 성도의 관계(아6:2), 보호(호14:6), 결백, 역광, 은사, 치유, 교회의 성장

5) 무화과 : 축복(신8:8), 치유(왕하20:7, 사38:21), 번영(왕상4:25, 렘5:17), 심판의 징조(눅13:6), 심판(렘8:13, 호2:12, 계6:13), 종교/ 종교지도층(마21:18~19), 시기(마24:32, 11:13), 책망, 대접, 사랑, 민족

6) 백향목 : 번성(시92:12), 아름다움(민24:5~6), 교만(겔31:10~11), 견고, 은사, 선택, 승리, 인내

7) 석류나무 : 약속의 성취(신8:8), 축복과 재앙(학2:19, 욜1:2), 아름다움(아4:3), 풍성, 거룩, 불변, 심판, 마음

8) 종려나무 : 번성/ 축복/ 평안/ 경제적 풍요/ 장수/ 명예(느8:15, 시92:12, 아7:8, 요12:13), 승리(계7:9), 아름다움(아7:7~8), 즐거움(레23:40, 느8:15)

9) 잣나무 : 거룩(사60:13), 생명(창6:14), 영광, 신성

10) 포도나무 : 건강, 풍요, 관계, 생명, 화목, 사랑

11) 풀 : 무상(시102:11), 육체(시40:6~8), 염려/ 근심(시102:3~4), 부(약1:10~11)

12) 화석(소귀나무) 류 : 무성(레23:40, 느8:15), 기쁨(슥1:8)

13) 과일 : 창조적 힘(창1:11), 축복(창26:12), 번성, 은총(신26:2), 돌봄, 양식, 태몽

14) 기둥 : 능력, 굵으면-승리, 누워있으면-실패

15) 꽃 : 무상(시103:15~16), 거역(사28:1~4), 권위(민17:8), 은사, 유혹

16) 밀과 이삭 : 풍요/ 기근(창41:5~27), 응보(룻2:12), 생명(요12:24~25), 확대(막4:28~29)

17) 버드나무 : 해방(레23:40), 번영(사44:3~4), 불임(시137:1~2), 공회(시137:4), 순결

18) 뿌리 : 생명, 뽑힘(저주), 하나님의 곁, 보상

19) 살구나무 : 보호, 부활, 권위, 심판

20) 순/ 어린가지 : 새 생명(창8:11), 예수님(사11:1~2, 53:2, 렘33:14~15), 행복, 건강, 축복

21) 고구마 : 축복, 인내, 헌신, 진실, 겸손, 태몽

22) 앵두 : 교만, 음란, 유혹, 시기, 질투, 속이 좁음

23) 아카시아 : 고난(창14:3), 성별(민10:3), 보호(민25:1), 환난, 영적 축복

24) 장미 : 이기주의, 경계, 유혹, 허세

25) 목련 : 새 출발, 실패, 조급함, 결혼

26) 호박 : 축복, 헌신, 일꾼, 태몽

27) 고추 : 질병, 태몽(아들)

28) 참외 : 교만, 축복, 미혹, 태몽(딸)

29) 무 : 축복, 시기, 태몽(아들)

30) 배추 : 축복, 형통, 태몽(딸)

31) 칡 : 구설수, 사로잡힘, 미혹

32) 씨앗 : 말씀(마13:18), 생명(요12:24), 죽음, 눈물

33) 대나무 : 우상숭배, 악한 영의 개입, 허풍, 허세

34) 민들레 : 고난, 축복, 승리

35) 콩 : 축복, 번성, 생명

36) 국화 : 슬픔, 죽음, 환난

37) 땅콩 : 축복, 시험, 환난

38) 복숭아 : 풍성, 인내, 형통, 건강의 회복

39) 토마토 : 축복, 인정받음, 자비

40) 잎 : 싹(시작, 출발), 단풍(번성, 풍요), 낙엽(쇠퇴, 몰락)

기타

1) 일반 그릇 : 의존(사64:8), 일꾼(행9:15, 딤후2:20~21), 복음(고후4:7), 은사(모양), 능력(크기), 사역(재질). 태몽, 관계

2) 더러운 그릇 : 심판(시2:9), 외식/탐욕(마23:25), 질병, 부정, 죽음, 세속, 부패

3) 깨어진 그릇 : 파산/ 심판(시31:12), 부도(경제), 실직, 대형사고, 태몽(사산)

4) 금이 간 그릇 : 관계 불화(이혼, 별거), 구설수, 태몽(장애인)

5) 도마 : 심판, 질병, 종착역

6) 건조대 : 은혜, 성결, 새 출발

7) 군인 : 훈련, 은사, 능력, 결단

8) 경찰 : 회개, 좋은 스승, 경고, 심판

9) 우박 : 심판(출9:22~26, 사30:30, 계11:9), 적그리스도(겔38:22)

10) 지진 : 심판(민16:31~32), 재난(마24:7), 종말/ 몰락/ 파산(막13:8)

11) 화장실 : 내적 치유, 교회, 염려와 근심의 해결

12) 갓난(어린)아이 : 새 출발, 등에 업고 있음(악한 영의 공격)

13) 여자아이 : 미성숙, 사업, 건강, 결혼

14) 자동차 : 인생, 사역, 차종(사역의 특성), 크기(사역 대상), 적재물(영력), 노면(개척, 선교, 부흥사, 기관, 복지)

15) 물 : 성령(요7:3~39), 진리(계22:1), 생명(창1:9~10), 정화/ 성결(출30:18~32), 치유/ 구속(출17:6), 방해물

16) 전구 : 은사, 경고, 죽음, 은혜, 능력

17) 신발 : 처세, 상황, 보호

18) 손목시계 : 손에 차고 있음(하나님의 때), 벽시계(때를 놓침)

19) 옷 : 영적 상태(더러운 옷~죄), 의(욥29:14), 신분(마17:2), 지위, 영적 수준

20) 바위 : 하나님(창49:24, 삼하22:2~3), 그리스도(고전10:4), 안전(시31:3), 승진

21) 병원 : 영적 회복, 치유

22) 총 : 영 권, 심판, 은사(영몽)

23) 낚시 : 전도, 은사, 사역, 권모술수

24) 의자 : 권위, 명예, 안정, 앉음(취업, 승진)

25) 계단 : 조금, 훈련, 건강의 약화

26) 치아 : 저주, 비판, 염려, 근심, 뽑힘(염려의 해결), 언어의 통제

27) 잔 : 파멸(시75:8), 진노/ 심판(사51:17, 계14:10), 축복(시23:5), 소망(시16:5), 고난(마26:39)

28) 수영장 : 교회, 기도원, 수영하고 있음(회복, 기름 부음)

29) 시장 : 실업(마20:1), 미혹, 축복, 사업장, 혼란, 이기심, 은혜

30) 더러운 옷 : 죄(슥3:3~4), 질병, 회개, 슬픔, 상실

31) 깨끗한 옷 : 순결/의로움(욥29:14), 승리(사61:10), 상급(마22:11~12), 태몽(주의종)

32) 좋은 향기 : 예물(출29:28), 축복(창27:27), 성도(호14:5~6), 헌신(빌4:8)

33) 좋지 못한 향기 : 허영/ 향락(사3:24)

34) 더러운 냄새 : 심판, 저주, 실망, 손실

35) 소독 냄새 : 치유, 은사, 회복

36) 썩는 냄새 : 악령, 어려움, 슬픔, 저주, 질병

37) 머리카락 : 성별(민6:5), 힘(삿16:17~19), 보호(눅21:17~18)

38) 담배 피움 : 염려, 근심, 걱정, 불안, 침체, 좌절

39) 필기구 : 좋은 스승, 지식, 서명, 또는 결제에 주의, 태몽

40) 관 : 위엄(시21:3), 경건(시103:4), 메시아(슥6:11~12), 지위, 합격, 능력, 죄

41) 구름 : 임재(출33:7~9, 시19:1), 은혜/ 영광(왕상8:10~11), 저주/ 심판(욥7:9), 질병

42) 귀고리 : 목회자(청종), 평신도(교만을 버려라.)

43) 고지서 : 죽음, 심판, 합격, 실패, 서원을 갚아라.

44) 기름~성별(창28:18), 거룩(출40:9), 메시아(시45:7), 성령(고후1:21~22), 치유(약5:14~15), 은사, 능력, 회복

45) 열쇠 : 좀 더 기도하라

46) 음악 : 내용이 응답

47) 나체 : 무소유(욥1:21, 전5:14), 괴로움/ 극심한 가난(롬8:35, 고후11:27), 분별(히4:13), 준비되지 않음(계3:18, 16:15), 죽음, 수치, 한계

48) 나팔 : 취임/ 승진(왕상1:34), 축제/ 은총(레25:9), 승리(수16:16~20), 출발(민10:2), 심판(슥9:14), 부활(고전15:52, 마24:3, 살전4:16), 예고(계8:6~12), 재앙

49) 날개 : 능력(출19:4), 보호(시17:8), 피난처(시63:7, 마23:37, 눅13:34), 이동, 날지 않고 날갯짓만 되풀이(허세, 교만)

50) 동굴 : 죽음/ 음부(수10:16~27), 탄생(창19:30~38), 도피, 심판, 외로움

51) 동산 : 시작(창2:8), 낙원(창2:18), 친밀함(사51:3), 신부/ 순결(아4:12), 기쁨, 생명, 부활, 풍성, 안식

52) 연기 : 심판(창19:28), 실패, 죽음, 마귀의 공격, 질병, 환난

53) 대통령 : 하나님, 주의 종, 해결, 태몽

54) 등불 : 하나님(삼하22:29), 임재(삼상3:3, 삼하21:17), 영혼(잠20:27), 주의종(요5:35)

55) 땅 : 변천(창1:9~10), 티끌(욥4:19), 세속, 부패

56) 떡 : 선물(시104:13~15), 교제(잠9:5), 결합(마26:26), 은사, 은혜, 죽음, 태몽

57) 송편 : 관계의 회복

58) 띠(견대) : 강함(시18:32, 99:3, 요1:13), 성실(출29:9), 공의(사11:5, 시8:2), 준비/ 각오(출12:11, 눅12:3, 요21:18), 진리(엡6:14), 정의, 성실, 현재의 곳에서 떠나라

59) 멍에 : 하나님의 통치(렘2:20), 사로잡힘/ 예속(신28:48, 렘27:1~3), 율법(행15:10), 죄, 불순종, 고통, 질병

60) 모래 : 다수/ 번성(창22:17), 심판(렘15:8), 은혜(시139:18), 고뇌(욥6:3), 약속(히11:3)

61) 무지개 : 언약(창9:13~16), 보증/ 은총/ 임재(겔1:28), 보좌(계4:3), 유혹, 배회

62) 문 : 영교(창28:17), 죽음(사38:10), 천국(시87:2), 정복(창22:17), 차단/ 한계(욥38:3), 닫힌 문(심판, 마25:1~12, 눅13:23~25), 열린 문(기회, 요10:7~9, 행14:27, 골4:3, 계3:20)

63) 바다 : 축복과 몰락(시17:12), 세상(막1:17, 계17:5), 죽음, 음부

64) 바람 : 임재(시18:10, 겔1:4), 예고(왕상19:11~13), 말씀(욥38:1), 심판(렘23:19), 성령(요3:7~8), 생기(창2:7)

65) 바퀴 : 임재(겔1:16~17), 하나님의 영광(시77:18)

66) 반지 : 권리/ 지배권(창41:42, 에3:10), 불가침(단6:17), 존경(학2:23), 회복(눅15:22)

67) 밭 : 마음(마13:18~23), 사역지(마24:40), 기경되지 않음(개척), 기경된 밭(사역지 이동)

68) 발 : 영적 처세/ 태도(시73:2), 인도(욥23:11, 시91:11~12), 통치/ 소유(시8:6~8),

정복(시110:1), 신발을 벗음(존경, 출3:5), 맨발(굴욕, 노예, 비참, 사20:2~4), 발아래 엎드림(눅5:22. 숭배, 계22:8), 승리(롬16:20)

69) 배(방주) : 구원(벧전3:2), 세례(벧전3:21), 인생 행로(잠30:19), 교회(마4:19, 막1:17), 성령님의 사역, 화물선(물권), 수송선(인권), 군함(영 권), 구조선(교회)

70) 불 : 임재/ 활동(출3:2, 19:8), 영광(단7:9), 진노(신4:24, 시18:8, 엡21:12), 심판(신32:22), 성령(행2:3)

71) 비, 이슬 : 축복(신34:26), 은택(잠19:12), 생명(사26:19), 자비(행14:17), 은총(약5:7)

72) 빛 : 예수님(요1:9), 신성(시104:2), 성도(마5:14~16), 구속(시4:60, 은혜(잠6:23), 분리, 소생

73) 뿔 : 하나님(시18:2), 존귀(시75:10, 92:10), 은총(시112:9, 148:14)

74) 사닥다리 : (영 교 9 창28:12), 교제(왕상10:19, 겔40:26)

75) 산 : 보좌(시121:1), 모임(사14:13), 오르막(고난, 훈련), 내리막(불안), 평지(형통)

76) 샘 : 축복(출17:6), 구원(겔47:1~12, 욜3:18), 신부(아4:12), 단물(축복), 쓴물(저주)

77) 황토물 : 질병, 악령의 공격, 질병, 환란

78) 더러운 물 : 질병, 죄악

79) 깨끗한 물 : 치료, 은사, 기쁨, 능력

80) 밧줄 : 악령에 사로잡힘, 죽음, 파산, 고집, 아집, 편견, 이원화된 사고

81) 인(도장) : 권세(단6:9), 기름 부음, 인정받음

82) 잔 : 파멸(시75:8), 패망(겔23:33), 구원(시116:13), 순종(요18:11)

83) 장식 : 즐거움(시29:2), 영적 단장(벧전3:3~4), 권위(시104:1~3)

84) 젖 : 낙원(출3:8), 생명(욥10:10), 종말(욜3:18), 미성숙(히5:13), 말씀(벧전2:2)

85) 제단 : 연합(창4:3~4), 영 교(창12:7), 완전(왕상18:31~32), 희생, 헌신, 승리, 축복

86) 지팡이 : 통치(창49:10), 이적(출4:20), 영 권(민24:17, 시2:9, 민17:1~13)

87) 집 : 교회(민12:7), 종족/ 가문(삼하3:1, 시135:20), 천국(요14:2), 신체(고후5:1)

88) 초가집 : 상처, 악한 영의 틈

89) 기와집 : 향락, 가정의 환난

90) 아파트 : 축복, 기도

91) 빌딩 : 축복, 형통

92) 오토바이 : 조급, 형통

93) 파리채 : 신중, 조급, 다툼, 경고, 죽음

94) 장롱 : 이사, 파탄, 전출

95) 소파 : 탐욕, 게으름

96) 자전거 : 고난, 형통, 열심

97) 전화 : 구설수, 험담, 이간, 말조심

98) 수첩 : 배우자 잃음(별거, 이혼, 사별), 물질 손상

99) 대소변 : 치유, 문제해결, 소원을 이룸

100) 해 : 하나님(시84:11), 예수님(말4:2), 주관(창1:14~19), 응답, 위로, 겸손, 환난

101) 달 : 봉사(창1:14), 축제(사1:13~14), 천국(시72:5, 89:37), 구속(사24:23), 심판(욜3:15), 분별, 시기상조, 인내

102) 별 : 위엄(시147:4), 약속(창37:9), 지각(단12:3), 경고(신4:19), 교회(계1:20), 면류관(계12:1), 부활(고전15:41~42), 오컬트, 인정받음

103) 엘리베이터 : 음란, 악령의 공격

104) 춤 : 기쁨/감사(출15:20, 시30:110, 축제(눅15:25), 은혜, 만족

105) 피 : 생명(레17:11), 복수(창4:10), 구속(레17:11), 용서(히9:22), 계약, 사고, 구설수

106) 술 : 방탕(엡5:18), 세속적 사고방식, 미혹

107) 악 : 편견, 오판

108) 세탁기 : 회개, 시험, 환난

109) 다리(교각) : 이별, 사별, 고독, 이주

110) 컴퓨터 : 음란, 미혹, 위장, 이주

111) 엽전 : 우상숭배, 미혹

112) 한복 : 음란, 미혹, 미신

113) 공동묘지 : 저주, 영적으로 깨어 있으라.

114) 강대상 : 목회자(영 권), 평신도(겸손)

115) 밤, 대추 : 우상숭배, 미혹, 축복

116) 수염 : 질병, 수치, 교만

117) 수영 : 치유, 해결, 정결, 생각의 변화

118) 웨딩드레스 : 은혜, 불만, 고난의 시작, 주의

119) 옛날 사진 : 죽음, 사탄의 미혹

120) 현재 사진 : 교만, 수치

121) 비누 : 실족, 손실, 회개, 낙방

122) 공구 : 책망, 질병, 심판, 심령(사고)의 리모델링

123) 비상 라이트~경고, 주의, 논쟁 중단, 계획을 포기하라

124) 길 : 율법(창18:19), 하나님의 생각(사55:89), 인생길(시139:3), 예수님(요14:6)

125) 바위(반석) : 잠재적 은사/ 축복(민20:11), 견고(마7:25), 앉으면(영적 승리), 미끄러지면(실패, 도산)

126) 자갈 : 성도

127) 굵은 모래 : 쇠잔, 소멸

128) 망대 : 하나님(잠18:10), 교만(창11:4), 경계(왕하9:17, 시5:2), 아름다움(아4:4), 파수꾼(마21:33), 경계, 주의, 분별

129) 태풍 : 구원(출14:21), 심판/ 시험/ 환난(욥2:9)

130) 광야 : 위협(신1:19), 시험(마4:1), 심판(사13:21), 정화/ 훈련(출15:22~19:2, 호2:14)

131) 종소리 : 은은한 종소리(출발, 은혜), 다급한 종소리(위험의 예고)

132) 번개 : 심판/진노(시18:13~14), 하나님의 진노(욥20:25), 심판(눅10:18)

133) 우레 : 하나님의 능력(욥26:14), 하나님의 음성(요12:28~29), 심판(계4:5)
134) 불병거 : 전쟁(출14:6~7), 승리(왕하2:11), 임재(시104:3), 심판(사66:15)
135) 추수 : 심판(마3:12, 9:37~38), 구별(마13:30), 은총, 축복, 목회자(교회 성장)
136) 구름 : 하나님의 임재(출13:21~22, 사19:1), 영광(왕상8:10~11), 불안정/ 무상(욥7:9), 우상(잠30:4), 침체, 질병, 환난을 대비하라
137) 출생지 : 사역의 때
138) 다이빙 : 말씀을 묵상하라, 영 교
139) 맹수에게 쫓김 : 스트레스, 중압감, 만성질병
140) 권투 : 영적 전쟁
141) 구매 : 희생, 헌신
142) 물 위를 걸음 : 정복/ 권세(마14:25), 목회자(개척), 성도(새로운 직장, 사업)
143) 신발을 벗음 : 복종(출3:5), 매매(룻4:6~10), 노예/비 참(눅15:22), 자기관리 부실
144) 포장도로 : 형통(민20:7), 축복(시64:5), 영적 상승
145) 비포장도로 : 회개(사62:10), 환난, 고통
146) 커브길 : 변화, 조급함을 버려라.
147) 거인 : 중독, 금단현상, 자기도취
148) 육류를 날것으로 섭취 : 불륜, 외식
149) 사전 : 어학연수, 기록된 언어(선교지)
150) 잡초가 뽑힘 : 원수의 몰락(시37:2), 근심거리와 문제해결
151) 잎 : 싹(출발), 단풍(활동, 왕성), 낙엽(쇠잔, 소멸)
152) 성취 시기(때) : 벽시계(년), 탁상시계(월), 손목시계(일)
153) 마룻바닥 : 부도, 손실, 타락
154) 위층 : 회복, 출발
155) 옥상 : 성취, 정복, 완료
156) 좋은 향기 : 축복(창27:27), 치유, 풍성
157) 종교적 신분을 상징하는 옷 : 가계에 흐르는 악한 영의 정체
158) 종교시설물 : 악한 영의 공경 영역
159) 낙하산 : 비전(목표) 상실, 삶의 터가 흔들림, 환난
160) 전투복 : 영적 전쟁(삼상17:38), 전도(마12:29), 선교
161) 운동복 : 영적 성숙을 도모하라(고전9:24)
162) 수영복 : 금식기도, 회개하라
163) 작업(근무)복 : 충성, 열심을 내라, 사역을 계속 진행해라
164) 침실 : 영적인 교제(아3:1), 영적인 정절(히13:3)
165) 식탁 : 공급(시78:19), 단합(시21:5), 유혹(잠23:3, 6)
166) 상투, 갓 : 편견, 선입견, 아집, 고집, 세속적 가치관, 잘못된 신조
167) 주사를 맞음 : 책망, 회개
168) 놀이터 : 혼란, 갈등

169) 죽은 자와의 만남 : 악한 영(삼상28:14~19), 영적 유대를 끊어라.

170) 권위자가 슬픈 얼굴로 나타남 : 책망, 술수를 버려라.

171) 권위자가 담배를 피우고 있음 : 꿈꾼 당사자로 인해 근심하고 있음

172) 자동차를 잃어버림 : 덫에 빠지지 않도록 하라, 갈등, 혼란, 방향 감각 상실

173) 손에 불이 붙음 : 영적 손실, 침체, 분쟁, 영적 무능력

174) 광산 : 축복(신8:9), 은사개발, 영적 친밀감

175) 계절 : 봄(미혼), 여름(기혼), 가을(사별, 이혼), 겨울(독신)

176) 전화벨 소리, 자동차 경적 : 불화, 다툼을 피하라

177) 나무 : 해방(사61:3), 성도(마3:10), 영적 이탈(유:12), 오름(영적 승리), 오르지 못함(실패)

178) 빙판 : 인내, 주의

179) 짐승이 집으로 들어옴 : 마귀의 틈과 영향력을 봉쇄하라

180) 전화번호 : 하나님의 메시지, 삶의 우선순위

181) 쟁기 : 심령의 리모델링(호10:10), 패러다임의 변화

182) 악수 : 화해, 교제, 오해의 소지를 해소, 이해, 용납

183) 도로표지판 : 인도함에 계속 충실하라

184) 신호등 : 조급함을 버려라.

185) 입원 : 회개(영적 수술), 전인격적 치유

186) 퇴원 : 전인격적 변화, 열매 맺는 삶

187) 화관 : 공손(출25:11, 24~25, 30:3), 승리(잠4:9)

188) 꿀 : 생명, 말씀(시109:103, 겔3:3)

189) 누룩 : 비복음/ 비진리(마16:6~12), 악/ 허위(고전5:8), 확장(마13:33, 눅13:21)

190) 눈 : 감찰(대하16:9), 전지/ 전능(잠22:12), 보호(신32:9~12), 거역/ 불순종(마7:21), 정신적 태도(마5:29)

191) 등불/ 촛대 : 하나님(삼하22:29), 말씀(시119:105), 권위자(삼하21:17)

192) 머리 : 하나님(대상29:11), 예수님(고전11:3, 골2:10), 순교(마14:1~12), 축복(신28:13), 지배/ 으뜸(삼하22:4), 신랑(아5:11), 즐거움/ 확신(시110:7)

193) 밤 : 죽음(욥36:20), 시작(출12:42), 무지/죄(롬13:12), 영적 어두움(요11:10)

194) 관 : 권력/위엄(시21:3), 관을 벗음(실패, 애5:16~18), 머리에 씀(승리(계2:10)

(3) 환상이란 무엇인가

> 때에 다메섹에 아나니아라 하는 제자가 있더니 주께서 환상 중에 불러 이르시되 아나니아야 하시거늘 대답하되 주여 내가 여기 있나이다 하니 (행9:10)

ην δέ τις μαθητὴς ἐν Δαμασκῷ ὀνόματι Ἁνανίας, καὶ εἶπεν πρὸ ς αὐτὸν ἐν **ὁράματι** ὁ κύριος, Ἁνανία. ὁ δὲ εἶπεν, Ἰδοὺ ἐγώ, κύριε.

주님은 아나니아를 환상 중에 부르셨는데, 여기에서 '환상'으로 번역된 '호라마티'의 기본형 '호라마'는 '보다'라는 뜻의 동사 '호라오'에서 파생된 명사로서 문자적으로는 '보이는 것'이라는 의미이다. '호라오'는 신약성경에 449회나 나온다. 이 단어는 영어의 '비전(vision)'과 그 뜻이 유사하나 앞으로 일어날 미래지향적인 표현은 아니다.
또한 초자연적인 사건이지만, 꿈이나 상상 속의 허구도 아니다. 즉 아나니아는 깨어 있는 현재 상태에서 주님의 계시를 받았다는 의미다.[185]

185_제자원 편, 『옥스퍼드원어성경대전』 (서울 : 제자원, 2014), 138.

하루는 제 구 시쯤 되어 환상 중에 밝히 보매 하나님의 사자가 들어와 이르되 고넬료야 하니 (행10:3)

εἶδεν **ἐν ὁράματι φανερῶς** ὡσεὶ περὶ ὥραν ἐνάτην τῆς ἡμέρας ἄ γγελον τοῦ θεοῦ εἰσελθόντα πρὸς αὐτὸν καὶ εἰπόντα αὐτῷ, Κο ρνήλιε (NTG)

'환상 중에'로 번역된 '엔 호라마티'에서 '호라마티'는 이상(vision)이란 의미와 더불어 광경(spectacle), 시야(sight) 등의 뜻이 있는 '호라마'의 여격이다. 이 '호라마'는 상상의 결과로 나타난 환영(幻影)이 아니라, 하나님의 영광, 능력, 그리고 하나님의 아들 예수 그리스도를 통한 인류의 구원 계획 등을 보여주는 실제적인 사건이다. 특히 본 절에서는 '밝히'라고 번역된 '파네로스'가 있으므로 이 '환상'은 비몽사몽간에 보인 모호한 것이 아니라 매우 분명한 하나님의 계시였음을 알 수 있다.[186]

186_Ibid., 221.

그가 시장하여 먹고자 하매 사람들이 준비할 때 황홀한 중에 (행10:10)

ἐγένετο δὲ πρόσπεινος καὶ ἤθελεν γεύσασθαι: παρασκευαζόντ ων δὲ αὐτῶν ἐγένετο ἐπ' αὐτὸν **ἔκστασις** (NTG)

그리스어 '엑스타시스'를 개역한글성경에는 '비몽사몽(非夢似夢)'으로 개역개정성경에는 '황홀한 중에'라고 번역하였다. 비몽사몽은 꿈이 아니라 마치 꿈처럼 어렴풋한 의식만을 가진 상태를 말한다. 그러나 이에 해당하는 원어 '엑스타시스'는 뚜렷한 의식 상태에서 이루어진 사건들을 다룬다는 점에서 이러한 번역은 합당하다고 볼 수 없다.
또한 이는 '엑스타시스'에서 유래한 영어 '엑스터시(ecstasy)'가 의미하는 바와 같이 비정상적으로 무한한 기쁨을 느끼는 황홀한 상태를 의미하는 것도 아니다. 이 절에서 이 단어는 오히려 영적으로 각성하여 영적인 현상을 매우 잘 인지할 수 있게 된 상태를 가리킨다. 앞선 3절에 나오는 '환상'으로 번역된 '호라마티'는 '객관적인 의식 속에 무엇을 보는 것'이라는 뜻이 강한 것에 반해, '엑스타시스'는 주관적 체험의 의미가 더 강하다. 즉 본문의 '엑스타시스'는 베드로의 주관적 체험 속에서 하나님께서 중요한 사건을 일으키고 계심을 강조하기 위해 사용된 용어다.

저자 누가는 베드로가 경험한 이 '엑스타시스'를 두 번이나 '환상' 즉 '호라마'(17,19절)로 기록하여 그의 체험이 매우 실제적인 것이었음을 강조하고 있다. 이 비몽사몽간에 음식물이 내려오는 사건은 세 번이나 반복되었으며 소리까지 동반된 매우 분명한 사건이었다.[187]

심리학에서는 '환상'을 '판타지(fantasy)'라고 하며 '현실의 제약을 받지 않고 어떤 대상이나 사건에 대해 자유롭게 상상하는 일 또는 그런 심리 현상'이라고 정의하고 있다.[188] 이런 환상을 영어권에서는 '비전'이란 단어로 번역하기도 하는데 '비전'은 '미래에 대한 구상'을 의미하므로 지금~여기(here and now)에서 보여지고 적용되는 환상과는 부합되지 않는다.

187_Ibid., 237.

188_양돈규, 『심리학사전』 (서울:박영사), 688.

<표 5> 꿈 · 환상 · 예언의 차이점

꿈(Dream)	환상(Fantasy, Vision)	예언(Prophecy)
오감이 멈춘 무의식 속에 인간이 경험한 내용 등을 가지고 주님(성령님)이 주신 계시적 사건을 말한다. 그러나 내부(해마, 편도체)에서 꾸는 일반적인 꿈과는 다른 것이며, 또한 우리가 앞으로 하고 싶은 일들을 미리 머릿속에 계획하는 자신만의 꿈과도 다른 것이다.	오감이 살아있는 의식된 상태에서 갑자기 튀어나온 무의식 속에 주님(성령님)이 주신 계시적 사건을 말한다. 그러나 무아지경(無我之境), 비몽사몽(非夢似夢), 황홀경(恍惚境), 빙의(憑依), 환각(幻覺)과는 다른 것이다.	오감이 살아있는 의식된 상태에서 주님(성령님)께로 받은 계시 사건을 말한다. 주로 말씀(언어) 중심이며 과거, 현재, 미래의 내용 모두를 포함한다. 국가나 개인에게 주신 말씀을 그대로 대언한다. 그러나 소위 입신(入神)한 상태에서의 대언 기도와는 다른 것이다.

결론적으로 환상이란 오감(시각·청각·후각·미각·촉각)이 살아있는 의식된 상태에서 보여지고 나타나는 무의식화된 계시적 사건이다. 하나님은 이런 환상을 통해 자신의 뜻이 무엇이고 현재와 미래에 어떤 사건들이 일어날 것인가를 보여주시면서 그때 어떻게 인간이 대처하고 행동해야 하는 것인가를 가르쳐 주시고 계신다.

<표 6> 진짜 예언, 가짜 예언 차이점

진짜 예언	가짜 예언(영혼 사냥꾼, 겔13:17~23) <예수 이름을 빙자한 무속적 예언>
• 내담자를 권면하고 위로한다(고전14:3). • 사람과 교회의 덕을 세운다(고전14:4). • 마음의 숨은 죄와 악한 영을 드러나게 하여 회개시킨다(고전14:25). • 멘토들의 검증을 통해 제재도 받는다(고전14:25). • 품위 있고, 질서대로 한다(고전14:30, 33, 40). • 하나님의 말씀, 하나님의 뜻만 그대로 대언한다. • 성경의 내용과 부합되며 성경 말씀이 함께 나온다. • 내면의 갈등, 혼돈, 아픔, 소원 등을 드러내 치유와 회복을 위한 대안을 제시한다. • 인격적이며 이성적이다. • 예언의 영과 지혜의 영이 동시에 나온다. • 대물림된 무속의 영, 양신의 역사가 청소(차단)된 상태에서 예언의 영이 흘러나온다. • 미래지향적이고 앞으로의 비전을 제시한다. • 죄에 대해 책망(거룩한 분노, 긍휼적 분노)이 나와도 결론은 치유와 회복이다. • 계시받아서 예언하는 것보다 성령님이 항상 내 안에 내주하셔서 인간의 생각이나 뜻이 개입될 틈도 없이 곧바로 예언이 나온다(매사에 성령님께 물어보고 응답받는 것과는 다르다). • 상대방의 단점보다 장점(강점, 잘하는 것)을 예언한다. • 예언에 사람의 마음이 담겨 있다. • 자신의 이득을 취하지 않는다(마10:8, 겔 13:19). • 사심없이 순수하게 있는 그대로 예언한다. • 하나님께만 영광을 돌린다(고전10:31). • 자신의 사적인 의견을 첨부하지 않는다(고전 7:12, 25-26). • 예언자는 시대를 분별, 시대를 선포, 시대를 예언, 시대를 치유, 시대를 선도해야 한다.	• 가계에 무속의 영 흐름이 있다. • 자기 삶이 영적으로 청소되어 있지 않은 상태에서 예언한다. • 소위 무속적인 살(煞-사람이나 생물, 물건 등을 해치는 독하고 모진 기운)이 끼어 있다. 역마살(驛馬煞) : 끊임없이 돌아다님. 도화살(桃花煞) : 이성들이 가만히 놔두지 않음. 원진살(怨嗔煞) : 원수지간이 될 운명 홍염살(紅艶煞) : 다른 사람을 홀림 • 과거를 많이 맞춘다(과거를 맞추니까 미래도 맞힐 수 있다는 착각하게 만든다). • 꿈꾼 내용들이 실제로 현실에 적용된다(특히 옛날 집이나 큰 나무, 무지개 색깔 천, 돌아가신 분들을 많이 꾼다). 그러나 그 꿈은 성령에게서 나온 것이 아니므로 열매가 없다(렘23:25-28). • 과거지향적이다. 미래에 대한 대안이나 제시가 없다. • 비인격적이다(인격과 성품이 없다). • 무아지경무아지경(無我之境), 황홀경(恍惚境)속에서 예언한다. • 삶과 의식을 옭아매는 예언을 한다. (옷 색깔, 피해야 할 날짜, 길과 흉, 장갑 끼고 사역). • 자신의 이익을 추구한다(물질 요구). • 축복의 통로가 막혀 있다. • 특정한 장소, 물품, 행동, 내용 등을 신성(神聖)시한다.

가짜예언 <예수 이름을 빙자한 직관적 예언>	가짜예언 <예수 이름을 빙자한 직관적 예언>
• 무속의 영이 접해 있다(일명 예수 무당). • 보통 사람들보다 영의 통로(영통)가 크다. • 성령님과 귀신의 영이 혼재하고 있다. • 상대방을 영적으로 누르고 억압, 협박한다(자신의 지시사항, 자기 말을 듣지 않으면 병이 생기고, 사업이 망하고, 저주받는다고 주장). • 상대방의 행동, 언어 등을 조절하려고 한다. 말과 행동이 일치하지 않는다. • 말씀을 자기식대로 해석하고 적용한다. • 심리적 변화가 심하고, 혼란스럽다. • 자기 이익을 취한다(물질 요구, 봉투 사역). • 귀신의 소리, 지옥의 소리를 들을 수 있다고 하면서 때로는 그 소리를 들려주기도 한다. • 여기저기에 귀신이 있고, 보인다고 말하며 예언이나 대화가 주로 귀신에 관한 것이다(특히 상대방에게 몇 마리 귀신이 붙어있다고 말한다. 그러나 예수님 혹은 성령님을 만났다는 이야기는 거의 하지 않는다). • 만약 내면에 있는 귀신의 영을 완전히 몰아내고 성령님만 역사하게 하면 큰 사역자가 될 수 있다.	• 직관이란 '사물이나 사태를 순간적으로 지각하거나 사상을 순간적으로 직감하는 것'이다(예를 들어 상대의 표정에서 상대의 감정 상태를 짐작한다). • 사람을 꿰뚫어 보는 능력이 태어날 때부터 발달하여있다(사람을 보는 눈이 뛰어나다). • 남성보다는 여성이 발달되어 있다. • 관상(觀相), 골상(骨相), 족상(足相), 수상(手相) 등을 볼 수 있으며 그것을 통해 예언한다. • 자신의 촉(觸), 자기 감(感) 등을 신뢰하며 그것으로 상대방을 판단한다. • 상대방의 장점보다는 단점을 더 예언한다(상대방의 단점이 각인되어 그것이 그대로 반영된다). • 흔적인 삶을 산다. • 직관력이 있는 사람이 상처도 있다면, 직관에다 상처가 합쳐져 내담자를 위로하거나 권면하기보다는 주로 책망한다.

가짜예언 <예수 이름을 빙자한 자아(자기 생각, 자기 음성)적 예언>
• 떠오르는 생각, 느낌, 음성 등을 하나님의 계시라고 생각하고 그것을 예언한다. (렘14:14, 23:16 ; 겔13:2-3). • 똑같은 상황, 내용인데도 예언(계시, 들려오는 음성)이 수시로 바뀐다. • 정서적으로 불안정한 상태인데도 하나님의 말씀을 전한다고 말한다. • 치유되지 않은 상처가 있다(상처받은 내면 아이). • 말의 내용에 앞뒤가 맞지 않는다. • 내담자의 직업, 사건, 내용, 외모 등에 선입견을 품고 예언한다.

• 모든 음성(계시)에는 분별이 필요하다. 하나님 음성인가? 마귀 음성인가? 나 자신 음성인가? 조현 병적 환청인가?

〈표 7〉 음성 분별법

하나님 음성 분별법	마귀 음성 분별법
• 마음의 평안함이 오고, 정신이 집중된다. • 영적 기쁨이 충만하고, 찬양이 나온다. • 성경 말씀에 부합되고, 성경 구절이 들려온다. • 듣는 순간 감동과 통회와 자복이 있다. • 권위에 대한 떨림, 두려움(야레)이 있다. • 매우 인격적이며, 이성적이다. • 하나님과 나 사이에 소통(대화)이 이루어진다. • 창조 질서에 어긋나지 않는다. • 책망당해도 곧바로 대안과 회복을 듣는다.	• 왠지 불안하고 마음이 편치 못하다. • 섬뜩하고 가슴이 답답하고, 두려움이 생긴다. • 비인격적이며, 비이성적이다. • 성경 말씀이 적용되지 않는다. • 무언인가에 홀린 듯하면서, 정신 집중이 안 된다. • 굉장히 강압적이고 필요 이상으로 책망이 들려오지만, 그러나 대안이나 회복이 없다. • 조정당하고 있다는 느낌이 든다.

내면적 음성 분별법	조현병적 환청 분별법
• 들려오는 음성이 자꾸 바뀐다. • 똑같은 사건이나 내용에 대한 응답이 상황에 따라 달라 헷갈린다. 그래서 제대로 결정을 할 수가 없다. • 자기 말과 행동이 안정적이지 못하다. • 자신의 상처와 깊은 슬픔이 감 정화(감정의 기복이 크다)되어 나타난다. • 음성에 신뢰(믿음)가 가지 않는다.	• 갑자기 음성이 들려온다. • 무엇인가를 하려면 음성이 들려온다. • 누군가가 욕하는 소리, "○○가 너를 해코지한다"라는 소리가 들려온다. • 이렇게 하라, 저렇게 하라는 지시사항이 자꾸 들려온다. • 자기도 모르게 그 음성에 자꾸 대꾸하게 된다. • 말과 행동이 객관적으로 이해되지 않는다. • 음성이 조리 있게 들리지 않는다.

생각&묵상

제4장 예언 사역

1. 예언이란 무엇입니까?

2. 예언의 목적이 무엇입니까?

3. 예언 사역자의 자세는 무엇입니까?

4. 꿈 · 환상 · 예언의 차이점은 무엇입니까?

5. 가짜 예언의 종류와 특징은 무엇입니까?

6. 하나님, 마귀, 내면적, 조현병적 음성을 분별해 보세요.

제5장 상담 · 심리 사역

Wholistic Anointing Ministry

Wholistic Anointing Ministry

제5장
상담 · 심리 사역

1. 성경 말씀

너희 하나님이 이르시되 너희는 위로하라 내 백성을 위로하라 (사40:1)

하늘이여 노래하라 땅이여 기뻐하라 산들이여 즐거이 노래하라 여호와께서 그의 백성을 위로하셨은즉 그의 고난당한 자를 긍휼히 여기실 것임이라 (사49:13)

주 여호와의 영이 내게 내리셨으니 이는 여호와께서 내게 기름을 부으사 가난한 자에게 아름다운 소식을 전하게 하려 하심이라 나를 보내사 마음이 상한 자를 고치며 포로 된 자에게 자유를, 갇힌 자에게 놓임을 선포하며 여호와의 은혜의 해와 우리 하나님의 보복의 날을 선포하여 모든 슬픈 자를 위로하되 무릇 시온에서 슬퍼하는 자에게 화관을 주어 그 재를 대신하며 기쁨의 기름으로 그 슬픔을 대신하며 찬송의 옷으로 그 근심을 대신하시고 그들이 의의 나무 곧 여호와께서 심으신

그 영광을 나타낼 자라 일컬음을 받게 하려 하심이라 (사61:1~3)

예수께서 불쌍히 여기사 그들의 눈을 만지시니 곧 보게 되어 그들이 예수를 따르니라 (마20:34)

예수께서 이르시되 나도 너를 정죄하지 아니하노니 가서 다시는 죄를 범하지 말라 하시니라 (요8:11)

새 계명을 너희에게 주노니 서로 사랑하라 내가 너희를 사랑한 것 같이 너희도 서로 사랑하라 너희가 서로 사랑하면 이로써 모든 사람이 너희가 내 제자인 줄 알리라 (요13:34~35)

믿음이 강한 우리는 마땅히 믿음이 약한 자의 약점을 담당하고 자기를 기쁘게 하지 아니할 것이라 우리 각 사람이 이웃을 기쁘게 하되 선을 이루고 덕을 세우도록 할지니라 (롬15:1~2)

찬송하리로다 그는 우리 주 예수 그리스도의 하나님이시요 자비의 아버지시요 모든 위로의 하나님이시며 우리의 모든 환난 중에서 우리를 위로하사 우리로 하여금 하나님께 받는 위로로써 모든 환난 중에 있는 자들을 능히 위로하게 하시는 이시로다 그리스도의 고난이 우리에게 넘친 것 같이 우리가 받는 위로도 그리스도로 말미암아 넘치는도다 우리가 환난 당하는 것도 너희가 위로와 구원을 받게 하려는 것이요 우리가 위로를 받는 것도 너희가 위로를 받게 하려는 것이니 이 위로가 너희 속에 역사하여 우리가 받는 것 같은 고난을 너희도 견디게 하느니라 너희를 위한 우리의 소망이 견고함은 너희가 고난에 참여하는 자가 된 것 같이 위로에도 그러할 줄을 앎이라 (고후1:3~7)

우리가 마게도냐에 이르렀을 때도 우리 육체가 편하지 못하였고 사방으로 환난을 당하여 밖으로는 다툼이요 안으로는 두려움이었노라 그러나 낙심한 자들을 위로하시는 하나님이 디도가 옴으로 우리를 위로하셨으니 그가 온 것뿐 아니요 오직 그가 너희에게서 받은 그 위로로 위로하고 너희의 사모함과 애통함과 나를 위하여 열심 있는 것을 우리에게 보고함으로 나를 더욱 기쁘게 하였느니라 (고후 7:5~7)

또 형제들아 너희를 권면하노니 게으른 자들을 권계하며 마음이 약한 자들을 격려하고 힘이 없는 자들을 붙들어 주며 모든 사람에게 오래 참으라 (살전5:14)

사랑 안에 두려움이 없고 온전한 사랑이 두려움을 내쫓나니 두려움에는 형벌이 있음이라 두려워하는 자는 사랑 안에서 온전히 이루지 못하였느니라 (요1 4:18)

모든 눈물을 그 눈에서 닦아 주시니 다시는 사망이 없고 애통하는 것이나 곡하는 것이나 아픈 것이 다시 있지 아니하리니 처음 것들이 다 지나갔음 이러라 (계21:4)

2. 교회와 코이노니아

교회란 죄인공동체(communio peccatorum)가 하나님의 은총에 의하여 의인 공동체(communio sanctorum)가 되는 곳이다. 즉 의인 겸 죄인(simul instus et peccator)공동체다.
교회는 사도 적 계승을 이어가는 공동체다. 사도 적 사명, 즉 말씀, 복음, 세례, 성만찬, 선교, 교육, 상담, 치유 등을 실천하는 공동체다. 초대 교회의 가장 큰 사역은 코이노니아(사귐, 나눔)과 디아코니아(섬김)였다. 교회의 가장 큰 목적은 코이노니아(κοινωνια) 다(행2:37~47). 다양성 (고전12:12), 고유성(고전12:22~23), 관계성(고전 12:26), 일체성(고전12:4~6) 등을 인정하면서 서로 나누고, 교제하고, 사귀는 것이다. 이런 코이노니아는 3가지 방향에서 발전해야 한다.

(1) 코이노니아의 3가지 방향성

1) 영적인 코이노니아(말씀, 중보, 영적 교제)

우리가 보고 들은 바를 너희에게도 전함은 너희로 우리와 사귐(Koinonia)이 있게 하려 함이니 (요일1:3)

영적인 사귐을 통해 우리는 영적으로 서로를 상담하고 격려하고 위로해야 한다. 이런 영적교제를 빌레몬서 1장 6절에서는 믿음의 교제로, 로마서 15장 27절에서는 신령한 것을 코이노니아한다고 표현하였다. 빌레몬서 1장 6절 “믿음의 교제”, 로마서 15장 27절 “신령한 것을 코이노니아 하였으며”

2) 정신적 코이노니아

빌립보서 2장 1~5절에서는 어려움이 있는 사람들을 돌보고 그들의 아픈 마음을 보살펴 주어야 한다.

3) 물질적 코이노니아 (행2:44~45)

> 그중에 가난한 사람이 없으니 이는 밭과 집이 있는 자는 팔아 그 판 것의 값을 가져다가 사도들의 발 앞에 두매 그들이 각 사람의 필요를 따라 나누어 줌이라 (행4:34~35) 초대교회는 물질을 서로 공유함으로 가난에서 해방시키는 사귐이 있었다.

3. 상담(相談)의 정의

(1) 상담이란 무엇인가

상담은 전문적 훈련받은 상담자와 조력이 있어야 하는 내담자가 상담 활동의 공동주체로서 내담자의 자각 확장을 통해 문제 예방, 발달과 성장, 문제해결을 달성함으로써 그의 삶의 질을 향상하기 위해 함께 노력하는 조력 과정이다.

상담을 정의하고 설명하는 데 먼저 고려해야 할 사항은 수행하는 상담자의 역할이라고 본다. 물론 내담자가 상담을 통해 무엇을 얻고자 하는가에 대한 것도 고려되어야 하지만 먼저 상담자의 관점에서 상담을 이해하는 것이 훨씬 중요하기 때문이다. 왜냐하면 '교육이란 무엇인가?'란 질문에 관해 설명을 하는 데 있어 피교육자인 학생보다 교육을 제공하는 교육자의 역할이 무엇인가를 이해하는 것이 중요하기 때문이다.

첫째, 상담 활동의 공동주체는 상담자와 내담자다. 상담은 상담자가 내담자에게 일방적으로 전문적 기술을 적용하는 활동이 아니라 함께 노력하는 과정이다. 상담자와 내담자가 모두 상담 활동의 주체라는 생각을 하는 것이 중요하다. 따라서 상담자는 내담자에게 상담 활동의 주체로서 책임감을 느끼고 변화를 위해 노력하는 것이 무엇보다 중요하다. 또한 상담자는 인간의 변화에 대한 믿음을 갖고 자신의 변화모델을 바탕으로 내담자의 변화를 위해 실천하는 사람이다. 상담자는 그가 취하는 상담 접근방식의 입장에 근거하며 상담을 통해 내담자의 생각, 감정, 행동을 변화하도록 다양한 변화모델을 사용한다.

둘째, 상담자는 전문적 훈련을 받는 사람이다. 상담자는 내담자를 조력하기 위한 전문적 훈련의 중요성을 인식하고 자신의 전문성 향상을 위해 노력한다. 상담을 통해 내담자를 조력하기 위해 상담자는 상담이론과 기법, 상담관께, 인간 발달, 집단과정, 진로 발달이론, 윤리적 및 법적 문제 등에 관한 지식과 기술 습득을 위해 부단히 훈련한다. 상담자들은 대부분 자신의 역할을 정의하는 것으로 과학자~실천가 모델을 수용한다. 즉, 상담자는 인간 행동을 이해하기 위해 끊임없이 연구하는 과학자이면서 연구를 통해 발견한 지식을 인간 변화를 위해 행동하는 실천가다.

셋째, 내담자는 조력이 있어야 하는 사람이다. 조력이 필요하지 않은 사람은 없다. 따라서 우리가 모두 잠재적 내담자라고 할 수 있다. 이런 점에서 내담자라는 용어가 어떤 심각한 문제를 가진 사람을 함축하지 않는다. 상담 활동에 참여하게 되는 내담자의 유형은 다양하다. 실제로 내담자 자신에게 조력이 필요해서 자발적으로 상담에 참여하게 되는 경우는 그렇게 많지 않다. 처음 상담에 오게 되는 내담자들은 비자발적인 경우가 대부분이다. 즉, 부모, 교사, 친구, 직장동료, 등의 권유나 법정 기관의 강제 명령으로 상담에 참여하는 경우가 많다고 할 수 있다. 그러나 내담자가 자발적이건 비자발적이건 그는 조력이 있어야 하는 사람이다.

넷째, 상담은 내담자의 자각 확장을 이루도록 조력하는 활동이다. 대부분이 내담자는 자신에 대한 이해의 부족, 즉 자신의 갖고 있거나 행하는 것을 알아차리지 못함으로써 고통을 받는다. 상담은 내담자가 자신의 장단점이 무엇인지를 알아차리도록 하는 활동이라고 할 수 있다. 따라서 상담자는 내담자가 자기 탐색과 자기 이해를 통해 문제해결을 할 수 있도록 조력한다. 상담의 일차적 목적은 내담자가 자신의 감정, 생각, 행동에 대한 자각을 확장하도록 조력하는 것이다.

다섯째, 상담은 내담자의 문제 예방, 발달과 성장, 문제해결을 달성하는 것이다. 이 말은 포괄적인 세 영역으로 상담의 목적을 잘 설명해 주고 있다고 본다. 내담자는 분명히 포괄적인 세 영역으로 상담의 목적을 잘 설명해 주고 있다고 본다. 내담자는 분명히 나름대로 목적을 갖고 상담받기 위해 찾아온다. 상담자가 일차적으로 고려하는 가장 중요한 사항은 내담자가 현재보다 나은 상태의 삶을 영위할 수 있도록 조력하는 것이다. 상담자는 세 가지 주요한 역할인 치료적(문제해결을 위해 조력하는) 역할, 예방적(미래에 일어날 수 있는 일을 기대하고, 계획을 세우고, 방지하는) 역할, 교육적 및 발달적(잠재력을 발견하고 발달시키는) 역할을 실천하는 사람이다.

여섯째, 상담은 내담자의 삶의 질을 향상하기 위해 노력하는 활동이다. 내담자가 상담을 통해 달성하고자 하는 궁극적 목적은 행복이나 성공이라고 할 수 있다. 21세기의 심리학의 주요한 추세는 인간의 최적 기능과 긍정적 측면을 강조하는 긍정심리학이다. 긍정심리학은 사람들이 자신, 가족, 사회를 위해 올바른 일을 하는 것과 그러한 일을 하는 방법을 연구한다. 또한 긍정심리학은 사람들이 자신과 타인을 위해 보다 큰 충만으로 이끄는 자질을 개발하도록 노력한다. 상담자는 상담을 통해 단순히 내담자의 부적절한 문제를 제거하는 것 이상으로 그가 최적의 기능을 수행하도록 조력해야 한다.

일곱째, 상담은 조력 과정이다. 상담은 과정을 강조하는 활동이다. 과정은 결과를 유도한다. 상담이란 영어 단어인 counseling이 진행형으로 되어 있는 것처럼 상담은 진행되는 과정에 초점을 둔다. 상담자는 내담자에게 영향을 미치는가를 다룬다. 누구나 삶의 과정에서 크고 작은 문제를 가지고 살아가고 있는 것처럼, 상담자는 조력 과정을 통해 내담자의 문제 예방, 발달 및 성숙, 문제해결을 위한 힘과 기술을 증진하는 노력을 한다. 즉, 상담자는 인간의 문제가 끝이 없는 것처럼, 형식적으로 상담이 종결되었다고 해서 내담자의 문제가 완벽히 해결됐다고 보지 않는다.

4. 기독교 상담과 심리 치유

(1) 기독교 상담의 정의

상담은 본질적으로 '한 사람이 돌봄의 관계 속에서 다른 사람을 돕는 것'이다. 상담은 상담자가 도움을 구하는 내담자와의 돌봄의 관계 속에서 경청과 반응을 통해 변화를 일으키려는 과정이며, 돌봄의 관계 속에서 다른 사람의 정서적인 면과 의지적인 면 그리고 영적인 면 등 모든 측면에 도움을 제공하는 활동을 말한다.
콜린스 박사는 "상담은 한 사람이 조언이나 격려를 통해 인생의 문제와 스트레스를 보다 효과적으로 대처하도록 다른 사람을 도와주려고 노력하는 하나의 돌보는 관계"라 정의하였다.
김만풍 교수는 기독 상담을 "기독 신앙을 가진 상담자가 위기, 갈등, 문제, 상처를 당하여 도움이 필요한 내담자와 신뢰 관계를 맺고 기독교 신앙에 근거하여 치료, 부양, 지도, 화해, 양육을 통한 당면 문제의 해결과 기독 신앙 안에서의 전인적인 성장에 목표를 두고 가능한 범위 내에서 적절한 방법으로 바람직한 도움을 주는 교제"로 정의하였다. 기독 상담을 성립시키기 위해서는 다음과 같은 그것들이 있어야 한다.

첫째, 기독 상담은 성경에 기초한 상담자가 담당해야 한다.
둘째, 비기독 상담자와 내담자 사이에 신뢰 관계가 맺어지는 데에 서부터 시작한다.
셋째, 기독 상담은 치유(healing), 부양(sustaining), 지도(guiding), 화해(reconciling), 양육(nurturing) 등이다.
넷째, 기독 상담은 내담자의 당면 문제의 해결과 기독 신앙 안에서의 전인적인 성장에 목표를 둔다.
다섯째, 기독 상담은 신앙 안에서의 전인적인 성장과 구원으로부터 시작된다.
여섯째, 기독 상담은 그 한계를 인식하고 기독 신앙의 윤리 안에서 신앙 양심에 따라 내담자에게 바람직한 도움을 주는 철저히 이타적인 사랑의 교제다.

성경은 상담을 덕을 세우는 일과 권면하고 격려하는 일로 설명하고 있다. 성경은 우리에게 "짐을 서로 지라"(갈6:2), "연약한 자의 약점을 담당하라"(롬15:1)라고 권면하고 있다. 바울은 또 "규모 없는 자들을 관계하며 마음이 약한 자들을 안위하고 힘이 없는 자들을 붙들어주며 모든 사람을 대하여 오래 참으라."(살전5:14)고 권면하고 있다.

(2) 기독교 상담의 목표

로렌스 크랩은 "모든 그리스도인은 문제 감정을 가진 사람을 격려(encouragement)할 책임이 있으며, 문제 행동을 나타내는 사람을 도와주도록 권면(exhortation)할 책임이 있고, 문제사고를 하는 사람을 교화

(enlightenment)해줄 책임이 있다"라고 말했다.
게린 콜린스는 상담의 목표를 "사람들을 각자의 생활에서 더 효과적으로 기능하도록 도와주고, 영적, 심리적, 그리고 인간 상호 간의 갈등으로부터 자유를 얻도록 도와주고, 자기 자신과 화평한 관계를 누리고 하나님과 더 깊은 영 교를 누리도록 도와주며, 타인과 원만한 대인관계를 개발, 유지하도록 도와주고, 그리스도 안에서 잠재 능력을 최대한 발휘하도록 도와주고, 나아가서 예수 그리스도의 제자가 되는 일과 예수 그리스도를 위해 남을 제자로 훈련 시키는 일에 적극적으로 참여하도록 돕는 것이다"라고 말하였다.

클라인벨은 기독 상담은 다음과 같은 다른 목표들이 포함된다고 말하고 있다.

첫째, 자기 이해를 돕는다. 내담자에게 자신의 내면세계와 주변 세계에 무슨 일이 일어나고 있는지 객관적인 시각을 갖도록 도와주는 것이다.
둘째, 의사소통을 돕는다. 부부간의 문제를 비롯한 많은 대인관계 문제는 대화의 어려움에 기인한다. 자신의 감정과 생각과 태도를 정확하고 효과적으로 표현하도록 돕고 다른 사람의 메시지를 정확하게 듣는 법을 가르쳐주는 것이다.
셋째, 학습과 행동의 변화를 돕는다. 우리의 대부분의 행동은 학습된 것이다. 상담은 비효과적인 행동을 제거하고 효과적인 행동을 새로이 학습하도록 돕는 것이다.
넷째, 자아실현을 돕는다. 사람이 지닌 잠재 가능성을 최대한으로 발휘하도록 돕는 것이다.
다섯째, 지원해 준다. 스트레스나 위기의 기간에 지원과 격려와 짐을 져 줌으로 내담자가 정상적인 삶으로 복귀할 수 있도록 도움을 주는 것이다.
여섯째, 영적 온전함(건강)을 돕는다. 사람들의 영적 욕구를 충족시켜 주고 영적 온전함을 발견하도록 도와주는 것이다.

(3) 기독교 상담의 특성

기독 상담은 다음과 같은 특성들을 가지고 있다.

첫째, 내담자가 성령의 도우심과 주님을 통해서 하나님과 영적인 관계를 맺게 함으로써 위기와 갈등을 해소하게 한다.
둘째, 성경에 게시된 인생의 참 의미와 목적에 따라서 내담자에게 삶의 철학을 제시한다.
셋째, 성경을 내담자의 도덕과 윤리와 가치관의 표준 지침서로 사용한다.

넷째, 내담자를 그리스도 안에서 완전한 자로 세우는 것을 궁극적인 목표로 한다(골1:28,29).
다섯째, 기도, 예배, 교제, 봉사, 전도 등의 영적인 자원을 활용한다.
여섯째, 그리스도의 사랑과 능력만이 상담을 주관하심을 믿는다.
일곱째, 기독교 상담은 전인적이며 보편적이다.

게린 콜린스는 기독 상담이 다음과 같은 4대 특성(distinctive)이 있다고 말하였다.

첫째, 그리스도인 상담자는 하나님의 속성과 인간의 본성, 성경의 권위, 죄의 실재, 하나님의 용서, 미래에 대한 소망에 대해 일정한 믿음과 기독교적인 세계관을 갖고 상담에 임한다.
둘째, 비 기독 상담자와 같이 그리스도인도 내담자의 행동과 태도, 가치 및 인식을 변화시키려 한다. 또한 자기 이해를 돕고 대화기술을 가르치고, 지원해주고, 문제해결 기술을 가르쳐주는 것이 포함되어 있다. 그러나 그리스도인 상담자는 한 걸음 더 나아가 내담자의 영적인 성장을 자극하고, 죄를 고백하며, 하나님의 용서를 경험하도록 격려하고, 그리스도인의 기준과 태도, 가치관, 생활상의 모범을 제시하고 주님께 삶을 의탁하도록 격려하고 기독교적인 가치관을 따라 살도록 한다.
셋째, 모든 상담 기술은 변화가 가능하다는 믿음과 세상에 대한 그릇된 관점을 시정하고, 사회생활 능력을 개발하고, 자신을 가치 있는 인간임을 깨닫도록 한다. 이러한 목표를 달성하기 위해 경청, 공감, 도전 등의 기술을 사용한다. 그러나 그리스도인은 부도덕한 것으로 간주하는 상담 기술이나 성경의 가르침과 모순되는 기술을 사용하지 않는다.
넷째, 상담자는 적어도 4가지 질문을 해야 한다. "문제가 무엇인가? ", "내가 관여해 도울 일인가?", "내가 도움을 주기 위해 무엇을 할 수 있을까?, " 나 더 나은 도움을 줄 수 있는 다른 사람은 없는가?"

상담자는 문제 이해와 문제에 대한 성경의 가르침에 대한 지식과 상담 기술을 지니고 있어야 한다. 상담 기술은 온화함과 섬세함과 이해심과 순수한 관심 그리고 사랑의 태도로 면박할 수 있는 자세에 의해 특징 지워지는 상담자에 의해 사용될 때 그 효력을 발휘하게 된다. 효과적인 상담을 위해서는 이와 같은 인격적 특성과 문제에 대한 폭넓은 지식과 좋은 상담 기술이 필요하다. 예수님의 상담 스타일에 기본이 되는 것은 그의 인격이었다. 그는 모든 상담과 교육에서 절대적으로 정직했으며, 깊은 연민의 정을 느끼셨으며, 극히 민감하고 또 영적으로 성숙하셨다. 그리스도인의 상담 핵심에는 성령의 도우심과 영향이 필수적이다.

(4) 기독교 상담 사역의 원천

하나님의 나라가 기독 상담 사역의 원천을 제공하는 비전이다. 상담은 개인 문제해결만을 목적으로 하는 것이 아니라 건전한 문화를 이루는 공동체적인 목적이 있다. 이를 위해 사회에 대한 비전과 가치관을 제시해야 하는데 그것이 바로 하나님의 나라이다. 하나님과의 언약을 맺고, 의롭다 인정받은 하나님의 백성이란 사실을 강조하고 그러한 가치관을 심어주는 것이 기독 상담의 원천이라 할 수 있다.

심리학의 여러 발견과 통찰은 교회 사역에 직접 적용 시킬 수 있는 것이 많다. 심리학은 사회학, 인류학 등 다른 사회과학 분야와 함께 일반 계시에 속하는 학문 분야로서 사람들을 이해하고 진단하는 데 유익을 준다. 따라서 복음주의 상담학자 게리 콜린스는 심리학의 방법과 결론을 친숙히 이해함으로 다음과 같은 유익을 얻을 수 있다고 말하고 있다.

첫째, 심리학을 통해 우리는 자신을 잘 이해할 수 있다. 상담 심리를 통해 우리는 자신의 편견과 감정, 생각, 개인적 특징을 더 잘 이해하게 되고 이는 대인관계를 원활하게 하는 데 도움 줄 수 있다.

둘째, 심리학을 통해 상대방을 더 잘 이해할 수 있다. 인간 행동을 연구하는 심리학을 통해 우리는 다른 사람을 보다 객관적으로 관찰할 수 있고 남의 반응에 더 민감할 수 있다.

셋째, 심리학을 통해 상담의 효과와 대인관계를 증진한다. 상담 기술과 대화 기술이 우리의 인간관계를 향상하는 역할을 하고 공동체 형성에 도움을 준다.

넷째, 심리학을 통해 문제 예방에 이바지한다. 심리학에 대한 지식은 이미 발생한 문제를 해결하는 데 도움을 주기도 하지만, 문제 발생을 예방하는데 이바지할 수도 있다.

그러므로 심리학은 교회 지도자들이 성령의 인도를 구하는 가운데 목회 사역에 사용할 수 있는 가치 있는 도구이다. 그러나 우리는 심리학이 교회의 주요 사역처럼 되게 해서는 안 된다. 심리학은 기독교 교육과 상담과 자아 이해를 돕는 가치 있는 도구가 돼지만, 그러나 궁극적으로 우리를 가르치고 인도하고 위로하는 것은 성령 하나님이심을 잊어서는 안 된다.

심리학과 기독 상담과의 관계에 대해 사람들이 범하는 두 가지 극단적 실수가 있다. 인본주의의 심리학자들은 사람을 이해하고 변화시키는데 성경도, 하나님도, 필요 없고 심리학이면 족하다고 주장한다. 반면에 교회의 보수주의자들은 우리의 교재는 성경 하나로 족하며, 따라서 사회과학은 필요 없다고 주장한다. 하나님의 말씀에 순종하는 것이 모든 정신적 문제의 해답이며, 죄를 회개하는 것이 치유의 열쇠라고 주장한다.
그러나 콜린스(Gary Collins), 클라인벨(Howard Clinebell), 크랩(Larry Crabb), 칼완(William Kirwan), 맥레모어(Clinton McLemore), 마이어(Paul Meier), 펙(Scott Peck)과 같은 통합 주의자들은 신학과 심리학의 관계를 원수 관계가 아닌 친구 관계로 본다. 기독교와 심리학의 관계는 갈등과 긴장 관계가 아닌 보완적이고 협조적이고 조화 적인 관계일 수 있다. 모든 계시된 진리와 발견된 진리는 하나님께로 연유한 것이기 때문이다. 성경의 계시 된 진리와 사회 과학의 발견된 진리 사이에 갈등이 존재할 때 발견된 진리가 계시 된 진리의 권위와 척도를 따라야 함은 두말할 나위가 없다.
심리학을 조화 관계로 이해하려는 시도는 "유일하신 참 하나님이 존재하시고, 그 하나님은 특별계시와 일반 계시에 포함된 모든 진리의 창조주시며, 성경은 그의 감동으로 오류 없이 기록된 말씀이라"라는 전제 아래 신학과 심리학이 서로 조화되는 것으로 이해한다. 이제까지 서로 충돌해온 신학과 심리학의 합당치 못한 가설들의 기초를 검토하여 정리하고 재구성해서 조화로운 시각의 새로운 방향을 제시하였다. 이 시도는 심리학을 단순히 인간의 본성만을 다루는 사상 체계로 보지 않고 창조된 인간성의 실재를 전체적으로 다루는 포괄적인 학문으로 이해한다. 또 신학도 이와 마찬가지로 단순히 하나님에 대한 사상 체계로 보지 않고 하나님과 그의 창조하신 만물에 대한 우주관 전체를 다루는 학문으로 이해한다. 이 관점은 신학과 심리학 분야의 전문적인 지식과 경험이 필요하다.
심리학은 기독 상담자의 개인적 인격적 특징이 효과적 상담을 위해 중요하다. 상담자는 선함과 하나님의 말씀에 대한 지식, 그리고 실제로 말씀을 적용할 수 있는 지혜와 같은 특징을 소유해야 한다(롬 15:14).
콜린스는 효과적인 상담자가 지녀야 할 특성으로 자기 이해, 타인에 대한 이해, 타인에 대한 수용적 태도, 객관적인 자세를 유지할 수 있는 능력, 사람들과 어울릴 수 있는 능력, 거듭난 신자로서 하나님을 경외하고 어려운 문제는 위탁할 용기가 있어야 함, 하나님의 말씀에 익숙함 등을 들었다.

(5) 상담의 위험한 단계들

1) 갈등을 피하려고 서로를 위장한다.

서로를 위해 선의의 거짓말을 하거나, 자신에 대해 또한 자신의 느낌에 대해 진실을 감추는 그래서 무의식적으로 온건해지는 과정은 위험하다. 이것은 여전히 위장이고 유혹적이기는 하나 아무것도 성취하지 못하게 하는 부당한 지름길이다. 갈등을 피하는 것은 또 다른 문제를 만든다. 참된 상담은 갈등을 해소한다.

2) 개인차를 무시한다.

개인차를 가볍게 보거나, 개개인의 차이에 대한 인식이 부족한 것은 위험하다. 예수님의 12제자들은 아주 개성이 강한 사람들이었다(베드로는 너무 급하고, 요한은 성깔이 있고, 가룟 유다는 계산적이고, 빌립은 의심이 너무 많고). 그러나 주님은 그 개인차를 무시하지 않으셨다.

3) 자신의 관점으로 상대방을 평가한다.
자신이 추구하는 목표, 행동이 최고의 선으로 생각한다. 그래서 자신의 의식과 표준으로 상대방을 바라본다.

4) 내담자를 정상으로 만들려고 한다.
이것은 대단한 교만이다. 우리 모두는 불완전한 인간들이다.

5. 상담 · 심리 사역 팀 매뉴얼

인간의 성격은 발달 초기에 신체 운동, 느낌, 생각을 통해 발달하며 투사된 신체 심상은 피검자의 충동, 불안, 갈등, 보상 등을 반영한다.
그림 검사의 이론적 가정은 인간이 세계를 자신에게 형성되어 있는 심상과 동일시하는 경향이 있으며, 이는 투사를 통해 나타나게 된다. 따라서 그림 검사는 투사적 검사로 해석에 정해진 답이 없다. 그저 피검자의 심리 상태가 어떠한지 이해하고 상담이나 심리검사 시 참고할 수 있는 자료로 활용할 뿐이다. 그림 자료로 인간의 심리를 완전하게 해석할 순 없지만, 부분적으로 인간의 행동을 이해하는 데 큰 도움을 준다.
준비물 : 연필 또는 볼펜, 지우개, 종이

(1) 자기소개 및 미팅 시간

"안녕하세요. 저는 생명샘 전인치유사역연구원 ○○○입니다. 이곳에 오신 것을 환영합니다. 그림을 그리시기 전에 그림 검사 전 안내 사항을 읽어 보시고 인적 사항을 기록해 주시기 바랍니다. 그러고 나서 그림 검사지침을 잘 읽어 주시기 바랍니다."

(2) 피검자 그림 메모하면서 관찰하기

"강조해서 다시 한번 더 말씀을 드립니다. 집, 나무, 그리고 어떤 행동을 하는 사람의 전체 모습을 그리세요. 사람의 전체 모습을 그릴 때 만화 같거나 막대기와 같은 형태로 그리지 마세요."

(3) 그림 검사 후 질문에 답하기

피검자가 그림을 완성한 후에는 〈그림 검사 후 질문〉에 답을 쓰게 한다.

(4) 추가 질문하기

피검자가 작성한 〈그림 검사 후 질문〉 내용을 읽고 피검자가 그린 그림을 보고 나서 더 하고 싶은 질문을 추가로 한다. 추가 질문 시에는 주관이 배제된 객관적 질문을 한다. 예) 당신이 살고 싶은 집입니까? 좋아하는 사람입니까? 나무는 지금 어떤 상태인가요? ※질문 시 피검자가 대답한 내용은 그대로 적어두는 것이 좋다.

(5) 해석하기(그림을 보고 좋은 것만 해석해 주는 것이 좋다. 숙달되기 전에는 함부로 분석은 금물)

피검자에게 해석해주거나 해석지에 기록하여 이메일 주소로 우송하기

(6) 마무리 기도하기

6. 동적 집 · 나무 · 사람 그림 검사
(kinetic house · tree · person test : KHTP)

(1) HTP의 제한성

1) 진단적 용도에 중점

2) 어떤 행위나 상호반응이 불가능

3) 모든 자료와 상징을 프로이트적인 맥락 안으로 축소한다(**전체로써 인간을 보는, 즉 건강하지 못한 면뿐 아니라 건강한 면도 보며 한계뿐 아니라 잠재력도 고려해서 인간을 보지 못했다**).

(2) KHTP의 장점

1) 한 장의 그림에서 활동 내용, 표현양식, 상징들 가운데 교류가 있는 이야기들을 전해 들을 수 있는 조화된 그림이다.

2) KHTP 해석의 근간이 되는 매슬로(Maslow)의 발달체계는 새로운 것에 대해 변화되고 흡수되기 위해 준비된 개방체계로 인간의 성장과 잠재력을 고찰하고 이해하는 것을 도와준다.

매슬로(Maslow): **욕구단계설**
욕구는 행동을 일으키는 동기요인이며, 병렬적으로 연결된 것이 아니라 낮은 단계에서부터 그 충족도에 따라 높은 단계로 성장해 간다.

<그림15> 매슬로의 욕구 5단계(hierarchy of needs)

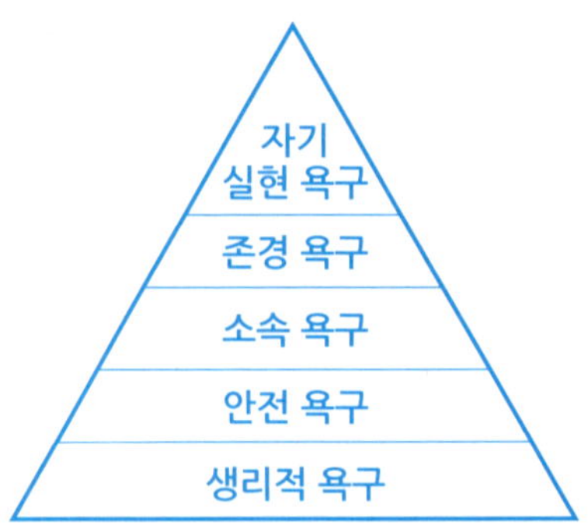

(3) KHTP 실시 방법

1) 21×27cm(A4 정도 크기)

2) 그리는 사람과 수평이 되도록 종이 제시

3) "집, 나무, 그리고 한 사람이 어떤 행동을 하는 모습을 그리세요" 지시(만화 나 막대 모양으로 그리지 말고 전신의 사람을 그리도록 다시 한번 언급)

(4) KHTP 평가

1) KHTP평가 시 고려되어야 할 점

첫째, 내용, 인상
둘째, 일어난 일에 대해 어떻게 생각하는가?
셋째, 그림의 전체적 느낌과 각각의 느낌, 활동 내용
넷째, 추가되어 그려진 것
다섯째, 서로의 간격과 상호 작용
여섯째, 양식과 상징
일곱째, 다른 동적 그림 기법과의 관련성

2) KHTP 해석을 위한 발달모형

3) KHTP 순서

가장 먼저 그려진 그림은 그린 사람에게 특별한 의미가 있다.
첫째, 나무 : 생명력과 성장
둘째, 집 : 속하고 싶은 욕구
셋째, 사람 : 인지적, 의식적 측면, 삶에 대한 태도

3) KHP 그림 검사에 나타난 활동 내용

일반적으로 KHTP에서 집은 우리의 생활의 물리적인 측면을 나타내며 나무는 생활과 자기 성장을 나타내고 사람은 자기 자신의 반영이라 할 수 있다. 이들 그림이 그려진 방향과 함께 그려지는 것 등에 따라 그린의 내면이 투사된다.
ex) 집 수평 : 안정성과 고착성에 대한 욕구
수직 : 권력이나 환상에 대한 욕구

4) KHTP 그림 검사에 나타난 표현양식

번스와 카우스(Burns & Kaufman,1972)에 의해 개발되고, 번스(Burbs,1982), 노프오 프라우트(Knoff & Prout,1985)에 의해 더욱 확장되고 구화 되었다. 전체적 혹은 부분적 그림들이 어떻게 그려지느냐에 따라 그린이의 내면을 반영한다(밀착: 교재105쪽 이하 참고). 조감도, 구분화, 모서리화, 포위(교재 147쪽~149쪽 참고)등

5) KHTP 그림 검사에 나타난 상징들(매슬로우의 욕구 수준에 따른 상징 해석)

KHTP 상징의 해석들은 상징이 표출된 상황, 그림을 그린 사람의 의식 수준과 해석하는 사람의 의식 수준, 또는 이론적 기초에 의해 다양한 수준의 의미를 가질 수 있다. 따라서 해석상에 오류는 충분히 일어날 수 있는 문제로서 매우 유의해야 하는 부분이다.

ex) 나무 수준 1: 생존, 뿌리
수준 2 : 신체, 생명력
수준 3 : 권력, 크기 “강력한 통나무”
수준 4 : 보살핌, 풀어줌, “만짐”
수준 5 : 새와 꽃 열매 창조, 아름다움과 조화를 가꿈

생각&묵상

제5장 상담 · 심리 사역

1. 상담이란 무엇입니까?

2. 기독교 상담의 정의는 무엇입니까?

3. 기독교 상담의 특성은 무엇입니까?

4. 심리학을 통해 얻을 수 있는 유익은 무엇입니까?

5. 상담의 위험한 단계들은 무엇입니까?

부록

Wholistic Anointing Ministry

1. 팀 사역자는 한 마음, 같은 사랑을 가지고 서로 연합하여 사역해야 한다. 마음을 같이하여 같은 사랑을 가지고 뜻을 합하며 한마음을 품어(빌2:2)
2. 팀 사역자는 서로를 존중하며 질서 있고, 일사불란(一絲不亂)하게 사역해야 한다. 하나님은 무질서의 하나님이 아니시요 오직 화평의 하나님이시니라(고전14:33)
3. 팀 사역자는 문제가 발생했을 시 서로 대화와 협의를 통해 빠른 시간 내 해결해야 한다. 아무 일에든지 다툼이나 허영으로 하지 말고 오직 겸손한 마음으로 각각 자기보다 남을 낫게 여기고 각각 자기 일을 돌볼뿐더러 또한 각각 다른 사람들의 일을 돌보아 나의 기쁨을 충만하게 하라(빌2:3~4)
4. 팀 사역자는 서로에게 임한 계시, 환상, 은사, 달란트 등을 분별한 후 존중해 주어야 한다. 이 모든 일은 같은 한 성령이 행하사 그의 뜻대로 각 사람에게 나누어 주시는 것 이니라(고전12:11)
5. 팀 사역자는 팀원들의 예언, 계시, 치유, 환상 등을 비교하며 사역을 이간(離間)시키려는 사람들과 악한 영의 세력을 단호히 배격해야 한다. 그런즉 너희는 하나님께 복종 할지어다 마귀를 대적하라 그리하면 너희를 피하리라(약4:7)
6. 팀 사역자는 예수 그리스도 마음(비움, 겸손, 순종, 사랑, 순교)을 가지고 사역해야 한다. 너희 안에 이 마음을 품으라 곧 그리스도 예수의 마음이니(빌2:5)
7. 팀 사역자는 사역을 위해 서로 중보 기도해야 한다. 그러므로 내가 첫째로 권하노니 모든 사람을 위하여 간구와 기도와 도고와 감사를 하되(딤전2:1)
8. 팀 사역자는 사역을 통해 금품이나 물질을 요구해서는 안 된다. 병든자를 고치며 죽은자를 살리며 나병환자를 깨끗하게 하며 귀신을 쫓아내되 너희가 거저 받았으니 거저 주라(마10:8)
9. 팀 사역자는 자신의 파벌을 만들어서는 안 된다. 내가 이것을 말하거니와 너희가 각각 이르되 나는 바울에게, 나는 아볼로에게, 나는 게바에게, 나는 그리스도에게 속한 자라 한다는 것이니 그리스도께서 어찌 나뉘었느냐 (고전1:12~13)
10. 팀 사역자는 거짓 계시나 주술적인 생각과 이론을 전해서는 안 된다. 여호와께서 내게 이르시되 선지자들이 내 이름으로 거짓 예언을 하도다 나는 그들을 보내지 아니하였고 그들에게 명령하거나 이르지 아니하였거늘 그들이 거짓 계시와 점술과 헛된 것과 자기 마음의 거짓으로 너희에게 예언하는도다(렘14:14)
11. 팀 사역자는 예수 복음 이외에 다른 복음을 전해서는 안 된다. 그러나 우리나 혹은 하늘로부터 온 천사라도 우리가 너희에게 전한 복음 이외에 다른 복음을 전하면 저주를 받을지어다(갈1:8)

12. 팀 사역자는 자신의 사역에만 충실해야 한다. 내담자에게 훈계, 설교, 충고, 지적, 주관적 계시 등을 말해서는 안 된다.
13. 팀 사역자는 양신(兩神)의 역사가 있으면 리더자들과 분별한 후 조치해야 한다.
14. 팀 사역자는 사전 준비 모임에 전원 참석해야 한다.
15. 팀 사역자는 이미 정한 매뉴얼대로 사역해야 한다.
16. 팀 사역자는 성경 말씀에 위배 되는 사역을 해서는 안 된다. 만약 팀 사역을 저해하는 사역자는 교회법에 따라 권징 한다. 그러나 어리석은 변론과 족보 이야기와 분쟁과 율법에 대한 다툼은 피하라 이것은 무익한 것이요 헛된 것 이니라 이단에 속한 사람을 한두 번 훈계한 후에 멀리하라(딛 3:9~10)

참고도서

1. 국내 서적

강경미. 예수님의 치유사역과 21c 총체적 치유선교 전략. 서울_동문사, 2011

강요셉. 꿈 환상 해석을 통한 상담과 치유 비결. 서울_성령, 2012,

.... 기독교인의 인생문제 치유하기. 서울_성령, 2012

강진령, 상담심리 용어사전. 서울_양서원, 2025

구미리암. 치유공동체신학. 서울_쿰란, 2000

구자원. 누구십니까 성령님. 서울_은혜출판사, 2010

국제신학연구원. 오중복음과 삼중축복의 구원. 서울_서울서적, 2022

김남수. 하나님의 사랑과 치유사역. 서울_서로사랑, 2006

김경수. 성경적 내적치유 이론과 실제. 서울_도서출판목양, 2010

김신명. 치유목회와 교회성장. 서울_성결문화사, 2001

김신호. 어떻게 해야 신유를 경험할 수 있나요. 서울_서로사랑, 2011

김영춘. 전인치유(현대과학이 증명하는 전인치유복음). 서울_예영커뮤니케이션, 2015

.... 두란노 편. 성령. 그말씀 2010년 4월호

.... 성령 2. 그말씀 2011년 6월호

.... 성령 3. 그말씀 2012년 6월호

.... 성령의 열매 Ⅰ. 그말씀 2017년 6월호

.... 성령의 열매 Ⅱ. 그말씀 2017년 7월호

.... 대한예수교장로회헌법개정위원회. 대한예수교장로회총회헌법. 서울.장로교출판사, 2011

박형렬. 통전적치유목회학. 서울_도서출판치유, 1994

박행렬. 기독교인을 위한 전인치유사역. 서울_도서출판나임, 1998

변상규, 장성화. 마음의 상처 심리학. 서울_예향, 2009

서정교, 김현경. 공중보건학. 서울_보문각, 2017

손기철. 기름 부으심. 서울_규정, 2009,

.... 기름 부으심이 넘치는 치유와 권능. 서울_두란노, 2008

손운산. 용서와 치료. 서울_이화여자대학교출판부, 2008

염기석. 치유란 무엇인가. 서울_쿰란출판사, 2002, 은사와 치유사역의 원리. 서울_삼원서원, 2010

오성춘. 목회상담학. 서울_한국장로교출판사, 2002

오아론. 성령의 능력과 치유사역. 서울_도서출판 좋은땅, 2011

오윤선. 청소년분노조절하기. 서울_예영비앤피, 2011

위성교. 치유는 이렇게 일어난다. 서울_좁은문, 1995

윤남옥. 성경속인물들의 내적치유일기 구약, 신약. 서울_진흥, 2018

이광호. 웨스트민스터신앙고백. 서울_도서출판 깔뱅, 2018

이명수. 치유선교론. 서울_나임출판사, 1995

이병주. 심리상담과 우울증 및 자존감 치유. 서울_솔로몬, 2009

이어령. 지성에서 영성으로. 서울_열림원, 2017

이윤호. 내안의 적을 추방하라. 서울_베다니. 2025

전성수. 치유여행. 서울_두란노, 2010

전요셉. 낮은 자들과의 삶. 서울 : 문성, 2019.

.... 정신장애와 귀신 쫓음. 서울 : 문성, 2019.

.... 정신건강상담 이론과 실제. 서울 : 한국고령사회교육원, 2019

.... 행복한 사람들. 서울 : 한들출판사, 2022

.... 전인적 뇌건강학. 서울 : 생명샘전인치유사역연구원, 2023

.... 공동체 영성. 서울 : 치유하는별, 2024

.... 치유란 무엇인가. 서울 : 치유하는별, 2024

전우택 편저. 의료선교학. 서울_연세대학교출판부, 2004

.... 정태기. 아픔상담치유. 서울 : 상담과 치유, 2006

.... 숨겨진 상처의 치유. 서울 : 상담과 치유, 2010

.... 아픔 · 상담 · 치유. 서울 : 상담과치유, 2010

.... 위기와 상담. 서울 : 상담과 치유, 2010

정태홍. 내적치유의 허구성. 서울_등과빛, 2011

.... 내적치유의 구상화. 서울_등과빛, 2012

주서택. 내 마음속에 울고있는 내가 있어요. 서울_순출판사, 2016

.... 내적치유와 상담. 서울_순출판사, 2012

최문정. 특별히 예언하기를 원하노라. 서울_마음과 생각, 2013

한덕수. 치유가 일어나는 26가지 이유. 서울_쿰란, 2003

허 철. 마지막 때의 성령 기름부으심. 서울_은혜출판사, 2000

2. 번역서적

Achterberg, Jeanne.

상상과 치유(Imagery in Healing, Shamanism and Modern Medicine). 신세민 역. 서울.상담과 치유, 2005

Amoabeng, Oppong.

하나님의 치유의 법칙을 이해하라(Understanding the laws of Divine Healing). 주상지 역. 서울.서로사랑, 2009

Arthur, Kay. 영적 치유(Lord, Heal My Hurts). 김경섭 역. 서울 : 프리셉트, 2004

Benner, David G.

정신치료와 영적 탐구(Psychotherapy and the Spiritual Quest). 이만홍 역, 강현숙 역. 서울.하나 의학사, 2008

Bosworth, F. F. 치유자 그리스도(Christ the Healer). 오태용 역. 서울 : 베다니출판사, 2011

Bradfordlong, Zeb and McMurry, Duglas.

성령의 능력으로 사역하라(Receiving the power). 홍석현 역. 서울. 홍성사, 2005

Bradshow, John. 상처받은 내면아이 치유(Inner Child). 오제은 역. 서울_학지사, 2024

Bruce, F.F. 바울신학(Paul). 정원태 역. 서울_기독교문서선교회, 2012

Clark, Randy.

치유사역훈련지침서(Ministry Team Training Manual). 인터내셔널 갈보리교회 번역팀 역. 서울_순전한 나드, 2012

Clinebell, Howard. 전인건강(Well Being). 이종현, 오성춘 역. 서울_성장상담연구소, 2012

Crabb, Larry. 상담과 치유공동체(Hope When Your's Hurting). 정동섭 역. 서울_요단출판사, 1999.

Faricy, Robert and Rooney, Lucy.

인간의 상처를 치유하시고 구원하시는 하느님(Your Wounds I Will Hell ; Prayer for Inner Healing). 박홍, 박상근 역. 서울_서강대학교, 2012

Hagin, Kenneth E.

기름부음의 이해(Understanding the Anointing). 김진호 역. 서울_믿음의 말씀사, 2007

치유의 기름부음(The Healing Anointing). 김진호 역. 서울_믿음의 말씀사, 2007

성경적 치유와 건강(Bible Healing Study Course). 오태용 역. 서울_베다니출판사, 2012

Hibbret, Albert.

스미스위글스워스 그 능력의 비밀(Smith Wigglesworth The secret of His power). 김유진 역. 서울 _은혜출판사, 2010

Hiltner, Seward. 목회신학원론(Preface to Pastoral Theology). 민경배 역. 서울_대한기독교서회, 1995

Horrobin, Peter. 축사와 치유 1(Healing Through Deliverance). 박선규 역. 서울_쉐키나, 2010.

축사와 치유 2(Healing Through Deliverance). 박선규 역. 서울_다윗의 장막, 2011.

Hunter, Charles and Frances.

치유핸드북(Handbook for Healing). 전용복, 김호백 역. 서울_서로사랑, 2010.

신유의 방법(To Heal the Sick). 이미례 역. 서울_서울말씀사, 2009.

Hunter, Joan. 치유의 능력(Power to Heal). 주상지 역. 서울_서로사랑, 2010.

마음의 치유를 넘어(Healing the Heart). 주상지 역. 서울_서로사랑, 2011.

전인치유핸드북(Healing the Whole Man). 김광석 역. 서울_서로사랑, 2011.

Ingran, Chip and Johnson, Becca.

분노컨트롤(Overcoming Emotions that Destroy). 윤종석 역. 서울_도서출판 디모데, 2011.

Judy, Dwight H.

그리스도인의 묵상과 내면치유(Christian Meditation and Inner Healing). 이기승 역. 서울_이포, 2011.

Kaiser, Walter C. 치유자 예수님 . 김진우 역. 서울_선교횃불, 2009.

Kelsey, Morton T. 치유와 기독교(Healing and Christianity). 배상길 역. 서울_대한기독교출판사, 2009.

Kraft Charles H. 깊은 상처를 치유하시는 하나님(Deep Wounds Deep Healing). 이윤호 역. 서울_은성, 2005.

Küng Hans. 교회. 정지련 역. 서울_한들출판사, 2017.

사악한 영을 대적하라(Defeating Dark Angels). 윤수인 역. 서울_은성, 2006.

Lake, John G. 레이크의 치유(Healing). 이자영 역. 서울_순전한나드, 2011.

Litchfield, Bruce.

기독교상담과 가족치료 4(Christian Counseling & Family Therapy 4). 정동섭 역. 서울_예수전도단, 2010.

기독교상담과 가족치료 5(Christian Counseling & Family Therapy 5). 홍순원 역. 서울_예수전도단, 2010.

Litchfield, Bruce and Nellie.

기독교상담과 가족치료 다이제스트(Happy Families). 정성준 역. 서울_예수전도단, 2010.

Lord, Peter. 소울 케어(Soul Care). 정성욱 역. 서울_두란노, 2011.

MacNutt, Francis. 치유의 영성(Healing). 신선명 역. 서울_아침영성지도연구원, 2006.

치유의 목회(The Ministry to Heal). 신현복 역. 서울_아침영성지도연구원, 2010.

Mark, Cosgrove. 분노와 적대감(Counseling for Anger). 김만풍 역. 서울_두란노, 2002.

Marshall, Tom.

내면으로부터의 치유(Healing from the Inside Out). 이상신 역. 서울_예수전도단, 2004.

자유케 된 자아(Free Indeed). 예수전도단 역. 서울_예수전도단, 2004.

McGrath, Alister E. 역사속의 신학(Christian Theology). 김홍기 역. 서울_대한기독교서회, 2003.

Mcintyre, Valerie J. 상처를 만드는 상처(Sheep in Wolves Clothing). 로이킴 역. 서울_스텝스톤, 2009.

Moon, Gary W and Benner, David G.

영성지도. 심리치료. 목회상담 그리고 영혼의 돌봄(Spiritual Direction and the Care of Souls). 신현복 역. 서울_아침영성지도연구원, 2011.

Murray, Andrew. 하나님의 용서와 치유(Divine Healing). 장광수 역. 서울_누가, 2006.

하나님의 치유(Divine Healing). 김태곤 역. 서울_생명의 말씀사, 2009.

Nouwen, Henri J.M. 상처입은 치유자(The Wounded Healer). 최원준 역. 서울_두란노, 2010.

Osteen, Dodie. 치유(Heals of Cancer). 오태용 역. 서울_베다니출판사, 2008.

Price, Charles. 치유를 위한 참 믿음(The Real Faith for Healing). 이세구 역. 서울_바울, 2009.
Robert, Oral. 기적을 기대하라(Expect Miracle). 전형철 역. 서울_생명의 말씀사, 2008.
Rooney Lucy, Faricy Robert L.
인간의 상처를 치유하시고 구원하시는 하느님, 박홍, 박삼근 역. 서울_서강대학교교 출판부, 2012.
Ryan, Dale. 중독 그리고 회복(Addiction and Recovery). 정동섭 역. 서울_예찬사, 2005.
Sandford, mark and John.
축사사역과 내적치유(Comprehensive guide to Deliverance and Inner Healing). 삼현석 역. 서울_순전한나드, 2006.
Seamands, David A. 상한 감정의 치유(Healing for Damaged Emotions). 송헌복 역. 서울_두란노, 2022.
Seyoun, Kim. 바울복음의 기원(The Origin of Paul's Gospel). 홍성희 역. 서울_도서출판 엠마오, 2021.
Solomen, Charles R. 영적 치유의 핵심(Handbook to Happiness). 김우생 역. 서울_나침반, 2017.
Stanger, Frank B. 위대한 의사 예수(God's Healing Community). 배상길 역. 서울_나단, 2023.
Sledge, Tom. 가족치유 · 마음치유(Making peace with your past). 노용찬 역. 서울_요단출판사, 2014.
Thompson, Bruce and Barbar. 내 마음의 벽(Walls of My Heart). 정소영 역. 서울_예수전도단, 2016.
폴트루니에의 치유(A Doctor's Casebook in the Light of the Bible). 정동섭, 정지훈 역. 서울_CUP, 2007
인간치유(The Healing of Persons). 권달천 역. 서울_생명의 말씀사, 2011
Wagner, C. Peter. 피터 와그너의 제3의 바람(Wind of the Thirds). 정운교 역. 서울_하늘기획, 2006.
Wilson, William Friffith.
성인아이 치유를 위한 영적치유 12단계(The Spiritual Healing). 최민수 역. 서울_글샘, 2019.
Wimber, John and Springer, K. 능력치유(Power Healing). 이재범 역. 서울_도서출판 나단, 2003
Yohn, Rick. 은사를 사모하는 그리스도인, 윤병하 역. 서울_두란노, 1994.

3. 외국서적

Bakken, Kenneth. The Jurney Toward Wholeness. N.Y._ Crossroad, 1988
Hagin, Kenneth E. Why People Fall under the Power. Tulsa_Kenneth Hagin Ministries, 1991
Hinn, Benny. This is your day for a Miracle. Nashviile. Tennessee_Nav Press Publishing Group, 1995
Hunter, Charles and Frances. Handbook for Healing. Kingwood, Taxas_Published by Hunter Books, 1991
Kelsey, Morton. Healing Christianity. Mineapolis_Ausburg, 1995
MacMullen, Ramsay. Christianizing the Roman Empire. New Haven_Yale University, 1984
Matthews, Dale A. The Faith Factor. N.Y._Penguin Book, 1999
Moltmann, Jürgen. The Spirit of Life : A Universal affirmation. Mineapolis_fortress, 2001
The Subritzky Family. Ministering in the Power of the Holy Spirit, Manual. Auckland_Dove ministries Limited, 1989

Sanford, John A. Healing and Wholeness. N.Y._Paulist Press, 1977

4. 성경

원어성경

로고스편찬위원회 편. NIV 구약원어대조성경. 서울_도서출판 로고스

송창섭 편. LogosIV헬라어원문직역분해대조성경. 서울_도서출판 로고스

Aland~Nestle. Novum Testamentum Graece. 27th Ed. Germany_Deutsche Bibelgesellschaft

Biblia Hebraica Stuttgartensia, Germany_Deutsche Bibelgesellschaft

Septuaginta, Id est Vetus Testamentum graece iuxta LXX interpretes, edidit Alfred Rahlfs, Duo volumina in uno, Germany_Deutsche Bibelgesellschaft Stuttgart

우리말성경

개역개정성경. 서울_대한성서공회.

새번역성경. 서울_대한성서공회.

새한글성경. 서울:대한성서공회

성경. 서울_한국천주교주교회의.

쉬운말성경. 서울_성서원

영어성경

복음성경(TEV : Today's English Version, Good News Bible)

새국제성경(NIV : New International Version)

새미국성경(NAB : New American Bible)

새생활성경(NLT : New Living Translation)

새예루살렘성경(NJV : New Jerusalem Bible)

새표준성경(RSV : Revised Standard Version)

킹제임스 성경(KJV : King James Version)

성경주석

국제비평주석(ICC). 문전섭, 이영재 역. 서울_도서출판 목양

그랜드종합주석. 제자원 편역. 서울_성서아카데미

박수암. 신약주석. 서울_대한기독교서회

박윤선. 성경주석 공관복음(상). 서울_영음사
이상조. 성경주석. 서울_기독교문사
조경철. 대한기독교서회 창립100주년기념성서주석. 서울_대한기독교서회
최세창. 신약주석시리즈. 서울_글벗사
카리스종합주석. 서울_기독지혜사
Barclay William.
바클레이성경주석(The Gospel of Matthew) vol. I . 바클레이편찬위원회 역. 서울_기독교문사
Calvin John.
존칼빈성경주석. 존칼빈성경주석 출판위원회 역. 서울_성서원
칼빈주석공관복음. 박문제 역. 서울_크리스챤다이제스트
Hagner A. Donald.
WBC성경주석(Word biblical commentary : Matthew 1~13). 김경진 역. 서울_도서출판 솔로몬
Hare Douglas R. A. 현대성서주석. 한미공동주석편집번역위원회 역. 서울_한국장로교출판사
Helwys Smyth. Bible commentary Matthew. Smyth & Helwys Publishing. Inc
Henry Matthew. 매튜헨리성서주석. 서울_크리스챤다이제스트
Weber Stuart K. 메인아이디어시리즈 Main Idea로 푸는. 김창동 역. 서울_디모데
Wilkins Michael J. NIV적용주석시리즈. 채천석 역. 서울_솔로몬

5. 사전

가스펠서브기획편집. 라이프성경사전. 서울_생명의말씀사
기독교대백과사전편찬위원회 편. 기독교대백과사전. 서울_기독교문사
김승교. 사복음서원어강해 마태1권. 서울_도서출판 로고스
두산동아 편. 동아새국어사전 제5판. 서울_두산동아
로고스편찬위원회 편. 로고스스트롱코드 히브리어·헬라어사전. 서울_로고스
제자원 편. 옥스퍼드원어성경대전. 서울_바이블네트
이성호. 성구대사전. 성구대사전. 서울_혜운사
하용조 편찬. 비전성경사전. 서울_두란노서원
한국가톨릭대사전 편찬위원회 편. 한국가톨릭대사전. 서울_한국교회사연구소
Alexander T. Desmond, Rosner S. Brian.
IVP성경신학사전. 권연경 외 역. 서울_한국기독학생회 출판부
BKC강해주석(The Bible Knowledge Commentary). 정민영 역. 서울_두란노

G. Johannes Botterweck, Helmer Ringgren.

Theological Dictionary of the Old Testament. William B. Eerdmans Publishing Company

Halley Henry Hampton. 할레이성경핸드북(Halley's Bible Handbook). 오희천, 오성현 역. 서울_기독교문사

Harris R. Laird, Archer Gleason L, Waltke Bruce K.

Theological Wordbook of the Old Testament. Chicago_Moody Press

Harris R.

Laird, Archer Gleason L, Waltke Bruce K. 구약원어신학사전 vol. Ⅰ, Ⅱ (Theological Wordbook of the Old Testament). 서울_요단출판사

Kelly Page H, Mynatt Daniels, Crawford Timothy G.

히브리어성서(BHS)의 마소라해설. 강성열 역. 서울_비블리카아카데미아

Kittel Gerhard, Friedrich Gerhard.

Theological Dictionary of the New a Testament. USA_William B. Eerdmans Publishing Company

Kittel Gerhard, Friedrich Gerhard.

신학성서 신학사전(Theological Dictionary of the New a Testament). 번역위원회역. 서울_요단출판사

Robertson Archibald T.

신약원어대해설(word pictures in the New Testament). A.T. 로버트슨번역위원회 역. 서울_요단출판사

전인적 성령 사역

초판1쇄 인쇄일 2025년 9월 29일
초판1쇄 발행일 2025년 10월 2일

지은이 전요셉
펴낸이 최성득
펴낸곳 도서출판 성득
기획 유미경
편집디자인 달리

출판등록 2005년 12월 7일 제2005-000069호
주소 경기도 성남시 분당구 중앙공원로 17, 308-105
전화 031-709-3105
홈페이지 www.sungdukbooks.com
인스타 http://instagram.com/sungdukbooks
전자우편 mkyoo810@gmail.com

ISBN 979-11-981098-9-7

• 책값은 뒤표지에 있습니다.
• 잘못된 책은 바꾸어드립니다.

치유하는별은 도서출판 성득의 임프린트입니다.